André Glucksmann
Vom Eros des Westens

André Glucksmann

Vom Eros des Westens

Eine Philosophie

Aus dem Französischen
übertragen und mit
einer Vorbemerkung versehen
von Helmut Kohlenberger

Deutsche Verlags-Anstalt
Stuttgart

Die französische Originalausgabe erschien 1981
unter dem Titel »Cynisme et Passion«
bei Editions Grasset & Fasquelle, Paris.
© Editions Grasset & Fasquelle, 1981.

Die deutsche Ausgabe umfaßt,
in Absprache mit dem Autor, Kapitel II und III
des französischen Originals.

CIP-Titelaufnahme der Deutschen Bibliothek

Glucksmann, André:
Vom Eros des Westens: eine Philosophie/
André Glucksmann.
Aus dem Französischen übertragen und
mit einer Vorbemerkung versehen von
Helmut Kohlenberger.
Stuttgart: Deutsche Verlags-Anstalt, 1988.
Einheitssacht.: Cynisme et passion 〈dt.〉
Teilausgabe
ISBN 3-421-06480-6

Für Fanfreluche

»Ich wiederhole Ihnen«, rief Raskolnikoff in blinder Wut, »daß ich es länger nicht ertragen kann...«

»Was denn? Die Ungewißheit?« unterbrach ihn Porphyrij.

»Verhöhnen Sie mich nicht! Das dulde ich nicht! ... Ich sage Ihnen, ich dulde es nicht! ... Ich kann und will es nicht! ... Hören Sie! Hören Sie!« schrie er und schlug wieder mit der Faust auf den Tisch.

DOSTOJEWSKI, *Schuld und Sühne*

»Die Wunde schließt der Speer nur,
der sie schlug.«

RICHARD WAGNER, *Parsifal*

Inhalt

Vier entschieden
moderne philosophische Thesen
77

Die großen Tauschsysteme
unter der Sonne
115

Leiden.
Das Denken des Ungewissen
159

Die absolute Möglichkeit
161

Eine gnostische Oper

193

Das Prinzip der Unsicherheit

251

Nachweis der Zitate und
Anmerkungen

291

Vorbemerkung

1. Nicht erst heute ist der Westen in Gefahr. Er ist die gefährdete Existenz des Menschseins schlechthin, wie sie in der Geschichte deutlich wird, die Diotima in Platons »Symposion« von der Geburt des Eros erzählt. Eros, Kind des Poros (Weg, Mittel) und der Penia (Armut), treibt sich herum — »unbeschuht und ohne Haus«, als Genosse der Not, stets bedacht auf Einsicht und getrieben vom Verlangen nach einer Existenz in der Vollendung. Unterwegs, getrennt von der Wahrheit — in einer oft recht unheiligen Unruhe, in einer Freiheit, die zumeist als Aussetzung erfahren wird, lockt ihn die verlorene Heimat. Und nichts treibt so sehr wie der Wille, sich und sein Leben zu bestimmen.

2. Glucksmanns Buch spricht vom Getriebensein des Westens, von falschen Sicherungen, von der Tragik. Er geht hinter die Fassade unserer rationalen Konstruktionen zurück, hinter denen das Treibende sich versteckt. Diogenes ist der Provokateur, der die Entfremdung in der Schule lächerlich macht, die Grenzen der »Zivilisierbarkeit« des Menschen zeigt — und dabei selbst in seiner Radikalität dem Gesetz des Zynismus verfällt. Der Zynismus, für Nietzsche »die einzige Form, in der gemeine Seelen an das streifen, was Redlichkeit ist ...«, steckt in allem Streben nach Einsicht, Wissen, Wahrheit. Es gibt streckenweise Schwierigkeiten, den Weisen, den Narren und den Zyniker zu unterscheiden — das ganze Œuvre von Nietzsche, dieses Parade-Asozialen, zeigt das. Seit der Aufklärung ist der Zynismus — wie Sloterdijk hervorgehoben hat — ein Massenphänomen; er ist des Beifalls sicher. So gibt es Anlaß zu bezwei-

feln, daß die Unterscheidung des antiken Kynismus, der die Entdeckung der Animalität des Menschen mit Armut und Satire verbindet, und des Herrenzynismus, der sich Frechheiten leistet, weil er dazu die Freiheit hat, heute einen anderen als historischen und soziologischen Sinn ergibt: Jeder Zynismus spricht eine provozierende Wahrheit aus – auch dann, wenn mit ihr unterdrückt wird. Im Zynismus ist die Herrschaft der provozierenden Wahrheit, der Empörung, allgemein geworden. Im Zynismus hat die Herrschaft der Wahrheit eine unsichtbare Grenze überschritten, sie ist dem Geheimnis der Wahrheit verfallen: daß das Gesetz, unter dem wir stehen – unter Strafe des Todes –, verborgen ist. Augustinus wußte mit der gesamten alten Welt, daß wir die Spannung von Offenbarung und Geheimnis, von Innen und Außen nicht auflösen können, ohne dem Tod zu verfallen.

3. Und so ist der in der europäischen Revolutionsgeschichte zur Dominanz gelangende Zynismus des »aufgeklärten falschen Bewußtseins« (Sloterdijk) die Herrschaft des Todes. Um den Preis des Todes ist der Mensch das Maß des Menschen geworden. Inzwischen hat sich das in den täglich angestimmten Klageliedern herumgesprochen. Wer nach Art der Medien von Umweltgefahr, Friedensgefährdung, Gefährdung der armen Völker und der Frauen redet, bringt diesen Zynismus zum Ausdruck. Wir sind, wie gesagt wurde, in der Freiheit, in unserem Können gefangen – und die Angst ist der Schatten, der uns seit der Aufklärung begleitet. So nimmt es nicht wunder, daß Heideggers Analysen der Angst und der Daseinssorge, in denen das »Vorlaufen in den Tod« deutlich wird, so großen Anklang fanden – und jetzt heftig darüber gestritten wird, ob und wie diese Analysen mit dem Nationalsozialismus zusammenhängen. Man beruhigt sich zumeist mit einer Außenbetrachtung, mit Sichtung von Dokumenten, Fragen nach Kausalzusammenhängen. Man wagt es auch heute noch nicht, die tiefliegende Gemeinsamkeit der zynischen Todessucht zu erkennen, die Heideggers Denken ebenso wie Hitlers Treiben

beeinflußte. Simone Weil beklagte diese Weigerung – eine einsame Stimme.

Brauchen wir über die Todesbesessenheit angesichts des Grauens der Ereignisse dieses Jahrhunderts noch ein Wort verlieren? So sehr wir den Tod verstecken wollen (man denke an die immer dreister werdenden Praktiken der »funeral homes« in den USA – und nicht nur dort), desto mehr beherrscht er uns.

Glucksmann zeigt nun meisterhaft, wie diese Herrschaft des Todes im Zynismus das Gesetz des Westens ist, und woran man dies erkennen kann. Einem verdankt der Westen seine Stärke – den Medien, der Kommunikation schlechthin, der Austauschbarkeit ohne Grenzen. Diese Aufhebung aller Unterschiede ist groß – sie ermöglicht Freiheit, sie ist die absolute Möglichkeit schlechthin. Kein Leben könnte bestehen ohne sie. Aristoteles dachte sie, als er nicht nur Materie und Form eines Dinges, sondern auch diese Möglichkeit, etwas Bestimmtes zu werden, diese vorgegebene Gestaltlosigkeit (Privation) dachte. Mitten in den Dingen tut sich ein Abgrund auf, alles nimmt teil an dem Nichts, aus dem die Schöpfung gerufen wurde, zumal heute, da sich der Mensch als Techniker und Künstler seiner Welt zu begreifen gelernt hat. Mit der immer bewußteren Schöpfung der Welt nimmt das Nichts zu, das keine noch so geübte Sophistik in ein »Sein« verwandeln kann. (Erst seitdem das »Nichts« unübersehbar geworden ist, geht die Rede vom »Sein« um.) So gilt es, im Zynismus den Nihilismus zu denken – und nicht in seinem Bann zu bleiben: Weigern wir uns, in seinem Bann jene Ununterscheidbarkeit, Entdifferenzierung zum System zu erheben, die den Westen in aller Welt so attraktiv macht und die überall Minderheiten und Minderheitenprobleme erzeugt – jene Restwelten, die nicht in die Gesamtnivellierung einschwingen wollen, weil sie das Vakuum, den Sog des Nichts in der Nivellierung durch die Gestaltlosigkeit einer medienzynischen Scheinwelt mehr erahnen als wissen. (So kehrt sich die Rede von den Menschenrechten gegen ihre Herkunft aus der universalen Kommunikation ...)

Glucksmann verteidigt die Welt des Tausches ausdrücklich.

Verbote der Kommunikation (z. B. pornographischer Darstellungen) sagen mehr aus über die, die verbieten wollen, als über die, denen verboten werden soll. Ist die Welt des Tausches, der Kommunikation, autonom? Sie ist die Bedingung dafür, daß Freiheit Gestalt werden kann. Sie ist auch die Möglichkeit, die Freiheit unwürdig zu verlieren. Nichts zeigt dies klarer als die Verbrechen gegen die Menschheit, in denen zuerst die »Menschheit« als Ganzes ein ernstzunehmendes Problem wurde. (Wir verfügen indes über kein positives »Menschenbild«. Gott sei Dank.) Mit dieser Gefahr leben wir aber – eben das ist der Westen, das ist der Preis. Fragen bleiben.

Wo genau beginnt die Grenzüberschreitung von universaler Kommunikation zur Nivellierung in ein (gelegentlich moralisch überfrachtetes) Menschenbild, das zur »Weltinnenpolitik« C. F. von Weizsäckers führen könnte? Es ist deutlich genug, daß im zynischen Trieb, alles zu durchschauen, das Nein des Geistes, der Sprache, des anfänglichen Wider-Spruches, in dem der Mensch sich findet, uneingeschränkt bestimmt – und eben dadurch Ja und Nein, Gut und Böse, Schaffen und Zerstören, Wirklichkeit und Spiel ununterscheidbar werden. Noch im spontansten Ja kann ein Nein sein Wesen treiben, und damit der Tod herrschen.

Kein Zweifel, daß Glucksmann ihn bereits 1968 verstand – diesen Zynismus der »Transparenz«, der in »Glasnost« uns alle nun eingeholt hat. Unbekümmert plaudert Glucksmann Stichworte für künftige Tyrannen aus. Wenn nicht nur künftige Tyrannen, sondern auch solche, die diese verhindern wollen, ihn lesen, ist das weiter nicht schlimm – denn der Tyrann lebt von der Gläubigkeit und Phantasielosigkeit und Feigheit der anderen! (Künftig können Tyrannen nur herrschen, wenn sie Fragen auszuschalten verstehen.) Man verwechsle nicht, wie das in Deutschland so gern mit Glucksmann geschieht, den Boten mit der Nachricht. Es gibt Situationen, wo nur wenige das aussprechen, was kommt ...

Die Entwicklung in der Sowjetunion bestätigt über Erwarten genau, daß wir vom Zynismus in der Politik, der Herrscher und

Beherrschte ununterscheidbar macht, bestimmt werden. Daß wir uns in »Glasnost« erkennen, kein Wunder – ist dies doch ein Produkt des Westens. Aber gelingt die Nivellierung? Und wenn, werden wir dem Tod, der auf Nivellierung steht, entrinnen? Begreifen wir die Aktualität von Dostojewski und Pasternak?

Ein qualitativer Sprung ist geschehen – in und mit den Medien. Es gibt ansatzweise so etwas wie Weizsäckers an ein Treibhaus erinnernde »Weltinnenpolitik«. Mathias Rust steuert ebenso wie Franz Josef Strauß eigenhändig die Zentrale an. Es scheint, daß unsere Legitimationskrise (Habermas) durch die weltweite Friedensrevolution gelöst werden kann. Glucksmann hat daran erinnert, daß die Geschichte unter Gesetzen steht, über die wir nicht verfügen, von denen wir aber genügend wissen können – nicht in Analysen des »aufgeklärten falschen Bewußtseins«, sondern in der großen Literatur, in der der Westen seit der Odyssee spricht. (Und der Westen ist nur Odyssee.) Was längst vergangen, holt uns ein. Der Zynismus ist stark, aber er ist des Todes. Es öffnet sich der Abgrund der Tragik. Das Wissen hat keinen Bestand in sich – auf Dauer –, es lebt im Verschwinden. Aber was »bleibt«, ist eine tragisch anmutende Unentscheidbarkeit, die mit dem Menschsein schlechthin gegeben ist. Und die dann immer trifft, wenn das Treiben des Zynismus sein Ziel, den (Selbst-)Mord oder (Selbst-)Mordversuch, erreicht hat, zum absoluten Nein sich bekannt hat, ein letztes Wort vermessen wagt. (Die von 1968 inspirierten Terroristen waren darin Protagonisten.)

4. Mit der »Orestie« des Aischylos zeigt Glucksmann, auf welchen Umwegen der Mensch aus der Nacht ins helle Licht einer Vernunft tritt, in der Rede und Gegenrede, die Gestaltung menschenwürdiger Verhältnisse möglich werden. (Längst vor Descartes beginnt die Geschichte von Freiheit und Bewußtsein.*)

---

* Vgl. André Glucksmann: Descartes, c'est la France (Paris, Flammarion 1987).

Orest ist der ewige Jüngling, Muttersohn, der aus der Nacht und Dumpfheit der Familiengeschichte und der von Rache durchsetzten Generationenfolge in den Wahn vollkommener Orientierungslosigkeit getrieben wird. Mit dem Muttermord ist er in den Schwindel der Freiheit geraten, aus dem ihm nur durch eine neue Vision Rettung werden kann. Er tritt aus dem Gesetz der Genealogie in das der Stadt – nicht aus eigener Kraft. Mit ihm wird mit dem unbewußten Spiel, das immer neue Opfer fordert, gebrochen. Die mutterlose Athene setzt die Instanz des Gerichtes durch, in dem die Unentscheidbarkeit ausgesprochen wird. Kein letztes Wort.

Aber gerade darum Friede. Seine Bedingung: Es gibt noch Zeit, zu reden und zu beraten. Es ist gerade die Tragödie, die den Hintergrund des Logos abgibt. Aus der Tragödie des Kampfes der Geschlechter und der Generationen tritt das Neue, das Unwahrscheinliche, die Geltung von Recht und das Vertrauen. Nicht der Gegensatz der Geschlechter ist das Letzte. (Heute will man partout darauf hinaus.) Es gibt jenseits dieses Gegensatzes ein Drittes, stets Gefährdetes, weil es aus dem Nichts stammt, aus dem heraus gesprochen wird. Das Dritte ist das Un-Bestimmte – das der Zynismus in Beschlag nehmen will. Nie gibt es Sicherheit im Dritten, stets ist die Gefahr da, in den alten Gegensatz zurückzufallen. Nachdem aber einmal das Dritte, der Logos, das Recht, die Freiheit in Erscheinung getreten ist, ist jeder Rückfall in die alten Kämpfe ein böses Spiel mit dem Tod. Eben dieses böse Spiel wurde mit dem Faschismus verdammt. Es ist aber verbreiteter als der Faschismus – leider.

5. Die Geltung von Recht, Freiheit, Logos ist in Erscheinung getreten, unsere ganze westliche Identität hängt daran. Sie ist – wir wissen es ja (!) – das Unüberbietbare in Israel und Christus. Nie ist sie sicher, außer im Zynismus. Und dort ist sie der sichere Weg zum Tod, gepflastert mit Parolen der Selbstverwirklichung und vorgezeichnet in Münchhausenschen Eskapaden. Boris Pasternak wußte es: »Das Bewußtsein ist es, das

nach außen dringt, es leuchtet uns voran auf unserem Weg, damit wir nicht stolpern. Das Bewußtsein gleicht den Scheinwerfern einer fahrenden Lokomotive. Sowie sich dieses Licht nach innen wendet, wird eine Katastrophe die unweigerliche Folge sein.«

Glucksmann will zeigen, daß wir weitergehen können – allem selbstherrlichen Katastrophengerede zum Trotz. Es gibt auf Erden kein letztes Wort. (Dafür steht Sokrates, die Freiheit des Logos und des Eros.) Wenn es ein letztes Wort gibt, dann ist es das Letzte. Die Regeln der Politik und des Todes gelten indes – wir können nicht über sie verfügen. Solange wir Menschen uns daran halten, werden wir hier leben.

Helmut Kohlenberger

Zynismus
oder wie ich mich in Sicherheit wiege

»Destruktion heißt:
unser Ohr öffnen.«

HEIDEGGER

Der Moralismus der
Öffentlichkeit und die Unabhängigkeit
des Intellektuellen

Ist die Zeit reif, einen Europäer zu beschreiben? Vielleicht warten wir noch eine Generation, verhalten uns korrekt und verständig und begegnen dieser Frage, die uns verständlicherweise interessiert, mit Großzügigkeit, einer Haltung, die allerdings immer seltener anzutreffen ist. Der durch Sachzwänge und äußere Mächte im Frieden lebende alte Kontinent wird wieder die Leuchte der Zivilisation und erhellt Ost und West, Nord und Süd. Schon hören die Menschen auf, Krieg zu führen, und haben soviel zu essen wie sie brauchen. Der Planet glänzt wie einer der Glaspaläste der Jahrhundertwende, und warum nicht? Jahre des Friedens und der Solidarität. Nun gut, ein zweitausend Jahre altes Versprechen wird sich damit erfüllen. Nur noch kurze Zeit, etwas Klugheit, ein wenig Liebe – und der Traum wird Wirklichkeit werden. Und solange der Träumer Traum und Wirklichkeit voneinander zu unterscheiden weiß, wird er wenigstens nicht zum Wahrsager. Denn dieses Glashaus – Völkerbund, UNO, Unesco, Erste, Zweite, Dritte, Vierte, Fünfte Internationale – wird unweigerlich zur Jahrmarktsbude. »Liebt er Zerstörung und Chaos vielleicht deswegen so sehr (denn es ist doch klar, daß er sie zuweilen ganz ungewöhnlich liebt, das ist schon so), weil er sich instinktiv fürchtet, das Ziel zu erreichen und das zu erbauende Gebäude zu vollenden? Was können Sie wissen, vielleicht liebt er dieses Gebäude nur aus der Entfernung, nicht aber in der Nähe? Vielleicht liebt er nur, es zu erschaffen, nicht aber, in ihm zu leben, weshalb er es nachher aux animaux domestiques überläßt, als da sind: Ameisen, Schafe und so weiter.«
In dem Glashaus Westen hört man deutlich, wie sich die

Waffenschieber Konkurrenz machen. Je nach Beobachterstandpunkt verändert sich die Perspektive. Was für den Osten der Westen ist, sind für die Dritte Welt die beiden ersten Welten; die schlecht Weggekommenen besetzen die Wohnungen der Neureichen, wo immer sie auch stehen. Draußen überschlagen sich die überzeugendsten Anschuldigungen, drinnen spielt sich das gleiche in einer Art von Selbstkritik, die nicht immer frei von Selbstgerechtigkeit ist, noch einmal ab.

Die heutigen Europäer geben vermutlich zu, was man ihnen vorwirft, und man kann ihnen weniger Leichtfertigkeit als ein schlechtes Gewissen unterstellen. Von ihren Eroberungen kamen sie als Eroberte zurück. Von ihren eigenen Schandtaten, die wir in jeder Kultur finden können, sind sie geschlagen worden. Angesichts verhungernder Kinder sind sie keine Heiligen geworden; sie sind auch keine Götter, die freundlich, friedlich und gerecht alle Ressourcen unter die Bewohner der beiden Hemisphären verteilen können. Und sie hegen den Verdacht, daß die gleichzeitige Existenz von Allmacht, die ein solches Unterfangen voraussetzt, und einer Art Verteilungsbehörde schwer vorstellbar wäre. Sie wissen es zu schätzen, daß man sie ebenso illusionslos betrachtet, wie sie die Welt betrachten. Seit zweitausend Jahren steht der alte Kontinent in Flammen. Das Feuer, daß sich ausbreitet und auf ihn zurückschlägt, zeigt, daß die Welt von ganz alten Feuersbränden erhellt wird.

Ein beliebtes Kinderspiel ist das Verstecken. Wenn die Kinder plötzlich ganz starr dastehen, wenden sie ein richtiges Prinzip falsch an: Wer sich nicht bewegt, fällt nicht auf. Im Laufe der Geschichte gibt es Beispiele, die an Deutlichkeit nichts zu wünschen übrig lassen, und einen zu dem Versuch ermuntern, zu finden, was sich nicht bewegt, wie dies ein Weiser aus Isfahan, Quazi Sa'id Qommi (1639–1691), nahelegte: »Bleib eine Stunde lang am Ufer eines dahinfließenden Flusses. Gewiß denkst du nicht, daß es das Wasser, das vorbeigeflossen ist, nicht mehr gibt. Gut, es kann sein, daß es für einige Menschen mit reinem Herzen mit der Zeit wie mit dem Fluß dahinfließt.« Wenn das reine Herz fehlt, frischen gute Archive den Eindruck auf, der die unruhige Unbewegtheit der Zeit am Kragen packt. Die Beschleunigung scheint ein für alle Mal stillzustehen. Jeder Tag ist der Tag der Entscheidung, jedes Jahr wird Rechenschaft abgelegt, jedes Jahrhundert ist das letzte. Wenn es aufs selbe hinausläuft, sich in seinem Denken als westlich zu begreifen und seinen Zynismus zuzugeben, so folgt daraus einiges. Der Zyniker setzt sich an einem Platz nicht lange fest. Wer ihn ausgrenzt, verdrängt ihn. Er haust nicht als Erinnerungsstück an einen mythischen Naturzustand, in dem der Krieg aller gegen alle wütete, am Eingang zur Zivilisation; er steht nicht für den Niedergang, in dem eine Sozialform sich auflöst und zu einer Barbarei wird. Er ist nicht typisch für Anfang und Ende; er sucht die Stadtzentren heim, er befindet sich mitten im Tagesgeschehen.

Du stellst dich an die Kreuzung, du sprichst den Passanten an, du agitierst die Massen, du versprichst in der Revolution deine Revolution, du glaubst dich auf dem Höhepunkt, du sagst dir: »Ich trage jetzt einen alten Mantel, den werde ich weiter tragen; ich liege jetzt und später auf hartem Lager, ich will mir einen Bettelsack und Bettelstab nehmen, will von Haus zu Haus gehen, will alle Vorübergehenden ansprechen und sie belästigen; und wenn ich einen sehe, der sich glatt rasiert, sein Haar schön legt oder in Purpurkleidern einhergeht, so will ich ihm das vorhalten.« Du hast nichts verstanden. Die Stärke des Zynikers liegt nicht in der zur Schau getragenen Unverschämtheit, sondern in der Nacktheit. »Sie ist sein Haus, seine Tür, sein Torwächter, sein Schutz. Auch darf er nicht irgend etwas verbergen wollen, sonst kann er gehen, ist er verloren, er, der Kyniker, der nur den freien Himmel über sich kennt. Fürchtet er sich auch nur im entferntesten vor etwas Äußerlichem, und greift zu einem Mittel, etwas zu verbergen, dann kann er kein Kyniker mehr sein, wenn er es auch wollte. Denn wo oder wie will er sich verbergen? Wenn nun zufällig der wahrhafte Lehrer und Erzieher hereinfällt, was muß er da alles ertragen!«

Der stoische Weise Epiktet sagt ganz präzise, daß nicht das Gewand den Zyniker ausmacht, sondern ein intellektueller Eid:

»Meine Vernunft ist für mich jetzt das, was das Holz für den Baumeister und das Leder für den Schuhmacher.«

Zynismus ist ansteckend, und zwar weniger durch die vorgetäuschte Unverschämtheit als durch die von ihm ausgehende Wahrheit. Alles ist offen! Nichts verborgen! Wenn das Denken die Materie ist, die er bearbeitet, dann ist sein Ziel, Licht ins Dunkel dieses Denkens zu bringen. Sein Bemühen geht auf geduldige und gründliche Beseitigung von Schatten und Staub. »Doch wie ist es möglich, ohne Hab und Gut, ohne Kleider, ohne Haus und Herd, im Straßenstaube, ohne Diener und ohne Heimat sich wohlzufühlen? Seht, Gott hat einen zu euch gesandt, euch durch sein Beispiel zu zeigen, daß es möglich ist. Seht mich an, ich habe kein Haus, keine Heimat, besitze nichts, habe keinen, der mir dient; ich schlafe auf bloßer Erde, habe weder Weib noch Kinder, nicht einmal ein Zelt, sondern nur die Erde und den Himmel und einen alten Mantel. Und was fehlt mir? Ich kenne weder Trauer noch Furcht, ich bin ganz frei. Hat jemals einer von euch gesehen, daß ich etwas gewünscht und nicht erreicht hätte? daß ich etwas hätte meiden wollen und wäre doch hereingefallen? daß ich mich über Gott und Menschen beklagt hätte? Habe ich je auf einen geschimpft? hat einer von euch mich mürrisch gesehen? Wie trete ich denen gegenüber, die ihr fürchtet und bewundert? Behandle ich sie nicht wie Sklaven? Glaubt nicht jeder, wenn er mich ansieht, seinen König und Herr zu sehen?« Die zerlumpten Gestalten, die die Gassen des kaiserlichen Rom bevölkerten, gaben sich selten lange so erhabenen Gedanken hin. Das schmeichelhafte Bild, das Epiktet zeichnet, hat seine Vorlage nicht in der Wirklichkeit, aber es läßt ahnen, daß es dem Straßenredner um etwas geht. Und das belegen denn auch die Ereignisse. Der Lehrer der philosophischen Schule gefällt sich darin, in der Schimpftirade und im Stock des Straßenphilosophen eine volkstümliche, ja sogar pöbelhafte Version seiner eigenen Einsichten zu erkennen. Der christliche Glaube der ersten Jahrhunderte sieht in ihm ein Werkzeug der Vorsehung. Der Freimut, mit dem der mittelalterliche Mönch zu Gott spricht, stammt aus diesen Niederungen, ebenso die »Parrhesia« (die freie Rede) – das Wort und die Sache.

In jeder Spielart des Zynismus findet sich ein Element von »Askese«, ein Element von Arbeit, deren Gegenstand der Arbeiter ist. Sie erinnert an den von Platon empfohlenen »Aufstieg« an einen Ort sonnenhafter intuitiver Erkenntnis. »Plötzlich stellt sich diese Erkenntnis ein, wenn die Suche lange Zeit sich darauf eingestellt hat.« Die Bettelphilosophen widerstehen den Privilegien, dem Ehrgeiz und den Ehren. Sie entwerfen die erste radikale Entfremdungstheorie, die sie auf die abergläubische Angst vor dem Tod gründen, auf die Abhängigkeit vom Gerede der Leute, auf die Abgeschlossenheit der Städte, auf die Besessenheit von materiellem Reichtum, auf den Wahn, sich als Ding zu sehen und als Ware einzuschätzen. Man hörte Diogenes sagen, »wenn er im Leben Steuermännern begegne und Ärzten und Philosophen, dann käme ihm der Mensch wie das verständigste unter allen Geschöpfen vor; wenn dann aber wieder Traumdeutern und Sehern nebst ihrem gläubigen Anhang oder Leuten, die sich auf ihre Berühmtheit oder ihren Reichtum wer weiß was einbildeten, dann erschiene ihm nichts erbärmlicher als der Mensch«. Selbst sein heißt, sich ganz gehören. Diogenes, der weder Sklave des Geldes noch des Ruhmes ist, ist größer als Alexander und glücklicher als der Perserkönig. Ein Zyniker »muß auch an seinem Körper zeigen können, daß eine einfache, schlichte Lebensweise in freier Natur auch den Körper nicht schädigt«.

Der zynische Weise will »die größte mögliche Erfahrung in Bewußtsein verwandeln« (Malraux). Die Schmucklosigkeit des Vagabunden verweist auf die Befreiung, in der der »Weltbürger« entsteht. Diogenes gibt ihm den Namen. Er war der erste, der sich als Kosmopolit ausgab. Indem ich weiß, was ich nicht bin, lerne ich, wer ich bin. Der noch ganz neue und schöne Held der Gewißheit »zieht die Nacktheit der purpurnen Toga vor«. Seine Ankündigung setzt eine seither nicht unterbrochene Bewegung in Gang. Der Weise nach der Art des Diogenes entledigt sich der Ängste und Unfreiheiten, er ist nicht unruhig.

Verrennt er sich? Vielleicht nicht. Von einer Zwiebel, die sich selbst schälen würde, bliebe tatsächlich nichts außer dem Akt des Schälens, in dem Gefühllosigkeit und Freiheit liegen. Zwischen dem Protest des Philosophen in der Tonne und der phänomenologischen Reduktion gibt es einen entscheidenden Unterschied: Es ist der zwischen Straßenhändler und Hochschullehrer. Sonst vielleicht nichts. Indem man die dogmatische Bejahung der Güter dieser Welt und der Welt dieser Güter in Klammern setzt, ist man sich der Welt weniger sicher als der Tatsache, daß man sie aus den Angeln heben kann. Diogenes fand im Bewußtsein der Sterblichkeit jene vorreflexive und geradezu vorhistorische Einsicht, die Husserl als inneres Zeitbewußtsein und Intentionalität unterschied. »Ins Theater ging er, wenn die andern ihm daraus entgegenströmten, und, nach dem Grunde gefragt, sagte er: ›So halte ich es grundsätzlich in meiner ganzen Lebensführung.‹«

Armut macht tugendhaft. Nichts Schwaches, Verneinendes, in schlechtem Sinne Negatives ist in diesem selbstbewußten und bejahenden Biß des »Ich bin«, der das »Ich zweifle« unterwegs nicht vergessen hat. Der Zynismus stellt gewiß kein Modell eines deduktiven Denkens auf; auch nicht das einer Lebensordnung. Er läßt sich an der Kreuzung aller Kreuzungen nieder, er stellt das Leben durch den Tod und den Tod durch das Leben in Frage. (»Schämt ihr euch denn gar nicht, mich zu tadeln, daß ich rückwärts gehe«, sagte Diogenes, der unter einer Säulenhalle rückwärts ging, »ihr, die ihr das ganze Leben lang rückwärts geht?«) Und die Theorie durch die Praxis. Und die Sachen hinter die Worte. Der Gründer Antisthenes war nominalistischer als der spätere Nominalismus; er lehrte, daß nur die einzelnen Worte einer Sache entsprächen. Sind sie in Sätzen verbunden, so sind sie weder wahr noch falsch oder beides zugleich; sie sind dann zu allgemein, um auf etwas Bestimmtes zu verweisen. Antisthenes war aber auch realistischer als jeder Realist; er sah nur das Pferd, ohne eine den Pferden gemeinsame Idee des Pferdes anzuerkennen. Das Sprechen dient dem Leben, nicht das Leben dem Sprechen. Das Leben dient einem bestimmten

Leben, dem des Sprechenden, dem des Angesprochenen. Ein Leben dient dem Augenblick, in dem man es lebt. Ich mache dir eine Szene und ich bin nichts als diese Szene. Sehen wir in diesem Ultra-Existenzialismus eine geistige Strategie, die ganz unerschrocken auf zwei Fronten zugleich kämpft, um die bloßen Erscheinungen und die verborgenen Realitäten nicht anzuerkennen, wohl aber das Erscheinen des einen im anderen. Es geht bei dieser Verspottung des feierlichen Gehaltes und des Jenseitsglaubens um den Anspruch auf möglichst viel Bewußtheit.

Der Zynismus kultiviert die Zweideutigkeit. Seine Geschichtsschreiber empören sich oder verfallen in Bewunderung – je nachdem, ob sie sein schwarzes Gesicht oder sein untadelhaftes Gegenteil betrachten. Diogenes – das ist Doktor Mabuse, aber auch der heilige Franz von Assisi: »Eine solche Philosophie, müssen wir sagen, widersetzt sich dem Vergleich mit den Lehrsystemen der großen Schulen ihrer Zeit. Das heißt nicht, daß sie nicht ihre eigene Würde hat. M. E. gehören ihre Grundideen zum menschlichen und geistigen Erbe des Westens. Man wird sich daher nicht wundern, wenn man sie da und dort im Hintergrund unserer Zivilisation findet. Ohne schon eine hypothetische Kausalbeziehung herstellen zu wollen, wollen wir doch hervorheben, daß die grundlegenden Imperative des antiken Zynismus – die innere Freiheit, der Geist der Unabhängigkeit, die Redefreiheit, die Infragestellung der gängigen Meinungen, der sozialen Ordnung und der etablierten Mächte, die ›Weltflucht‹, die Rückkehr zur Natur, der Kosmopolitismus – sich in verschiedenen Abstufungen unter den bewegenden Ideen finden, die anfangs das Mönchtum, die Bettelorden im Mittelalter, die Reformatoren des 16. Jahrhunderts und bestimmte Revolutionäre des 18. und 19. Jahrhunderts inspiriert haben. Man wird zugeben, daß diese Ideen keineswegs bestimmten in hohem Maße charakteristischen Bestrebungen der Gegenwart fremd sind«, bemerkt der Historiker.

Können wir – ohne zuviel hineinzuinterpretieren – den Ariadnefaden einer Kontinuität zynischen Denkens im Gang der Geschichte des Westens auffinden? Warum nicht. Ist Europa denn weniger einzigartig und eigenständig als die vielen Kulturen, die es in seinen Museen studiert? Der Mensch des 20. Jahrhunderts bezeichnet als griechische Kultur die Ereignisse in mehr als zwei Jahrtausenden, die auf die Linearschrift B bis zu den Neuplatonikern folgten. Er hat keine Bedenken, eine Textstelle der Ilias oder der Politeia durch einen Proklos-Kommentar zu beleuchten und sich so eine griechische Auffassung vom Menschen, von Gott, von der Polis oder der Weltschöpfung zurechtzulegen. Breschnew könnte eher ein Zeitgenosse Karls des Großen sein als Proklos ein Zeitgenosse Hektors. Auch wenn man äußerst vorsichtig ist bei der Bestimmung »Griechenlands« oder des »Westens«, läuft man doch Gefahr, einer doppelten und zähen Illusion zu erliegen: Mit der zeitlichen und räumlichen Entfernung verblassen die Unterschiede, mit der Nähe nehmen sie zu. Die optische Täuschung läßt schnell so etwas wie eine »griechische Welt« entstehen und lehnt eine zeitgenössische westliche Identität vorschnell ab. Dieses »Ich«, das niemandem ähnelt, spiegelt nur sich selbst – und seine Geschichte trägt dazu bei.

Der Zynismus ist mehr und weniger als eine Lehre: Eine Sammlung von Anekdoten, von Blitzaktionen, von geistreichen Bemerkungen, von auffälligen Verhaltensweisen, von Sprüchen zwingt den Historiker des Denkens dazu, die kleinen Szenarien dieser commedia dell'arte nachzuzeichnen. Zwecklos ist es, große Linien eines spekulativen und lehrsatzartigen Gerüsts nachzuziehen. Es gibt sie nicht, hier glänzt der Zyniker durch Abwesenheit. Den wissenschaftlichen Handbüchern gelingt es nicht, diese seltsamen Belanglosigkeiten zu klassifizieren. Sie fallen aus der Rolle und fangen an, Freud zu imitieren, der über seine Beziehungen zum Denken oder zur Psychopathologie des Alltagslebens Geistreiches von sich gab. Der Zyniker ist seriös auf Kosten des sich seriös Gebenden.

Das Paradoxe, Unstetige, Verstreute dieser Einstellung erledigt die falsche Fragestellung nach Genealogien. Im 20. Jahrhundert beruhigte man sich mit als endgültig angesehenen Meinungen über den schlechten Einfluß von Kino und Fernsehen auf minderjährige Kinder und von Büchern auf sogenannte Erwachsene. Die Klagen, die das Kino betreffen, gehen auf das populäre Kino (das »Nickel Odeon« der zwanziger Jahre) zurück; die Klagen über Bücher lassen die Befürchtungen bei Erfindung der Druckkunst wieder aufleben. König Franz I. verbot deswegen zwei Jahre lang jede Veröffentlichung in seinem gesamten Reich. Heutzutage werden manchmal ganze Bibliotheken zerstört. Lassen wir die Pädagogen gegen die Bilder wettern, die sie als Kinder einst wie jedes andere Kind auch anschauen mußten, was keine weitere Folgen nach sich zog. Ein Buch wird nur einmal gedruckt, auf Papier. Das Papier druckt sich nicht selbst. Die Gehirnzellen sind komplexer als der Fernsehschirm oder weiches Wachs. Der Leser oder Zuschauer findet nur das Vorbild, nach dem er sich richten *will*. Mit der Anmut des Gottes Pascals flüstert jedes Buch ihm zu: Du würdest mich nicht suchen, wenn du mich nicht schon gefunden hättest.

Die Wirkung einer Philosophie hängt nie davon ab, daß sie von einem Lehrer auf einen Schüler übergeht. Der Zynismus läßt sich im übrigen keineswegs als »Lehrstoff« fassen. Hegel und Marx verstärken die pädagogische Illusion, sie erwecken den Eindruck eines strategischen Zusammenhangs. Der Europäer, der wie sie auf die Zeitumstände – Revolution, Krieg, Nationalstaatsbildung – reagiert, könnte ihnen die Vaterschaft eines Verhaltens zuschreiben, dem sie lediglich zum Ausdruck verhalfen. Eher können uns Kerzen begleiten als Leuchttürme lenken. Wenn wir diese verherrlichen oder verwünschen, vergessen wir die Hand, die die Fackel trägt, das Herz, das ähnliche Gedanken hegt. Jede Zensur ist nutzlos und schwachsinnig. Sich in der Philosophie umtun heißt nichts anderes, als sich vor einem geöffneten Buch Fragen zu stellen und nach eigenem Ermessen zu einer Entscheidung zu kommen.

Die meisten Denker verteidigen sich nicht gut gegen die Gutwilligen, die sie auf akademische Traditionen reduzieren. Platon läuft Gefahr, als Platoniker beerdigt zu werden, und

Descartes als Cartesianer. Diogenes (wie Sokrates und Montaigne) scheint immun. Der Zynismus ist nicht ein »Diogenismus«. Da er mehr Lebensform als Lehre ist, läßt er sich nicht dogmatisieren. Und wenn schon, kommt nur Zweideutiges heraus. Das zeigt der berühmte Machiavellismus, der dem Fürsten beibrachte, das Volk zu betrügen, und dem Volk, daß der Fürst immer betrügt. Machiavelli suggeriert dem Tyrannen Demagogie, dem Republikaner Mißtrauen. Er macht die Pädagogik zunichte und fordert dazu auf, die Wirkung seiner Aussagen anderswo zu suchen. Sokrates, Diogenes und alle »Moralisten« zeigen, daß in der offiziellen Lehranstalt keine philosophische Diskussion stattfindet. Dauerndes Zitieren hat mit intellektueller Auseinandersetzung nichts zu tun.

»Das ist ungefähr wie so Mancher diejenigen für Philosophen hält die vom Katheder docieren oder Bücher schreiben. Die jeden Tag in Handlung und Wirksamkeit hervortretende Politik und Philosophie bleibt ihnen verborgen. Nur die welche in einer Halle auf- und abschwenken, meint man, gehen spazieren, wie Dikäarch bemerkt, nicht mehr die welche aufs Land oder zu einem Freunde gehen. Und wie mit der Philosophie so ist es auch mit der Staatskunst. Sokrates trieb Philosophie ohne Bänke aufzustellen, ohne einen Katheder zu besteigen, ohne sich an eine bestimmte Stunde des Unterrichts oder Spaziergangs mit seinen Schülern zu halten, er that es wie es kam, beim Spiel, beim Gelage, im Feldlager, auf dem Markte, am Ende sogar im Kerker und mit dem Schierlingsbecher in der Hand. Er hat zuerst gezeigt, daß die Philosophie sich mit jeder Zeit, Lage, Stimmung und Beschäftigung des Lebens vertrage.«

Ein Individuum reagiert auf die Ereignisse um sich herum mit *Mut* oder Trägheit, übertrieben oder *maßvoll*, verbindet die Offenheit der Entscheidungssituation mit praktischer *Klugheit (prudentia)* oder auch nicht, ist bestrebt, seiner Umgebung *gerecht* zu werden oder setzt sich mit Verachtung über sie hinweg. Die Alten bezeichneten das Feld dieser Entscheidungen mit »Sitten«, die geforderten Befähigungen als »Tugenden«. Eine modernere und aufwendigere Lesart beschwört die »exi-

30

stentiellen Dimensionen der condition humaine«. Die verschiedenen philosophischen Schulen haben wenig Einfluß über ihre Lehre hinaus – ihre Bedeutung für die Gewohnheiten liegt in den Strategien und Verhaltensweisen, auf die sie sich berufen (und die sie bekannt machen). Jede Schule bringt auf ihre Weise zum Ausdruck, wie wir dem Unerwarteten begegnen sollen, und gibt ihre Deutung des Satzes »Ergreife die günstige Gelegenheit«, die es dem Pittakos, einem der Sieben Weisen, gestattete, den allgemeinen Rahmen der Diskussion abzustecken. Gewohnheiten und Tugenden sind nicht geometrisch festgelegt. Eine Philosophie, soweit sie für uns kennzeichnend ist, steckt in uns, meist implizit und ganz prosaisch. Sie bestimmt unseren Bezug zur Welt, im Leben und im Tod. Sokrates gab als seinen Beruf an: »Was gut und was schlecht in den Häusern ist auskundschaften«.

Tugenden und Gewohnheiten lassen sich in den schwankenden Gestalten, übertriebene Reflexe unserer eigenen Unruhe, wahrnehmen. Die Verfechter starker Überzeugungen schließen daraus, daß die Philosophie aus einer Epoche der Dekadenz stammt, in der die unerschütterlichen Dogmen und die traditionellen Verhaltensmuster ins Wanken geraten sind. Ihre kräftige Analyse, die stimmt, zeigt, daß der Westen nur Epochen der Dekadenz kannte. Philosophie entsteht, wenn die Tugenden zum Problem werden, und das, was wir als Tugend bezeichnen, ist immer ein Problem. Als Sokrates Laches fragte: »Was ist Mut?«, zitierte er nicht einen kühnen und alten General vor das neue und respektlose Tribunal der Philosophie. Ein Zweitrangiger fragt seinen Chef. Dieser ahnt, daß er – wenn er nicht antwortet – es trotz seiner Höherrangigkeit – wie ein Soubise der Antike – riskieren würde, am folgenden Tag seine Soldaten mit der Laterne suchen zu müssen. Philosophiert, philosophiert, rät der Zyniker Krates, »daß man endlich sieht, daß die Feldherren nichts als Eseltreiber sind«.

Die Griechen führen ihren Sieg über die Perser darauf zurück, daß sie nicht mehr wie Tiere in knechtischem Gehorsam gegenüber den Mächtigen und der Tradition kämpfen

31

wollten. Wenn Sokrates und Diogenes die Tugenden hinsichtlich ihrer Wahrheit in Frage stellen, haben sie diese Frage nicht erfunden, sie haben sie nicht in den gesunden Leib einer zufriedenen Gesellschaft eingeschmuggelt. Sie haben nicht darauf gewartet, daß eine Dekadenz hereinbreche, in der sie wie Parasiten leben könnten. Vor ihnen fragte sich Achill, ob er es mit seiner Tapferkeit vereinbaren könne, die Belagerung Trojas aufzugeben oder Agamemnon nachzugeben. Ohne Mut zur Frage wäre er nur ein Großmaul gewesen. Das bezeugen die Historiker und Tragiker, ebenso die Dichter und die einfachen Soldaten. Was macht Tapferkeit und Liebe nicht zu einem Trug? Die Geschichte des Westens verknüpft seit Jahrtausenden die Tugenden mit der Wahrheit. Und sie setzt diese Verbindung in der ganzen Welt durch, die so die Wirkungen einer im ausgezeichneten Sinne philosophischen, gelegentlich subversiven Frage zu spüren bekommt: Sind wir Esel?

Solschenizyn stellt angesichts des Tyrannen nicht die Frage nach der Barbarei Stalins, sondern stellt sich selbst in Frage. Die Ursachen des Stalinismus liegen weniger in Stalin als in seinem eigenen Innern. Er spürt sie bei allen auf, die so tun, als leisteten sie Widerstand, und läßt keinen Antistalinisten aus, ob es nun Bucharin ist oder irgendein beliebiger Einwohner New Yorks. Von den alten Griechen bis hin zu den sowjetischen Dissidenten läßt sich ein unverbesserliches demokratisches Vorurteil verfolgen, das unaufhörlich die Geschichte der Großen mit der Geschichte derer, die sie über sich groß werden lassen, verbindet. Plutarch – Shakespeares und Montaignes Quelle – unterscheidet zwei Weisen von Rechenschaftsberichten. »Denn ich schreibe nicht Geschichte, sondern zeichne Lebensbilder, und hervorragende Tüchtigkeit oder Verworfenheit offenbart sich nicht durchaus in den aufsehenerregendsten Taten, sondern oft wirft ein geringfügiger Vorgang, ein Wort oder ein Scherz ein bezeichnenderes Licht auf einen Charakter als Schlachten mit Tausenden von Toten und die größten Heeresaufgebote und Belagerungen von Städten.« Die offensichtliche Bescheidenheit dieser Präferenz Plutarchs sollte uns nicht in die

Irre führen. Es geht ihm um das Wesentliche. Das »Leben« der berühmten Männer zeigt, wie sie die »Gelegenheit« ihren Lastern und Tugenden gemäß ergriffen haben. Sie sind berühmt, aber sie leben auch. Sie leben ihr Leben mit den Fähigkeiten, die jeder hat, in Umständen, die nicht alltäglich sind.

Der westliche Mensch ist listig, wenn er sich seine Geschichte zurechtlegt. Befreit von der Hypothese eines astronomischen Mechanismus, der sich in den Kulissen der Weltbühne dreht, und das menschliche Tun und Treiben außer acht läßt, ist er andererseits noch nicht in der Lage, dem Computer die Sorge für eine risikofreie Strategie anzuvertrauen. So erschafft er sich selbst angesichts des Unvorhersehbaren, angesichts unberechenbarer und durchaus störungsanfälliger Fähigkeiten und Mängel. »Denn es gibt doch noch einen Unterschied zwischen Tapferkeit und Tapferkeit – wie der des Alkibiades gegenüber der des Aristeides – und zwischen Gerechtigkeit und Gerechtigkeit – wie der des Numa, verglichen mit der des Agesilaos. Bei jenen Männern aber zeigen die hervorragenden Eigenschaften bis in die letzten, nicht mehr teilbaren Differenzierungen ohnehin einerlei Gepräge ..., daß das Instrument eines sehr feinen Urteilsvermögens vonnöten wäre, um Unterschiede zu erkennen und aufzuspüren.« Nicht im Lehrsaal, sondern in der Moral der Leute oder im Fehlen jeglicher Moral zeigt sich – wenn überhaupt – die Wirkung der Philosophien, seien sie explizit oder implizit, öffentlich oder geheim; niemals sind sie nur das eine oder das andere. Daher ist auch der Zynismus eine Philosophie.

Unter den Schülern des Nachfolgers von Diogenes war ein junges Mädchen aus gutem und reichem Hause, Hipparchia. »Sie schwärmte für des Krates Lehren und Lebensweise, völlig unzugänglich für die Bewerbungen ihrer Freier und völlig gleichgültig gegen ihren Reichtum, ihre hohe Geburt, ihre Schönheit. Mit Leib und Seele gehörte sie nur dem Krates. Sie drohte sogar ihren Eltern, selbst Hand an sich zu legen, wenn man sie ihm nicht gäbe. Krates, von den Eltern aufgefordert, das Mädchen von ihrem Vorhaben abzubringen, gab sich die erdenklichste Mühe. Schließlich, als es ihm nicht gelang, sie zu überreden, erhob er sich, legte alles, was er bei sich trug, vor ihren Füßen nieder und sagte: ›Hier steht dein Bräutigam, dies ist seine Habe, danach fasse denn deinen Entschluß‹, denn er würde nicht mit ihr in Gemeinschaft treten, wenn sie nicht seine Lebensweise völlig mit ihm teile. Das Mädchen entschied sich alsbald, legte die gleiche Kleidung an wie er, zog mit ihm herum, wohnte ihm im Freien bei und ging mit ihm zu den Mahlzeiten.« Dem »der Atheist« genannten Theodoros, der sich über sie lustig machte, hielt sie entgegen: »Aber du glaubst doch nicht etwa, daß ich mir selbst übel damit gedient habe, wenn ich die Zeit, die ich auf den Webstuhl hätte verwenden sollen, einer tüchtigen Geistesbildung zugute kommen ließ?«

Letztes Abenteuer
des federlosen Zweibeiners

Einige Jahrhunderte vor Christus bevölkerten zahllose Gammler Athen. Ihre Erkennungszeichen waren Sack und Mantel, sie lebten im Freien, auf den öffentlichen Plätzen. Sie gaben sich als Philosophen aus, auch einige Söhne aus bestem Hause waren unter ihnen. Unter freiem Himmel feilten sie an ihren Gedanken und kratzten an denen ihres Nachbarn. Mit ihrem Lärm stießen sie seriöse Zuhörer ab. Dieselbe Ratlosigkeit schwebt allerdings auch über den Karteikästen der Bibliothèque nationale oder des British Museum, sobald ein Forscher eine definitive Überzeugung zu formulieren sucht. Den Thesen und Lehrmeinungen folgen eine Unzahl von Kommentaren, es gibt so viele Platonismen wie Platoniker und Antiplatoniker. Die typische Bibliomanie läßt selten nach. Jede Interpretation ist eine geistige Anstrengung wert, man läßt fremdes Denken in sich nachhallen, die Texte führen unter sich ein Gespräch, in dem Unverständnis und falsche Auffassung ununterbrochen ihre Akzente setzen. Es gibt nichts Ungenaueres als Aristoteles' Kommentierung von Platon, Kants Deutung von Descartes und Hegels Deutung seiner Vorgänger. Die Historiker haben ständig damit zu tun, die zahllosen Fehler nachzuweisen: Aber aus diesem Gespräch mit dem Gegenüber entstehen Gedanken, die sich aneinander reiben, sich durch die gegenseitige Ungerechtigkeit hindurcharbeiten.

Der erste Gründer einer Schule, Platon, trägt öffentlich einen Beweis vor: Was ist der Mensch? Er führt im Kreis der jungen Akademieangehörigen aus: Der Mensch gehört der Tierwelt an, zur Spezies der Zweibeiner. Der spezifische Unterschied ist: Er ist ein federloser Zweibeiner. Die Zuhörer stimmen zu, der

Zyniker Diogenes läßt ein Huhn mit gestutzten Flügeln in den Kreis laufen: »Platon, das ist dein Mensch!« Die Geschichte berichtet noch, daß der Meister es für angebracht hielt, seinen Beweis zu vervollständigen. Er fügte dem idealtypischen Zweibeiner »flache und große Nägel« hinzu. Das zeigt, daß er den Einwand mit dem gerupften Huhn nicht als ganz und gar unsinnig abtat.

Erstes Bild

»Wie der Atem seiner Ahnen
die Kerze ausblasen will
(dank der die Zeichen
des Zauberbuches vielleicht fortwirken) –
ruft er: ›Noch nicht!‹ «

Die Brutalität des Diogenes macht auf eines jedenfalls aufmerksam: Der Weise ist ein Genießer. Die Schüler sind mit den Einzelheiten einer Überlegung befaßt, jeder klopft in aller Unschuld die Definition, die der Weise ausspricht, ab – ich denke das, was du bist, du bist das, was ich denke. Diogenes hat es nicht auf den Vertreter einer Lehre, den historischen Platon und den Platonismus, abgesehen, sondern auf den Unsinn, der in jeder Lehre steckt. Wenigstens soll man nicht, wozu Aristoteles neigt, jene Paranoia Platonismus nennen, die den Menschen mit seiner Definition zu erfassen meint: Es ist dieselbe, die Descartes Aristoteles unterstellte und die Hegel im »Ich denke, also bin ich« des Descartes wiederfand und Marx im Hegelschen Idealismus; jene angeborene Krankheit also, die auch ihn selbst kaum verschonte. Diogenes braucht nicht die Zukunft zu kennen, um die intensive Genußsucht dieses »Platon« zu erkennen, eines Hohepriesters der Worte, der, um seine Beute einzufangen, alle Kräfte anruft, die die indoeuropäischen Mythologien der großen königlichen Magie zur Verfügung stellen, die die Institutionen der Gesellschaft begründen soll. Wer es unternimmt, den Menschen zu definieren, atmet Luft vom höchsten Gipfel.

Der Platon dieser Narrengeschichte setzt bekanntlich Überlegungen über die »Situation des Menschen in der Welt« in Gang, die man nie zu Ende spinnen wird. Der Platon der Philosophiegeschichte hat uns ins Detail gehende und des Humors nicht entbehrende Beschreibungen überliefert, wie man den Menschen in Teile zerlegt. Man geht vom allgemeinsten Gesichtspunkt aus, von ganz oben: von allem, was ist. Dann wird unterteilt: alles was belebt, alles was nicht belebt ist. Jedes Lebewesen lebt wild oder in Gemeinschaft. Jede Herde lebt im Wasser oder auf der Erde. Was auf der Erde lebt, hat vier oder zwei Beine. Zwei Beine, federlos – das ist der Mensch. Es wimmelt von Varianten. Das Vorgehen bleibt das gleiche, es erhebt das letzte Glied in der Kette alles Seienden, den »Menschen«, zum einzigen Gegenstand unserer Forschung. Die ganze Welt hat sich verschworen, ihn zu bestimmen.

Bei der Vorführung der Maschinerie, die das Universum um den Zweibeiner kreisen läßt, versäumt Platon nicht zu erwähnen, daß unseren Helden ein Schwindelgefühl erfassen kann. Ein Schüler, der in aller Eile die Einzelschritte zu überspringen wünscht, will mit einem Satz die Teilung vornehmen: auf der einen Seite das Menschengeschlecht, auf der anderen Seite die Tierwelt. Der Pädagoge warnt ihn vor diesem naiven Rassismus: »Nun, du wackerster unter allen Leuten, so etwa wäre es doch, wenn es noch ein anderes vernünftiges Lebewesen gäbe, wie zum Beispiel den Kranich. Das ginge dann vielleicht bei der Namengebung ähnlich vor wie du: Es stellte die Kraniche als die eine Gattung den übrigen Lebewesen gegenüber und wiese der eigenen den Ehrenplatz zu, die anderen aber nähme es, zusammen mit den Menschen, in dieselbe Gruppe und bezeichnete sie vermutlich nicht anders denn als Tiere.«

Der Kranich zeigt die professionelle Deformation des Definitionsautomaten. Er erregt sich, drischt das leere Stroh seiner Vorurteile, dreht sich um sich selbst und erzeugt die Illusion, daß er die Welt ums Ich drehen läßt. Alles geht mich an, nichts entgeht mir – die reinste Paranoia: »Durch zahlreiche Vorgänge in der Umgebung, die die Aufmerksamkeit der Kranken erregen, werden unangenehme, für uns *kaum verständliche Gefühle wachgerufen*. Der Vorgang belästigt, berührt sie. Manchmal ist ›alles so stark‹, klingen die Gespräche ›zu scharf in den Ohren‹, manchmal irritiert sie auch ohnedas jedes Geräusch, jedes beliebige Geschehen. Immer ist es so, als ob es *gerade auf sie abgesehen* wäre. Schließlich ist den Kranken dies vollkommen deutlich. Sie ›beobachten, daß man über sie spricht, daß gerade ihnen etwas zum Tort gemacht wird. In urteilsmäßiger Formulierung entsteht aus diesen Erlebnissen der Beziehungswahn.‹«

Zu Beginn (Input) setzt man alles aufs Spiel, und am Ende kommt nach einem komplizierten Verfahren (Output) der fertige Mensch heraus. Der Westen verfügt über einen riesigen Park solcher Paranoia-Maschinen. Einige sind berühmt – Epen über die Natur, die den ganzen Raum erfassen (Kosmogonien, *De rerum natura*), Geschichtsepen, die die ganze Zeit erfassen (Von der Gottesstadt, *De civitate dei*, die 120 Tage von Sodom, die Phänomenologie des Geistes). Anderswo, wo es bescheidener zugeht, verschlingen zahllose Erziehungsmaschinen das für amorph oder polymorph gehaltene Junge und spucken es vollkommen zivilisiert wieder aus. Jedes Programm hat nur den Nachteil, daß es aus einer Unmenge von Angeboten von Apparaten mit dem gleichen Zweck ausgewählt ist. Der Gesichtspunkt des Kranichs ist verrückt, nicht wegen seiner Inkohärenz, sondern weil er zu kohärent ist. Einen Paranoiker überrascht nichts wirklich. Nicht einmal ein anderer Paranoiker. Er wird dann sagen, daß es »ihm« nur gelungen sei, »mich« zu definieren. »Der Narr ist keineswegs ein Mensch, der seinen Verstand verloren hat. Er ist der, der alles verloren hat außer seinem Verstand« (Chesterton).

Zweites Bild
Szenen der Menschenjagd

Diogenes setzt dem Wahn Platons mit einem anderen Wahn ein Ende: Hier ist dein Mensch! Er sagt es und quält ein Huhn. Waffen des Geistes, Geist der Waffen – eine grausige Verwandtschaft. Er setzt Platons Denken um, und genau dadurch weist er es zurück. Er exekutiert die Definition an einem Körper, er verbindet Theorie und Praxis und schaut die Welt mit desillusionierten Augen an. Er ist Zyniker, weil er Aktionist ist, und Aktionist, weil Zyniker. Man sagt, daß Diogenes gefangengesetzt und verkauft wurde. Man fragte ihn, was er könne. Er antwortete: »Kommandieren«, und fuhr den Sklavenhändler an: »Frage, wer einen Herrn kaufen will.« Die Militärs scheinen manchmal Zyniker zu sein. Der Zyniker sieht sich im Grunde als Krieger, er will frei und scharf sein. Diogenes entlockte seinem Messer eine zweite Funktion des indoeuropäischen Pantheon (vgl. Dumézil). Es ist, als ob die mythologischen Hierarchien in ihrem Verblassen die paranoide Magie des Denkers der Schizophrenie des Soldaten gegenübergestellt hätten.

Das Ganze wird kompliziert. Jeder entdeckt, daß er auf der Welt allein ist, dem anderen gegenübergestellt. Der Krieger klärt den Denker auf: Ich zeige dir ausschließlich, was du machst. Mit den ganzen Negationen erreichst du nur, daß der Mensch auf dem Grund der Welt in Stücke zerlegt wird. Er ist nicht unbelebt, weder Vierbeiner noch Vogel ... Das Messer, das ich zu guter Letzt ansetze, hattest du die ganze Zeit über in der Hand. Ich bin nicht der, der eine Definition träumt. Ich setze sie um, schöpfe sie aus, ich bin der sich selbst mit seiner Definition setzende Unterschied.

Der Denker nimmt sich Zeit für seine Antwort. Wer manipuliert hier wen? Ist es nicht der, der zuerst aufklärt, der Definierende, dessen lange Übung den Menschen befreit? Was wüßte der andere – der Definierte, der befreit wurde – von seiner neuen Freiheit, wenn es nicht den ersten Akt gäbe, wo ein Denker-Pygmalion auf eine Skulptur mit Messerhieben ansetzte? Nichts gibt es, was ich nicht weiß, kein Detail lasse ich unberücksichtigt, spiele alle Unterscheidungen aus, *omnis negatio determinatio est.* Wenn der Krieger schließlich seine Waffe gegen den Denker hebt, so setzt er hinter einen überlangen Satz einen Schlußpunkt. Nach der ausführlichen Definition ergreift der Krieger das Wort, ohne daß er wüßte, was er hinzufügen könnte – der Triumph von Denken und Musik liegt im Schweigen, das auf sie folgt.

Der eine denkt, der andere krönt den ersten. Diogenes und Platon gehören wie der Athlet und der Schwächling zueinander, man muß sie zusammen sehen, sonst versteht man nichts. Sie sind verbunden wie Herr und Knecht, die Matrone und das liebliche Kind an ihrer Seite, ein feinsinniger Intellektueller und ein Grobian. Wenn sie sich gegenseitig auf die Nerven gehen und gemeinsam der Lust frönen, nennen Psychiater und Analytiker sie »perverse Paare«.

Drittes Bild

Sonnenbad

Diese Szene bringt einen Zivilisationsveränderer. Man lernt hier den Indoeuropäer kennen, man wird zum Griechen (später zum Europäer). Die Wortmagier, die Kriegsgötter und die Helden, die große Taten vollbracht haben, bringen es im Universum der Mythologien schließlich so weit, sich Wissen, Kraft und Sexualität aufzuteilen. Worum es Platon und Diogenes geht: Es gibt drei Akteure, aber nur einen einzigen Platz. Zwischen Tier und Gott machen sich der Mann des Wortes und der Mann des Schwertes den gemeinsamen Mittelpunkt streitig, wo der ewig Gerupfte hin und her stolziert. Den allmächtigen Alexander lehrt Diogenes diese neue Ortsverteilung; Alexander will ihm geben, was er sich wünscht, und handelt sich dafür das berühmte »Geh mir aus der Sonne« ein. Unter der Sonne des Westens ist Platz für alle in gleicher Weise, und es gibt keinen Grund, ihn idyllisch zu nennen.

Offensichtlich sind die zivilisierten Staaten rund um das Jahr 2000 nicht darauf vorbereitet, mit dem Virus des Zynismus fertigzuwerden, der darin besteht, daß die Definition des Denkers mit Soldatengewalt erledigt wird, daß der Vormarsch der Eroberer mit intellektueller Selbstgefälligkeit zurückgewiesen wird, daß man am hellichten Tag mit der Laterne in der Hand herumgeht und immer wieder sagt: »Ich suche einen Menschen«. Da die Bauern, die Soldaten und die professionellen Denker nicht an ihrem Platz bleiben, da sie die Rollen und Funktionen tauschen, kommt es zu Verstopfungen, Unfällen und unentwirrbaren Hindernissen im Verkehr. Das Risiko eines tödlichen Immobilismus? In erster Linie für die anderen. Die *force de frappe* des Westens liegt nicht darin, daß er Überzeugungen weitergibt, die er ja nicht gerade im Übermaß hat, sondern daß er eine Leichtfertigkeit verbreitet, die die angrenzenden Kulturbereiche destabilisiert.

Diogenes will nichts verheimlichen. Er masturbiert öffentlich. Er hat Anspruch auf den Lorbeerkranz für Aufrichtigkeit, auch wenn man ihm nur einen Palmwedel für dekadenten Exhibitionismus verleiht. Eine Zivilisation, die ihren Alkoholismus und ihre Sexparties ausposaunt, setzt sich über die hinweg, die die Anklage erheben, verführt worden zu sein. Entweder es ist nicht wahr, daß sie andere verführt und von Lügnern umgeben ist. Oder aber es stimmt, und die Zivilisationen, die sich verführen lassen, verdrängen so lange, bis sie selbst in Versuchung geraten, denselben Lastern zu frönen und noch dazu dem Laster, sie kaschieren zu wollen.

»Platon« und »Diogenes« werden sich nie verstehen. Diese Eroberer haben sich darauf geeinigt, ihre Bühne im theoretischen Mittelpunkt jeden Geschehens aufzuschlagen. Ich definiere den Menschen von Anfang an, ich weiß alles, sagt der eine. Ich kann alles, der andere. Das Paar hat sich gefunden, und die Partner denken nicht daran, sich zu ändern, bis sie das Gefühl haben, alle Möglichkeiten zu erschöpfen, wenn jeder im anderen das Gegenstück seiner eigenen Perversion entdeckt.

Viertes Bild

Eine Computerpanne

Zweitausendfünfhundert Jahre lang wurde versucht, die Definition des Menschen zu vervollkommnen. Man fügte nicht nur die flachen Nägel, auch den lateinischen Verstand *(ratio)*, ein jüdisch-christliches Freiheitsgefühl und eine sozialistische Rolle im Produktionsprozeß hinzu. Keine dieser Identitäten entzog sich Angriffen. Selbst die, die darin ein Modell erblickten, brachten sich wegen der endgültigen Unterschrift um. Darum muß man alle, denen an guten und festen Formen gelegen ist, enttäuschen. Sie beginnen zu ahnen, daß Aristoteles recht hatte: Wenn es kein »Lebewesen im allgemeinen«, unabhängig von den Lebewesen, gibt, wenn es nicht »den Menschen« an sich, unabhängig von diesem oder jenem Individuum, gibt, so erkennt man die »Unmöglichkeit, Individuen zu definieren«. Ist das nicht die Moral unserer kleinen Szene: Der Mensch ist ein lustiger Vogel, der jeden Versuch einer Identifizierung vereitelt.

Soll man nun – wie beispielsweise Locke – bescheidene »beschreibende« Definitionen (der Mensch als Zweibeiner usw.) von starken »eigentlichen« Definitionen, die angeblich etwas über das Wesen aussagen (Vernunftwesen Mensch), unterscheiden? Die Fähigkeit eines Nominalisten enttäuscht genauso wie die des Substanz-Philosophen, ein Lebewesen in seine eigenen Kategorien zu zwingen.

Ein gewöhnlicher Fehler der Logik birgt eine unbemerkte Falle in sich. Eine Wagenladung Negationen scheint den Menschen zu bestimmen. Alles, was er nicht ist, muß herhalten: die Natur, das Tier, sogar der Engel, geschmückt mit Seelenflügeln und dem Gefieder der Gottheit. Der Wagen fährt los, er hat eine bestimmte Richtung: Man muß etwas definieren, einen Vetter des Affen oder einen Bastard Gottes. Stellen wir uns einen Augenblick lang folgendes vor: Was die Menschen von anderem unterscheidet, sei dasselbe, wodurch sie sich voneinander unterscheiden. So würde der Mensch das Tier genauso töten wie einen anderen Menschen. Er herrscht über die Natur und über seinen Nächsten in gleicher Weise. »Gewöhnlich gehe ich davon aus, daß zwischen diesem und jenem Menschen mehr Unterschiede bestehen als zwischen einem bestimmten Tier und einem bestimmten Menschen« (Montaigne). Unsinn! Diese Deduktion geht nie auf – entweder sie geht ins Unendliche oder sie zehrt sich selbst auf. Wenn alles, was nicht Mensch ist, aufs Schafott der Negationen gezerrt wird, so sind bald auch andere Menschen dabei. Es gibt eine Faszination des Definierens: Die Definition stellt in Aussicht, daß das, was die Menschen untereinander unterscheidet (Gewalt, Herrschaft), weniger zählt als das, wodurch sie sich von anderem unterscheiden. Das »Neue Christentum« der Anhänger von Saint-Simon präzisiert das zweitausendfünfhundert Jahre vorher erlassene Dekret, das die Herrschaft über die Dinge an die Stelle der Herrschaft der Seienden zu setzen beabsichtigt. Das ist der Traum der Sterblichen: Die Partien, die sie gegeneinander spielen (strategische Spiele), sind nichts im Vergleich zu denen, die sie zusammen der Außenwelt liefern (Spiele gegen die Natur). Ich sage »die Menschen« – und schon habe ich im Geist Ausbeutung und Unterdrückung des einen durch den anderen abgeschafft (ich spreche die Sprache der Moralisten in der Politik). Man muß sich nur noch um die Verwaltung des Nicht-Menschlichen kümmern (die Techniker haben das Wort!)

Wir definieren uns. Die offiziellen Erkennungsmerkmale – flache Nägel, die Fahne, Thron und Altar, Hammer und Sichel, Halbmond, eine Kalaschnikow – kann man holen, wo man will. Wenn die Differenzen nicht mehr gelten, sind sie für uns ohne Bedeutung. »Flache und harte Nägel«, das Unterscheidungsmerkmal wird zum Symbol unserer eigentlichen Unbestimmbarkeit, ein reiner Trick des Definierens, dessen Leichtigkeit seine Stärke ausmacht. Nichts von außen kommt hinzu, wir kommen ans Ziel, wir sind in geschlossener Gesellschaft. Wer sich in seinem besonderen Menschsein zurechtfinden will, läßt die Nägel wachsen, bemalt sie, läßt sie schmutzig werden oder schneidet sie. Sie fügen dem Geheimnis des modernen Fetisch, der ständig als Dementierung unserer Trennungen wirkt, wenig hinzu. Ob Peitsche oder Stiefelette – was mich erregt, das soll dir gefallen. Meine Erregung macht uns zu Partnern in einem Kampf, der an sich lächerlich ist, der aber der Ort ist, an dem die sexuellen und sozialen Differenzierungen schwinden. Im »Tagebuch einer Kammerzofe« tritt ein Kammermädchen in den Dienst eines Provinzbürgers, der ihr einige besondere Bedingungen ankündigt: »Verstehen Sie, mein Kind, ich bin ein bißchen sonderbar. Eigenheiten sind doch in meinem Alter erlaubt, nicht wahr? Sehen Sie, ich finde es zum Beispiel ungehörig, wenn eine Frau ihre Stiefel putzt, und niemals lasse ich es zu, daß sie die meinigen säubert. Ich schätze nämlich die Frauen sehr hoch, und deshalb kann ich es nicht dulden … Ich, mein Kind, werde Ihre kleinen lieben Schühchen putzen …« An einem Morgen starb Monsieur. Mit den Zähnen hielt er eins der »Schühchen« fest, so daß es ganz verunstaltet war … Monsieur war ein europäischer Fetischist, Monsieur starb mit einem Stück Menschheit zwischen den Zähnen.

Menschlich. Ist das männlich oder weiblich? Sache des Kopfes oder des Armes, Speck oder Schwein? Beides, mein Lieber. Keins von beiden, warum dann nicht eine Stiefelette? Der westliche Fetischismus bestand nie darin, ein Objekt anzubeten, sondern darin, den Reiz der Selbstdefinition und die Lust, ihr Vater und ihre Mutter zu sein, zu genießen.

Fünftes Bild

»Diese Erzählung wendet sich an das
Verständnis des Lesers,
das selber die Dinge in Szene setzt.«

Stellen wir uns vor, daß »Platon« Erfolg hat, Beifall erhält, gewinnt, über jeden Zweifel erhaben ist und ans Ende seiner Definition gelangt ist. Die gelehrte Deduktion nimmt den Deduzierenden ganz gefangen. Zum Schluß verströmt sie wie ein magischer Reflex, wo Dr. Jekyll sich in Mr. Hyde auflöst. Der Mensch ist alles und er ist der, der das ausspricht. Der in seine Idee verliebte Denker versinkt wie ein neuer Narziß in der Begegnung.

Diogenes rettet ihm auf seine Weise das Leben, indem er das Federvieh, das die gelehrten Unterscheidungen nicht beachtet, frei laufen läßt. Dein Testament ist noch nicht gemacht, es gibt noch einige Begriffe zu denken. Diogenes propagiert eine Nicht-Definition, die ähnliche reflexive Eigenschaften hat wie eine Definition. Sie stützt sich auf die Definition, die sie abbricht. (Immer gibt es ein Messer, um deine Definition zu vierteilen, die Arbeit ist noch nicht fertig; man wird nicht fertig mit ihr.) So kurz das Stück auch ist – nur Beckett gelingt die intensive Kürze der Auseinandersetzung zwischen Diogenes und Platon – das Stück ist fertig, da jeder Akteur in den anderen seine Grenzen findet. Platons Wahrheit ist es, daß er nicht Diogenes ist – und der wiederum kann nicht Platon sein. Keinem der beiden gelingt es, die gerupfte Henne wieder einzufangen, die der Komödie ihre Richtung gibt. Der Weise, der Zyniker und der Einfältige brauchen sich nur in einer Geschichte »voll Lärm und Unruhe ...« anzuschauen. So ineinander verzahnt machen sie das Theater im Westen aus, so, wie die drei Funktionen von Dumézil das indoeuropäische Pantheon organisieren. Ihre neuartige und für alle ersichtlich szenische Komplementarität führt, eher als die verborgene Struktur eines erbaulichen Mythos, zu einem offensichtlich perversen Drama.

»Platon« suchte eine Definition, Diogenes vertreibt sie und stellt eine Falle. Man fängt den Menschen. Gefangen ist der, der zu fangen glaubte. Zahllose der Besten zerbrachen sich den Kopf darüber, ob die Logik allmächtig sei oder nicht – oder auch ihre Begleiterscheinungen: Naturwissenschaft, Vernunft, Kalkül, das Quantitative. Als ob nicht jenseits eines Denkens, das alle Unstimmigkeiten beseitigt, im stillen ein Hintergedanke regiere, der alle zusammenbringt. Der Mensch – untrennbar ist er Konzept ohne Intuition und Intuition ohne Konzept – gibt sich in diesem Theater zu erkennen, dessen Gegenstand von Anfang an war und noch ist, »der Natur gleichsam den Spiegel vorzuhalten: der Tugend ihre eignen

Züge, der Schmach ihr eignes Bild und dem Jahrhundert und Körper der Zeit den Abdruck seiner Gestalt zu zeigen.« Hamlet führt ein Theater im Theater auf, eine Falle für das Gewissen des Königs, die ihn nötigt, seinen Mord einzugestehen. Freud entnimmt der Tragödie nicht nur die topographischen Markierungen, die Schlüssel zum Unbewußten (Ödipus, Hamlet), auch das Unbewußte selbst verläßt die Bretter des Theaters nicht. Analytiker und Analysanden, diese Kinder eines Spiels um Leben und Tod, können ihre Geheimnisse nur von einer Bühne auf die andere bringen (und sei sie unbewußt! Man meint, die andere Szene sei das Andere und vergißt schlechthin, daß sie auch eine Szene ist). Der Mensch des Westens findet sich mitten im Ausagieren seiner Theatralität zurecht.

Die logische Unterteilung macht Fortschritte, alles schreitet voran wie die Geschichte, und der Liebesroman endet gut. In ihrem Kielwasser läßt sie das Unbelebte, das belebte Wassertier, die Vierbeiner hinter sich – und der Mensch hält sich zugute, daß er das nicht ist. Dagegen konfrontiert das Theater, das grundsätzlich immer rund gedacht werden muß, seine Personen mit dem, was sie nicht sind. So finden einige wieder zusammen, sie werden füreinander die beseligende Einheit im Mutterschoß, das vierzehige Schwein, das in den freundlichen Augen schlummert, und das höchste Unbelebte, das allen Jammer verstehen läßt und alle Enttäuschungen erschließt, der Tod, wenn man ihn schon mit einem Namen belegen muß. Es wäre falsch, diese Theatralität auf die Geschichte des Theaters zu reduzieren. Der Platon der Dialoge und der Dostojewski der Romane belegen sie genauso wie die großen Theaterautoren. Was bleibt von der Definition des Menschen, wenn sie auf das Undefinierbare stößt? Ob die Antwort politisch, philosophisch, literarisch oder psychoanalytisch ist, sie ist jedenfalls komplex, zumal sie ihre Nichtbestimmbarkeit bestimmt und ihre Widersprüche in einem einzigen Medium ausspielt.

Diogenes und Platon machen sich gegenseitig den Rang des besten Sophisten von Athen streitig – und noch mehr. Es geht um die Menschlichkeit des Menschen. Diesem Bild wollen sie sein Geheimnis entreißen. Auf dem Spiel steht eine einzige Ausweiskarte. Wenn sie sich streiten, erscheinen sie nicht als gleiche. Wenn ihre Identität schwindet, wird ihr Streit gegenstandslos. Jeder will das ihn Auszeichnende unter Beweis stellen, indem er sich nur auf die Art und Weise bezieht, der sie beide als »Mensch«, d. h. ununterschieden und gleichbedeutend erscheinen läßt. In logischer Hinsicht hat das weder Anfang noch Ende. Nie treffen sie sich, da sie nicht zur selben Zeit und in derselben Hinsicht sich als gleich und verschieden auffassen können. Dagegen dreht sich ihr zur Show stilisiertes Match um einen modernen Fetisch, Schlüssel zu Identität und Differenz, in dem die Psychoanalytiker gewöhnlich einen »Ersatz für den Phallus der Frau« sehen. Auf der Freudschen Bühne verwickelt sich das Kind in lauter Widersprüche (meine Mutter ist anders, meine Mutter ist nicht anders, mein Vater hat sie anders gemacht). Der Fetischist teilt die Widersprüche dann auf verschiedene Personen auf (die »Perversen«), die sich um ein und dasselbe Objekt (z. B. die besagten Stiefeletten) drehen.

Hamlet will mit seinem kleinen Kriminalstück (die Ermordung von Gonzago) etwas Großes. Er will, daß der erschütterte Claudius die Wahrheit sagt und seine Untat bekennt. Genauer gesagt, er möchte sein Theater so wie Platon seine Definition in Gang bringen, er möchte Claudius in die Sackgasse seines Verbrechens treiben, bis der Mensch nur noch aus flachen und harten Nägeln besteht. Hamlet scheitert, er treibt nur sich selbst in die Enge. Das zeigt, daß Stücke, die etwas beweisen wollen, zu nichts führen, und daß das Theater über die Logik den Sieg davonträgt. Hamlet erledigt nicht Claudius, sondern zeigt in seinem Feind sein eigenes Gesicht: »Der von uns zu Beginn des Lebens dahingeschwundene Jüngling ... ich erkenne ihn. Er will nicht das Unangenehme, in Erscheinung zu treten.«

Spielt Hamlet den Diogenes oder den Pseudo-Platon? Das ist ganz gleich. Die Rollen gehen ineinander über, und die Handlung führt unvermeidlich drei Zweibeiner zusammen, die eigentlich zwei sind und letztlich zu einem einzigen werden.

Zwischenspiel

Es ist ein mit falscher Bescheidenheit garnierter Gemeinplatz, daß Klugheit in sich selbst die Grenzen des Willens zu wissen findet. »Platon« muß von außen gebremst werden. Diese Kastration geschieht wahrscheinlich seit den Sieben Weisen Griechenlands. Eines Tages kauften die Händler von Milet den Fischern von Kos den Inhalt der noch nicht gehobenen Netze ab. Sie fanden einen Dreifuß aus massivem Gold. Plutarch erzählt: »Als nun zuerst zwischen den Fremden und den Fischern Streit um den Dreifuß entstand und dann auch die Städte die Sache aufnahmen und es bis zum Kriege kam, da gab die Pythia beiden den Bescheid, sie sollten den Dreifuß dem weisesten Mann übergeben.«

Welcher Krieg? *Der* Krieg schlechthin. Nicht der erste, nicht der letzte, nicht der Endkampf, nicht der Krieg des Königs im Kasperltheater, der wie der König selbst unvergleichlich ist, auch nicht der des Kasperltheaters, der gerecht ist wie alles, was das Land unternimmt, und ungerecht, wenn man die Nachbarn fragt.

»Die ganze Ilias steht im Schatten des größten Unglücks, das Menschen treffen kann, der Zerstörung einer Stadt. Dieses Unglück wäre nicht erschütternder, wenn der Dichter Trojaner wäre … Alles, was außerhalb des Kriegsgeschehens liegt, was der Krieg zerstört oder bedroht, ist in der Ilias poetisch umschrieben. Die Fakten des Kriegs aber nie. Der Weg vom Leben zum Tod wird vollkommen deutlich benannt:

> Dann schlugen seine Zähne ein.
> Das Blut rann von beiden Seiten zu den Augen;
> das aus Lippen und Nase strömende Blut
> gab er mit offenem Mund von sich.
> Der Tod umfing ihn mit seiner schwarzen Wolke.

Die kalte Grausamkeit des Kriegsgeschehens ist vollkommen

bloßgestellt, weil weder Eroberer noch Eroberte bewundert, verachtet oder gehaßt werden.« (Simone Weil)

Schließlich wird der kostbare Schemel den Göttern zurückgegeben. Die Geschichte stellt die Gelehrten vor etwas, was sie nicht fassen können: die Gewalt, die Grausamkeit. Eine Version der Geschichte macht den Schemel zu einer Falle der Helena, der schönen Zwietrachtstifterin. In den Augen derer, die das Leben wirklich kennenlernten, gilt es als Beginn der Weisheit, die Symbole der Weisheit zurückzugeben, den Himmlischen den Anspruch darauf zu überlassen. Tödliche Zusammenstöße – der Trojanische Krieg (Homer), der Perserkrieg (Herodot), der Peloponnesische Krieg (Thukydides), Streit unter den Göttern, Auseinandersetzungen der Könige und Morde – kennzeichnen Griechenland. Das Denken wird bescheiden angesichts der Aufgabe, ein Maß zu finden. Zwischen Denken und vollkommener Einsicht liegt der Schrecken. Zur Philosophie kommt es, wenn der Krieg zur größten Selbstverständlichkeit für alle geworden ist: »Der Krieg hingegen, welcher einem diese gewohnte Gemächlichkeit nimmt, ist ein Zuchtmeister, der Gewalt braucht und die Leidenschaften des großen Haufens der Lage der Sache gemäß behandelt ... Selbst die gewöhnlichen Bedeutungen der Worte wurden bei der Anwendung und Schätzung der Dinge in einem ganz anderen Sinn genommen. Die unbesonnenste Kühnheit sah man als eine dienstbeflissene Tapferkeit, ein bedachtsames Zögern als eine geschmückte Feigheit und alle Mäßigung als einen Vorwand zu Zaghaftigkeit an ... Überhaupt, wer einem, der ihm einen schlimmen Streich zugedacht hatte, zuvorkam oder einem anderen, der von selbst nicht darauf kam, dergleichen an die Hand gab, der ward gerühmt ...« Der Schmutz des Krieges ist die erste Kritik der reinen Vernunft.

Ende des Zwischenspiels.

Sechstes Bild

»Dem Mann mit Bewußtsein entgeht
bei uns, was oben los ist.«

Der Krieger setzt dem Denker Grenzen. Die Geste der Sieben Weisen hat nichts zu tun mit dem rituellen Streit der »Vernunft« mit den »Leidenschaften«, sie erfordert andere Kategorien. Kann man sie anders verstehen, als daß ihr Nichtwissen den kriegerischen Aufstieg unterbricht und deutlich zeigt, daß es auf die Schwäche und nicht auf die angebliche Stärke der Weisheit ankommt? Sie kennen das Streben nach Gold gut, sie kennen die Tiefe der Leidenschaften (die schönste, Helena, ist die, um die am meisten gekämpft wird). Aber sie wollen die Vernunft zurücknehmen. Ihr Verzicht hat nur dann eine Wirkung, wenn der Wille zu wissen sich als ebenso gefährlich erweist wie die »klassischen« ökonomischen und psychologischen Konfliktursachen. Der Mensch, der wissen will, sieht im Machtmenschen sein anderes Ich. »Ich bin der Klügste« wird zum Gegenstück des »Ich bin der Stärkste«. Der eine zieht es vor, unterwegs anzuhalten, um eine unvorhergesehene Philosophie zu finden, der andere geht auf demselben Weg mit einer unglaublichen Stärke weiter. Seit den Anfängen des Westens hat sich das Spiel ganz eigentümlich verkehrt: Die Macht trägt das Wissen am längsten zur Schau und unterwirft ihre Untertanen einer zur Fahne gewordenen Wahrheit.

Der ungefiederte Zweibeiner stolziert einher unter den Augen eines mächtigen Kontrolleurs, der ihm seine Identität verpaßt. Beim Definieren werden die Messer geschärft, große Überredungsversuche kommen in Gang. Unter der Hand vertauschen sich die Rollen, Sokrates' Inspiration (das berühmte Daimonion) stößt sie nicht an, sondern hält sie zurück. Wenn es zum großen ideologischen Start und zur Eroberung der Welt kommen soll, dann zeigt sich, daß das Denken die Flügel stutzt.

Siebtes Bild

»Spielfeld und Spiel auf etwas ganz
Banales einschränken.«

Der Zynismus war in erster Linie die Lehre einer Schule, die die
Gesellschaft kritisierte, die materiellen Güter zurückwies, die
ganze Zivilisation in Frage stellte und die Rückkehr zum einfachen Leben der ersten Menschen, die Kräuter aßen und
reines Wasser tranken, predigte. Die Sekte hätte sich darauf
beschränkt, eine Technik des privaten Wohlbefindens zu pflegen, hätte sie nicht einige bedeutende Freunde mitten in der
Stadt gehabt, die sie eigentlich verlassen wollte.

Der Denker hält die anderen für Zyniker, die nicht wissen,
daß sie dies sind. Gewiß, die »Sophisten«, die Sokrates und
Platon angreifen, wagen es nicht, wie Diogenes von Sinope, den
Inzest, den Kannibalismus und den Vatermord zu rühmen. Da
sie das Gesetz so stark wie möglich verteidigen und dem abso-
luten Tyrannen ungeschmälertes Glück wünschen, hält das
Schamgefühl sie zurück. Von Alkibiades heißt es, daß er die
Statuen beschädige, aber die Nacht verdeckt seinen Frevel.
Dagegen wirkt Diogenes am hellichten Tag auf öffentlichem
Platz – schaut mich an, schaut euch an! Er oder ich machen aus
Diogenes das schlechte Vorbild – so läßt sich der Denker ver-
nehmen. Ein Professor, der durch das Aufzeigen des Negativen
wirken will. »Ein verrückt gewordener Sokrates« – könnte Pla-
ton sagen. Der Eroberer stimmt der Parallele im Namen der
»Politiker« zu: Wäre ich nicht Alexander, so wäre ich Dioge-
nes. Die dem Vereiniger Griechenlands in den Mund gelegte
Formulierung bringt weniger Bewunderung als Bestürzung zum
Ausdruck. Jemand, der nicht in der Gesellschaft leben kann wie
Diogenes oder sich nicht vor Gericht verteidigen kann wie
Sokrates, verkörpert ganz klar das, was der Mann der Tat auf
keinen Fall sein will. Zurück zum Absender: Das wilde Tier,
das der Denker im Herrscher erkennt, das findet sich im Denker selbst: »Denn die Philosophen kennen weder die Gesetze
der Stadt noch die Mittel der Rede, die man im Verkehr mit

den Menschen, in öffentlichen oder privaten Angelegenheiten anwenden muß, weder die Neigungen noch die Leidenschaften der Menschen ... Einen solchen Menschen kann man ja – mag auch der Ausdruck ein wenig derb sein – ungestraft an die Ohren schlagen.«

Der Herrscher glaubt zu wissen und macht sich zum Seelen-ingenieur, der Denker glaubt zu können und wird zum Kämpfer. Ihre Konkurrenz gibt den gemeinsamen Markt des Zynismus ab. Jeder rechtfertigt sich durch den anderen. Eine Einsicht, die sich angesichts des Tötens als unwirksam erweist, überläßt das Feld dem Krieg. »Brandige Glieder können nicht mit Lavendelwasser geheilt werden.«

Griechenland, später der Westen, finden ihre intellektuelle Kraft darin, die Unvermeidlichkeit des Zynismus ganz offen zuzugeben. So legen sie überall ein Kuckucksei, das eine neue Verteilung von Wissen und Macht zum Leben bringt. Die schlimmsten Feinde waren die ersten Nachahmer, die mit gleichen Waffen kämpfen wollten. Die reinsten Seelen durchleuchteten ihre Reinheit, um den skandalösen und unverbesserlichen Zynismus der Kämpfe nicht zu umgehen, da diese ja nicht bloß eingebildet sind. Griechenland und später der Westen werden durch den Zynismus schwach, nicht weil sie ihn in die Tat umsetzen, sondern weil sie sich dabei beruhigen, daß die Schale schon die ganze Frucht sein soll.

Diogenes weist »Griechenland« den Platz um einen Fluchtpunkt herum zu. Er öffnet die Tore der Nacht für die radikale Gefährdung der menschlichen Beziehungen. Das ist noch ein Zynismus im kleinen, der des anderen. Diogenes macht sich zur Ausnahme, er beansprucht die zweideutige Aura des Heiligen. Als ein zweiter Ödipus kümmert er sich um das Abscheuliche und den Schmutz, seine Gegenwart reinigt Athen. Der Verfluchte segnet, die Schändung macht aus dem Hofnarren, dem Landstreicher Gottes einen Geweihten. Bald fällt Diogenes ein, er lenkt die Wirtschaft, in der eine Banknote ein Pfund Fleisch wert ist, er beherrscht das Eiswasser des kapitalistischen oder sozialistischen Kalküls, er regiert die Welt der Politik. Alle

Watte der Welt könnte nicht mehr den Lärm im Krieg aller gegen alle abdichten. Er investiert draußen, im Innern macht er Gewinn. Nicht mehr nur der Wildgewordene bringt den Tod, ein moderner kalter Blick macht alles gleich: »Der Tod ... ist das Furchtbarste, und das Tote festzuhalten das, was die größte Kraft erfordert.«

Der Zynismus triumphiert, wenn Herrscher und Denker dieselben Personen sind. Keineswegs in der heroischen Weise des deutschen 19. Jahrhunderts, das noch Unterschiede wagte. Das alte Denken kündigt einen neuen Herrscher an und der neue Herrscher hebt das alte Denken auf und hofft, Diogenes wenn schon nicht in einer Tonne, so doch wenigstens in der Vergangenheit einzuschließen. Die Identität des Herrschers und Denkers wird mit der Unerschütterlichkeit eines herrschenden Zynismus zur Wirklichkeit, indem das neue dem alten Denken folgt und der junge Herrscher dem alten. Weil alles egal ist, entscheidet das biologische Alter.

Achtes Bild

»Er selbst wird schließlich,
wenn die Geräusche verstummt sind,
einen Beweis für etwas Gewaltiges
(die Sterne vielleicht? den aufgehobenen Zufall?)
sehen in dieser einfachen Tatsache,
daß er das Dunkel verursachen kann,
indem er das Licht ausbläst.«

Ich bin Platon, mein Denken schneidet. Ich bin Diogenes, das denkende Messer. Ich bin das Huhn, die Wunde, das Messer. Ich bin alle drei zusammen, ich bin meine Definition. Herrscher und Denker unterscheiden sich immer noch, jeder führt dem andern den Tod vor Augen und verfolgt sein eigenes Ziel im andern. So gibt es einen blinden Fleck, wo die Paranoia des einen die Schizophrenie des anderen nicht überrundet, sondern verdoppelt. »Ich denke« und »Ich bin« sollen nicht einmal mehr durch den Atemzug, in dem das gesagt wird, getrennt sein.

Das ist das zurückgehaltene, letzte Wort des Diogenes, der Gipfel eines reine Beherrschung gewordenen Denkens, die absolute Beherrschung jedes Hintergedankens, der Kreisel des Raumes auf der Spitze der Zeit. Die endlich gefundene Form der Identität ohne Schatten des Herrschers und des Denkers. »Er soll in einem Alter von ziemlich neunzig Jahren gestorben sein. Über seinen Tod lauten die Nachrichten verschieden. Die einen nämlich berichten, er sei nach Benagung eines rohen Ochsenfußes von der Cholera ergriffen worden und an ihr gestorben. Andere, er habe sich den Atem verhalten; diese Nachricht findet sich unter andern auch bei Kerkidas dem Megalopolitaner oder Kreter, der in den Meliamben sich so vernehmen läßt:

> Nicht mehr, der früher er war, der Sinopeer,
> Kenntlich an Stab, an Doppelmantel
>   und Lust an der Freiluft,
> Nein, die Lippen fest gegen die Zähne gepreßt,
>   stieg er aufwärts,
> Den Atem verhaltend; denn du warst wahrhaft
> Diogenes, Zeus entsprossen, warst
>   Hund des Himmels.«

Wenn nicht das Denken, sondern ein Gegenstand tötet, beweist ein Selbstmord wenig. So winzig der Augenblick, der die Entscheidung zu sterben und den Tod trennt, auch sei, so trennt sie doch ein Moment, der das Sprechen möglich macht. Wäre der Selbstmord nicht gelungen, wäre er dann später ausgeführt worden? Bei jedem Selbstmord ist das planende Denken von der Ausführung unterschieden. Der japanische Samurai begeht Selbstmord unter Assistenz eines Dieners, der, wenn nötig, im letzten Moment nachhilft. Er hat so sein Verdienst. Nur Diogenes überschreitet die unerreichbare Grenze – er ist Herr bis dorthin, wo das Innerste des Zynikers den tiefsten Zynismus berührt – nichts mehr zu tun und zu denken außer zu atmen.

Am Ende des 20. Jahrhunderts erweist sich Macht darin, daß ein Viertel des Budgets und einiges Denken für Nuklearbewaffnung verwendet wird. Man möchte glauben, daß es der Macht wie in alten Zeiten darum geht, im Kräfteverhältnis einen Vorteil zu haben. Darum geht es nicht wirklich. Die potentiellen Gegner verfügen über Möglichkeiten, die ein Vielfaches des Planeten zerstören könnten. Dagegen könnte man sich vorstellen, daß dieser Apparat nur zu moralischen Zwecken dient; wenn sie das Recht in kleinen Konflikten verteidigt, so könnte eine Großmacht ihre Rivalen darüber aufklären, daß sie nicht nachgibt, wenn es wirklich um etwas geht. Keinesweg. Man stellt die nukleare Gefahr zur Schau, um einzelne und kleine Völker den Rührigsten auszuliefern. Der Kalkül, der die Strategen der *arms control* zu leiten scheint, läßt sich nicht auf Moral oder Megatonnen reduzieren, er verbindet beide miteinander. Soll man auf jeden Fall unter Einsatz aller Mittel gewinnen können? Das ist nicht mehr die Frage. Auf jeden Fall recht behalten wollen? Nichts dergleichen. Aber um was geht es dann wirklich? Weder Stärke noch Recht sind das Maß der Macht, die sich aus der Verbindung von politischen Allianzen und Waffensystemen ergibt. Jeder versucht seinen Gegner zu überzeugen, daß er so viel wie der andere kann und ebenso schnell auf dem Weg der allgemeinen Zerstörung haltmachen kann.

Eine Großmacht erweist sich in der Macht zur Eskalation und in ihrer Kontrolle. Sie kann in gleicher Weise den Weg des Todes wie den des Lebens beschreiten. Unter dem Wort »Glaubwürdigkeit« verbindet sie diese beiden einander widersprechenden Aspekte in einem System strategischer Oppositionen und präsentiert sie als die beiden Seiten der Diplomatie. Mit einem Schlag schreckt man einen Gegner ab und trifft mit ihm Vereinbarungen. Und vom Gegner erwartet man genau das.

Das Verhalten der Nuklearstrategen erinnert stark an das »Angsthasenspiel«: Zwei Autofahrer fahren auf einen Abgrund zu, wer als letzter aus seinem Wagen springt, gewinnt, der andere ist der Angsthase. Derselbe Unterschied wie der zwischen diesem Spiel und der Nuklearstrategie zeigt sich zwischen einem gewöhnlichen Selbstmord und einem außergewöhnlichen. Der Wagenlenker kann nicht zurückfahren, er kann nur springen, wenn die Wagentür nicht klemmt. Die Bedeutung seines Aktes hängt nicht ganz von ihm ab, er ist auch abhängig von den Bedingungen des Autos wie der Selbstmörder von den unliebsamen Eigenschaften seines Gegenstandes. Wenn er etwas zu früh abspringt, gibt der Wagenlenker seine Schwäche zu erkennen; wenn er es etwas zu spät wagt, dann kann man sich an einen leichtfertigen Wahnsinnigen erinnern. Er siegt, wenn er den rechten Zeitpunkt erwischt, wenigstens dank Wagentür oder Zufall.

Der Nuklearstratege ist noch ehrgeiziger. Ihm geht es nicht um einen einzigen Coup, sondern um das Unendliche: Er setzt nicht seine Chance aufs Spiel, er richtet sich dauernd in der Sicherheit seiner Entscheidungsspiele ein. Er will sich die Möglichkeit erhalten, zurückzugehen oder zu beschleunigen. Wendig und beweglich bewegt er sich auf der Risikoskala in beiden Richtungen und kontrolliert seine Bewegungen an Hand der Bewegungen des Gegners. Geschmeidig richtet er sich zwischen Nachgiebigkeit und Tollkühnheit ein, dort, wo Mut und Einsicht ein und dasselbe sind, in dem Zeitpunkt, den der Desperado im Auto nur ein einziges Mal erlebt. Offensichtlich geht es der Nuklearmacht präzise darum, den Tod und darum auch das Leben einer absoluten Kontrolle zu unterwerfen. Das erinnert an Diogenes, der bis zuletzt seinen Atem anhielt.

Das Problem der Atommächte besteht darin, daß es mehrere sind, die sich gegenseitig belauern und ihr Atmen kontrollieren. Sie wissen nicht, ob das schon aus Angst geschieht oder noch Beherrschung der Lage ist. Moderne Version eines alten Problems: Der Zyniker ist ja per definitionem durch und durch antisozial. Das macht einen sprachlos angesichts der Idee, daß die Sicherheit der Welt nur durch die Beziehung von Zynikern garantiert werden soll.

Neuntes Bild

»Er schließt das Buch –
bläst die Kerze aus –
mit seinem von Zufall erfüllten Atem:
und mit gekreuzten Armen
legt er sich auf die Asche seiner Ahnen.«

Diogenes, der sich selbst tötet, besiegt den göttlichen Platon. Er tritt ab in der Befriedigung, die unfaßbare Definition zu besitzen. Er ist mehr Herrscher als der Herrscher. Er ist mehr Denker als der Denker. Die beiden in einem und nur das, aber tot.

»Andere sagen, er habe einen Polypen unter Hunde verteilen wollen und sei dabei in die Fußsehne gebissen worden, was seinen Tod herbeigeführt habe. Seine Schüler aber blieben, wie Antisthenes in den Diadochae sagt, bei der Annahme, daß er an verhaltenem Atem gestorben sei. Er hielt sich nämlich meist im Kraneion auf, einem Gymnasium vor Korinth. Wie gewöhnlich stellten sich dort seine Schüler ein, fanden ihn in seinen Mantel gehüllt, waren aber doch nicht der Meinung, daß er schliefe, denn er war kein Nachtfreund und Langschläfer; sie schlugen nun den Mantel zurück und fanden ihn leblos (nicht mehr atmend). Ihre Meinung ging dahin, er habe sich dem weiteren Leben auf solche Art entziehen wollen. Hier kam es auch, wie es heißt, alsbald zu einem Streit unter den Schülern über die Frage, wer die Beerdigung übernehmen sollte, ja es kam bis zum Handgemenge. Als aber die Väter und die Obrigkeiten dazukamen, wurde er von diesen in der Nähe des Tores, das nach dem Isthmos führt, begraben.«

Ein Hauch Ironie würzt diesen Bericht. Muß man ihn der Bösartigkeit des Historikers zurechnen? Oder ist er ein unbeabsichtigter Effekt, etwas ganz Mechanisches, das sich aus der unvermeidlichen Distanz einer Chronik zum Geschehen ergibt? Den allerletzten Schlußakt des Zynismus und das letzte Wort konnte Diogenes, der ganz Atmen war, nicht sprechen. Seine Schüler stehen dafür ein, und schon gibt es Streit. Selbst der Apostel muß Chronist werden:

»Auch das Erz widersteht nicht der Zeit; doch, Diogenes,
  dein Ruhm
Bleibet für immer bestehn, trotzend dem Zahne der Zeit;
Denn du wurdest uns Führer zum selbstgenügsamen Leben,
Zeigtest den leichtesten Pfad, der zu dem Ziele uns führt.«

Das ganze Leben des Zynikers ist ein Zeugnis für diesen Tod.
Nur ein solcher Tod macht aus diesem Leben etwas Ganzes
und aus seiner Lehre etwas Zusammenhängendes. Wir befinden uns in einer Drehtür. Normal. In zweitausendfünfhundert
Jahren hat der Zyniker seine unerhörte und wahrscheinlich
einzigartige Fähigkeit, die ganze Welt mitzureißen, unter
Beweis gestellt:
   »Ich spreche das Wort aus, um es wieder in seine Nichtigkeit
zurückzustoßen.« Mallarmé-*Igitur* beseitigte den Zufall in seinen ersten Wendungen, indem er, aus einer von einer Generation zur anderen weitergereichten Phiole, die »Substanz des
Nichts« trank.
   Die Welt des Zynikers bewegt sich auf einen Mittelpunkt zu,
wo Herrscher und Denker zuletzt ein und derselbe sind. Daß
diese Identität nicht bewiesen werden kann, macht sie nicht
weniger wahrscheinlich. Daß sie nicht verifiziert werden kann,
spricht ihr nicht die Wahrheit ab. Gott berührt den Glauben-
den, ohne sich von ihm einnehmen zu lassen. Das gilt vielleicht
auch von der Wahrheit des Zynismus wie von jeder großen
Wahrheit: Der Grund des Beweises kann nicht bewiesen werden, das Prinzip der Verifikation kann nicht verifiziert werden.
Man kann ihn erfassen und aussprechen, daß man erfaßt hat
(Aristoteles), oder ihn eben nicht erfassen, links liegen lassen.
Ein Kreis führt vom Wesen des Zynismus zum Akt des Diogenes. Er ist kein *circulus vitiosus*. Er läßt die Tendenz des Den-
kens erkennen, wenn er etwas Bedeutendes berührt, und unter
anderem das Denken selbst.
   Ist der Zynismus falsch? Diogenes ist schlau genug, um die
Frage als dumm zu erweisen, er will uns über seinen letzten
Gedanken urteilen lassen, ohne daß wir ihn kennen. Ist er rich-

tig? Es genügt, den Blick schweifen zu lassen, um sich dabei zu erwischen, daß der Blick zynisch wird. So bleibt nur, herauszufinden, ob Freiheit von Zynismus überhaupt möglich ist.

Zu Beginn waren es drei, die den Menschen darstellten: der Denker, der Herrscher und das Huhn. Diogenes reduziert das Geschehen auf die Entgegensetzung der beiden Erstgenannten und nimmt den Gegensatz in der Identität der einander Entgegengesetzten im Dritten zurück, d. h. in einem Vogel, der sich alle Federn und das Leben herausreißt.

Kann der ungefiederte Zweibeiner auf der Bühne eine eigenständige Perspektive vermitteln, die die beiden beunruhigenden Begleiter nicht kennen? Das ist eine philosophische Frage im eigentlichen Sinne.

Letztes Bild

»Zart Gedicht wie Regenbogen
Wird nur auf dunklen Grund gezogen.«
GOETHE

Der Denker will definieren, der Herrscher Schluß machen, der ungefiederte Zweibeiner kann nicht ohne List entkommen. Er spielt sie gegeneinander aus, um zu überleben. Er fordert die beiden Kräfte auf, das Undefinierbare zu denken und das Unbeherrschbare zu beherrschen. Philosophieren heißt, sich in den Tod einüben.

Herr Meier unterscheidet sich als ein einzelnes Lebewesen von dem Dreieck. Auf der einen Seite gibt es Seiendes, das sich definieren läßt (daher »mathematisches«), das ganz durch das Wissen bestimmt ist, das man über es erlangen kann und ohne Informationsverlust vermitteln kann. Auf der anderen Seite gibt es Seiendes, das sich gegen eine vollständige Bestimmung sperrt, »Naturen«, die sich nicht im Wissen über sie erschöpfen: »Das Einzelne ist Prinzip des Einzelnen. Der Mensch im allgemeinen ist zwar Prinzip des Menschen, aber es gibt keinen Menschen im allgemeinen, sondern Peleus ist Prinzip des

Achilleus; dein Prinzip ist dein Vater.« Man kann nun anfangen, diese einzelnen Naturen (»Substanzen«) zu beschreiben. Man weiß, daß man nie damit fertig wird. Das ist der Beginn jeder Literatur. Weil man nicht wirklich definieren kann, sagt man immer zuwenig oder zuviel. »Sagt man beispielsweise von jemandem, er sei schlank oder weiß, so kann dies genauso gut von irgend einem anderen gesagt werden.« Wo man feststellt, daß man es aufgibt, den Menschen zu definieren, dort gibt man nicht Herrn Meier oder den Leser auf. Sie tauchen ja erst auf, wenn man das Definieren gelassen hat.

Niemand läßt sich auf das, was man von ihm weiß und auf das, was er von sich weiß, reduzieren. Sokrates hat das besser begriffen als André Breton – trotz der Hilfe Freuds, die dieser hatte. Das sokratische Nichtwissen ist nicht die Basis für kühne Forscher noch eine Zuflucht für desillusionierte Heimkehrer. Das moderne Unbewußte läuft Gefahr, in jedem Moment in einem noch nicht Gewußten zu verschwinden wie ein Surreales, das nur auf seine Entdeckung wartet. Es ist die Reise schlechthin; die Analyse desjenigen, der den Schatten bezwingt, ohne zu einer synthetischen Rekonstruktion zu werden; die Psychoanalyse, die jede Psychosynthese abweist und sich als »unendlich« herausstellt (Freud). Den Militär fragt Sokrates: Weißt du, was Tapferkeit ist?, den Priester: Weißt du, was Ehrfurcht ist?, den Dichter: was Poesie ist? »Ich weiß, daß ich nichts weiß«, sagt er. Das ist kein Ausgangspunkt. Die andern glauben zu wissen und haben den Verdacht, daß er wie ein Terrorist, der die zuständigen Institutionen unterminiert und ideologische Bomben mitten in der Stadt losgehen läßt, längst alles durchschaut hat. Nein. Das Nichtwissen ist nicht das letzte Wort. Um das letzte Wort zu haben, muß man wissen, was als letztes kommt. Sokrates stirbt, weil er das nicht weiß. Das Nichtwissen wird nicht am Anfang oder am Ende aufgedeckt, es bewirkt, daß es weder Anfang noch Ende gibt. Es ist der Gang des Gesprächs. Sokrates spricht, wie Diogenes atmet. Man soll ihn nicht auffordern, still zu sein. Gewiß kann jeder ihn unterbrechen, aber er kümmert sich nicht darum.

Auf der Agora von Athen, wo alle Verbindungen der Arbeit und des Verkehrs zusammentreffen, entledigt sich das ›Ich‹ der Aufgabe, zu unterbrechen. Sokrates läßt das zu, nicht ohne zu wissen, worum es geht. Das ist das einzige Wissen, das Sokrates nicht abstreitet. Es betrifft nicht das Jenseitige. Das Wissen um den Tod ist nicht Wissen um ein Vorher oder Nachher. Gevatter Tod überfällt irgendwo, irgendwann. Er klopft bei dem an, den er will, wie er will. Diogenes macht aus dem Geschehen eine Art Selbstverwirklichung und beseitigt mit derselben Besessenheit wie der Kenner des Jenseits oder der Techniker des Diesseits das Unvorhersehbare: Nicht auf den guten oder schlechten Moment kommt es an, nur darum geht es, daß man es selber tut. Das gilt nicht für Sokrates. Er will seinen Tod. Man spricht vorher davon (wie z. B. Aristophanes); man spricht mit ihm aus gegebenem Anlaß (wie z. B. Kallikles); noch lange danach bleibt sein Tod im Gedächtnis (was für ein Coup! Bucharin verfehlt eine ähnliche Wendung der Dinge: Ich bekenne, ich habe mich verschworen, lang sollen leben, die mich töten!). Kein Ende der Deutungen: Seine Flucht war vorbereitet, die Türen offen, er gesteht seinen ihn verurteilenden Richtern die weiße Weste nicht zu, er gab bis zuletzt seinen Unterricht. Eine letzte Unterrichtsstunde über das, was zählt und was nicht zählt? Der Schritt von der Theorie zur Praxis? Stirbt Sokrates für einen Staat, dem er das Recht zugesteht, ungerecht zu töten? Wenn der Staat seine Flucht zuläßt, dann ist Sokrates intoleranter als dieser. Er glaubt, an eine gerechtere Stadt zu appellieren, aber er kündigt nur eine stärkere an. Wer ist fanatischer – Athen oder der Philosoph? Das ist ein Thema für von Nietzsches Denken beeinflußte Universitäten. Ist Sokrates ein Held des Denkens? Er ziert sich ein wenig. Vor dem Tribunal gibt er sich unbeweglich, unbestechlich. Vielleicht widersteht er dem Plan, um die Richter zu irritieren und sein Ziel zu erreichen. Ist Sokrates ein Professor, zu sehr Professor? Im Phaidon begründet er am Tage seines Todes die Entscheidung mit seiner absoluten Überzeugung, daß das Gerade nicht das Ungerade ist. Ist er ein zu rücksichtsvoller

Bürger oder ein zu ironischer Anarchist? Ein Agent des Feindes? Macht er nicht alles, damit Athen, um ihn zu töten, sich selbst ad absurdum führt? Hier habt ihr den Sittenverderber Nummer eins. Eine der Hauptpersonen bei de Sade wollte ein Verbrechen ausfindig machen, das in Ewigkeit weiterwirken würde, selbst wenn sie nichts mehr tun oder schlafen würde. Die von ihm bewirkte Unordnung sollte eine allgemeine Verderbnis bewirken, die über ihr Leben hinaus fortwirken sollte. Die offizielle Anklage des Anytos gegen Sokrates spricht ja von dem Jugendverderber und Göttermörder Sokrates. Die Komplizin Juliette antwortet Clairwil: »Versuch ein moralisches Verbrechen, zu dem man schriftlich gelangt.« Bemerkt Sokrates, daß das, was er sich selbst antut, viel verderblicher und zerstörerischer war als alles, was er sonst tun wollte? Entdeckt er in seiner Umgebung einen jungen Autor, einen gewissen Marquis, der wirklich begeistert ist? Die Flügel der Rache entfalten sich. Der Todesengel beginnt seinen Flug. Sokrates wirkt durch sein moralisches Verbrechen, Platon gibt ihm die schriftliche Fassung, längst ist de Sade überholt. Zumindest ist Sokrates kein Don Juan der Politik, der es einem Schüler wie Mozarts Leporello überläßt, die eintausendunddrei sozio-ethnologisch-ökonomisch-juridischen Bedeutungen seiner Tat aufzulisten. Bleibt er nur sich selbst treu, wenn er alle Beweggründe gegeneinander ausspielt? Macht sich dieser verdammte Intellektuelle, dieser intellektuelle Verdammte nur lustig? Über wen? Worüber? Es geht um den Tod. Und der Tod macht sich über ihn lustig. Sie lachen miteinander. Seine Tat hat keine letztgültige Bedeutung, denn das Äußerste hat keine Bedeutung. Am Ende des *Gorgias* erzählt Sokrates nach der Auseinandersetzung mit dem zynischsten der Sophisten, Kallikles, eine Geschichte, die »Geschichte der guten Frau«. Der junge Zeus wollte einst das Gericht letzter Instanz reformieren. Man klagte, daß zu viele Gute im Tartarus landeten, während die Missetäter umsonst auf den Inseln der Seligen Wohnung nahmen. Zeus entdeckte den Ursprung dieser Unstimmigkeiten: »Man richtet die Menschen in ihren Kleidern.« Jeder zeigt sich körperlich und geistig herausgeputzt und glänzt. Die Richter lassen sich blenden. Man verkleidete sich, man legte es geradezu darauf an, das letzte Gericht zu beeinflussen. Das Heilmittel ist von mehr als evangelischer Schlichtheit: »Als erstes nun muß das aufhören, daß sie ihren Tod vorauswissen; denn jetzt wissen sie ihn vorher.« Die Toten haben nicht mehr das Vergnügen, sich zu schmücken, sie werden nackt gerichtet. Seither wird ohne Feierlichkeit, demokratisch verhandelt.

Die jungen Ehrgeizlinge ließen sich undeutlich vernehmen. Mit seiner Weise des philosophischen Lebens, seinem »Moralin«, hatte Sokrates keinen Erfolg in der Stadt. Es gelang ihm nicht, sich gegen die ungerechten Angriffe zu wehren. Daß er gerecht leben will – sei's drum. Erst soll er leben lernen! Ihr Erstaunen erinnert an Berichterstatter des 20. Jahrhunderts: Warum entblöden sich junge Proletarier nicht, bei der Polizei Karriere zu machen? Die erforderlichen Qualifikationen eröffnen viele Möglichkeiten, der Lohn ist gut, die Tätigkeit nicht so mühsam, es kommen weniger Arbeitsunfälle vor als in anderen Berufssparten. Die Mehrheit der manuell Arbeitenden ist von diesem sozialen Aufstieg aber gar nicht angezogen, die meisten Polizisten machen sich die großen Möglichkeiten eines risikofreien Machtmißbrauches nicht zunutze, und wenige Militärs schöpfen ihren Militarismus voll aus. Wer hält diese Leute davon zurück, rücksichtslos auf Erfolg aus zu sein? Einige sagen: Mangel an Ideen, Herdenmoral und Dummheit; die andern meinen: eine höhere Moral, ohne aber sagen zu können, welche.

Sokrates' Antwort an den jungen Karrieristen ist feiner gesponnen; er setzt dem sozialen Karrieredrang nicht einen ethischen oder religiösen entgegen. Er stellt vielmehr in Frage, was als ausgemacht erschien, die Idee der Karriere. Ich kann mich nicht verteidigen. Sei's drum. Wer kann es schon? Ich will alles tun, um »wirklich so gut als möglich zu sein, im Leben und, wenn ich dereinst sterben muß, auch im Tode«. Diese Stunde kommt unangekündigt, es ist unnötig, sein Leben lang sein Leben wie eine Befestigungsanlage zu verteidigen. Es kann sowieso nicht verteidigt werden, seit Zeus den Menschen die Kenntnis des Zeitpunktes ihres Sterbens nahm. Jeder Augenblick ist der vorletzte. Jede Planung nimmt das Nicht-Meßbare vorweg. Wer »ankommen« will, muß sich der Mittel versichern und darf nicht gestört werden. Wenn das von uns abhängt, so könnt ihr mich gewiß des Leichtsinns zeihen. Aber die Idee der Karriere könnte sich als die unrealistischste erweisen. Eure überheblichen Karriere- und Pensionskalküle können nicht nachgeprüft werden. Nicht wir entscheiden. Aber über uns wird auch nicht entschieden. Reden wir also.

Der ungefiederte Zweibeiner, der unzweifelhaft den Zufällen seiner Sterblichkeit ausgeliefert ist, sollte nicht vom Leben eine Sicherheit erwarten, die er am Ende des Lebens nur um den Preis der Absurdität fordern könnte. Die absolute Beherrschung und das unabänderliche Denken entgleiten ihm von Geburt an. Die Krankheit ist angeboren, kommt aber nicht von ungefähr. Sokrates ist von einer allumfassenden Vernunft geprägt. Sie ist es, die ihn »gehorsam macht und ihn beherzt in den Tod gehen läßt, nicht weil seine Seele unsterblich, sondern weil er sterblich ist«.

Von außen gesehen verbindet den Schierling und den Philosophen ein heroisches und einzigartiges Geschehen. Sokrates stirbt aber wie jeder andere auch. Von außen gesehen kommt Diogenes im Schlaf um, das kann jedem passieren. Aber doch berührt er seine innerste Existenz. Seit er sich auf die Lippen biß, umfing das intensivste Leben den lebendigsten Tod.

Wem glauben? Unsern Augen oder dem Schauspiel, das sie in ihrer letzten Vorstellung geben? Unsern Ohren oder dem Zeugnis der Getreuen? Die Fernsehnachrichten zeigen uns Todesseufzer, die vielen andern ähnlich sind. Die berühmte Kamera im Kopf filmt das Unvergleichliche, aber als Fiktion. Den Herrscher und den Denker, die Sokrates zueinander in Beziehung setzt, bringt Diogenes wie Lippen und Zähne zusammen.

Die Scheidung von Diogenes und Sokrates wird am Rande eines Schwarzen Loches ausgesprochen, das alle Zivilisationen umgibt. Wer nimmt den Abgrund wirklich ernst?

Sokrates' Weggang

Ist nach unserer Ansicht der Tod etwas? –
Gewiß.

PLATON, *Phaidon 64 c*

... das Sterben nämlich ist klar, oder nicht? –
Gewiß.

PLATON, *Phaidon 71 e*

Die Unsterblichen können nicht und die Tiere dürften wohl nur
selten an dem einzigen Zeitvertreib Spaß haben, der die Europäer von Anfang an begeisterte – das Spiel mit dem Tod. Wer
mit Novalis schwört, daß der Selbstmord der eigentlich philosophische Akt ist, bleibt im Zweideutigen. Ödipus tötet sich
nicht: Er blendet sich, als ob er mit erstarrten Augen sähe und
sehen lehrte, was seine Götter nicht sehen konnten. Der Hippolyt des Euripides liegt im Todeskampf, um sich ganz seiner
Göttin hinzugeben. Artemis erfaßt ihr Elend, das unveränder-
bar trockne Auge. »Ich seh's und wär' ich sterblich, würd' ich
weinen«; sie verläßt ihn – »... lebe wohl. Mein Götterauge
muß den Anblick eines Sterbenden vermeiden.« Der Sterbliche,
der auf seiner Besonderheit besteht, verpflichtet den griechischen oder christlichen Gott, seine Sterblichkeit zu teilen, sollte
er sich auf die Geschicke des federlosen Zweibeiners einlassen
wollen. Die dogmatischen und geistlichen Probleme, die es mit
sich bringt, wenn eine Gottheit Menschengestalt annimmt, lassen sich umgehen, wenn man den umgekehrten Fall nimmt: Die
Sterblichen lernen schnell, wie Himmelsbewohner zu leben,
und erfinden Hospize und Heime. Das Unerträgliche wird vergessen. Man muß nur die Errungenschaften der Forschung, den
sozialen Fortschritt und vielleicht den Triumph des Zynikers
feiern.

Epiktet erfaßt die Rolle des Zynikers mit philosophischen
Instrumentarien. Er zeigt uns einen Zyniker, der sein eigenes
Denken und genaugenommen das des Todes aufdeckt, also das,
worum es den beiden Kontrahenten Diogenes und Sokrates
geht.

Kein Schiedsrichter könnte eine objektive Entscheidung zwischen den beiden herbeiführen. Nur Schizophrene können sich vorstellen, tot zu sein. Man muß sich verdoppelt sehen, um ständig in einer Ästhetik des Verschwindens zu leben. Da es jedenfalls um mehrere Akteure geht, ist die Begegnung ein Schauspiel oder – auf der inneren Bühne gedacht – Literatur. Der Schnitter, der nicht greifbar ist, bringt Unruhe. Jeder glaubt diesen Fluchtpunkt zu erreichen, obschon es keine Sicherheit dafür gibt. Jeder glaubt diese Grenze, die man nur einmal überschreiten kann, schon zu kennen, und zwar mehr als alles andere. (Das ist ein recht seltsames Wissen; es begründet jeden Skeptizismus, aber kein Skeptizismus hält ihm stand. Es kennt die Grenze, die es nie erreicht hat, und weiß doch nichts von dem, was sie begrenzt, obschon in der Grenze alles beschlossen liegt.) Diese unzugängliche Erfahrung begründet nichtsdestoweniger den Zugang zu jeder Erfahrung. Ich berühre mich, ich lebe tatsächlich, ich bin nicht tot; aber woher weiß ich, daß ich tot sein könnte? Wo kann ich dieses Gefühl spüren, nicht sein zu können, das genauso stark ist wie mein Gefühl, zu sein? Das sterbliche Wesen existiert gleichzeitig mit einem Geschehen, das keine Gleichzeitigkeit zuläßt. Diese Vorwegnahme macht eigentlich literarisches Spiel erforderlich. Man braucht Phantasie, um sich in die Rolle des vom Tod noch Zurückgestellten zu begeben. Die erste Läuterung besteht darin, sich ja nicht über die Gipfel emporzuschwingen und durch eine geistige Decke hindurch zu wollen, sondern die Augen zu senken und die Tiefen zu erforschen. Es gibt nichts Einfacheres und zugleich Unmöglicheres als diese Einfachheit zu begreifen: »Sterben heißt: Du bist schon tot, in einer Vergangenheit, die von der Erinnerung ausgelöscht ist. Du bist einen Tod gestorben, der nicht dein Tod war, den du also weder kanntest noch durchlebtest, aber unter dessen Drohung du dich zum Leben gerufen glaubtest, eine Zukunft erwartetest, eine Zukunft bautest, um ihn schlußendlich wie etwas, das stattfindet und zur Erfahrung gehört, erscheinen zu lassen.« Es ist schwierig, Sokrates und Diogenes an die Wand zu stellen. In ihrer sturen, aber ungreifbaren Evidenz trennt die Erfahrung, die von allem trennt, doch nicht von etwas Bestimmtem. Nach Epikur ist der Tod nicht, wenn wir sind – und umgekehrt. So faßt er das merkwürdige Zusammentreffen, bei dem das, was den Menschen von innen her als Sterblichen bestimmt, ihm doch äußerlich bleibt. Das Geschehen ist unbegreiflich: Wir stellen es uns vor, und schnell zeigt sich, daß man es sich nicht vorstellen kann: »Der eigene Tod ist ja auch unvorstellbar, und sooft wir den Versuch dazu machen, können wir bemerken, daß wir eigentlich als Zuschauer weiter dabeibleiben. So konnte in der psychoanalytischen Schule der Ausspruch gewagt werden: Im Grunde glaube niemand an seinen eigenen Tod, oder, was dasselbe ist: Im Unbewußten sei jeder von uns von seiner Unsterblichkeit überzeugt.«

Wenn der Tod dem Blick oder der Vorstellung zugänglich wäre, würde niemand ihn in den Rang eines philosophischen Problems erheben. Wenn er nur schlicht das wäre, was uns entgeht, so wäre er deswegen noch lange nicht Gegenstand der Auseinandersetzung. Unbekannte Sterne regen nicht auf. Irgend etwas macht ihn zu einem vordringlichen Problem; in jeder Hinsicht ist klar, daß er zur allerdringlichsten Sorge wird. Tertullian widerlegt Epikur und führt den Beweis durch eine *reductio ad absurdum*: »Wenn der Verlust der Empfindung uns nichts bedeutet, so kann es uns auch gleich sein, wenn wir Empfindungen haben.« Das Lebewesen, das nicht stirbt, würde nicht wissen, wozu es geboren wurde. Wenn es den Tod nicht gibt, geht das Leben null und nichtig vorüber. Der christliche Apologet, der den heidnischen Philosophen widerlegen will, zeigt es und führt es aus. Die ganze antike Mythologie bestätigt, daß die Götter sich zumindest danach sehnen, sich mit den vergänglichen Wesen zu vergnügen, Leidenschaft dort zu erleben, wo sie ausbricht. Die Glaubhaftigkeit eines Geschehens übersteigt jedes direkte oder fingierte Festhalten, wenn man in ihm nicht eine Erfahrung unter anderen, sondern die Bedingung der Möglichkeit jeder Erfahrung denkt.

Wenn es sich als unmöglich erweist, seinen Tod zu erleben,

ist es dann möglich, zu leben, ohne zu sterben? Was das Denken in Gang hält, ist nicht das sorglose Leben (»vorher«) noch die Sorglosigkeit nach dem Tod (»nachher«), sondern der Übergang – wie der heilige Augustinus, Epikur folgend, feststellt. »Denn solange die Seele noch im Leibe ist, zumal wenn noch Empfindung sich regt, lebt der Mensch unfraglich, der ja aus Leib und Seele besteht, und befindet sich demnach vor dem Tode, nicht im Tode. Ist aber die Seele entschwunden und damit alle leibliche Empfindung ausgelöscht, ist er gestorben und hat den Tod bereits hinter sich … Niemals also kann man den Zustand des Sterbens, des im Tode Sichbefindens aufweisen.« Die Einzigartigkeit des Menschen, seine fast unmerkliche Wahrnehmung und sein beinahe undenkbares Denken, liegt gerade in der Sterblichkeit.

Beim Hinscheiden ist es wie bei der Gegenwart des Gegenwärtigen, fährt der heilige Augustinus fort. Man sucht sie zu fassen, und sie flieht. Das Künftige wird Vergangenes, ohne stillzustehen. Sterben läßt sich nicht eingrenzen, ist nicht zeitlich fixierbar, sondern bestimmt ganz den Zeitverlauf: »Wenn man also in dem Augenblick zu sterben beginnt, das heißt vom Tod umfangen wird, in welchem der Tod sein Werk, nämlich die Entziehung des Lebens, anhebt – denn ist der Lebensraub erst vollbracht, hat man den Tod schon hinter sich und ist nicht mehr in ihm –, ist man unfraglich schon mit dem ersten Beginn des leiblichen Lebens vom Tode umfangen.« Also eine ungeahnte Wendung: Wenn man nicht *vorher* oder *nachher* stirbt, so stirbt man ständig – und das ist das Leben.

Das versteht sich so: Wenn einer *vor* dem Tod nicht *in* den Tod eintreten kann, so kann der, der als ein *Sterbender* geboren wird, nicht in einem vorgeburtlichen, vorgeschichtlichen Gefühl über seinen Schatten hinausspringen oder nach dem Tod in eine Vision, die vom Jenseits kommt.

Viele anpassungsfreudige Leute halten sich zugute, daß sie über das Dies- und das Jenseits sehr wohl Bescheid wissen. So verliert das Geschehen an Bedeutung, und man kann damit umgehen. Der Mensch schließt aus, was der Tod ausschließt, und lebt, ohne sich um Anfang und Ende seines Lebens groß zu kümmern.

Das sterbliche Lebewesen kehrt die Folgerung um, die das Paradox des Epikur in sein Gegenteil verkehrt. Wenn die Todesbedrohung sich nicht zeitlich fixieren läßt, heißt das nicht, daß wir niemals mit ihr konfrontiert werden, sondern immer; noch heißt es nicht, daß es den Tod nicht gibt, sondern daß er stets droht. Er ist nicht ein fixierbarer Punkt in der Zeit, sondern die Intensität der Gegenwart selbst. Es ist nicht möglich, den Tod zeitlich so zu fixieren, daß ein Vorher und Nachher unterschieden werden kann. Ebenso ist es nicht möglich, den Tod am lebenden Körper festzustellen – er wäre schon tot –; oder das Leben am toten Körper – er würde noch leben, in seinen letzten Zügen liegen; noch im Denken – das wäre Denken des Nicht-Denkens. Der Mensch entnimmt diesen Sonderbarkeiten die unerwartete Konsequenz, daß sie nicht die Inexistenz des Todes, wohl aber die seiner Fixierung bedeuten. Das Geschehen kann verschoben werden; das sterbliche Lebewesen hört nicht auf, seine physische und geistige Existenz auszuspielen. Es kommt zur Überzeugung, daß es lebt, indem es sich gegen die unterschiedlichsten Gewebstode durchsetzt. Wenn der Zeitpunkt des Todes des anderen nicht genau angeben werden kann, so scheint seine Unsterblichkeit nicht nähergerückt, und es ergreift einen die Unruhe, daß er schon nicht mehr da ist. Die Körpermechanik bringt noch einen Geist zum Ausdruck, der schon nicht mehr existiert. Der Mensch geht in kleinen Schritten auf die fremdartige und zu schwinden scheinende Grenze in sich und in den ihm Nahestehenden zu. »Denn ich wage nicht zu verneinen, daß der menschliche Körper auch bei Erhaltung des Blutumlaufs und anderer Merkmale, um derentwillen er als lebend gilt, sich in eine andere von der seinigen völlig verschiedene Natur verwandeln kann. Denn kein Grund zwingt mich, anzunehmen, daß der Körper nur stirbt, wenn er sich in einen Leichnam verwandelt; ja die Erfahrung selber scheint sogar die andere Annahme zu empfehlen. Es kommt nämlich manchmal vor, daß ein Mensch derartige Veränderungen erleidet, daß ich nicht leicht sagen würde, er sei noch derselbe.«

Spinoza trägt dem Unvermögen des Wissens angesichts der Vergänglichkeit Rechnung. Es gibt keine Technik, die hier etwas erreichen könnte. Er übergeht den Zusatz: Keine Technik der Vermeidung kann uns diese bewegende und erregende Begegnung ersparen. Selbst wenn das vom Todeskampf fast schon dahingeraffte Individuum sich noch so weigert, läßt es sich nicht festhalten. Sein Hin und Her kann zur Einsicht beitragen und das Scheitern seiner Bemühungen zeigen.

> Du warst mir Führer, Nacht;
> Nacht süßer als der Morgen,
> Hast Herz zu Herz gebracht,
> Hast uns in Lieb geborgen
> Mich im Geliebten,
> ihn in mir verborgen.

Die Todeserfahrung bringt eine ganze Menge doppelter Negationen mit sich, die sich gegenseitig neutralisieren. Der heilige Augustinus befaßt sich mit dem Sterben, indem er sowohl eine Existenz, die durch vorhergehendes Nichtwissen bestimmt und vegetativ wäre, als auch eine posthume und engelsgleiche Existenz ausschließt. In der grundlegenden Irrationalität eines Seienden, das sich weder als Engel noch als Pflanze denken läßt, erkennen wir den Drehpunkt, der einen unumgänglichen Durchgang anzeigt. Wenn es *Erfahrung* gibt, dann auch deswegen, weil der Tod sich nicht fassen läßt: »Sie fragen mich, ob wir der Erfahrung bedürfen, um zu wissen, ob die *Definition eines Attributes* richtig ist. Darauf erwidere ich, daß wir der Erfahrung nur bedürfen bei solchem, was sich aus der Definition eines Dinges nicht erschließen läßt ... nicht aber bei solchem, dessen Existenz von seinem Wesen nicht unterschieden ist und darum aus seiner Definition erschlossen wird.« Der Mensch entzieht sich der Definition, weil er sterblich ist.

Als nicht nach einem Rezept durchführbare Lebenserfahrung bleibt der Tod die unüberschreitbare Erfahrung der Kommunikation. Jeder findet den Tod der anderen »natürlich« und ist bereit, die Hand zu geben. Niemals ist die Beständigkeit des Ausgangs in Zweifel gezogen worden. Ich habe ihn nicht getötet, ich habe seine durch den Körper verunreinigte Seele gerettet, meint der Fanatiker. Der Verblichene hat eine lange Reise angetreten, fügt der Wohlmeinende hinzu. Was von jenseits des Grabes zu uns dringt, gibt Anlaß für manche Hypothese. Alle konzentrieren sich auf den Schnittpunkt des letzten Augenblicks. Der Mensch hat nur einen Sterblichen als adäquaten Gesprächspartner. Astrologien, Gnosen und Religionen verführen ihn, aber die mutmaßliche Zukunft, die sie aufzeigen, zeugt davon, daß ihre Tempel sich auf allgemeinere und schon vorher als gültig erachtete Überzeugungen aufbauen. So sehr das, was nachher kommt, in Unruhe versetzt, so wenig wird doch das Hinscheiden selbst bestritten. Auch wenn man sich, wie gehabt, darauf versteht, die Unsterblichkeit der Seele zu beweisen, ohne die Sterblichkeit erst aufzeigen zu müssen. Der Weggang, der Graben sind »außer Zweifel«, versichert Sokrates; sie sind die Einladung zur Reise, bis man wirklich den Anker lichtet.

Die Vorstellung eines Todes, der sich nicht fühlen, schlecht vorstellen, kaum begreifen läßt, genügt, um die Schätze zu entwerten, die von anderen Zivilisationen mit großem Eifer gehütet werden. Seit langem sind die geistigen Reiche vom Westen in einem ungreifbaren und winzigen Punkt getrennt, durch eine unpassierbare, weil in der Idee gegebene Linie, durch einen ungreifbaren und daher unzerreißbaren Schleier. Die andere Welt, diese erste Realität, von der die Mythologien und Religionen außerhalb Europas berichten, ist nur ein Jenseits des Jenseits, ein entscheidendes Risiko (Sokrates), eine Wette (Pascal).

Seit der Glauben mit Vernunftgründen ausgelegt wird, kann er nur auf eine Intuition setzen, die jedes Denken gründet. Auferstehung ist immer Auferstehung der Toten. »Wer könnte so einfältig sein und in Abrede stellen, daß Gott, der den Menschen ein erstes Mal bildete, ihn nicht ein zweites Mal bilden könnte? Es ist dasselbe, nicht nach dem Tode zu sein und nicht vor der Geburt gewesen zu sein. So wie der Mensch aus dem

Nichts geboren werden konnte, kann er aus dem Nichts auferstehen.«

Weder Sexualität noch Politik bestimmen den Gang und den Einsatz des Spiels zwischen Diogenes und Platon. Ehe die Leiber und die Bürger aneinandergeraten, kommt es zu einem Zusammentreffen, das die einen wie die andern in ihrer Verletzlichkeit zeigt. Die Menschen in ihren biologisch, sozial, biographisch bestimmten Lebenslagen verstehen sich trotz ihrer Ungleichheit während des Lebens doch angesichts des Todes als Gleiche. Wenn die Toleranzschwelle der Ungerechtigkeit erreicht ist (sie ist in den Epochen unterschiedlich hoch), so erinnern sie die »Großen« an ihre Gebrechlichkeit. Soziale Schichten und Nationen bedrohen sich gegenseitig mit Tyrannei, Revolution, Krieg, sogar mit Verbrechen und Verrat. Der Klassenkampf ist eine der Bewegungskräfte der westlichen Geschichte in ihrem Vorwärts, Hin und Her und Rückwärts. Das Gespenst des Kommunismus bedroht sie weniger als das des Todes. Jedes Lager gibt zu verstehen, daß es den Tod gibt, ehe man zur Tat schreitet.

Die Gleichheit vor dem Tod kann man »negativ« verstehen. Sie egalisiert nicht den positiven und konkreten Inhalt des Lebens; sie begrenzt ihn jeweils. Sie ist das Prinzip einer ebenso negativen oder formalen Freiheit, die jedem Bürger – der eben darum frei ist – garantiert (wie man sagt), daß kein anderer aus privatem Grund über ihn die Macht über Leben und Tod ausüben kann. Nie wird man aufhören, aus dieser offensichtlich banalen Idee subversive politische, soziale oder informationstechnische Konsequenzen zu ziehen. Nur gelegentlich scheint die Brüderlichkeit, die vor dem Desaster ebenso negativ bestimmt worden war, die europäischen Barbaren zusammenzuführen. Pest und Erdbeben erinnern diese Menschheit an ihren tiefsten Glauben. »Alle Menschen lassen denselben Wind ab«, bemerkt eine hippokratische Abhandlung über Epidemien. Der Arzt fasziniert oft den Politiker, denn man könnte verstehen: »Alle Menschen atmen denselben Tod ein.« Irdische und Olympier ahmen einander nach, als ob es nur einen quantitativen Unterschied zwischen ihnen gäbe und nicht jenen Punkt, an dem sich bei Homer zwei ganz voneinander unterschiedene Reiche trennen: »Ist demnach der Mensch darin Mensch, daß er sterblich ist, so wird er unmittelbar zum Gott werden, sobald er Unsterblichkeit empfängt.«

Die Bestimmung des Sterblichen kennt verschiedene Auslegungen. Einige meinen, daß man sich angesichts des Unvorhersehbaren selbst unvorhersehbar machen muß, die Seele schützt ihr Glück und lernt, »gleichgültigen Dingen mit Gleichmut zu begegnen« (Mark Aurel XI, 16). Andere preisen die Größe der frei gewählten Erregung.

>»Doch im Erstarren such’ ich nicht mein Heil,
Das Schaudern ist der Menschheit bestes Teil;
Wie auch die Welt ihm das Gefühl verteure,
Ergriffen, fühlt er tief das Ungeheure.«

Der kältere Pascal findet in diesem Schwindelgefühl die Einsicht seines zweifachen Seins, zum einen sich selbst ein Widerspruch, ein Monster zu bleiben, zum andern Gott sein zu wollen (»Jeder macht sich im Urteil, das ist gut oder schlecht, Gott gleich«). Der antike Grieche entstammt diesem gemeinsamen, unbestimmten, ungestalteten Ort, wo ein nicht zu beseitigender »Zustand der Unvernunft« bleibt. Andere ahnen hinter den Grenzen der Vernunft das Unerschöpfliche der Schöpfung: Der Gott des Descartes, der seinerseits unvorhersehbar ist, könnte in einem Punkt, wo die Mathematiker sterblich werden, entscheiden, daß 2 + 2 nicht gleich 4 ist. Oder will der Mensch des Westens wie ein Hausmütterchen keine Eigenschaften haben, um die der anderen anzunehmen? In dem unauffälligen Stolz des Wissens, das sich für etwas öffnet, kann man das liebenswürdige und rücksichtsvolle Echo der Unruhe der ersten Zeiten des Christentums wahrnehmen: »Sige (die »Schweigsame«, Mutter aller vom Abgrund Gesandten) blieb schweigsam, soweit sie über das Unaussprechliche nichts sagen konnte, und soweit sie es verstand, hat sie es als unbegreiflich hingestellt.«

Man kann die vielen Lebensregeln aus den europäischen Bibliotheken zusammentragen. Das enthebt uns nicht der Notwendigkeit, sie angesichts des Unbegreiflichen zu begreifen und die Unordnung des Geschehens durch die der Seelen zu vermehren. »Ihr Griechen bleibt ewig Kinder.« So sprach der mythische Weise des alten Ägypten. Es gibt tausend Weisen, den Vorhersagen zu entgehen. Die Schafe ohne Hirt drehen sich im Kreis, die Hirten ohne Herde werden Wahrsager, Knaben und Mädchen spielen am Kreuzweg. Ein Grab fixiert vielleicht das Kind Europa auf seine Erneuerungssucht und fasziniert es um so stärker, als es dieses in seiner Heiterkeit falsch einschätzt. Wenn das Unsichtbare sich zum Sichtbaren herabläßt, so macht es uns unberechenbar.

Der Kyros des Herodot, der sein griechisches Alter ego – den Despoten, den »Tyrannen«, den Monarchen – sucht, entdeckt, daß es diesen weder in der Polis der Griechen noch in ihrem Kopf gab. Blicke, Pläne, Ansprüche treffen in einem geschlossenen Feld aufeinander, das vom Verschwinden der zentralen Macht ausgegrenzt wurde. Das 19. Jahrhundert der Liberalen, Saint-Simonisten oder Marxisten erklärt die Öffentlichkeit durch den Markt und das Geschick des Westens durch die Ökonomie. Die weniger eindimensionale Geschichte fügt dem Handel und der Industrie, der Literatur und den Künsten die militärische und politische Herkunft des Marktplatzes hinzu.

Von den Griechen stammt der Plan, eine Stadt um eine zentrale »Agora« aufzubauen. Nicht von den Phöniziern, deren Handelsschiffe seit Jahrhunderten auf dem Mittelmeer kreuzten, nicht von den Babyloniern, die weit mehr als die Griechen Finanz- und Bankexperten waren. Bei den Griechen existiert die Stadtmitte vor der Stadt, sie zeichnet sich im Kreis der Krieger ab, die sich besprechen und die Beute teilen. »Diese Versammlung der Krieger bildet eine Zusammenkunft von Gleichgestellten in einer kreisförmigen Anordnung, wo jeder frei sagen kann, was ihm wichtig erscheint. Diese Versammlung der Krieger wird nach einer Reihe von ökonomischen und sozialen Veränderungen zur Agora der Stadt, wo alle Bürger (zuerst eine Minderheit der Aristokraten, dann das ganze Volk) debattieren und gemeinsam die alle betreffenden Angelegenheiten entscheiden können.«

Woher kommt die Gleichstellung (Isonomie) unter Ungleichen? Woher das Gleichgewicht, die Symmetrie und die Wechselseitigkeit unter von Natur aus unähnlichen Kräften? Achilles muß seinen Zorn, Agamemnon seine Arroganz unterdrücken; sonst erinnert sie die Katastrophe an ihre Ähnlichkeit. Die Gleichheit beim Beuteteilen ist zweitrangig, die Wirkung einer Übertragbarkeit angesichts von Niederlage, Pest und Tod. In den inneren Auseinandersetzungen müssen die Parteien sich achten. (Zwischen zwei Armeen habe er sich genauso stark gehalten wie eine Schranke, sagte Solon, Vater der athenischen Gesetze.) Die Gegner messen sich. (Trotz der Toleranz, die unsere privaten Beziehungen leitet, halte die Furcht uns davor zurück, in der Öffentlichkeit etwas Gesetzloses zu tun, meint Perikles.) Die Polis ist vom Zerfall bedroht, im Innern vom Kampf der Klassen, im Äußern durch den Neid der Nachbarn. Der städtische Raum, dem Hippodamos von Milet und Kleisthenes der Athener wohlweislich den Schliff geben, ist von Gefahren bedroht, vom Schrecken rissig, durch Angst ausgehöhlt. Denkmäler und Skulpturen verweisen eine Stadt des Westens auf ihren Mittelpunkt und leihen ihre Schönheit nur vom Anschein einer ihnen innewohnenden Vergänglichkeit. Wer mit »Menschenmaß« baut, schließt weniger das Große als vielmehr das Feste aus. Der Wolkenkratzer – nicht aber die Pyramide – sieht unsicher aus, ganz gleich, wie hoch sie sind. Und Manhattan ist das Zeichen der Nacht, die New York bedroht. Eine Stadt ist um seine mögliche Zerstörung gebaut.

Die Runde der bewaffneten Bürger, die sich nicht die Hand geben, gürtet sich vor »der gleichgültigen Neutralität des Abgrunds« – »la neutralité égale du gouffre« (Mallarmé).

Die Historiker finden bei den Griechen vier Randgruppen, die sich dem gewöhnlichen, sozialen Leben entziehen. Zwei kultivieren die höheren Schichten des Menschen und geben sich elitär. Es sind dies die Anhänger des Orpheus, die sich jeder fleischlichen Nahrung und sexueller Lust enthalten, und die Pythagoreer, die in ihrer Abstinenz gemäßigter sind. Die zwei anderen sind Barfüßer, sie tun, als ob sie sich auf die Seite des Tieres schlagen wollten. Das sind die Dionysos-Gläubigen; ihre phantastischen Bacchanale scheinen die Fleischnahrung bis zur Anthropophagie getrieben zu haben und die sexuelle Ausschweifung bis zur Aufhebung des Inzestverbots. Auch sie haben weniger extreme Doppelgänger, die Zyniker. Diese heben das Redetabu mehr auf als das Tabu der Tat. Orphiker und Dionysos-Anhänger drehen dem sozialen Leben den Rücken zu. Ihre totale Abstinenz bzw. ihre radikale Permissivität ist der Bruch mit jeder nur möglichen sozialen Bindung in der zentrifugalen Bewegung einer asketischen oder kannibalischen Revolte ohne Rückkehr. Die Anhänger des Pythagoras und des Diogenes steigen nicht zur Hölle hinab, noch verbergen sie ihre Dorfspiele in einer apolitischen Nacht. Sie bleiben als Reformer in der Stadt, sie sind unbequem. Die Pythagoreer pflegen eine rationale Wissenschaft, die aber geheimgehalten wird, sie haben bürgerliche Ambitionen, sprechen aber nicht darüber. Sie bilden die fünfte Kolonne der Klugheit und den Geheimdienst der Intelligenz. Unablässig arbeiten sie am Staatsstreich, der die Philosophen zu Königen macht. Dagegen machen sich die Zyniker nicht das Dunkel, sondern die Helle zunutze. Sie machen aus privaten Geschäften öffentliche Angelegenheiten. Nach dem Muster ihrer pythagoreischen Kollegen weigern sie sich, aus der Stadt zu gehen. Sie lassen sich am Rande des Abgrundes in der Stadtmitte, nicht im Abgrund, nieder. Wort, Bild, Szene machen ihnen Spaß. Ihre Strategie zielt auf den andern ab und nicht auf die einsame und düstere Beziehung zu sich selbst. Der Zyniker wird nicht Platoniker, um dem Philosophen einen Königsthron zu versprechen; er stellt vielmehr das Rätsel dar, das noch viel moderner und spaßiger ist, das Rätsel von Königen, die so tun, als seien sie Philosophen, und die sich auf dem Hintergrund der schwarzen Nacht zum Glänzen bringen.

Vier entschieden
moderne philosophische Thesen

»Nicht nur verwandle ich Metalle,
wie zum Beispiel Gold in Blei
(ich meine Blei in Gold),
sondern auch Menschen,
wenn ich durch veränderte Meinungen,
die härter als Metall sind,
ihre Lebensweise ändere.
Denn sie wagten früher
die Vestalinnen kaum anzuschauen.
Jetzt wollen sie sogar
mit ihnen schlafen.«

BONAVENTURE DES PERIERS, *Cymbalum mundi.*

»Das alte Recht,
sterben zu *machen* oder leben zu *lassen,*
wurde abgelöst von einer Macht,
leben zu *machen*
oder in den Tod zu *stoßen.*«

MICHEL FOUCAULT

Diogenes erfuhr, daß der Tod ihn an Zynismus übertrifft. Er wird seiner nicht Herr, bringt ihn nicht zum Reden, der Tod gleitet vorbei und ergreift ihn wie irgend jemand anderen. Der Sand, der die Monumente zersetzt, ist nicht mehr für neue Skulpturen zu gebrauchen. Das Endgültige würde uns seine Definition vorenthalten, würde die Unfähigkeit festzustellen, »Ich mache mich sterben«, nicht durch den Satz »Ich töte dich« ausgeglichen.

Du sprichst, ich betone deine letzten Worte, zusammen geben wir uns genauso sicher wie die Flugbahn von Geschossen in einem Kopf. Diogenes beherrscht nicht das Ende, das ihn beherrscht; aber vielleicht machte er sich nichts daraus und wollte nur seine Schüler erbauen. Sein offensichtliches Scheitern legt dem Zyniker nahe: Es ist sinnlos, den Tod beherrschen zu wollen, es genügt, mit ihm zu herrschen. Wenn man schon nicht Herr seiner selbst ist, so kann man doch Kollege des Todes werden.

Diogenes, der im Anhalten des Atems lebendig begraben ist, radikalisiert die unvermeidliche aktive Seite des Selbstmordes. Diese aufs Äußerste gehende Jagd nach sich selbst verstrickt ihn in ein einmaliges Unterfangen; sie hat nicht das Allgemeingültige, Schonungslose und Unpersönliche des Endes einer Vorstellung an sich. Man vermutet ein Spiel in pädagogischer Absicht, eine Durchgangsprüfung für allzu Gläubige. Hinter dem Phantasma, den eigenen Tod zu durchleben, ahnt man die Aufforderung »das Leben zu sterben«, hinter dem abschreckenden Beispiel eines absoluten Selbstmords die Verteidigung und ständige Vergegenwärtigung der höchsten Tugend des Zynikers in ihrer schwachen Version der Gleichmütigkeit, der Unempfindlichkeit und Unbeteiligtheit. Antisthenes, der Lehrer des Diogenes, »war der Wegweiser zu des Diogenes leidenschaftlicher Seelenruhe, zu des Krates Selbstbeherrschung wie zu des Zenons Beharrlichkeit ...«

Der Zyniker sucht nicht sich selbst. Wenn er sich findet, so ist es die Gunst des Zufalls. Zu allererst sucht er seine Wahrhaftigkeit. In einem Kurzschlußverfahren versteht er sich in der ersten Wahrheit des federlosen Zweibeiners, seiner Sterblichkeit. Niemals fühlt man sich ganz sterben. So üben wir uns Schritt für Schritt, legen wir unsere Leidenschaften ab. Die Gleichmütigkeit oder Unempfindlichkeit (die die Stoiker Seelenstärke nennen werden) erfordert einen großen Kraftaufwand, um den Empfindungen das Gefühl des Nichtvorhandenseins aufzuzwingen. Sie nimmt keine Leidenschaft weg, sie fügt eine hinzu, die alle Leidenschaften steigert, nämlich die, Schluß zu machen.

Das Wort *a-pathie* (Nicht-Leidenschaft) zeigt wie das Wort

Wahrheit (*a-letheia*, Nicht-Verborgensein) ein klassisches griechisches Problem: Mit der Vorsilbe α wird (im sprachlichen Zeichen der Privation) eine höchst »positive« Tätigkeit genannt, die die Lebensform, sogar das ganze Leben entscheidend bestimmt. Platon deckt im Nicht-Verborgenen die Tätigkeit des Gedächtnisses auf, ohne den Wortsinn allzusehr zu bemühen. Die Wahrheit gibt sich als Erinnerung. Sade läßt in der Negation der Gefühle das Gegenteil eines vegetativen Lebens, einen äußersten Beweis von Energie erkennen. Es geht dem Libertin um das leidenschaftslose Verbrechen, das in der Verhärtung des Empfindungsvermögens begangen wird. Nichts Großes geschieht im Aufwallen der Gefühle. Die Seele muß in Apathie, Leichtsinn und Einsamkeit leben lernen.

Dem Sadeschen Helden geht es um Lust, nicht um Leben. Und vor allem um die Lust, daß es nicht ums Leben geht. Die Todesangst gilt ihm als unauslöschlicher und unheilbarer Verfall. Die vollkommen verdorbene Giftmörderin Durand wagt es nicht, die Pest in Venedig zu verbreiten. Sie ist um sich selbst besorgt, die Libertins verdammen sie. Sie war unfähig, »kaltblütig« zu handeln, »es fehlte ihr dazu die Kraft, sie fand ihren Meister, und der ist der Tod«. Die Geschichten, die Handlungen, und die Leidenschaften, die Gelüste und die Mühsal drehen sich um wie ein Handschuh. Justine und Juliette gehen durch genau die gleichen Wechselfälle des Lebens und »dieselben Prüfungen«; sie halten dieselben Schreckenszustände aus. Die eine beklagt im Abenteuer das Unglück der Tugend, die andere feiert darin den Höhepunkt des Lasters. Unerbittlich, weil haltlos, genießt sie die Lust, sich dorthin zu erheben, wo alles seinen Höhepunkt erreicht. Im kalten Blick der leidenschaftslosen Freizügigkeit sieht uns der Tod an. Der Zyniker erlebt seinen überwältigenden Triumph, wenn die Vernichtung des andern und das eigene Verschwinden zusammenfallen. Die Seele kommt in einen Zustand der Apathie, der sich in das Tausendfache an göttlicher Lust verwandelt, die sie aus ihren Schwächen zog. Diogenes wußte, daß er seinen als Ausübung von Herrschaft verstandenen Selbstmord verfehlen würde. In der Lust triumphiert er über die Lust, die Lust zu sterben.

Man kann den westlichen Zynismus nur in der Art von de Sade verstehen. Gehört der Marquis wirklich in eine Bibliothek? Ist er Autor? Theoretiker? Hätte es ihn nicht gegeben, so hätten viele keinen Anstoß bekommen: »Alle oder beinahe alle Schriftsteller des 19. Jahrhunderts, die bedeutend sind, gingen von Marquis de Sade aus, angefangen von Lamartine, der zugibt, daß er ohne Lektüre des Marquis mit neunzehn Jahren niemals gedichtet hätte, über Baudelaire jedenfalls und Philosophen im Ausland wie Nietzsche« (J. Paulhan). Diese nicht erschöpfende Liste berücksichtigt nicht die beunruhigende Wahrheit, die von der Kritik des 20. Jahrhunderts aufgedeckt wurde, die Abhängigkeit früherer Philosophien von einer Welt, die sie nicht kennen, die ihnen vorausgeht und ihre Bahnen lenkt. Hegel ist in der Welt von de Sade, bemerkt Bataille, die Geschichte der Juliette zeigt die Phänomenologie des Geistes als Mentalität auf.

Sade ist weder ein großer Schriftsteller noch ein großer Philosoph, er ist beides, und zu sehr das eine, um das andere zu sein. So verwirrt er. Er baut seine zynische Maschinerie am Kreuzweg von Schrift und Denken. Nur die inneren Erfahrungen zählen für seine Zeitgenossen (und die kommenden Zeiten). Sein einziger Schauplatz, die Hölle, ist der großen europäischen Literatur entnommen, die aus der Herausforderung hervorging, das Unnennbare benennbar zu machen. Dante zögert nicht, sich als Metaphysiker, Astronom, Theologe oder Grammatiker zu geben. Ob es um das Vorrücken der Tag-und-Nacht-Gleichen geht oder um Engelshierarchien, um Rhetorenstreitigkeiten oder Sphärenanordnungen, gleichviel – die von den technischen oder spekulativen Kenntnissen aufgeworfenen Fragen schüchtern den Poeten keineswegs ein, noch scheinen sie seine Darstellungsmittel zu überfordern. Er hat keinen einzigen Zweifel an der Zuständigkeit seiner Kunst, oder nur dann, wenn es um das Schmutzige geht, das in den letzten Kreisen der Hölle sich findet:

»Wer könnt' wohl, selbst wenn er Prosa wählte
Von allem Blut und allen Wunden sagen
Die ich erblickt, wie oft er's auch erzählte!

Es würde jede Zunge hier versagen,
Zu schwach ist Menschengeist und Menschenwort,
So etwas Ungeheures zu ertragen!«

Die Hölle, XXVIII. Gesang

Das Wissen im Westen, das sich schwört, vor nichts die Augen
zu verschließen, wird zur Literatur. Man muß Worte finden,
wenn der Atem stockt, man muß seine Gedanken zusammen-
bringen, wenn das Herz bricht. Marx nimmt sich vor, gründ-
lich über die Ausbeutung des Menschen durch den Menschen
nachzudenken, und Solschenizyn beschreibt das äußerste Stadium der Vernichtung des Nächsten durch seinen Nächsten.
Beide beschwören sie »den« Dichter, als ob es nur die Lichter
der Literatur gäbe, um die Weltkatastrophen zu beleuchten,
und als ob man die gewohnten Überzeugungen, die aufbauende
Moral oder das sichere Wissen hinter sich lassen müßte, wenn
man die tiefsten Tiefen verstehen will:

»Ihr, die ihr hier eintretet,
laßt alle Hoffnung fahren.«

Die Hölle, III. Gesang

Diogenes wollte mit seinem unsinnigen Selbstmord Zyniker
sein, was er zur Hälfte blieb. Das Denken ist zu naiv, das in
einer einzigen Person die Fülle auffangen will, sie in einer einzigen Tat fassen will. Eine wahrheitsgetreue Beschreibung, eine
Kritik der Verderbtheit im eigentlichsten Sinne muß davon ausgehen, daß sie immer schon durch das, was sie im Auge hat,
überholt ist. Die Realität übersteigt die zynische Fiktion, die
von einem Jahrhundert, das von einem sehr bestimmten Zynismus geprägt ist, zensiert wird.
Wenn die Literatur einen Pakt mit dem Teufel schließt, so

sind mit dem Akt, die Hölle zu denken, die intellektuellen Schritte, die ausgewählten Begriffe und die zur Anwendung gebrachten Methoden von vollkommener Unschuld abhängig. Nichts ist verlogener als der Vorwurf, daß de Sade zur Sprache bringe, worüber man in guter Gesellschaft nicht spricht. Nichts ist dümmlicher, als ihm die Verbreitung von Lehren anzulasten, die den unbefleckten Leser zum Bösen verführen könnten. Das Denken de Sades ist naiv nur in der Hinsicht, daß es vom Licht seines Jahrhunderts lebt; seine Basis ist uralt.

Die äußerste Gleichung

Diogenes, der eine Art Sade wird, geht es nicht darum, einen vollkommenen Selbstmord auszuführen, außer er reißt das Menschengeschlecht und die ganze Natur mit sich. Saint-Fond wollte die Pandora-Büchse sein, aus der alle Wesen einzeln zerstört werden.

Diogenes verstand, daß man den Tod nicht besitzt, daß man sich des anderen und auch der Welt nicht bemächtigen kann – außer man übt die einzige Macht aus, der keiner widersteht, man tötet. Das Opfer hat tausend Fluchtwege vor dem Tod. Das ist es, was die vertrauensselige Justine erlebt, die sich nie die Geschichte erzählt, die ihre Henker gut kennen. Nach dem Mord erlebt der Libertin eine Enttäuschung:

»Der Mord an einer Frau ist schnell geschehen. Das Vergnügen an ihrem Leiden vergeht mit ihrem Leben ... Es kommt darauf an, sie bloßzustellen, zu erniedrigen – daran wird sie bis zum Schluß leiden, und unsere Lust steigert sich ganz erheblich.« Man verhört, die Folter regiert in den Konflikten des 20. Jahrhunderts; der Folterknecht nimmt die einzuholenden Auskünfte zum Vorwand. Je weniger er weiß, was er wissen will, mit desto mehr Stromschlägen traktiert er sein Opfer. Es kümmert ihn nicht, ob es überhaupt etwas Geheimgehaltenes gibt, das zugegeben werden soll. Als komme es nur auf das Eingeständnis eines intensiven und langen Leidens an. Sade versteht es besser als Vigny, in den Zwang des Lebens eines Soldaten und Partisanen einzuführen, wenn man lesen und nicht zensieren will. Schon Montaigne sagte: »Damit die Tyrannen töten und ihre Wut fühlen lassen können, haben sie sich Gedanken über Mittel gemacht, den Tod hinauszuzögern. Sie wollen, daß ihre Feinde verschwinden, aber nicht, ohne daß sie an ihrer Rache Genuß haben. Das ist ihr Problem: Wenn die Foltern zu stark sind, sind sie kurz; sind sie lang, dann sind sie nicht schmerzhaft genug. – Das also müssen die Maschinen übernehmen.«

Der derzeit übliche Folterer ist nur ein halber Zyniker. Er glaubt, er sei stark. Er glaubt, er sei ganz anders als sein Opfer. Er fordert, daß seine Überlegenheit von den Gequälten anerkannt wird, bevor sie sterben, oder von Seinesgleichen mit Korpsgeist und friedlicher Koexistenz. Jahrhunderte vor Hegel weist Diogenes darauf hin, daß dieser Herrschertyp eigentlich der Sklave des Sklaven ist, von dem er – komisch genug – das letzte Wort erwartet. »Es wäre erstaunlich, wenn der Sklave Manès ohne Diogenes leben könnte; Diogenes könnte ohne Manès nicht weitergehen.« Der gewöhnliche Mörder spart sich selbst aus, nicht aber der zynische Mörder, der sich als allgemeingültig auffaßt. »Die Geduld muß bei einem Zyniker so groß sein, daß er der Menge unempfindlich erscheint wie ein Stein. Niemand kann ihn beschimpfen, schlagen, übel behandeln; mit seinem Körper läßt er jeden machen, was er will.«

Mit Juliette kämpft der Zyniker in der »Gesellschaft der Freunde des Verbrechens« und ist darauf aus, »sich auf alle Phantasmen einzustellen und darauf, alles zu tun«. Er setzt sich ständig aus, nicht um seinen Mut unter Beweis zu stellen (vor wem auch? ... übrigens nennt er sich genußvoll »locker«), sondern aus intellektueller Disziplin. In der Todesdrohung erlebt er das Souveränitätsprinzip; er zwingt dies anderen und sich selbst auf. Es hieße seine Macht beeinträchtigen, wollte man ihm entgehen.

Er beweist an seinem Opfer, daß es nicht im *Diesseits* lebt und daß er dessen Geist beherrscht; er ist ganz hingerissen von dem sich ankündigenden Verscheiden. Tränen und Schreie sind Beweise. Bei sich selbst unterdrückt er jede Regung, die ihn in ein *Jenseits* lenken könnte. Er befürchtet, daß der Henker sich verewigt, indem er die Sterblichkeit seines Opfers unter Beweis stellt. Er glaubt, jede Ähnlichkeit wegzuwischen. Kaum widersteht er der Versuchung, sich für unsterblich zu halten. Der eine setzt auf sein Renommee, um die Ewigkeit zu beschmutzen. Ein anderer stellt sich einen bösen Gott vor, der seine Helfershelfer heiligt. Wieder ein anderer gefällt sich darin, an einen guten Gott zu glauben, um »ihn ewig zu reizen«. Und in einer anderen Spielart des Aberglaubens ist keiner ganz bei der Sache: Die Religion der Herren, die sich als Herren verewigen, streitet mit der der Sklaven, die sich im Sklavenstand auf Dauer einrichten, um den Lorbeer der Dummheit und des Aberglaubens.

Der Zyniker nach Sadescher Art hält sich an das Rasiermesser. Er braucht das Opfer, um es zu vernichten, nicht damit es ihn anerkennt. Er bestätigt sich bis zu dessen Vernichtung, nicht darüber hinaus. Er glaubt nicht, daß er anders ist, er glaubt, daß die Leute sich für anders halten und daß er durch die Erpressung mit dem Tod diesen Unterschied beseitigen kann. Er erwartet nicht, daß er der einzige Unsterbliche ist, wohl aber der einzige, der sich ganz genau und in seiner Sterblichkeit kennt und sterblich sein will. Sein Horizont ist die Katastrophe – die Büchse der Pandora, die Pest in Venedig, die Zerstörung des Planeten – er erwartet das Düstere, er häuft Voraussagen von Blutbädern auf Ankündigungen von Katastrophen. Warum? Das Verbrechen ist kein Mutbeweis, es bleibt zweideutig. Noch ist es ein Beweis für die Vergänglichkeit der Dinge, der Überzeugungen, der Religionen – es ist immer unvollständig. Der Mord erscheint als Wahrheitsbeweis. Der Libertin hat Gott nicht nötig, außer um ihn zu verunglimpfen. Er schüttelt die Religion seiner Opfer ab, er verhöhnt sie und setzt sich nur zu gern aufs Spiel, ohne doch Selbstmord zu begehen. Er macht aus der Todesdrohung sein eigenes Gesetz und zwingt es zur selben Zeit der Welt auf. »Von da aus gibt es kein irgendwie ausgezeichnetes Verhalten. Man kann irgend etwas tun. Worauf es ankommt ist, daß man bei dem, was man tut, zugleich die größte Zerstörung und die größte Bejahung bewirkt.«

Luzifer braucht Gott zweifellos, nicht so Sade. Er sucht nicht das Böse (und damit das Gute als Kontrast), sondern – und darin ist er traditioneller, beinah akademisch, sogar schulmeisterlich – die Wahrheit. Maurice Blanchot läßt ihn Vorahnungen haben, dennoch läßt er ein Parfüm von spekulativem Heroismus über einer Sache aufsteigen, die deswegen beunruhigender ist als etwas Gewöhnliches und Geläufiges. Warum die »größte« Zerstörung und Bejahung? Hegel und Nietzsche verstehen es so. Nicht so Sade, dem solch lyrische Anflüge gewiß nicht fremd sind; er denkt an eine Situation, in der weder das Größte noch das Kleinste herrscht, in der alles am Ende aufs selbe herauskommt. Der Blitz, der rein zufällig Justine trifft, wirkt genauso wie die gelehrtesten apokalyptischen Maschinen, die von erhitzten Geistern erträumt werden. Der zynische Tod, so nichtssagend und erhaben er auch ist, hat seinen Wert nicht im Verbrechen – das würde bedeuten, daß die höchste Erkenntnis das größte Verbrechen auszeichnen würde. Er zeigt sich als erste Wahrheit und braucht die Verbrechen nur als Mittel zum Zweck, als Bewußtseinserwecker für rückständige Bewußtseinslagen. Als Strafe für Flucht angedroht, zeigt der Tod sich nicht am Ende der vom Libertin gestellten Probe, sondern zu Beginn der Probe, der er sich unterzieht und die er stellt. Er bringt ihn nicht in Unruhe, er dreht ihn richtiggehend um. Von nun an sind durch ihn alle Dinge sterblich, wendig, gleichgültig. Der Tod ist immer schon da. Die Helden handeln, bringen hervor, schaffen, bauen Ruine auf Ruine; der Zyniker schreitet zur Tat, läßt sich spüren, erfindet nichts. Der Held bei Sade tritt auf wie in einem Roman und geht ab; der Sadesche Zyniker sammelt die Stückchen Wahrheit hinter sich zusammen und richtet sich ein. Noch mehr als die großen welthistorischen Monumentaldarstellungen des 19. Jahrhunderts zeigt Sade die ganz unheroische Gleichgültigkeit, die passive Anpassung an die Banalität des Bösen und dessen Bürokratie. Jede Bejahung, ob groß oder klein, kostet ein Maß an Zerstörung. Der Zyniker, der es veranlaßt oder zuläßt, wäscht sich die Hände: Da jede Stunde den Hereinbruch der Nacht bedeuten kann, fügt Penelope zur selben Zeit ihr Gewebe zusammen und trennt es wieder. Der Zyniker hat seine absolute Waffe gefunden. Der Hintergrund des Kampfes wechselt, Hausstreitereien können für ein Königreich Bedeutung erlangen, sein Ich bleibt hart. In alle vier Himmelsrichtungen streut Sade seine Atomstrahlen aus – Erste These: Ich zerstöre, also bin ich; ich bin, also zerstöre ich.

Gleichgültiger König

Lust und Schmerz sind das Maß der Dinge. Daran ist nichts besonders Philosophisches. Kommentatoren und Autor verweisen auf den Hedonismus, den Sensualismus, kurzum auf philosophisch recht grobe »Systeme«. Aber die Lust ist nach Sade nur dann gegeben, wenn sie die Lust an sich selbst ist; der Schmerz bleibt nicht eine rohe, naturhafte und auf nichts anderes rückführbare Sache. Der Libertin treibt sie in Höhen, von denen sich die gängigen Materialismen nichts träumen lassen. Lust und Schmerz binden uns tief drinnen und setzen uns mit der Außenwelt in Beziehung; zugleich führen sie uns zu den Dingen und zu uns selbst, sind sie Empfindung und Selbsterkenntnis. Sade geht es nicht um eine lieblich epikureische Apologie. Er schockiert, indem er Intelligenz und Lust miteinander verbindet. Diese Verbindung, die ganz eigentlich die Erotik ausmacht, erscheint dem Zensor als der Gipfel des Lasters. Diese Auffassung ist nicht an die Lehren der damaligen Zeit gebunden; Platon bezeugt sie in den am wenigsten zweideutigen Reden des *Philebos,* einem seiner als Testament hinterlassenen Dialoge. Man lernt dort, daß Lust und Schmerz sich gegenseitig durchdringen, daß eine Lust, die ganz frei von jeder Selbsterkenntnis ist, unmöglich und absurd ist, daß eine von jeder Lust freie Erkenntnis unmenschlich ist und daß die Mischung von Lust, Schmerz und Intelligenz nun einmal das Unvermeidliche der sterblichen Lebensbedingung ist. Lust und Schmerz, diese Altbekannten, sind die grundlegenden Weisen, die ontologischen Koordinaten der Existenz. (Man sehe die unvermeidliche Schwerfälligkeit des Kommentators nach: »Hedone und Lype sind bei Plato deshalb die Grundmodi des Sichbefindens des Daseins.«)

Von vornherein macht sich Sokrates über den Helden de Sades lustig. Er sagt vom König Lust, daß er »den Körper zusammenziehe, manchmal bis zum Erschrecken verkrampfe, und ihn in alle Farben, Bewegungen und ins Stöhnen versetze und zu einer allgemeinen Übererregung, die mit dem Schreien eines Verlorenen verbunden ist, führe ... Der Patient sagt von sich und andere von ihm, daß er an seinem Vergnügen sterbe ...« Wie viele Zeilen der »Philosophie im Boudoir« scheinen direkt abgeschrieben! Nur etwas unterscheidet: Clairwil, die die Ausschweifung lehrt, weist Juliette an: So oft die Schülerin sich spontan mit Begeisterung ins Verbrechen stürzt und die Verbote mit Lust bricht, enttäuscht sie ihre Lehrerin: »Ich will mehr, ich fordere von ihr, das Böse zu tun, nicht um sich zu erregen, wie sie das meiner Meinung nach tut, sondern nur darum, es zu tun; ich will, daß sie in dem von aller Ausschweifung befreiten Bösen die ganze Motivation zur Ausschweifung findet.« Dem vollkommenen Libertin geht es nicht nur darum, die Lust zu genießen, ohne von ihr ergriffen zu sein. Er ist noch platonischer, er macht aus der Wachsamkeit seine erste Lust; die Selbsterkenntnis kontrolliert ihn.

Sade gibt sich Mühe, daß seine Personen auf der Höhe aller Finessen und Feinheiten des Wissens der westlichen Kultur stehen. Im Platonschen *Philebos* und bei Juliette und Justine bereitet die Bejahung des Lebens und das Entstehen von etwas Lust. Der Schmerz gehört zum Mangel, zur Störung und Zerstörung. Der ungefiederte Zweibeiner ist nicht nur sterblich, er ist dauernd im Tode gefangen und fügt Lust und Schmerz, Entstehen und Vergehen untrennbar zusammen – auf die

Gefahr hin, daß sie sich ineinander verwandeln, bis er die Freude an der untergehenden Sonne kennenlernt: Selbst das Schafott wäre mir der Thron meiner Lust. Dort würde ich dem Tod trotzen in der reinen Lust, als Opfer meiner Verbrechen dahinzuscheiden, sagt Olympe Borghese, die so Sokrates vor dem Trunk aus dem Schierlingsbecher paraphrasiert. Es gibt eine reine Lust, schöne Töne zu hören, schöne Farben zu sehen, besonders aber zu erkennen, so lehrt *Philebos*. Das Fehlen von Erkenntnis schmerzt nicht, es weiß nichts von sich. Das Schwinden der Erkenntnis geschieht ohne Mißfallen, nur vor den eigenen Augen kann es sich vollziehen. Es kann sich nicht selbst bedauern – wer könnte es dann an ihrer Stelle? Man sieht, worin sich die Gefühllosigkeit bei de Sade und die reine Lust des Platon ähnlich sind: Im Erleben des Schmerzes finden sie die höchste Lust, die der Selbsterkenntnis. Die tiefste Lust und der größte Schmerz zeigen sich so, sie tragen in sich eine unabwendbare Selbsterkenntnis. *Diese reine* sokratische oder de Sadesche *Lust* verläßt uns nicht, selbst wenn wir uns ganz von uns abwenden. Sie jagt sich nicht selbst hinterher, sie trauert sich nicht nach; sie ist unsere Weise dazusein, die Gegenwart des Gegenwärtigen. Als Lebenslust ist sie radikal vom Nichterkennen, vom Tod, geschieden.

Über Sade kommt die große Gestalt des Zynikers wieder zu philosophischen Ehren. Eine seiner Wendungen besteht darin, als Tier, wild und geistlos, zu erscheinen. Da er aber versichert, alle Klugheit der Welt zu pervertieren, und man das fürchtet, so muß man ihn sich genauso mit Intelligenz und Worten beschlagen vorstellen wie die höchste Tugend, die er sich als Ziel vornimmt. Es hieße ihn beträchtlich zu unterschätzen, wollte man ihn einer Inkonsequenz, eines Widerspruchs oder der Unkultur zeihen. Denn er ist äußerst bedacht, genauso wie Sokrates oder Platon, nicht schlechter als Christus oder Buddha zu denken. Die Geschichte der Justine ist nur das unabschließbare Examen, durch das eine unglückliche Kandidatin von einer Kommission von Sitzung zu Sitzung gezerrt wird, die davon überzeugt ist, daß man nicht, ohne sich zu widersprechen (aus

Dummheit oder vor allem durch Unaufrichtigkeit) seine eigene Lust ablehnen kann. Und ist die Weltgeschichte des Westens etwas anderes als die Verärgerung darüber, daß die anderen Länder die Verwestlichung der Lust nicht annehmen wollen?

Gestehen wir Sokrates und Juliette eine ähnliche Intelligenz zu. Muß man nicht hinzufügen, daß der eine sie im Dienst des Guten, die andere im Dienst des Bösen einsetzt? Keineswegs. Der Zyniker spielt ein Spiel, er bringt die Gesellschaft der Freunde des Verbrechens in Gang und gleicht das Gute durch Blasphemien aus. Gewiß erregt ihn die Frage nach Gut und Böse. Muß man sagen, daß er sie als eine wahre Frage ansieht und er sich als Apostel der Spottlust definiert? Unaufhörlich will Justine das Gute und ist dem Laster ergeben. Sie ist genau das Gegenstück zum Mephisto Goethes, der immer das Böse will und das Gute tut. Ist der von Gretchen-Justine zum Ritter geschlagene Faust angesichts der schrecklichen Sade-Anhänger der Ritter des Guten? Der blinde alte Faust endet, wie Justine anfängt. Er glaubt das vollkommene Glück, die Fülle des Schönen und Guten zu erreichen; er leitet die großen Bauarbeiten, die den Planeten verändern und bewohnbar machen. Das »Geklirr der Spaten« hält er für die Symphonie der neuen Welt. Aber es wird nur sein eigenes Grab vor seinen erloschenen Augen gegraben. Wenn er das Böse will, so muß Mephisto vorgeben, das Gute zu tun. Doch diese Ehrerbietung des Lasters gegenüber der Tugend entleert die Tugend eher, als daß es sie ehrt. Nach Sade lenkt Goethe unsern Blick auf die geheime Kraft des Zynismus, der nicht das Böse anstatt des Guten wählt, sondern von der Unmöglichkeit, Gut und Böse zu unterscheiden, darauf schließt, daß der Naivität, sogar der Hypokrisie daran gelegen ist.

Der Zyniker verirrt sich nicht in einer der Moral entgegengesetzten Naivität, die das Böse dem Guten vorzieht. Er wiegt sich nicht in der Annahme, daß er über den Gegensatz hinaus ist; es genügt ihm, Gut und Böse als ununterscheidbar zu setzen.

Auf der Ebene der Erkenntnis ähneln wir uns. Auf der Ebene

der Moral trennen sich unsere Wege. So würde die gute Seele gern zum Zyniker sprechen: Das Wissen ist gemeinsam, aber die ethische Entscheidung, das bin ich. Was weißt du schon? entgegnet der Zyniker. Antwort: Die Frage ist falsch gestellt. Es geht nicht bloß ums Wissen, es geht ums moralische Sein. Der Zyniker lächelt, er hat gewonnen. Wenn es nicht mehr darum geht, zu wissen was man tut, wie unterscheidet sich dann das moralische vom fanatischen oder einem Aberglauben anhängenden Bewußtsein? Wenn es sich darum nicht kümmert, steckt es tief in der Immoralität. Wenn man seinen Zynismus nicht zur Kenntnis nimmt, so ist man ihm mehr als jeder andere verfallen. Justine und Juliette gehen durch dieselben Abenteuer, sie sind in geistiger Hinsicht siamesische Zwillinge. Die eine weiß das, die andere macht alles, um es nicht zur Kenntnis nehmen zu müssen. Das würde nicht genügen, um ihr eine unbezweifelbare Tugend zuzusprechen.

Die Zweite These des Zynikers ist die Ununterscheidbarkeit des Guten und des Bösen. Das Gute, das sich so nennt, setzt sich ab vom Bösen, das als solches gilt oder auch nicht. So scheint die These absurd – wer unterscheidet nicht sein Gutes und Böses? Die Absurdität ist zu offensichtlich, um Einwänden standzuhalten. Wenn man Gutes und Böses nur unterscheidet, indem man sie je nach Lage und Laune strategisch einsetzt, hat der Zyniker recht. Jedem sein Gutes, dem Verbrecher wie dem Opfer. Gott selbst findet die Seinen nicht: Wie soll man die »gute Wahl« treffen, wenn es genügt, sie zu treffen, damit sie gut ist? Die Kraft der zynischen These besteht darin, daß sie die Ununterscheidbarkeit vom Gesichtspunkt des Wissens her setzt. Das rein moralische Sein, der Glaubensritter, will das Wissen beiseite lassen und einen reinen und erhabenen Akt der vollkommenen Entscheidung setzen. Darin hat er recht: Wissenschaft und Technik scheinen moralisch neutral zu sein, man kann sie im guten und im schlechten Sinn gebrauchen. Aber darin hat er nicht recht: Die Selbsterkenntnis läßt sich nicht auf die wissenschaftlich-technische Indifferenz reduzieren, sie ist von der Lust bestimmt, weist diese als meine aus und bringt mich zu mir selbst. Wenn der moralische Akt sie verachtet, so kann er nicht meine Entscheidung oder überhaupt eine Entscheidung sein. Er ist der Akt eines Unbekannten, tendiert ins Unbekannte. Man kann ihn nur wie einen Wetterbericht zur Kenntnis nehmen.

Lange Zeit wurde Sade verfolgt, weil er Philosophie, Literatur und Zynismus so überdeutlich verband. Man zensierte ihn. Man sagte, daß er Denken und Literatur verderbe. Man tat so, als ob er Philosophie und Literatur ins Feuer des Zynismus werfen könnte. Später pries man diese Kraft, die nunmehr als Vervollkommnung der geheimen Sendung von Kultur und Geschichte gilt: »Es brauchte eine Revolution – im Lärm der eingerammten Tore der Bastille –, um uns rein zufällig im Durcheinander das Geheimnis de Sades preiszugeben: Ihm kam das Unheil zu, den Traum auszuleben, in dem es um die Seele der Philosophie geht, die Einheit von Subjekt und Objekt ... des Objekts des Wunsches und des Subjekts des Wunsches.« Ob man dafür oder dagegen ist, verwünscht oder feiert, die beiden Optionen zeigen, daß der Zynismus so weit gediehen ist, daß Georges Bataille sich darüber aufregt, daß Sade nicht mehr aufregt – »wenn wir Sade loben, nehmen wir ihm das Entscheidende«. Zugegeben. Wenn der Schwefel verdampft ist, so bleiben doch Literatur und herrschender Zynismus zweierlei Dinge! Man kann ihre Komplizenschaft in Frage stellen, ohne ihre Identität vorauszusetzen. Literatur, Philosophie und Zynismus stellen die Frage nach der Wahrheit. Es gibt keine gute Literatur der guten Gefühle: Die Literatur stellt die Wahrheit der Gefühle in Frage, nicht ihre Moralität oder Immoralität. Aber man riskiert auch schlechte Romane mit schlechten Gefühlen, seit diese nicht mehr aufregen und sich ihres Wertes oder Anti-Wertes ganz sicher sind. Der Zynismus deckt ihre literarische oder philosophische Bedeutung auf, indem er die sokratischen Kontinente der Selbsterkenntnis erforscht. Er spitzt sich zur These zu, die für ihn typisch ist, nämlich zur Ununterscheidbarkeit von Gutem und Bösem. Wer diese These als Immoralismus bekämpft, der sucht den Feind zwanzigtausend Meilen vom Kampffeld entfernt, wo der alte Karamasoff seine Batterien aufstellte: »Gut, dann werde ich jetzt absichtlich den Narren spielen, fürchte eure Meinung nicht, denn ihr seid doch alle ohne Ausnahme dümmer und noch gemeiner als ich!« Moralisch gesehen ist die Position uneinnehmbar. Es genügt, daß ein scheinheiliger Gesprächspartner einwendet, daß er nicht derselben Ansicht wie Karamasoff ist. Und schon ist er vom Hochmut in die Enge getrieben und zum Clown geworden. Der Kreter, der sagt: »Ich lüge«, kommt aus seiner Sackgasse nicht heraus. Sagt er etwas Wahres? Oder etwas Falsches? Der Sade-Anhänger, der sagt: »Du bist böse«, verbietet mir, zu antworten: »Ich bin gut«, und zeigt so einen ähnlichen logischen Graben auf. Die Thesen der Selbsterkenntnis lassen sich nicht widerlegen, man muß sie unterlaufen.

Napoleon bin ich

Für den Zyniker sind Leben und Tod gleich. Er übt die Macht über den Tod im Leben aus und umgekehrt. Es scheint ihm gleichgültig zu sein, seinen Selbstmord zu verfehlen, indem er seinen Tod bis zur Neige auskostet, und sein Leben zu verfehlen, indem er alles mit bösem Auge verkehrt herum ansieht. Sind dies die Schmetterlinge der Begierde, die sich am Feuer des Endes entflammen? Sind es Schmeißfliegen, die die Verzückungen umkreisen? Man kann nicht aufteilen: Ein einziger Blickpunkt befehligt Kommen und Gehen der Flamme. Der Zyniker ist mächtig in Lust und Schmerz. Leben und Tod beherrsche ich genausogut. Lesen wir die erste These nochmals: Ich *kann* das bejahen, was ich zerstören kann. Und die zweite These: Ich *kann* nicht das Gute und das Böse voneinander unterscheiden. Die dritte These deckt auf, was die beiden ersten schon enthalten: Nur die Macht ist das Maß der Macht und des Nichtkönnens. Die zynische Selbsterkenntnis ist die Erkenntnis, die eine Macht von sich selbst hat.

Es besagt wenig, daß ich meinen Tod als mein eigentlichstes

Seinkönnen betreibe. Das ist ein Wahrheitsbeweis, dem keiner sich an meiner Stelle entgegensetzt (Heidegger: »Der Tod ist die Möglichkeit der schlechthinigen Daseinsunmöglichkeit«). Und auch das ist nicht wichtig, daß ich mich daran gewöhne, daß er bei mir so unvorhersehbar wie eines der anonymsten Geschehen anklopft (Heidegger spricht von der »Möglichkeit der Unmöglichkeit jeglichen Verhaltens zu ...«). In beiden Fällen geht es um Können und Nichtkönnen, ich denke die Wahrheit meines Endes nur in Kategorien des Könnens.

Der Tod ist für jeden das Persönlichste. Und doch sieht jeder sein Ich in dieser äußersten Wirklichkeit in einem Spiegelbild, das jeden anderen genauso zeigen könnte. Dr. Jekyll flüstert: Keiner kann an meiner Stelle sterben. Dieses Geschehen macht mich unersetzbar, »der Tod verwandelt das Leben in Schicksal« (Malraux). Mr. Hyde vertraut ihm an: Der Tod kommt unversehens. Nichts ist unpersönlicher als er. Ein herabfallender Ziegelstein liefert dich dem Zufall in Form eines Ziegelsteins aus. Und wenn er nicht fällt, so beendest du dein Leben eben im Bett oder auf einem Thron. »Es kommt aufs selbe heraus, ob man für sich allein in Wonnen schwelgt oder Völker führt. Wenn die eine dieser Tätigkeiten erfolgreicher als die andere ist, so nicht wegen ihres wirklichen Zieles, sondern wegen des Bewußtseinsgrades, den sie von ihrem wirklichen Ziel hat. In diesem Fall kommt es vor, daß der Quietismus eines einzelnen Betrunkenen mehr ist als die leere Agitation eines Führers von Völkern.«

Jekyll und Hyde sind sich über das heroisch-zynische Postulat des zeitgenössischen Individualismus einig: Um einen Führer und einen Alkoholiker als Hörige einer »unnützen Leidenschaft« zu sehen, muß man ihre Anmaßungen nur zum Tod, dieser einzigen Bestimmung, in Beziehung setzen.

An der Kreuzung von Himmel und Erde entreißt ein Dahergelaufener Zepter und Krone den Himmelsboten und nimmt sich die Macht. Beim Zusammentreffen von wildem Tier und Vernunftwesen schlägt der Eroberer das eine wie das andere, hetzt sie aufeinander und reißt sie mit sich. Der Mensch betrachtet sich auf einem Berg von nicht mehr aktuellen Geheimnissen auf dem Hintergrund einer viertausendjährigen Geschichte. Er stellt sich vor, daß die vier Jahrtausende auf ihn schauen. Die zeitgenössische Literatur ist ohne zu großes Verständnis in der blinden Tendenz gefangen, die Innerstes und Äußerstes im furchtlosen Auge eines Napoleon, in dem Ich, Gott und die Welt einswerden, aufeinandertreffen läßt.

Karrieren, Institutionen, Pläne, alles kreist um ihn; die Armee und die Kirche, das Rote und das Schwarze, die Diktatoren der Börse und die Balzac so teuren Geschäftsleute … er ist das Prinzip jeder Schulung von Mentalitäten – in Paris, in der Normandie, im fernen Rußland; darum sagt Raskolnikoff:

»Höre: ich wollte ein Napoleon werden, und deshalb habe ich geantwortet … verstehst du jetzt? … eines Tages stellte ich mir folgende Frage: Wenn zum Beispiel Napoleon in meiner Lage gewesen wäre, und zu Beginn seiner Laufbahn hätte es weder Toulon noch Ägypten noch den Übergang über den Montblanc gegeben, sondern an Stelle all dieser schönen, monumentalen Dinge wäre da schlicht und einfach nur ein lächerliches altes Weib gewesen, eine Registratorswitwe, die er überdies hätte erschlagen müssen, um aus ihrer Truhe Geld zu nehmen … für seine Laufbahn, verstehst du? … hätte er sich dann wohl zu diesem Mord entschlossen, wenn er keinen anderen Ausweg gehabt hätte? Oder wäre er davor zurückgeschreckt, weil das viel zu wenig monumental gewesen wäre und obendrein … und obendrein eine Sünde? Ich muß dir sagen, daß ich mich mit dieser Frage furchtbar lange abquälte, daß ich mich entsetzlich schämte, als ich am Ende – irgendwie ganz plötzlich – darauf kam, daß er nicht nur nicht zurückgeschreckt wäre, sondern daß es ihm gar nicht in den Sinn hätte kommen können, das sei nicht monumental … und daß er nicht einmal ganz verstanden hätte, wovor er da hätte zurückschrecken sollen. Und wenn er keinen anderen Weg gehabt hätte, hätte er sie ohne jedes Bedenken … erwürgt, daß sie keinen Muckser mehr von sich gegeben hätte! Nun, und ich …

hörte auf zu grübeln ... und brachte sie um ... nach dem Beispiel dieser Autorität ... Haargenau so war es.«

Was bedeutet es, in sich einen Napoleon zu entdecken? Es heißt zuallererst erkennen, daß man töten kann. »Doch die meisten Machthaber, mein Lieber, sind schlecht.« (Sokrates) Raskolnikoff wiederholt Sonja die These eins des Sadeschen Zynismus: »... und mir war plötzlich sonnenklar: Warum hat bis heute noch keiner gewagt, und wagt es auch jetzt noch nicht, wenn er all diesen Irrsinn mit ansieht, den ganzen Kram schlicht und einfach beim Schwanz zu packen und zum Teufel zu jagen? Ich ... ich wollte mir Mut machen zu diesem Wagnis, und deshalb mordete ich ...« Die Dritte These ergibt sich ganz selbstverständlich für den, der sich mit dem kleinen Korporal identifiziert. Nur der kommt zur Macht, der sich danach bückt.

Die einzige Schwäche des Heros besteht darin, daß er die Zweite These der Ununterscheidbarkeit nicht akzeptieren kann: »Sobald ich mir die Frage stellte, ob der Mensch eine Laus sei, war der Mensch schon für mich keine Laus mehr ...« Raskolnikoff schließt daraus ziemlich naiv, daß ein wirklicher Napoleon jemand ist, der sich nie in Frage stellt. Der alte Karamasoff aber suggeriert uns, man müsse sich genau prüfen und komme daher nie vom Zynismus los. Die Dämonen erledigen das Problem Karamasoff. Wenn es stimmt, daß die Macht sich von innen kennt, so muß man daraus nicht schließen, daß sie überhaupt nicht in Frage gestellt werden kann. Aber – Zusatz zur Dritten These – nur Macht kann Macht in Frage stellen. Napoleons Stärke besteht nicht darin, Fragen zu ignorieren, sondern Fragen, die man stellen könnte, zuvorzukommen.

Am Beginn der napoleonischen Wildheit steht keine Unkultur, keine Barbarei. Ganz im Gegenteil, es steht dort die Übung der Selbsterkenntnis. Aus intellektuellen Gründen ist jeder Ausgang versperrt, und es kommt zur Durchführung der »Kritik«. Die intellektuelle Diskussion in allen Kulturen unterscheidet eine äußere Erkenntnis, die mit den »Augen des Fleisches«, und innere Erkenntnisweisen, die mit den »Augen des Geistes« vorgenommen werden. Das napoleonische Prinzip entnimmt dem Tod eine einzige Perspektive. Ob sie nun gegeben ist oder übernommen wurde, ob aufgezwungen oder innerlich akzeptiert – gleichviel, sie allein läßt Außen und Innen in dem Augenblick, in dem diese Unterscheidung verblaßt, ineinander übergehen. Ohne Vorher und Nachher legt sie die »unauflösliche« Einheit von Theorie und Praxis, von Absicht und Handlung, von Wirklichem und Rationalem nahe.

Lange Zeit gab es im Westen einen eigenen Platz für initiatische, individuelle Erfahrung, die von Wissensformen, die leichter vermittelt werden können, unterschieden wurde. Diese letzteren waren ja allen zugänglich und blieben äußerlich. Damit machte die Tradition eine Unterscheidung und zwang keine Exklusivität auf. Das Außen verschleierte, aber schützte so damit auch das Innere, wie die Schale die Frucht, der Knochen das Mark. Haben Sokrates, Erasmus, Rabelais nicht den Silen zum Emblem gewählt, eine kleine Holzfigur, die schlecht bearbeitet und deren Körper sorgsam ausgehöhlt war und so Schätze bergen konnte?

Den letzten Jahrhunderten des zweiten Jahrtausends ist es zugefallen, die Unterscheidung von Innen und Außen zum Gegensatz zu steigern, zum Feld der Auseinandersetzungen. Die Kulturen des Innen, die mit Gewalt angegriffen werden, gehen unter oder müssen sich verteidigen. Sie müssen sich der Waffen des Gegners bedienen, ihre Glocken zu Kanonen umschmelzen, ihre Seelen für Waffen verkaufen und sich mit allen Mitteln der Existenzbedrohung stellen. Napoleon hat auf jeden Fall gewonnen, ob er Sieger oder Besiegter ist. Die Gegner, die er nicht von außen nehmen kann, nimmt er von innen. Sie widerstehen ihm nur, wenn sie von ihm lernen, und setzen ihm nur dann Grenzen, wenn sie ihn nachahmen. So verwestlichten die westlichen Metropolen die Welt, selbst gegen ihre Absicht. Ob der Zyniker im Bett oder in Ketten sein Leben verbringt, er braucht keinen Gegner zu fürchten. Wenn ihm die Welt Widerstand leistet, kann das nicht ohne Zynismus geschehen. Diogenes läßt es in der Öffentlichkeit zum Skandal kommen. Eine schockierende, triebhafte Episode passiert. Der heilige Augustinus glaubt, daß sie nicht stattfand. Nur zum Schein haben die Zyniker ihre Verworfenheit zur Schau gestellt. Montaigne widerspricht ihm. Die Anekdote ist unbedeutend, bis Europa sich zweitausendfünfhundert Jahre später von der Sonne von Austerlitz erleuchten ließ. Der Napoleon-Kult ist nicht einfach eine Verherrlichung der rohen Gewalt oder des Erfolgs. Nach Waterloo verliert sich die fortwirkende Faszination keineswegs. Vorbei ist das Waffengedröhn, verflogen der Pulverrauch; Napoleon erobert den Planeten, die Absicht muß zur Tat werden, das innere Leben muß das äußere verändern oder sich ihm fügen. Ein Ereignis wird zur Schlacht, es zieht unsichtbare Grenzen im Sichtbaren. Jeder kann wie Hegel in Jena den Weltgeist auf der Schindmähre der Tagesaktualität reiten sehen. Nichts bleibt geheim! Jeder Unterschied zwischen Außen und Innen schwindet dahin! Das Licht von Austerlitz kündigt den Mittag des Zynismus an. Hinter der Napoleon zugeschriebenen Bedeutung lacht uns Diogenes an. Die spekulativsten Köpfe, die in der großen Schlacht das bewundern, was sie bei der öffentlichen Masturbation nicht zu begreifen wagen, ziehen die Konsequenz und überschütten uns mit Todesnachrichten. Gott ist tot und auch die Kunst, so heißt es. So »bleibt die Kunst nach der Seite ihrer höchsten Bestimmung für uns ein Vergangenes«. Man hebt die Moral auf, indem man in die Offenbarungsschriften einige Mitteilungen aus dem Diesseits hineinschmuggelt. Der Zyniker, dieses Gegenstück des kulturbegründenden Heros, setzt seine Ehre und Kraft dafür ein, »das Leben zu einer Wildbahn zu machen« (Plutarch).

»In unserer Stadt erschien eine Bücherverkäuferin, die das Neue Testament in kleinen Bänden verkaufte, eine achtbare und nicht ungebildete Frau, obschon sie nur eine Kleinbürgerin war. Man wurde auf sie aufmerksam und sprach von ihr, weil in den Zeitungen der Residenzstädte erst kurz zuvor interessante Mitteilungen über diese ›Evangelienverkäuferinnen‹ erschienen waren. Wieder war es derselbe Schelm Lämschin, der hier einen Streich verübte. Mit Hilfe eines Seminaristen, der auf seine Anstellung als Lehrer an einer Schule wartete und sich inzwischen müßig herumtrieb, steckte er der Bücherverkäuferin, indem er tat, als wolle er von ihr eines ihrer Bücher kaufen, heimlich ein ganzes Päckchen unanständiger ausländischer Photographien in den Büchersack, die, wie wir nachher erfuhren, ein hochangesehener alter Herr eigens zu diesem Zweck hergegeben hatte, ein Würdenträger – ich übergehe seinen Namen – mit einem hohen Orden am Halse, der, wie er selbst zu sagen pflegte, ›ein gesundes Lachen und einen lustigen Spaß‹ liebte. Als nun die arme Frau bei unseren Kaufläden am Markt ihre Bücher aus dem Wachstuchsack hervorholte, da fielen auch die Photographien heraus. Es erhob sich zuerst ein Lachen, dann wurde gemurrt; die Gruppe vor ihrem Stand vergrößerte sich, man begann zu schimpfen und hätte die Frau wohl verprügelt, wenn die Polizei nicht rechtzeitig hinzugekommen wäre.«

Man stellt sich den Zynismus nicht als eine auf Eroberung ausgehende Größe vor, sondern wie eine Zurücknahme, eine Enttäuschung, ein Zusammenschrumpfen. Man sieht in ihm die Negation Gottes; aber der Atheist ist befangener als der Zyniker, und der Großinquisitor ist nicht unbedingt Atheist. Man glaubt im Zynismus eine Unempfindlichkeit gegenüber dem Schönen und Guten zu entdecken und vergißt dabei, daß die Dichter selbst die Schönheit verhöhnen. Wenn man den Zynismus durch ein geringeres Sein bestimmen will, so plaziert man ihn unter die Wahrheit. Man läuft dann Gefahr, daß man nicht seine eigene Wahrheit erkennt. Die Dritte These – die Macht erkennt sich selbst – ist das Napoleon-Prinzip, zeigt, daß jede moderne Macht Selbstreflexion ist, und gibt ihr eine außerordentlich klare Sicherheit.

Nur die Literatur des 19. Jahrhunderts findet, daß Europa, das sich ganz – ach wie sehr! – aufs Äußerliche, Materielle, Soziale, auf Industrie und Expansion verlegt hat, woanders, nämlich im Erkennen zu Hause ist. Keine Geheimnisse gibt es für das moderne Bewußtsein. Man vermauert den Ausgang der Künstler. Die Literatur sperrt ein. Hier die Sache – dort das Wort. Sie entsprechen einander ganz genau; aus dem Wort folgt die Handlung, die Einheit von Theorie und Praxis. Hängt alles miteinander zusammen? Das ist der Augenblick des kürzesten Schattens (Nietzsche). Nichts anderes gibt es als diese Transparenz, in der Mythologien, Künste und Religionen sich verabschieden.

Bleibt nichts? Noch einmal triumphiert das Prinzip der Gewißheit: Es wirft den längsten Schatten, die Nacht der Kritik, die Hölle des Zweifels, wohinein es alle stürzt, die sich widersetzen wollen. »Seele«, welche Religion paßt nicht dazu? Welche würde »in einer seelenlosen Welt« nicht damit einverstanden sein? Damit beginnt die zum Massaker werdende Kritik, das fromme Gerede und die Zustimmung von allen Seiten. Die Seele einer seelenlosen Welt. Habt ihr von Spiritualität gesprochen? »Die Religion ist der Seufzer der bedrängten Kreatur, das Gemüt einer herzlosen Welt, wie sie der Geist geistloser Zustände ist.« Man muß hinter dem Stöhnen und Verwünschen den optischen Mechanismus, der sich aufdrängt, sehen. Die Angeklagten werden vor das napoleonische Tribunal zitiert. Verdächtig ist die reine Äußerlichkeit, die sinnliche Wirklichkeit; als schuldig gilt die abgetrennte Innerlichkeit, die geheimnisvolle Wirklichkeit. Mythologien, künstlerische Tätigkeit, Mystik finden ihre Rechtfertigung nur, wenn sie ganz frei von jedem Geheimnis sind. Es steht ihnen frei, ihren Selbstmord zu inszenieren. Jeder weiß, worauf es ankommt.

Die politische Ökonomie des Glaspalastes

Goldgierige Konquistadoren und seelenhungrige Franziskaner taufen Tausende von Indianern täglich mit dem Wasserstrahl und machen von sich reden, als ob der alte Kontinent auf seinem Vormarsch die schlechten Sitten exportieren wollte. Man denkt doch, daß man eine Stadt nicht von ihren Slums aus

99

beurteilt noch eine Kultur nach ihren Verbrechern, die sie in den Ural oder an den Mississippi deportiert. Der Unterschied zwischen der bekannten Libertinage der Hauptstadt und der Gemeinheit der Grobiane in der Ferne verschwindet; lange Zeit hindurch ging es dem Treibenlassen, der Urbanität lediglich darum, die Gewalt zu kanalisieren, nicht so sehr darum, sie abzuschaffen.

Der Zynismus, der de facto auf die Belange der Aufsicht eingeschränkt wurde, entspricht der Bestimmung des Kaisers Julian. Diesem kam es auf die Unterscheidung von Schein und Sein an. Der Sack, das Betteln und die grobe Verhaltensweise, die unabdingbar zu den Denkern und Rednern auf den Straßen gehörten, die fluchen und sich gegen alle Welt empören, zeigen nur die pöbelhafte Version einer alten Lehre: »Ich will mir einen Bettelsack und Bettelstab nehmen, will von Haus zu Haus gehen, will alle Vorübergehenden ansprechen und sie belästigen ...«

Besagt diese aufs Allgemeine gerichtete Philosophie, die keine bestimmte Forderung erhebt und nur dazu auffordert, das Anständige um seiner selbst willen zu tun und das Unanständige zu lassen, nicht, daß man in Diogenes doch eine große Gestalt des sokratisch-platonischen Asketismus sehen und seine Schule als eine der hochgeschätztesten ansehen soll? In einer Hinsicht also Unkraut. Auf der andern Seite die Blumen des Wissens. So nichtssagend dieser Gedankengang auch sein mag, er zeigt, daß eine schwer einzuordnende philosophische Position zum Grundstock des Wissens im Westen gehört. Ihr theoretischer Gehalt läßt sich in einer Reihe von Gedankenblitzen und Paradoxien zusammenfassen, die sich deutlich von den gelehrten Gebäuden der Platonschen Akademie, der Aristotelischen Schule und der Stoa abheben. Von der systematischen Verbindung der Stilarten, der bissigen Rede und der tragikomischen Satire geht eine Faszination aus. Darum kann man den Zynismus nicht einfach auf eine Vulgarisierung des allen Philosophien eigenen Wissens zum Schleuderpreis reduzieren. Ohne Deutung läßt Julian die nicht wegdenkbare Aggressivität des Diogenes. Als er sie erklären will, wagt er nicht, sie beim Namen zu nennen: »Als Diogenes unanständige Töne von sich gab, seiner Natur nachgab oder etwas anderes dieser Art angeblich am Marktplatz tat, so wollte er die Schamlosigkeit der Leute austreiben und zeigen, daß ihre Gewohnheiten unerträglicher seien als seine eigenen.« Warum so viel Aufhebens wegen einer Masturbation? Warum soll man die öffentliche Provokation rationalisieren? Weder in historischer noch in philosophischer, politischer oder kultureller Hinsicht blieb der Zynismus bloß eine Randerscheinung.

Der ernsthafte Politiker

Zynisch zur Ehre Gottes – der ehrenwerte Kaiser Julian läßt sich zu schnell in der künstlichen Wiederbelebung fangen. Er sah in Diogenes nur einen volkstümlichen Platon. Kann man auch umgekehrt sagen: Ist der Platonismus ein Zynismus für Eliten? Zeigt der grobe Kerl, der doch die höchsten Wahrheiten kennt, nicht beiläufig auf, daß es auch Hundsföttisches bei den Platonikern gibt? Julian, der ein guter Schüler neuplatonischer Schulen war, will die (offensichtliche) Subversionstendenz eliminieren, aber dafür die (innere) Einheit aller Weisheitslehren herausstellen. Zum Leidwesen des Kaisers kümmert das den Denker überhaupt nicht. Das Erscheinende bleibt das Erscheinen des Wahren, wie in der hellenistischen Theologie *doxa* Schein und Anschein ist, Irrtum und die Herrlichkeit des höchsten Seienden (*doxa theou* ist *gloria dei*). Man kann den Zynismus nicht dadurch erklären, daß man Unauthentisches vom Authentischen trennt. Diogenes macht aus dieser Entgegensetzung sein erstes Argument. Er will vom einen zum andern und setzt sich in die Mitte.

Hatte Diogenes recht, mit Bezug auf Platon zu sagen: »Was brauchen wir einen Mann, der die ganze Zeit philosophiert, ohne jemanden in Unruhe zu versetzen? Ich lasse das den andern zu entscheiden übrig. Er meinte wohl, daß die Reden eines Philosophen so gewürzt sein müßten, daß sie die Wunden des Menschen berühren ...« (Themistios) Diogenes ist ein elender Hund, weil er der Wahrheit gehört.

Krieg ist Krieg. Er gehorcht »einem Gesetz, das wir weder zuerst aufgebracht noch zum ersten Mal seit dessen Dasein in Übung gebracht haben, sondern das wir bereits vor uns gefunden haben und auch auf unsere späteren Nachkommen vererben werden. Ja, wir halten uns versichert, daß ihr selbst und jeder andere, der sich in dem Besitz einer gleichen Macht sehen würde, wie wir sie besitzen, ebenso handeln würde.« Manchmal wird die Herbheit dieser Worte der Sittenverwahrlosung, die jeder Krieg mit sich bringt, zugeschrieben. Auch der Peloponnesische Krieg machte darin keine Ausnahme. Aus gegebenem Anlaß wurde dies eingesehen, die Regel wird zum allgemeinen Gesetz. Enthüllt die zur Schau getragene Unverschämtheit der Diogenes-Schüler in tausend Jahren nicht das verborgene Gesicht der akzeptierten Werte, das Negative des Positiven, das blutige Mittel für eine reine Sache?

Die Zyniker wissen, daß sie ständig die Rückseite der Medaille zeigen. Diebstahl, Betrug, Ehebruch sind schändlich. Es ist aber nicht schändlich, darüber zu sprechen. Der Zeugungsakt dagegen ist anständig und doch ist es nicht angebracht, darüber zu sprechen. Noch andere Überlegungen dieser Art, sagte Cicero, bringen die Zyniker gegen die Anständigkeit vor. Eine ihrer Haupteigenschaften ist die freie Rede, das Fehlen der Geheimnistuerei. Sie setzen gegen die Achtung vor dem Gewohnten nicht die Respektlosigkeit, sondern die Wahrheit; sie bringen sie in Umlauf, auch wenn sie weder gut anzuhören noch angenehm anzuschauen ist. Vierte These der Zyniker: Nichts kann auf dem Feld der Schläge und der Werte nicht getauscht werden.

Streitigkeiten, Schlachten, Märkte bedrohen in ihrer Transparenz die menschlichen Beziehungen und kehren das Verborgene ausnahmslos nach außen.

Der Pessimismus gegenüber der Macht ist nicht von einer skeptischen Laune des Diogenes abhängig. Er bestimmt die unterschiedlichsten westlichen Denkansätze. Platon macht die

Spitzelei zu einer Hauptinstitution, um einen regierbaren Staat, das heißt einen vom Gesetz her berechenbaren, beherrschbaren und transparenten Staat zu bestimmen. Wissentlich vergißt er zu sagen, daß die Denunzianten Sokrates' Tod verursacht haben. Der Schwarzhändler, der sich ungerechtfertigt Bereichernde, der Steuerhinterzieher, der Wahlmuffel, der Mörder, der Gottlose, der Unreine Bestattende, der falsches Zeugnis Ablegende, der Andersglaubende, der Händler mit anrüchigen Waren, das sich den Eltern widersetzende Kind – sie alle können bei den Behörden angezeigt werden. Gelegentlich erhält der Denunziant eine Prämie. Ist er Sklave, wird er frei. Immer kann er mit öffentlichem Beifall rechnen. Das Gesetz der Verdächtigten macht aus der Stadt eine Gesellschaft, die in höchstem Maße überwacht wird. Einige – wie Popper – konnten darin eine Vorankündigung des modernen Totalitarismus sehen. Das Projekt zeichnet sich durch Interesselosigkeit aus, es ist ganz rein und unschuldig, aber eben darum um so beunruhigender. Platon rechnet mit guten Regierenden, nicht mit einem Borgia oder Stalin. Sie regieren einen Staat, wo die Lust zu denunzieren ein vom Gesetzgeber bestraftes Verbrechen ist. Man denunziert, weil die Richtigkeit des Verhaltens erste Tugend und erstes Gut ist. Als Existenzbedingung der anderen Tugenden kontrolliert sie die Laster und mäßigt die egoistischen Begierden. Man muß wohl nicht diese »Denunziationstheorie« mit berühmten Beispielen (die zahllos sind, man denke nur an die Republik Venedig) belegen.

Platon spricht die Logik aus, der eine soziale Institution folgt, die aus der Kenntnis der Ursache ihre Entscheidungen fällt: »Denn wo über die gegenseitige Denkweise keine Klarheit, sondern nur Dunkel herrscht, kann niemand je nach Verdienst zu Ehre und Ämtern gelangen, noch wird ihm je die Gerechtigkeit widerfahren, die ihm zukommt.« Die Rationalität einer politischen Wahrheit besteht darin, daß veranlaßt wird, daß Dinge und Worte in einer Welt einander entsprechen, in der andere einen Vorteil daraus ziehen, daß sie nicht einander entsprechen. Auch die demokratischsten Parteien, Unternehmen und Verbände wollen klarsehen, schräge Absichten durchstoßen, hinter die Kulissen und in die Karten schauen. Keine Politik ohne private oder öffentliche, offizielle oder offiziöse Informationsdienste, ob das nun eine Angelegenheit aller oder eine Domäne für Spione und Computer ist. Ohne daß Platon die guten Leute kennt, die die Menschen lehren, wie man über den Schatten hinaussieht, erinnert er an die Erfordernisse der politischen Transparenz – die besten Absichten welken ohne zynische Verdopplung dahin und werden leichtfertig.

Die Begierde, das »Schlimme bei anderen in Erfahrung zu bringen«, ist dem griechischen Erfahrungsfeld keineswegs fremd. »Der Neugierige ..., der nach einer Kenntnis des Üblen trachtet, ist von Schadenfreude, die mit Neid und Mißgunst verschwistert ist, durchdrungen; denn der Neid ist der Schmerz, den wir bei dem Glück anderer empfinden; Schadenfreude aber die Lust am Unglück anderer. Beides entsteht aus einer rohen und tierischen Leidenschaft, aus der Bosheit.« Platon macht geltend, daß man die Welt weder verändert noch erhält, ohne sich ihrer Schlechtigkeit entgegenzusetzen. Wenn es genügen würde, daß alle Braven der Welt sich die Hand gäben und sich in einem Kreis versammelten und das Ende aller Übel und der Geschichte überhaupt feierten, dann – aber das haben sie ja längst getan! So rein unsere Absichten auch sind, die Mittel zu ihrer Verwirklichung sind so hart wie die Härte der gegenwärtigen Bedingungen, die uns von unseren Zielen trennt. Und wenn das Ziel sich wie bei Platon erträumen läßt, so ist auch der Weg dahin zwischen den Abhängen der Schlechtigkeit ganz typisch Platon.

Das Laster macht sich so sehr gefällig, bis es als Tugend erscheint. Die Tugend nimmt eine Maske an, spioniert, bewaffnet sich sogar, verteidigt sich und tötet. Wer ahmt wen nach? Welcher Gott würde – vom Fanatismus abgesehen – die Seinen noch erkennen? Wenn die Denunziation notwendig geworden ist: Wer denunziert die Denunziation aus reinem Übelwollen? Richtig und Falsch kann verwechselt werden. Wer überwacht den Spion? Wer kontrolliert den Kontrolleur? Platon bemerkt, daß man Gefahr läuft, seinen Staat abzulehnen, »weil man nicht an einen Gesetzgeber gewohnt ist, der kein Tyrann ist«. Schon gut – aber wer will in der durchsichtigen Stadt beurteilen, daß der Regierende gut ist und daß der Platoniker von Rang nicht an einen Tyrannen denunziert? Denunziation und Spionage geben ein Mittel an die Hand, mit dem man die guten von den schlechten Bürgern unterscheidet. Ebensogut kann man natürlich die Mächtigen unterscheiden. Wer wird die denunzieren, für die man denunziert? »Armer Narr, versuch doch nicht zu regieren, ehe du gelernt hast zu denken«, sagt Diogenes zu Alexander auf der Höhe seiner Macht. Von derselben Art ist der Widerstand des Demetrius gegen Caligula, des Dion Chrysostomos gegen Domitian. Er erinnert daran, daß der Bettelphilosoph das Alter ego des Herrn der Welt ist. Wenn der eine sich alles erlauben kann, so wagt der andere alles zu denken, nimmt für sich in Anspruch, die Vierte These in die Tat umzusetzen und beansprucht somit das Königsrecht, »die Währung umzuwerten«. Diese Formulierung bezeichnet die Kunst, den Austausch zu beherrschen, nicht Falschgeld zu produzieren. Der Zyniker will wie alle Intellektuellen gegen Ignoranz und falsches Bewußtsein kämpfen und falsche Geldscheine aus dem Verkehr ziehen. »Bewerte dein Geld neu« ist die Formel für die Berufung des Diogenes, wie das »Erkenne dich selbst« die des Sokrates. Beide Anweisungen stammen als Orakelsprüche aus Delphi. Diogenes spielt mit der Doppeldeutigkeit des Zeitwortes (das gewöhnlich besagt: das Geldstück eichen, schätzen, bewerten, Falschgeld aus dem Verkehr ziehen; »falsifizieren« verzerrt den Sinn) und des Hauptwortes (nomisma: Geld oder Gewohnheit). Schnell versteht man (mit Julian): »Beseitige die gängigen Meinungen.« Das 19. Jahrhundert spricht von der Umwertung aller Werte, das 20. Jahrhundert von der Kulturrevolution. Der Zyniker betont mit Fleiß den jeder Philosophie innewohnenden Radikalismus. Er mißt die Kaiser mit den Augen.

Der Weltmarkt

»Das Geld, eine Präzisionsmaschine,
klar fürs Bewußtsein,
entwertet alles zur Eindimensionalität.«

Die Geschichte der westlichen Expansion erinnert an einen Stafettenlauf, bei dem das Zepter weitergereicht wird: Athen, dann Rom, dann Venedig, Antwerpen, Genua, Amsterdam und London. Die Hauptstädte wirken »wie Maschinen, die die alten Bindungen aufbrechen«; sie sind ständig in Unruhe, sie verändern das Land, das Hinterland und die Umgebung. »Nur der Westen stellt sich ganz auf seine Städte um.« Sie werden zu Kreuzungspunkten von Kapital, Arbeit, Staatsmacht und Seeherrschaft in der Einheit eines Weltmarktes (oder einer Weltwirtschaft). Krisen und Konflikte erscheinen einfach als Aufhebung von Gleichgewichtsstörungen (die Monarchie Frankreich wird von dem die Meere beherrschenden England auf ihr Ursprungsgebiet zurückgeworfen und gibt ihre Kolonien auf) oder als Nachfolgekriege (in Indien löst die englische die holländische Herrschaft ab). Noch der Krieg 1914–1918 kann als Zusammenstoß der englischen Herrschaft und der deutschen Ansprüche unter den Augen des lachenden amerikanischen Dritten gesehen werden. »Im Zentrum einer Weltwirtschaft kann es nur ein einziges Zentrum geben … Zur Zeit des Augustus kämpft Alexandrien auf dem Mittelmeer gegen Rom, das den Sieg davonträgt.« So kommt man dazu, die Geschichte letztlich als eine Abfolge der Übertragung der Macht anzusehen. Von einem Herrschaftszentrum geht es zum nächsten. Bleibt nur die Frage Hegels offen: Wem gehört die Herrschaft? Rußland oder Amerika?

Die Initiativen der Hauptstadt bestimmen die Kommunikationswege der Sachen und Ideen. Sie umschreiben einen homogenen Raum, in dem die Produktion, die Sitten, die Verhaltensweisen und die Kleider aus der Mode kommen, sich formen und neu verteilen – je nach zentralistisch verordneten Veränderungen und Umwertungen. Panik an der Börse! Unruhe in Washington! Seit wir das Geschick der Welt in Wassergläsern erkennen sollen, scheint sich alles um eine Macht zu bewegen, die Diogenes bestimmt. Herrschen heißt die Fähigkeit haben, die Bewertung (des Geldes, der Gewohnheiten, der Dinge) zu ändern, d. h. die der Tauschbeziehungen.

Seit Adam Smith glaubt man, die Eigenart einer modernen westlichen Gesellschaft daran zu erkennen, daß sie den Handelsbeziehungen den ersten Rang einräumt. Marx verknüpft die sozialistische Produktion an diesem Punkt mit der alten (d. h. westlichen) Welt, solange der Primat der Handelsbeziehungen die Gesellschaften im Übergang zum »Kommunismus«, wo es diesen Primat nicht mehr gibt, beherrscht. Ist dieser Primat so originell? Was macht, daß eine bestimmte Quantität Kartoffeln genauso viel wie eine bestimmte Menge Gold oder ein Buch kostet? Der Tausch steht nicht im Gegensatz zum Gebrauch wie etwas Künstliches zum Natürlichen oder ein Nominales zum Realen. Jede Gesellschaft handelt – Waffen, Pflanzen, Muscheln, Frauen hatten nie einen »reinen« Gebrauchswert außer vielleicht in den Augen Adams oder Robinsons. *Potlatchs,* Geschenke, geschlechtsbezogene, kulturelle oder sprachliche Tauschsysteme zeigen den Primat der Tauschbeziehung wie ein prosaisches Bankschaltergeschäft. Nicht nur aus Notwendigkeit steht eine Gesellschaft im Tausch, sondern alle tauschen um des Tausches willen in einem verallgemeinerten Austausch wie durch ein in Eurodollar chiffriertes Telex. Die Transaktion an sich schon erhält eine Kreditpyramide aufrecht. Geschäftsleute und Stammeshäuptlinge beweisen so ihre Existenz. Man redet um des Redens willen, handelt um des Handelns willen. Sich gegenseitig nach dem Warum und Wieso zu fragen ist schon gesellschaftliches Leben.

Das Besondere der westlichen Gesellschaften liegt nicht im Tauschen, sondern in dem von ihnen erfundenen Tauschmittel. Was Marx als »Abstraktion« oder »Formalismus« des ökonomischen Wertes bezeichnet, soll man nicht im Gegensatz zu einem (folglich bezogen auf einen) reinen Gebrauchswert (der rein mythologischer Natur ist) sehen.

Im Gegenteil: Der Tausch wird formal, weil er keinen Bezugspunkt mehr hat. Ein *Potlatch,* ein Krieg sind symmetrische Operationen. Jede Seite kann den Austausch (von Schlägen oder Waren) zum Stehen bringen und abrechnen. Im modernen Kreditsystem bedeutet die Unterbrechung der Transaktionen Krise; das Kartenhaus kann zusammenstürzen, man kann nicht mehr abrechnen.

Die Wirtschaftsfachleute aller Schulen sehen Krisen sehr oft in den Kategorien eines verlorenen und wieder erlangten Gleichgewichts. Vor der Weltwirtschaftskrise gab es eine Überhitzung. Eine ins Absolute gesteigerte reale Expansion setzt die Spekulation in Gang und die phantastischen Fiktionen eines immer weniger glaubwürdigen Kredits. Ein unvermeidliches Mißgeschick bringt dann eine Kettenreaktion von Zusammenbrüchen mit sich. Die Krise wirft die lahmen Enten aus der Bahn, es kommt zur Stunde der Barzahlung (Marx). Preise und Kredit bekommen wieder ihr natürliches und ausgeglichenes Niveau, bei den Investitionen wird wieder auf Produktivität statt auf Fiktion geschaut, man ist wieder auf einer Ebene des Neubeginns. So bringt man Kleinen und Großen Wirtschaft bei. Dieselbe Geschichte kann man bei Marx, bei Galbraith und in den Reden der großen Banker noch heute lesen.

Die Historiker entdecken in diesem zu gut arrangierten Szenarium zwei Sprünge. Zum einen: Die unerbittliche Dissymmetrie der Weltkrisen wird nicht in Rechnung gestellt. Im ganzen 19. Jahrhundert kam es zu den größten Erschütterungen nicht im Zentrum, sondern an der Peripherie. Die dramatischsten Auswirkungen ergaben sich in Südamerika, in Indien, also in den beherrschten Gebieten, nicht in der beherrschenden Wirtschaft (England). Im 20. Jahrhundert wird die Sache seit der Krise von 1930 komplizierter, auch deswegen, weil das Zentrum sich noch nicht ganz von London nach New York verlagert hatte. Der zweite Einwand betrifft die intellektuelle Methode: Wenn man eine Krise durch den Mißbrauch der Spekulation erklärt, so erklärt man den Kapitalismus durch den Kapitalismus. Zumindest unterscheidet man »gute« von »schlechter« Spekulation. Nachher erweist sich die schlechte

Spekulation durch den Bankrott, und der Wirtschaftsfachmann ist dazu verurteilt, nur das Vergangene beurteilen zu können (Galbraith) oder sich auf konformistisches Wohlverhalten zu beschränken (Hilferding). Wenn es eine Krise gab, dann deswegen, weil die Situation an sich kritisch war, so wie der Schlaf den Ermüdeten übermannt. Der Theoretiker müßte erklären, wodurch er imaginäre und reale ökonomische Werte, den spekulativen und den produktiven Gebrauch des Kreditwesens unterscheidet. Wenn die Unterscheidung klar wäre, gäbe es weniger Auseinandersetzungen zwischen den Schulen, deren jede sich rühmt, das Kriterium einer gesunden und ausgeglichenen Handhabung zu kennen. Wäre die Unterscheidung praktisch einsetzbar, so wäre sie bei den Bankiers längst üblich. Sie würde die meisten der Risiken dieses Berufes erledigen, sogar diesen ehrenwerten Beruf selbst. Kurzum, wer vom Unterschied zwischen einem produktionsorientierten und einem rein spekulativen Einsatz der Kapitalien ausgeht, der erklärt eine Krise durch etwas, das sie unmöglich machen würde. Es ist ja gerade die Ununterscheidbarkeit des Imaginären und des Realen in der kapitalistischen Praxis, die die Krise zur dauernden Bedrohung macht. Es gibt keinen »Stein der Weisen«. Der »Formalismus« des Tauschwertes gehört notwendig zur Sache dazu.

Die zynische Schwerkraft

Überall sucht man Ankerstellen. Man findet zu viele, also keine: Goldwert, Notenpresse der harten Währungen, Sonderziehungsrechte, Finanzierungsabkommen, Industriekriege und noch anderes reguliert mehr oder weniger eine Maschine, die Werte, Gewinne und neuen Wohlstand akkumuliert. Auf die Komplikation und das Ausmaß der in Betracht stehenden Weltwirtschaft kommt es nicht an. Seit Beginn, seit dem (griechischen) Geldsystem ist der zynische Skandal da. Die Anständigkeit des Bürgers besteht darin, Gleichwertiges zu tauschen. Trotzdem leiht man mit Zinsen, man setzt auf die Zukunft. Die Gleichheit besteht zwischen Heute und Morgen. Jedes Unternehmen, ob privat oder staatlich, akkumuliert fiktive Gewinne, kalkuliert und erledigt vorzeitig.

»Von den Messeniern heißt es: In dieser Stadt ist Tür an Tür. Dann kommt noch eine Hintertür. Aber man könnte noch besser gegen die Wucherer sagen: Sie nehmen Zinsen um Zinsen. Und dann nochmals Zinsen – ohne Maß. Sie machen sich so über die Naturphilosophen lustig, die sagten, daß aus nichts nichts entstehe und aus dem, was nicht ist und nie war.« (Plutarch, *Daß man nie mit Zinsen verborgen soll.*)

Das Geld bekommt Junge, die einfache Reproduktion ist eine Vermehrung. Der Skandal, den man zweitausend Jahre lang als »Sünde« des Wucherzinses, dann als »kapitalistische Akkumulation« verdrängte, bezieht sich nicht auf eine überhöhte, maßlose Zinsrate, sondern aufs Prinzip: Der Zins steht für eine Rationalisierung, er sieht das Unvorhersehbare voraus, er läßt die Zeit arbeiten. Und darüber hinaus – er löst seine Wette ein, sein Maß ist nichts außer ihm selbst, er wertet alles, auch die Zukunftsaussichten. Der einfache Skeptiker hält sich an dem statischen Paradox auf, daß eine letzte Bewertung durch nichts geeicht ist. Der wahre Zyniker schafft es, mit dem dynamischen Paradox das Nichtmeßbare zu kontrollieren, zu umgehen. »Als einer ihm durch einen Schluß bewies, daß er Hörner hätte, befühlte er seine Stirn und sagte: ›Ich merke nichts davon ...‹ Ähnlich machte er's mit dem, der behauptete, es gäbe keine Bewegung: er stand auf und spazierte hin und her.« Es wäre falsch, hier nur den gesunden Menschenverstand am Werk zu sehen, der sich rühmt, die Dummheit einer Aussage durch die Praxis zu erweisen (in dem Sinn, daß der Pudding gut ist, wenn man ihn ißt – wie Engels bemerkte). Von Zenon bis Einstein wurde aus dem einfältigen Versuch, die Bewegung zu denken, etwas sehr Interessantes. Diogenes befindet sich mit seiner Kultivierung des Paradoxen keineswegs im Abseits. Sein Faktenbeweis ist auch eine Denkerfahrung. Er fordert auf, zu entdecken, daß die existentielle Sackgasse, in der er haust, und die logische Aporie, die er verkörpert, wahrer sind als die Umwege, die man zu ihrer Vermeidung in Kauf nimmt. Es ist unnötig, darum herumzureden. In diesen Labyrinthen stellt sich der Westen seine Wahrheit vor.

Krisen haben viele Ursachen. Es gibt solche von kurzer und andere von langer Dauer, wieder andere hängen ab von den Maßnahmen der Wirtschaftstreibenden, von den Produktionsverhältnissen, von den Austauschbedingungen und der internationalen Lage. Zieht man die tausend Katastrophen, die jederzeit möglich sind, in Betracht, muß man doch fragen, warum es nicht dauernd kriselt: Was ist die Ursache der Nicht-Krise? Man kommt nicht aus einer Krise heraus, wie man aus einem Traum aufwacht oder von der Spekulation zur Industrieproduktion gelangt. Es gibt keine zuverlässige historische Studie über diese Rückkehr zu einem natürlichen Preis- und Lohnniveau, dem man die regenerierenden Automatismen zuschreibt. Die Hypothese einer »normalen« Inflationsrate, die Unterscheidung eines »natürlichen« von einem »verbotenen« Zinssatz, all die schönen Normen, die angeblich den Geldverkehr und die Organisation der Produktion aufeinander abstimmen sollen, sind gewiß nötig, damit man über Wirtschaft reden kann. Sie sind ungeeignet, um etwas zu bewirken. Da die als unantastbar geltenden Vorschriften nicht beachtet werden, die unersetzbaren Katastrophen-Vorbeugemaßnahmen sich als unwirksam erwiesen, muß man wohl daraus schließen, daß eine Weltwirtschaft sich nicht einer äußeren Richtschnur unterwirft und daß sie die an sich unvermeidlichen Krisen dadurch umgeht, daß sie sie durch andere und, soweit möglich, große Krisen durch kleine ersetzt. Weder die Angleichung des Nominalen an das Reale gibt es noch den »Stein der Weisen«; überall gibt es Krisen und nirgends eine Lösung.

Die Stunde der Barzahlung droht nur denen, die keinen Kredit haben, eher den Provinzen als der Hauptstadt, eher dem sekundären Bereich als den Geldinstituten. Das Unwetter kann sich bei den Großen austoben, die Kleinen aber und die abhängigen Wirtschaftssysteme erleiden früher Schiffbruch als die beherrschenden Wirtschaftssysteme. Im Gegensatz zu den systematisch geforderten Hypothesen gibt es keine Stunde Null

111

des Kredits, das Papiergeld kommt nie ganz als Hartgeld zurück. Auch im schlimmsten Moment der Krise wird im Zentrum der Finanzwelt spekuliert. Kein Gericht der Geschichte oder der Wirtschaft stellt es vor die letzte Wirklichkeit. In Expansionszeiten oder in der Rezession berührt eine Weltwirtschaft nie den Boden.

Wenn zwei Wirtschaftssysteme aufeinanderstoßen, so liefern sie sich keine symmetrischen Großschlachten und rechnen nicht miteinander nach der Façon von Napoleon ab. Am Beispiel des Zusammentreffens von Indien und dem Westen zeigt Braudel, daß sie sich ignorieren oder auch aneinander reiben können, wenn sie gleich stark und komplex sind. Am Schluß zerstört die eine die andere. Jedoch entsteht kein gemeinsamer Markt, die beiden Welten bleiben einander fremd bis zum Schluß. Jede bleibt bei ihrer Bewertung des Handels, bei sich bietender Gelegenheit wird der Nachbar erledigt. Es gibt kein beiden gemeinsames Wertmaß. Das heißt, daß man weder von einem gleichen noch von einem ungleichen Austausch sprechen kann. Auf welcher Tabelle soll man Gleichheit und Ungleichheit einander gegenüberstellen? In beiden breiten sich die Wertungen vom Zentrum zur Peripherie aus, und das Zusammentreffen an der Peripherie muß zentral rückgekoppelt werden, um Auswirkungen aufs Ganze zu haben. Die Funktion eines Wirtschaftssystems wird also nur innerhalb des eigenen Rahmens bemessen.

Die Währung verändern! Der westliche Zynismus gefällt sich mit diesem Imperativ in einer Machtposition, die von jeder äußeren Zensur frei ist. Er begrenzt und verändert direkt, was zählt und was nicht zählt. Es ist nicht mehr der Zynismus, der sich der Welt anpaßt, sondern der Zynismus, der sich um seinen eigenen Mittelpunkt dreht. Diogenes will nicht zu einem Pseudonaturzustand zurück, wenn er rohes Fleisch ißt und öffentlich Geschlechtsverkehr ausübt, er will sich als Sittenveränderer geben, als Großmeister der Börse von Einstellungen und Gewohnheiten, als Generaldirektor eines multinationalen Konzerns in einer dem Handel in Eurodollar vergleichbaren

Euromoral. Seine Wahrheit gipfelt nicht in der Schwäche eines Relativismus, sondern in der Stärke, alles miteinander in Beziehung zu setzen. Diogenes sagte allen die Wahrheit. Obwohl er nichts besaß, machte er, was er wollte. Nie verfehlte er eines der Ziele, die er sich gesetzt hatte. Er allein brachte es zu einer Lebensweise, die er für die beste und glücklichste ansah, und nie hätte er in seiner Armut mit Alexanders Königswürde oder dem Gold der Meder und Perser getauscht.

Die großen Tauschsysteme
unter der Sonne

»Mag sein, daß das Abendland
nicht fähig gewesen ist,
neue Lüste zu erfinden;
sicher hat es keine neuen,
ungeahnten Laster entdeckt.
Wohl aber hat es dem Spiel
der Mächte und Lüste
neue Regeln gegeben:
darin hat sich das erstarrte
Antlitz der Perversionen
abgezeichnet.«

MICHEL FOUCAULT

Kann man die Lehre des Diogenes wie eine Theorie oder eine Lebensform unter anderen einordnen, weil es ja kein Klassenbewußtsein und kein Glaubensbekenntnis des Immoralismus gibt? Wenn man den Zyniker als Lehrer auffaßt, drückt er sich. Er gibt zugleich weniger und mehr zu denken als die in großem Ansehen stehenden Weltperspektiven. Weniger – denn die Todeserfahrung bringt das blinde Dunkel in Sicht. Mehr – denn er befaßt sich mit der Welt nur von ihrem Ende her. Er sucht sich nicht einen Platz an der Sonne, sondern bleibt im Untergrund. Er setzt nicht auf Gewißheit. Er hält sich an Erfahrung und kümmert sich wenig darum, ob sie wissenschaftlich erscheint. Er geht methodisch vor, im Rückwärtsgang. Während Descartes ein Stück wohlriechenden Wachses einschmelzen läßt, weil ihm an einer klaren und präzisen Formel liegt, faßt der Zyniker diese Leidenschaft am Schopf, die ein Stück Natur zerstört, um eine mathematische Größe zu fixieren. Der Zyniker glaubt, daß nicht er von der Wissenschaft, sondern diese von ihm lernen sollte. Er macht sich zum Herold der Zerstörung, die der Wissenschaft vorausgeht und die sie unbedingt braucht. Heißt das, daß die zynische Perspektive vorwissenschaftlich ist in dem Sinn, in dem Husserl den Ursprung der Geometrie in einer Lebenswelt sah, die die mathematischen Idealisierungen vorbereiten und tragen? Keineswegs! Der gewöhnliche Skeptiker stützt sich auf die Tatsache, daß es schwierig ist, die Sache selbst zu erkennen. Der Zyniker macht aus dem Herumtappen kein Argument, sondern daraus, daß er das Herumtappen unterbricht. Er verlegt sich darauf, wahrzunehmen, was die Wahrnehmung unterbricht, und wird in dem Moment sehend, in dem das Auge nachläßt. Die zynische Todeserfahrung ist absolut, sie ist weder wissenschaftlich noch vorwissenschaftlich. Sie verwandelt eine Vision der Welt in eine Anti-Vision des Untergangs.

Eine gesichtslose Maske

Wer den bösen Geist des Westens auf einen Herrenzynismus reduzieren will, dem fehlt die Breite historischen Wissens um eine Zerstörung, die bei Fürsten nur selten ihren Anfang nahm. Zuerst kommt der Zynismus der Kleinen. Er begleitet die republikanischen Gewohnheiten wie ein Schatten. Es bedurfte zweier Perserkönige, griechischer Gelehrter, vier Könige Frankreichs und vieler Bürger, um ihm auf die Schliche zu kommen. Die gute Seele, die sich ein Bild schwärzester Bosheit von ihm macht, erfaßt das Unheilbare seines Nahens nicht wirklich. Die moralische Schwarzweißmalerei sagt: Man ist zynisch oder nicht; auf der einen Seite ist der Zynismus, auf der anderen die Reinheit. Das heißt denken wie ein Autokrat. Wenn der Perserkönig gut ist, denkt er, daß Persien, das ihn liebt, ihm folgt. Der Zynismus ist ein Produkt des Marktplatzes, er tritt zur selben Zeit auf wie die Demokratie, wenn die Macht sich in die Mächte aufteilt. Die Tugend ruft alle Kräfte auf, um Korruption und Sittenverderbnis zu beseitigen. Sie träumt von einem altmodischen Despotismus. Zumindest kündigt sie eine neue Macht an, die sich auf zynische Weise auf Moral beruft, um die besser zu täuschen, die sich dazu geradezu anbieten. Wenn die Tugend aber mit allem anderen auf dem Markt auftritt – und sich nicht darüber erhebt –, so wird sie Schläge einstecken. Ob man die Dinge laufen läßt oder ob man eingreift, ob man sich verteidigt oder aufgibt, alles, was sich zwischen Menschen abspielt, hat unvermeidlich seine zynische Seite.

Sieht der Zyniker überhaupt? Redet er? Es wäre falsch, daran zu zweifeln. Der Zyniker will anstecken, also setzt er sich mit anderen in Verbindung. Aber er versteht sich nur darauf, anzustecken. Er stellt seine Einsamkeit öffentlich zur Schau und erinnert den Zuschauer an dessen eigene Einsamkeit. Wenn er spricht, so will er den Tod, der jedes Wort erstickt, zum Sprechen bringen. Wenn er ihn zum Sprechen bringt, so versteht und vermittelt er sein Schweigen und läßt sich genausowenig einordnen. Jedem sein Nichts – über das es wenig zu sagen gibt. »Nichts wahrnehmen und nicht wahrnehmen ist dasselbe«, sagt Malebranche und vergißt dabei, daß dieser Nullpunkt ständig Vernichtendes ausstrahlt. Niemals gibt man den Schatten einen Platz. Der Zynismus kommt nur in den folkloristischen Nischen des Pantheons des westlichen Denkens vor, und knappe Kapitel der Philosophiegeschichte behandeln ihn wohlwollend in kurzgefaßten Charakterisierungen. Der seiner Sache ganz ergebene Zyniker ist im geheimen tätig; sein Phantombild karikiert zu sehr, als daß man ihn erkennen könnte. Nur Platon wußte, wie schwer es ist, ihn zu fassen; das war für ihn ein Liebeshandel. Aristophanes und die Leute verurteilten Sokrates, den Meister des Widerlegens, der das gerade Denken verdrehte und das Verdrehte geraderichtete, und sie glaubten, daß zynisch in besonderem Maße antilogisch sei:

»Du liebst – vergißt dich – und der Mann ertappt dich in
    flagranti –
Du bist verloren: denn dir fehlt die Suada! Sei *mein* Jünger,
Folg deinen Trieben, spring und lach und halte nichts für Sünde!«

Auch Mord und Vatermord nicht. Nicht faßbar zu sein, ist ein Zeichen von Stärke, nicht von Schwäche. Während es Sokrates nicht schafft, sich von seinen Nachahmern ununterscheidbar zu machen, unterminiert der Zynismus sogar die Möglichkeit zu denken, selbst ohne es zu wollen.

Der Zyniker redet nicht viel. Er beschränkt sich darauf, die Worte der anderen zu verdrehen. Er lehrt nicht – und die Lehrmeister glauben schon, ihn mit Schulterzucken übergehen zu können. Aristophanes, Sade, Dostojewski. Die große Literatur aber gibt Zeugnis für eine fortwirkende zynische Besessenheit, der sie ihre Stimme leiht, die keiner gleicht. Die vermischten Realitäten können nur durch ein Mischdenken erfaßt werden (Platon, *Timaios*). So kommt es, daß die Literatur einer ihrer Mittel allzu sicheren Spekulation und einem den eigenen Absichten gegenüber vertrauensseligen Moralismus voraus ist. Gemessen an historischer Genauigkeit hat Platon seine Sophisten mit einer humorvollen Ungenauigkeit dargestellt. Wenn man sie im Hinblick auf eine systematische Lehre betrachtet, so erscheinen sie oberflächlicher, als sie es wirklich sind. Sie sind jedenfalls nicht mehr Menschen und noch nicht ganz Schattenwesen; sie durchleben eine Zwischenphase wie die Figuren, denen Dante auf dem Abstieg zur Hölle begegnet. Sie sind weder Fleisch noch Idee; als literarische Gestalten warten sie auf ihre Erfüllung; die entscheidende Begegnung steht noch aus. Keiner der Sophisten bei Platon hat jedes Schamgefühl verloren; selbst Kallikles, der radikalste, zögert, über die Grenze hinauszugehen. Aus welchen Gründen auch immer, er zieht sich vor der Öffentlichkeit nicht geistig aus. Das letzte Schamgefühl, das nicht leicht zu begründen ist, verschleiert wie eine Aura den Fluchtpunkt, auf den das Spiel zustrebt. Hinter den Kulissen treibt sich das Wesen herum, das die Sophisten darstellen, ohne daß sie wagen, es in Wirklichkeit zu verkörpern. Die letzte Zurückhaltung ist nur zu deutlich; ohne daß man etwas zu deuten oder darzustellen braucht, weiß jeder zur Genüge, worum es geht. Dieses Schweigen macht den Zynismus gegenwärtiger, gewichtiger.

Die Drehung und ihr Mittelpunkt

Töte ich mich, töte ich dich, töte ich uns? Für den Zyniker ist Bejahung und Zerstörung dasselbe (Erste These); beides zusammen führt zu einer durchsichtigen Macht (Dritte These); der Zyniker bringt Gut und Böse unentwirrbar zusammen (Zweite These) und ebenso Innen und Außen (Vierte These). Wenn es einmal den Zynismus im kleinen gibt, dann kommt es zu großen Sprüchen »6000 Fuß jenseits von Mensch und Zeit« (Nietzsche). Die Koinzidenz von Bejahung und Zerstörung hebt nicht erhabene oder alltägliche Überzeugungen auf, eher schon eine Erfahrung, die, wie der Tod, alles einer Prüfung unterzieht. Sie gleicht Vorher und Nachher, Ein- und Ausgang aus und bringt die außerordentliche Erhebung wie die häusliche Erbärmlichkeit auf einen Nullpunkt. Diese Punkte der wechselseitigen Aufhebung erreicht man, ohne daß die Welt neu geschaffen oder verwandelt wird; es genügt, sie zu eichen. Ein verkehrsfeindlicher Geist hat dafür eine vollkommen alltägliche und konkrete Batterie zynischer Maschinen zur Verfügung, die, falls nötig, die Thesen der Reihe nach im Laufe des Lebens bestätigen können. Ihre Mechanik dreht sich um sich nicht abnutzende Angelpunkte (Gold, Sex, Gewalt). Sie funktionieren wie Riesenverkehrsknoten, an denen keine Zufahrt oder Umleitung vorbei kommt. Der Krieg mißt alle moralischen und materiellen Größen in Blutzoll, die ganz verrückten Träume und die subtilen Kalküle: »Das Gefecht ist die einzige Wirksamkeit im Kriege. Im Gefecht ist die Vernichtung der uns gegenüberstehenden Streitkraft das Mittel zum Zweck, ist es selbst da, wo das Gefecht nicht wirklich eintritt ... Die Waffenentscheidung ist für alle großen und kleinen Operationen des Krieges, was die bare Zahlung für den Wechselhandel ist; wie entfernt diese Beziehungen auch sein, wie selten die Reaktionen eintreten mögen, ganz können sie niemals fehlen.« Im geschlossenen Raum der Körper wäre die Liebe nicht so faszinierend, wenn es nicht auf ein Gleichgewicht ankäme. »Das ist ein Geschäft, das Beziehung und Entsprechung braucht. Die anderen Freuden, die wir empfangen, können auf unterschiedliche Weise gut gemacht werden. Aber Liebe kann man nur mit gleicher Münze bezahlen.« (Montaigne, Essais III)

Mit dem Geld scheinen die zynischen Maschinen an einem Punkt der Perfektion angelangt zu sein. Wenn der Geist sich in klingender Münze taxiert, während die Körper mit Seele bezahlt werden und die Dinge mit Worten, erreicht die Konfusion von Innen und Außen einen Punkt, hinter den man nicht mehr zurück kann.

> »... Verdammt. Metall,
> ... sichtbare Gottheit,
> Die du Unmöglichkeiten eng verbrüderst,
> Zum Kuß sie zwingst! du sprichst in jeder Sprache,
> Zu jedem Zweck! o du, der Herzen Prüfstein!«

Eine zynische Maschine frißt selbst Steine. Sie tauscht ohne Ausnahme. Dennoch halten Kriege, Liebe und Verkehr nur bestimmte Existenzbereiche in Gang, die sie sich überdies streitig machen. Universitäten und Zeitungen geben Streitigkeiten zwischen Militärs und Friedenskämpfern, den Anstiftern des sexuellen Zynismus und den Lehrern der wirtschaftlichen Zynismen wieder. Jeder zieht an der Decke, die vor allem den Geldleuten nützt. Gibt er nicht dem Krieg Motive und Mittel? Und wer ermöglicht Prostitution? Oder tun die Vertreter der ältesten Metiers – Soldat, Prostituierte – nicht alles, damit der Geldmensch das universelle Tauschgeschäft ausweitet? Es fängt damit an, daß an Ort und Stelle irgend etwas für irgend etwas gegeben wird, und schließlich breitet sich über die Welt ein Riesenmarkt, in dem alles mit allem austauschbar wird. Die zynischen Maschinen würden sich nur jeweils an Ort und Stelle bewegen, wären sie nicht lebende Beispiele einer allgemeinen Vermessung. Wie drehte die Maschine durch? Unter welcher Bedingung wurde der Zynismus allgemein? Dadurch, daß er ein eigenes Maß aller Dinge erfand – und zwar für das, was ist, insofern es ist, und für das, was nicht ist, insofern es nicht ist. Dem Protagoras, der den Menschen zum Maß aller Dinge machte, und Platon, der Gott dagegensetzte, hält der Zyniker etwas Unerwartetes entgegen: Der Tod ist das Eichmaß, er begründet die allgemeine Vermessung. Ist wirklich der Tod das, worauf es im Krieg, beim Gold und beim Sex letztlich ankommt? »Wahrlich, Protagoras hielt uns trefflich zum besten, als er den Menschen zum Maß aller Dinge erhob, der nie auch nur sein eigenes kannte ... dieser schmeichelhafte Satz (war) nichts als ein Gelächter, das uns notwendig auf die Nichtigkeit des Meßgeräts sowohl wie des Vermessers schließen ließ.«

Welcher Unterschied besteht zwischen einem professionellen Shakespeareschen Gaukler und einem materialistischen Ökonomen? Der erste weiß um die geistige Macht des Geldes, der zweite macht den Geist zur Macht des Geldes. Die politische Ökonomie hat selten der Versuchung widerstanden, den Markt in Kategorien der Produktion und des Güteraustausches zu rationalisieren. Am Geist orientierte Kritiker waren kaum weniger verlegen, selbst auf die Gefahr hin, den Materialismus und die Technologie, die diese Disziplin impliziert, zu bedauern. Die optimistischen Ökonomen schließen sich in ihre Welt ein und bestimmen deren Gleichgewicht (in Kategorien wie Makro, Mikro, Preis, Produktion), das Gleichgewicht der Produktionssektoren, zwischen Angebot und Nachfrage, in Getreide- oder Arbeitswert, auf der Ebene eines Jahres, eines Fünfjahresplanes oder weltweiter Trends. Der Begriff hat so viele Bedeutungen wie es Experten gibt. Die Pessimisten fügen negative Definitionen hinzu und sehen die Krisen als aufgebrochene Sicherungen und nicht im Gleichgewicht befindliche Zustände. Diese Temperamentsunterschiede machen dem Boden nichts aus, auf dem jeder sein Gedankengebäude errichtet. Die allgemeine Hypothese lautet: Die Wirtschaft ist ein geschlossenes System. Die Antwort auf eine Krise, die man nach Marktmechanismen oder als mehr oder weniger radikale Strukturveränderung begreift, versteht sich als letztlich ökonomische Antwort auf ein ökonomisches Problem. Nur der moderne Naivling glaubt, daß die Wirtschaft allmächtig ist. Es genügt dem subtileren Geist, von der Übersetzbarkeit jeder Meinung in wirtschaftliche Kategorien auszugehen, um ernsthaft die Unternehmungen der Menschen beurteilen zu können. So gibt es eine Art sekundärer Naivität, die die politische Ökonomie als Sprache nimmt, die allem seinen Namen gibt. Gewiß, nur eine Sprache – aber es ist die Muttersprache des ursprünglichen Zynismus.

Genaugenommen vermißt der Ökonom ein begrenztes Territorium, trifft relative Aussagen mit einem Anspruch, der das Provisorische weit hinter sich läßt. Zu guter Letzt löst er alle Geheimnisse der Geschichte im Brustton voller Überzeugung auf. Die politische Ökonomie, ob sie nun kritisch ist oder einen gegebenen Standpunkt rechtfertigen will, ob sie bürgerlich, proletarisch oder an der Dritten Welt orientiert ist, hegt keine Zweifel an ihrer Kompetenz, was das Marktgeschehen anbelangt, selbst auf die Gefahr hin, mit ebensovielen Sexologien und Konflikttheorien aneinanderzugeraten, die sich weit mehr mit ›narzißtischen Kränkungen‹ am Leben erhalten als bescheidene wirtschaftliche Bestrebungen. Der Krieg der Zynismen findet immer statt. Niemand zweifelt daran, daß es das gibt, worum gekämpft wird – das Projekt der weltweiten Vermessung, für das jeder fieberhaft das Monopol in Anspruch nimmt.

Der Sokrates Platons formulierte das Projekt einer allgemeinen Vermessung der Existenz, die die begrenzt wirksamen Ausbrüche einer nie ganz erloschenen Leidenschaft auffängt: »Denn der Mensch tut das Böse, obwohl er es als böse erkennt.« Kann man sich nicht anstatt so vieler Worte – Gerechtigkeit, Wahrheit, gut, böse, heute, morgen – nur auf zwei beschränken – das Gute und Böse oder das Angenehme und Unangenehme? Das Reduktionsprinzip ist schlicht: »Mach es doch so wie ein tüchtiger Waagmeister: Nimm alles Angenehme zusammen und nimm alles Schmerzliche zusammen und lege dazu das Gewicht des zeitlich Nahen und des zeitlich Fernen auf die Waage und sage mir, was schwerer wiegt.« An diesem Tag gründete Sokrates den Bund aller Lehrer des Wissens. Protagoras, für den Gesetz und Anstand aller Dinge Maß war, war damit einverstanden, ebenso Hippias, sein Konkurrent, der auf Stärke und »Natur« setzte, und auch Prodikos, der das Wort als letztes Maß ansah und dabei an die subtilen Unterscheidungen des Literaten, Gelehrten und Grammatikers dachte. Der berühmte Engländer Jeremy Bentham hätte ebenso wie die Sensualisten Don Juan oder Diderot zugestimmt, nicht weniger Engels, der über die Ungemach des Arbeiters eine Theorie bildete und die »Arbeitskraft« zum marxistischen Wertmaßstab machte. Der Aufwand an Energie (»Arbeit«) und Zeit (Arbeitszeit) genügt nicht, um zu messen, sagt jedoch ein anderer, »der recht zu wiegen versteht ...«

Wer? Die Antwort, die Sokrates auf dem Platz gibt, auf dem er spricht und von wo aus der westliche Zynismus seinen Aufschwung nahm, läßt keine Zweifel zu. Es ist jedenfalls ein Mann ohne besondere Eigenschaften und Fähigkeiten. Die entscheidenen Fragen, die die Verbindungen der Menschen regeln – Gerechtigkeit, Vernunft, Frieden, Krieg – sind die Sache jedes einzelnen, da sie nicht berufsspezifisch sind. Bei zusätzlichen Fragen wendet man sich an Spezialisten – Architekten, Baumeister, Experten jeder Art. »Versucht aber irgendein anderer ihnen zu raten, einen, den sie nicht für einen Meister seines Faches halten, mag er auch sonst noch so schön oder reich oder vornehm sein, so wollen sie doch gar nichts von ihm wissen, sondern lachen ihn aus oder johlen, bis der, der zu reden versucht, es von selbst aufgibt, weil man ihn niederschreit, oder bis die Amtsdiener ihn herunterholen oder auf Befehl der Prytanen hinauswerfen.« Im Unterschied dazu ist die Entscheidung im Grundsätzlichen nicht von einer Kompetenz abhängig: »Soll aber über die Stadtverwaltung ein Beschluß gefaßt werden, so steht jeder ohne Unterschied auf und redet über diese Dinge in der Beratung mit, ein Baumeister, ein Schmied oder ein Schuster, ein Kaufmann oder ein Reeder, reich oder arm, vornehm oder gering, und diesen macht kein Mensch den Vorwurf wie vorhin, er sei nirgends in die Schule gegangen und habe keinen Lehrer gehabt und versuche nun trotzdem, seinen Rat zu geben. Denn sie sind ganz offenbar davon überzeugt, daß diese Dinge nicht lehrbar sind.« Der Mensch, der bemißt, ist irgendeiner.

Es gibt einen Zynismus der Großen. »Ich verstehe unter der Tyrannis: imstande sein, in der Stadt zu tun, was einem beliebt, umzubringen, zu vertreiben und in allem nach eigenem Gutdünken zu handeln.« Dieser Zynismus ist sozusagen selbstverständlich. Es gibt auch den Zynismus der Kleinen, der den der Großen noch übertrifft. Dafür ist der Perserkönig Kyros Zeuge, von dessen Erstaunen Herodot berichtet, als man ihm die Griechen beschrieb: »Ich habe mich noch nie vor Leuten gefürchtet, die mitten in der Stadt einen Platz dazu bestimmt haben, sich dort zu treffen und gegenseitig mit Eid und Schwur zu betrügen.«

Vom Zynismus des Marktplatzes stammt das Projekt, alles zu bewerten. Er schwingt sich dazu auf, weil er alles vom Rande des Abgrunds her denkt. Der Abgrund ist der Hut des Taschenspielers. Darin verschwinden der Weise und der Narr, der Edle und der Gemeine, der Äußerliche und der Innerliche; sie kommen als Gleiche heraus – sie alle sind sterbliche Wesen. Das ist ein mathematischer Zynismus, der von rückwärts rechnet. Kurze Zeit soll jeder sein Vergnügen haben, aber allen gemeinsam ist das Unglück. Wenn man die Würfel des Daseins im Hinblick auf Leid oder Freud betrachtet, dann hat man schon den Nutzen zum Maß des Kalküls gemacht. Die Mathematiker setzen voraus, daß die zueinander in Parallele gesetzten Größen irgendwie homogen sind. Das bedingt, daß es eine Möglichkeit gibt, individuelle Glücks- und Leidenszustände gradmäßig auf interpersonaler Ebene zu vergleichen. Demnach muß es dann auch eine intraindividuelle Vergleichbarkeit von Intensitätsvariablen der Freuden und Schmerzen geben. In Wirklichkeit genügt schon das allgemeine Leiden. Man kann individuelle Erfahrungen messen, ohne daß man voraussetzen muß, daß wir identisch fühlen und leiden. Die Nützlichkeitsgrade können je nach der jedem eigenen Empfindlichkeit variieren. Um sie zu vergleichen, brauchen sie nicht genau gleich zu sein. Es genügt – so zeigen die Kalkulatoren –, daß sie vom

selben Punkt ausgehen – zum Beispiel von dem für alle geltenden Punkt Null. Was man vergleicht, sind also nicht die Ver-
gnügenszustände, sondern die Risiken, sie zu verlieren. Jeder
hat seinen eigenen Geschmack an der konkreten und unvertret-
baren Intensität eines bestimmten Vergnügens. Es gibt dafür
kein gemeinsames Maß. Dies beschränkt sich darauf, die Inten-
sitätsdifferenzen und die Grade von einem allgemeinen Nullpunkt aus anzugeben.

Wenn zwei federlose Zweibeiner zusammentreffen, so tauschen sie eine Unmenge von Mitteilungen über ihr Ungemach
aus – es gibt keinen Bürger, der nicht am Rande des Ruins lebt,
keinen Intellektuellen, der nicht aufs Monatsende wartet, und
nur wenige Verliebte, die nicht verzweifelt ahnen, daß sie nichts
erwartet. Die Freude am Dasein ist vergänglich. Wenn man sie
verliert, wenn sie fehlt, dann weiß man erst um sie. Die gute
Zeit ist immer die alte Zeit, die Gegenwart ist immer unleidlich.
Man ist alt, zu jung, oder krank oder arbeitslos oder überlastet.
Die Zukunft kann Katastrophen bringen. Diese Redensarten
sind nicht ganz unzutreffend. Aber das heißt nicht, daß sie
völlig recht haben. Der Mensch ist nicht nur pessimistisch
gestimmt, er nimmt das Schlimmste nicht immer nur an. Wenn
man so daherredet, beugt man sich einer Redensart oder einer
Tauschregel: Um seine Gefühle verständlich zu machen, nimmt
man immer das dem andern plausible Schlechteste als Maß-
stab. Das Unglück steht im Raum, nicht weil es nur Schlimmes
gibt, sondern weil nur das Schlimme vermittelt werden kann.
Die Fixierung des absoluten Nullpunktes bringt erregte Debatten in Gang. Man fragt sich, wem es am schlechtesten geht –
dem Proletarier, der Frau, der Dritten Welt, den Hungernden,
den Gedemütigten oder den Erniedrigten. Man streitet sich
über die schlimmste Gefahr – ob es der Hunger oder die Atom-
explosion, die allgemeine Sklaverei oder die Dummheit ist.

Die Ideen des »Schlimmsten« wechseln wahrscheinlich im
selben Maß wie die Ideen des »Besten«. Das ist es, was die
Debatte zwischen den verschiedenen Zynismen in Gang bringt
und erregt. Die Art der Debatte ist von Übertreibung geprägt.

Die Gesprächspartner stellen sich in ähnlicher Weise das Schlimme vor, sind sich jedoch uneinig über die Ursachen. Jedem gelingt es mit Hilfe der Todeserfahrung, die Ängste des anderen auf sich zu übertragen, ohne sie zu teilen.

Die zynische Vermessung stellt eine einzige Rechnung der Freuden und Leiden auf. Man bestimmt den Preis eines Wesens, indem man sich vorstellt, von ihm getrennt zu sein. Man vergleicht etwas mit anderem, indem man gewichtet, was es ausmacht, wenn es nicht da ist. Es ist, als ob man etwas nur richtig schätze, wenn es nicht mehr da ist. Die Neuplatoniker setzen ganz oben an, beim mystisch Einen, jenseits von allem, selbst jenseits des Seins, um dann die Welt der Götter, der Menschen und Affen zu durchmessen bis zum äußersten Nichts, dessen Tiefe sich als ebenso unbeschreibbar erweist wie der hocherhabene Ausgangspunkt der Reise. Diese »platonische Theologie« (das Adjektiv ist erschlichen) ist eine Folge von Beraubung und Verminderung einer ursprünglichen Fülle – die Götter sind weniger als das Eine, die Menschen weniger als die Götter; so geht es nacheinander bergab. Das jeweils Zweite bestimmt sich als negierende Auszehrung des Voraufgehenden in einer Hierarchie vom Viel zum Wenig über alle Wirklichkeitsgruppierungen hinweg. Diese Sicht war im Mittelalter sehr verbreitet im Bild der langen »Stufenleiter der Wesen« oder der »Jakobsleiter«. Der Zyniker ist ein trauriger Platoniker, der ein umgekehrtes Prinzip einführt. Jedes Ding ersteht aus dem Tod und ist mehr vom Nichts als vom Sein bestimmt. Es ist, als ob es dem Tod ein Schnippchen schlage und nur lebe, um seine radikale Nichtung zu widerlegen. Der Mensch ist auf der Mitte der Leiter, die er von unten nach oben mit Einteilungen versieht. Er nimmt vom Sein nichts weg, sondern nagt am Nichts und nennt Tage die Nächte, deren Nacht er leugnet. Platon zeigt dies in einem »Mythos« in der *Politeia*. Er sagt, daß alles so abläuft, als ob das Universum zwei Kreise durchlaufe. Der eine verläuft von vorn nach hinten, wie es dem »normalen« Gang der Dinge entspricht. Der andere aber verläuft gerade umgekehrt. Er könnte genausogut bei entsprechender Gewohnheit als normal gelten. Es gibt eine richtige und eine verkehrte Welt. In der einen stirbt man aus Gründen des Alters, in der anderen der Verjüngung wegen. Trotzdem, auch eine umgekehrte Ordnung ist eine Ordnung.

»Jedes Lebewesen blieb zunächst auf der Altersstufe stehen, die es erreicht hatte, und alles Sterbliche hörte auf, nach und nach immer älter auszusehen, sondern es veränderte sich in umgekehrter Richtung und wurde gleichsam jünger und frischer. Die weißen Haare der alten Leute wurden schwarz, die Wangen der Bärtigen wieder glatt und versetzten einen jeden wieder in die vergangene Zeit seiner Jugendblüte. Und auch die Leiber der heranwachsenden Jugend wurden glatt und jeden Tag und jede Nacht kleiner, bis sie wieder den Zustand des neugeborenen Kindes erreichten und diesem an Leib und Seele ähnlich waren. Dann aber schrumpften sie völlig ein und wurden überhaupt unsichtbar. Und auch den Leichen derer, die zu jener Zeit gewaltsam ums Leben kamen, widerfuhr plötzlich dasselbe: sie verschwanden in wenigen Tagen spurlos.« Bleibt also, den Wendezeitpunkt zu betrachten, eine Revolution, bei der die Welt sich von Grund auf verändert: »Die Welt aber, in ihrer Rückwärtsdrehung und im Zusammenprall der beiden Bewegungen, bei dem Anfang und Ende in entgegengesetztem Sinn aufeinanderstießen, wurde in ihrem Inneren gewaltig erschüttert und richtete noch einmal eine Verheerung unter den mannigfachen Lebewesen an.«

Ob es nun ein großer Sprung nach vorn oder zurück ist, diese Wendungen zeigen, daß der Gott, der die Welt steuert, seine Zügel fahren ließ, um »sich auf einen Beobachtungsstandpunkt zu beschränken«. Die Eigendynamik der Dinge übt von Zeit zu Zeit Gewalt aus. Wenn wir verurteilt sind, uns zu verändern, weil wir sterbliche Wesen sind, so muß auch der Wechsel selbst sich verändern und bleibt nicht mit sich identisch. Die Zeit der Geburten und des Sterbens kann in diesen Wendungen vorausgesehen und gegen den Strich, auf der Ebene einer »ursprünglichen Unruhe« einer Welt, die am Abgrund dahinrast, gedacht werden. Von Platon bis Lenin ist das Ereignis Revolution – ob geliebt oder befürchtet – das Bild für den Wechsel in der Weichenstellung, das heißt, die Veränderung der Maßeinheit.

Eine Mystik der Zerstörung

Der Zyniker kann als Revolutionär, Konterrevolutionär oder als Indifferenter auftreten. Er stützt sich aufs Komma, das die Feststellung, daß die Vergangenheit endgültig vergangen ist, von dem Jubel über die bevorstehende Zeit trennt. Der König ist tot, es lebe der König. Der Zyniker richtet sich ein in diesem nicht greifbaren und unerbittlichen Schnittpunkt, der alles, was lebt, bedroht, und macht, »daß rein gar nichts Bestand hat und alles dahinfließt und vergeht wie ein Tongefäß«. Wenn dieses Denken der Destruktivität sich als Skepsis versteht, die auf sich hält und versteht, Achtung zu erlangen, wenn sie sich als eine Lehre gibt und sich an anderen Lehren mißt, fällt sie in einen Circulus vitiosus wie der Pseudo-»Heraklitismus«, den Platon schonungslos erledigt. Der Punkt des Übergangs ist ein Gesichtspunkt unter anderen, nicht mehr. Wenn man ihn wie ein letztgültiges Urteil nimmt, heißt dies, zu glauben, »daß gleich wie die Menschen, die an Katarrh leiden, so auch die Dinge ganz und gar in einem solchen Zustand seien, daß sie alle vom Fluß und Katarrh befallen sind.« Ein Denken der Zerstörung zerstört sich selbst. Es ist kein Denken, sondern Niesen. Das versteht sich von selbst, aber auch das, was folgt: Gelegentlich wirkt Niesen ansteckend. Wenn das Denken der Zerstörung mehr Zerstörung als Denken mit sich bringt, fällt der Vorwurf des circulus vitiosus weg. Unser Sophist, der ein schlechter Pseudo-Heraklit ist, ist aber ein in der Praxis erprobter Zyniker. Das Denken, das er zerstört, macht ihn mehr gefürchtet als widerlegt. Ein Antilogiker, den die Logik nicht zu fassen bekommt, sagt mehr über das Elend der Logik als über sein eigenes Elend. Wagen wir das zu betrachten, was jedes Denken infiziert. Geben wir zu, »daß der Sophist auf allerschlaueste Art sich an einen unzugänglichen Ort verzogen hat«.

Wenn er gefährlich ist, dann deshalb, weil er inkonsequent ist. Der Kult des Schlußfolgerns beißt sich an seiner Existenz die Zähne aus. Übrigens gelingt es nicht, den der Inkohärenz zu zeihen, der der Gefahr der Inkonsequenz mit der Inkonsequenz des Gefährlichen droht.

Kann man im Unmöglichen daheim sein? Das Unwahre als wahr ausgeben, lügen, heißt sagen, was nicht ist. Was gesagt ist, ist aber gesagt, wie immer es dazu kommt. Die erste Unmöglichkeit. Sterben, töten, den entscheidenden Moment zwischen dem Nicht-mehr und dem Noch-nicht erwischen, heißt umgekehrt, daß man das Nichtsein, den Tod, wie etwas behandelt, was existiert. Das ist die zweite, damit identische Unmöglichkeit. Als fiktiver Parmenides macht Platon deutlich, daß man eigentlich nicht das aussagen kann, was nicht ist. Die Lüge gibt es nicht. Das erscheint logisch; aber das Denken muß sich verrenken, will es der Antilogik begegnen. (Platon selbst spricht von einem notwendigen »Vatermord«. Sein Parmenides hat nur allzu recht; so ist er davor gefeit, daß er wirklich mit den Phantasien, Irrtümern und dem falschen Schein in Berührung kommt, dem die Sterblichen sich aussetzen.) Wenn man dem Zyniker in seinen Winkel folgt, muß man mit ihm einig sein, daß das Wort dem Raum gibt, der es bestreitet, und Zeit dem, was sie unterbricht. Wenn zu unserer Lebensbedingung Lügen und Sterben gehören, dann gibt man im Unterschied zu Parmenides zu, daß das Unmögliche irgendwie existiert.

Der Zyniker ist ein Mystiker, er hat wie Juan de la Cruz seine »dunkle Nacht«. Er hält nicht eine korrekt formulierte und theoretisch fundierte Rede, er stottert, aber er macht sich verständlich. Er faßt seine Zuhörer bei der Evidenz ihrer Sterblichkeit, bei der einzigen Wahrheit, die er kennt und der er zu folgen versteht. »Wenn der Tod existiert …«, fängt er an; mit anderen Worten: Wenn das Nichtsein ist, wenn das Unmögliche ist … Auf diese Anfangshypothese folgen zwei Gedankengänge:

1. Das Unmögliche kann als Unmögliches ausgesprochen werden. Der Tod kann ausgesprochen und ausgeführt werden.

Er ist nicht etwas, das ist. Und das, was ist, ist nur, soweit es nicht tot ist.

Auf der einen Seite ist das Sein, das nicht ist – das ist der Tod (oder »das Eine, das nicht ist« der VI. Hypothese des *Parmenides* Platons). Auf der andern Seite ist das sterbliche Wesen, das Andere des Todes, das nicht nichtseiende Sein.

2. Das Unmögliche muß ausgesprochen werden, obwohl es unmöglich auszusprechen ist. Das ist ein Übergang zu der Grenze, die der Tod außer Reichweite stellt und über die nichts gesagt werden kann und die sich jedem Zugriff entzieht. Denn was nicht ist, hat keinen irgendwie gearteten Anteil am Sein (vgl. Parmenides, VII. Hypothese). Der Zyniker, der im Tod die einzige Wahrheit anerkennt, sieht alles unter einem gewissen Ewigkeitsaspekt. Wer sich wirklich tot stellt, würde nie begonnen oder aufgehört haben zu leben.

Der Tod läßt stottern – nicht weil zuwenig, sondern weil zuviel geredet wird. Wenn man meint, man könne über ihn reden und die Worte würden sich überschlagen, kann man alles sagen; der Tod nimmt am Wechsel teil, der Tod läßt durch. Der Tod gehört zur Reglosigkeit, er geschieht nicht. »Auch das Eins-Nichtseiende wird und vergeht als verändertes; nicht aber als nicht verändertes.« Wenn man meint, man könne nicht über den Tod sprechen, so bleibt doch etwas zu sagen, wenn auch negativ. Ist er nicht fern von allem, was ist? Im ersten Fall reden wir von ihm in der Weise des Sowohl-Als-auch (er ist sowohl der Veränderung unterworfen als auch nicht veränderlich). Im zweiten Fall betrachten wir ihn im Stil des Weder-noch (von ihm kann man nichts wissen, nichts meinen, man kann ihn nicht empfinden, er hat weder Definition noch Namen.) Er faßt uns in beiden Hypothesen. Man muß dem Zyniker aus diesem Grund das Wort erteilen: Er redet nicht irgend etwas oder irgendwie; er spricht den Tod aus, und seine Rede ist unverwechselbar. Er sagt das, was er will. »Es gibt (für Platon) ein absolutes Nichts, es gibt einen Grund der Negation, der bleibt, nachdem man gezeigt hat, daß ein Großteil unserer Negationen in Affirmationen übersetzt werden kann. Das ist das Element der absoluten Destruktion ...« Immer noch liegt der Zynismus in der Luft, die die Sterblichen atmen.

Juliette erhebt das Äußerste zum Maß aller Dinge; sie benutzt dies als Drohung, um eine apokalyptische Rechnung abzuschließen. Der Zynismus wird System, indem er sich als einziger wirklich gescheiter Diskurs sieht. Der Sophist nennt sich, um zu herrschen, zugleich und im selben Atemzug »Herakliteer« (alles fließt) und »Parmenideer« (ich sage nur das, was ist); auch wenn man sagt, daß alles fließt, kann man nur sagen, was ist. »Wir sagten doch, der Sophist hätte sich irgendwo an diesen Ort geflüchtet.« Der stärkste und umfassendste Diskurs (der des dogmatischen Parmenideers, der weder die Möglichkeit noch gar das Recht zu irren zugesteht) verschließt sich angesichts der härtesten und ungeteiltesten Wirklichkeit (der »heraklitischen«). Diese Operation setzt ein feingesponnenes Hin und Her voraus, dazu gehört der Tod, er ist aber nur ein Moment unter anderen. Die Reden über den Tod sagen alles aus (in der doppelten Weise des Sowohl-Als-auch und des Weder-noch), ohne zu einer wirklichen Aussage zu kommen. Der Selbstmord des Diogenes entgeht ihnen; über die Stunde Null kann er nur reden, so wie er seine Worte nur ordnen kann, indem er sie in ein endgültiges Schweigen stürzt. Seine Rede über den Tod sagt uns: Alles ist *eins*. Jedes dieser Worte nimmt vom andern die jeweils andere Seite der Medaille. Das System des Sadeschen Zynikers mauert die Wahrheit ein, indem das Leben des Geistes der toten Sache gleichgemacht wird. Wenn er glaubt, die Welt einzumauern, mauert er vielleicht nur sich selbst ein.

Die römischen Kalenden

Die Möglichkeit des Mordes, die Tatsache, daß man töten und getötet werden kann, ist das Realitätsprinzip der Politik. Ob man zur Massenvernichtung schreitet oder sich dagegen verteidigt, es besteht ständig Gefahr, daß es zu Gewalt kommt und daß die besten Absichten zunichte werden. Diogenes

131

beschränkt sich Alexander gegenüber nicht auf ernüchternde Feststellungen. Die Anekdoten zeigen ihn nicht so sehr als Feind, sondern als Alter ego, der den König besser versteht als der sich selbst. Verbinden den Weltbürger und den Beherrscher aller bewohnten Länder nur gleiche Absichten, sich selbst bzw. die Welt zu beherrschen? Eine Geschichte berichtet, daß der Herrscher und der Bettler am selben Tag sterben sollten. Soll man das nicht so verstehen, daß sie in gleicher Weise aus unserer Sterblichkeit – dem Vorbild aller Gewißheiten – das gemeinsame Prinzip ihrer Herrschaft machten?

Seither hat der Dialog des Denkers und des Herrschers, des Intellektuellen und des Tyrannen nie der Rivalität und der Komplizenschaft entbehrt. Man denke nur an Machiavelli und Cesare Borgia, Hegel und Napoleon, Falstaff und Henri, Voltaire und Friedrich. Das 20. Jahrhundert bietet Beispiele in Hülle und Fülle.

Dante, der sich über das römische Geschick des werdenden Europa Gedanken macht, spricht das Prinzip dieser überstrapazierten Verbindungen aus.

Das *Inferno* tut sich mit einem großen Fresko auf, auf dem Orpheus, Linus, Platon und Aristoteles Aug in Auge mit Aeneas, Lucius, Brutus und Caesar erscheinen. »Die Dichter und Philosophen, die höchsten Geister, mit den Führern der Völker, den Gründern von Städten und Reichen; die, deren einzige Waffe das Wort ist, mit denen, deren Schwert der Welt die weisesten Gesetze gibt.« Welche eigenartige Symmetrie verbindet den freischwebenen Intellektuellen mit dem Herrn der Welt? Es ist diese: Beide sind sie nicht für Geiz und Gier anfällig – der eine, weil er an nichts gebunden sein will, der andere, weil ihm alles schon gehört. »Auch kann der Monarch sich nichts wünschen, denn seine Herrschaft reicht bis ans Meer. Das ist bei den anderen Fürsten nicht der Fall, deren Fürstentümer sich gegenseitig begrenzen, wie bspw. das Königreich Kastilien an das Reich des Königs von Aragon grenzt. Daraus folgt, daß der Monarch der aufrichtigste Diener der Gerechtigkeit unter den Sterblichen ist.« Nur der wahre Monarch darf

Monarch des Menschengeschlechtes sein. Jede andere Macht ist von Konkurrenten begrenzt und ist so der Gefahr des Ehrgeizes und der Gier ausgesetzt, die ja das Gegenteil der Gerechtigkeit sind. Diese absolute Verteidigung eines absoluten Reiches bedeutet nicht Servilität eines Höflings. Zur Zeit Dantes war das Reich nur noch ein Schatten. »Das macht die Position von Dante so bedeutsam, der in einer Zeit schrieb, wo es überhaupt keinen Kaiser mehr gab; er kämpft nicht für einen Menschen, sondern für eine Idee.« Zu dieser Zeit, in der sein geliebtes Florenz im Bürgerkrieg (der Guelfen gegen die Ghibellinen, der Kaiserlichen gegen die Papisten) in Aufruhr war, war Dante sich des Vakuums bewußt. Er sieht in seiner Idee des Reiches die einzige rechtmäßige Lösung der Konflikte.

»Um die Kriege und ihre Ursachen zu beseitigen, muß notwendig die ganze Erde und alles, was der Menschheit gehört, eine Monarchie sein, das heißt ein einziges Reich mit einem Fürsten, der alles besitzt und nichts mehr sich wünschen kann, der die Könige mit ihrem jeweiligen Reich zufrieden sein läßt.«

Es ist nicht leicht, Quellen für Dantes Traum ausfindig zu machen. »Das ist der persönlichste, ureigenste Beitrag Dantes zur Geschichte der politischen Philosophie« (Gilson). Es gab viele, die Dantes Gedanken weiterverfolgten. Es ist nicht nötig, eine direkte Wirkung zu konstruieren. Machiavelli, der in Cesare Borgia den möglichen Einiger Italiens sah, Hegel, der in Napoleon den Säbel der Vernunft sah, der den deutschen und europäischen Bürgerkrieg mit Verstand beenden konnte, gingen auf dieselbe Weise mit einem ähnlich sich stellenden Problem um. Millionen Leute im Westen, die nicht so berühmt sind, unterstützen die Macht, weil sie Macht ist und sogar in ihrer Sicht universelle Macht, ohne daß man nun Bücher, die sie gar nicht lesen, dafür verantwortlich machen soll. Ist das nun der Kult der Stärke, Anbetung eines modernen Goldenen Kalbes, Verwechslung des Zeitlichen und des Geistlichen, Cäsars und Gottes? Keineswegs. Diese kurzschließenden Interpretationen setzen zu leichtfertig voraus, daß das, worum es geht, etwas Grobschlächtiges ist. Die Dantesche Überlegung ist feinsinnig und beunruhigend, sie zeigt ein Reich der Zukunft aus genau entgegengesetztem Grund. Sie gibt Gott den Himmel, die Erde dem Kaiser: »Diese Art und Weise, die Autonomie einer niederen Ordnung auf seiner niedrigeren Position zu begründen, ist typisch für Dante.« Um Frieden zu haben, richte ein Reich ein. Der unabhängige Intellektuelle, der nichts zu verlieren hat – angeblich, und der Kaiser, der nichts zu gewinnen hat, sind dazu verurteilt, gerecht zu sein, weil sie keine Gelegenheit haben, es nicht zu sein. Nehmen wir die Überlegung noch einmal auf:

1. Wir gehen von einer Welt aus, in der es gewöhnlich zu Konflikten kommt (für den Christen Dante ist das der Bereich des Zeitlichen: »Für die Grundlegung des Reiches ist das menschliche Recht zuständig«).

2. Jeder Konflikt muß gelöst werden, »wo es Streit gibt, muß geurteilt werden«.

3. Einem allgemeinen Streit muß eine allgemeine Rechtsprechung entsprechen. »Die Einheit des Willens ... ist die Wurzel der Eintracht«; diese Einheit setzt die Monarchie voraus, da die vielen Willen sich selbst aufzehren. »Niemals war die ganze Erde in einem Zustand der Ruhe, außer unter dem göttlichen Monarchen Augustus, als es eine vollkommene Monarchie gab.«

4. Der Frieden muß eine höhere Gewalt ausüben, um sich den gewalttätigen Egoismen zu widersetzen. »Das römische Volk eroberte das Reich im Duell ... seit Beginn des römischen Reiches wurde jede Frage mit dem Schwert entschieden.« Wir errichten den Frieden am Ausgang einer bösen Welt mit blutigen Mitteln (»Kriegsrecht«), und er ist nicht allmächtig, weil er gut ist, sondern gut, weil er allmächtig ist. (Dante trennt radikal die zeitliche Gewalt des Kaisers von der geistlichen Gewalt des Papstes.) Nichts führt ihn in Versuchung, noch liefert irgend etwas ihm einen Vorwand für ein Vergehen. Die Deduktion ist von Anfang bis Ende zynisch. Sie organisiert eine Hölle, in der nichts gut ist außer der guten Allmacht, weil es keine mögliche Beute gibt.

Diese unerbittliche Konstruktion wird aufs weitumspannendste Niveau, das sich denken läßt, gehoben. Der Mensch kommt im Denken zu seiner Vollendung. Der einzelne Mensch in seiner Stadt oder in seinem Königreich ist nicht auf seiner Höhe. Jeder bemüht sich darum, einen kleinen Teil des der Menschheit zugänglichen Wissens zu erwischen: »Nur die allumfassende Erkenntnis …, nur die als Ganzes genommene menschliche Spezies hat darauf Anspruch.« Zwischen Aristoteles, der im intellektuellen Reich thront (»Ihm, die Bewundrung, die Verehrung aller«, *Inferno*, Vierter Gesang), dem Kaiser, der das Zeitliche lenkt, und dem Papst, der das Übernatürliche beherrscht, gibt es eine Entsprechung. Die beiden Erstgenannten sind ganz in derselben menschlichen Sphäre, der zeitlichirdischen menschlichen Existenz, angesiedelt. Das spezifische Ziel des Menschengeschlechts ist nach Aristoteles, zu jeder Zeit seines Lebens das Maximum des möglichen Wissens zu erlangen (»immer die ganze mögliche Einsicht zu verwirklichen«). Der Friede, diese notwendige Bedingung einer gemeinsamen Denkbemühung, setzt den Monarchen voraus, »den Menschen mit dem stärksten Willen und der stärksten Macht.« Er allein ist in der Lage, in voller Klarheit zu regieren, und nie durch ein besonderes Interesse geblendet. Der höchste Friede verkörpert ein höchstes Denken. Die Reflexion hat keine geopolitischen Grenzen mehr. Die reine Zeit und der nackte Tod, das Reich der Einsicht und das Reich der Welt sind wie die beiden Seiten derselben Suche nach dem Maximum an Gewißheit (»Wissenschaft ist die vollkommene Rechenschaft von sicher gewußten Sachverhalten«).

Seit Dante sie in Gang brachte, dreht sich die Maschine in bewundernswerter Weise. Der Dichter legt die Notwendigkeit eines Reiches dar, ohne etwas über die Person des Kaisers sagen zu müssen. Die Situation macht den Menschen aus. Die individuellen Eigenschaften bedeuten so wenig wie der Punkt auf dem i. Genauso schloß Hegel auf die Notwendigkeit des Königs von Preußen, d. h., ein beliebiger Repräsentant verkörperte die lokal gebundene weltweite Tüchtigkeit einer Regierungsbürokratie. Die allgemeine Klasse, die allgemeine Rasse oder die École nationale d'administration wollen das Maximum an universellen Denkgewißheiten. Sie stehen für Reiche, die ohne Kaiser auskommen. Das Herrschen ist seine eigene Gewißheit; es hält sich so lange für unbestreitbar, solange es unbestritten bleibt.

Das Reich, das keinen Feind mehr hat, bringt automatisch mit sich, daß das Urteil mit der beurteilten Sache identisch ist, daß die Mittel dasselbe sind wie die Ziele, denn es verkörpert die Verbindung von Wahrheit und Macht (»alles Politische ist unserer Gewalt unterworfen«). Die Herrschereinsicht befaßt sich mit Untertanen, die nicht feindselig gesinnt sein dürfen. Die als ideale Gleichheit von Geist und Objekten gedachte Wahrheit setzt die vorherige gewaltsame Angleichung der Objekte an den Geist voraus. Bei diesem zynischen Reichsprojekt, das Politik und Handeln im Westen bedroht, verbietet Dante sich jeden Rekurs auf einen Deus ex machina. Wie soll man wahr handeln, wenn man in einer zeitlich-irdischen Welt ohne Garantie von oben ganz allein die Verantwortung fürs Handeln hat? Das ist die Zukunftsfrage, die der Dichter ausspricht, wenn er über die einleuchtenden Vorteile der Trennung von Priesteramt und Reich, von Kirche und Staat, von Stellvertretung Gottes und Militärchef nachdenkt.

Das ideale Reich herrscht, ohne das Übermenschliche in die irdischen Streitereien hineinzuziehen. Es hat nur eine Bedingung: seine Existenz. Die schmutzige Aufgabe, diese Macht zu begründen, nennt die Blutbäder »Kriegsrecht«. Sie sind kein Gottesurteil, sondern das Urteil des Fleischers. Sie unterwerfen sich keinem öffentlichen Recht, auch wenn sie es begründen. Sie begründen das menschliche Recht mit ihrer Unmenschlichkeit. Es braucht nicht mehr eine Gerechtigkeit von oben, wenn man einen Kaiser auf den Thron setzt, noch eine von unten, der man ja erst zum Durchbruch verhelfen muß. Zurück also zum Ausgangspunkt. In wessen Namen gehorcht man dem ersten Gesetzgeber? Sein Recht wird Recht auf illegale Weise.

Der Kapitalismus,
das letzte Stadium des Imperialismus

Der Mensch des 20. Jahrhunderts lebt im Mittelstück einer zynischen, zerrissenen Kette. Auf der einen Seite hält die zum Äußersten gelangte römische und Dantesche Gewalt die Größe der Großmächte fest, steckt die Nuklearfronten der Reiche ab, ohne den gewöhnlichen Verkehr der Menschen zu bestimmen. Auf der anderen Seite durchdringen der Markt und die Netzwerke der Handelsbeziehungen den Alltag bis ins kleinste, ohne doch die Weltkonflikte, die den Alltag mehr oder weniger erschüttern, zu vernichten drohen, zu beherrschen. Alle Theoretiker des 19. Jahrhunderts, die Parteilichen und ihre Gegner, dachten, daß die Wirtschaft des Marktes an die Stelle der kriegerischen Beziehungen treten werde. Der Austausch der Gewaltakte werde ersetzt durch Handel, der Verkehr des Blutes durch den des Geldes. Und der Pazifismus des liberalen Bürgertums werde über den kriegerischen Adel die Oberhand erhalten.

Krieg und Wirtschaft, Handelskonkurrenz und blutige Auseinandersetzungen schließen sich logischerweise, darum auch in ein und derselben Zeit, aus. Man glaubt, daß die Geschichte uns von dem einen zum anderen führt. Das Schema gilt als so selbstverständlich, daß es selbst durch überdeutliche Tatsachen nicht erschüttert werden kann. Als Lenin nach zwei Weltkriegsjahren die Revision der marxistischen Voraussagen vornimmt, setzt er doch das zugrundeliegende Szenarium nicht aufs Spiel, er fügt eine »Etappe« ein: Der Imperialismus wird (nur) das »letzte Stadium des Kapitalismus« sein. Er bezeichnet ihn als den »anomalen« Moment (Lenin meint den Moment des Niedergangs, der Degeneration), in dem Krieg und Wirtschaft sich nicht mehr ausschließen, sondern sich gegenseitig bedingen. Auch die Kritiker, die sich als »Radikale« der Wirtschaftsbourgeoisie verstehen, akzeptieren die ganz friedlichen Postulate und schwören bei ihren Göttern, daß die Marktwirtschaft den Kriegen ein Ende setze. Der »radikale« Kritiker fügt lediglich hinzu: Ja, mit Ausnahme der zwei Endpunkte seiner

Geschichte. Anfangs kam es zur primitiven Akkumulierung in Schlamm und Blut, mit Plünderungen innen und außen. Am Ende zehrt der parasitär gewordene Kapitalismus sich in seinen imperialistischen Konflikten selbst auf. Die Gewalt am Anfang und am Ende bringt die bürgerliche Gemütlichkeit nicht aus der Ruhe.

Die Kriege können den internationalen Austausch unterbrechen. Manchmal ist das Gegenteil der Fall; der Handel macht kriegerische Gegnerschaften sinnlos und öffnet die Grenzen, wenn nicht die Köpfe. Diese Grenzsituationen sind nicht so simpel zu beurteilen. Gewalt und Markt schließen sich nicht aus, ein inneres Band verbindet Handel und Einbruch. Die Expansion bewertet höher, indem sie entwertet; das neue Design beseitigt das ältere, das Gleichgewicht lebt vom Ungleichgewicht, die Konkurrenz scheidet aus, forscht nach, liquidiert. Produktion und Destruktion gehen Hand in Hand. Mit Bezug auf Clausewitz könnte man sagen, man hoffe, daß die Wirtschaft den Krieg mit anderen Mitteln fortsetzt. Die Romanciers haben verstanden; das napoleonische Kleingeld hat seinen Kurs in den neuen menschlichen Beziehungen. Die Wirtschaft demokratisiert sie mit ihren Mikro-Austerlitz-Stunden an der Börse, in der Fabrik, mit ihren planetarischen Waterloos geht der Krieg weiter, ändern sich die Mittel, demokratisiert sich die Wirtschaft. Die Fähigkeit, einzelne Menschen, Unternehmen und Kollektive zu vernichten, nimmt zu, breitet sich aus. Die Krise legt Brand, die Krisen werden alltäglich, jeder kann nur gewinnen, wenn er auch ein Holz ins Feuer werfen kann.

Nie wurde das Produkt danach bemessen, was jeder zu seiner Produktion beiträgt; das ist nicht zu bestimmen. Die Zerstörungskapazität macht die Bedeutung eines Teilnehmers am Wirtschaftsgeschehen aus. Solange die einzelnen Proletarier nur die Waffe hatten, vor Hunger zu sterben und keine Nachkommen zu hinterlassen, war ihr Lohn nicht viel mehr, als zum Überleben nötig war. Die Gewerkschaften organisierten die kollektive Kapazität des Streiks, die die ganze Produktion auszusetzen drohte. Die Gewerkschaftsstrategie war trotz Lenins Kritik also wirksamer als der »revolutionäre Defaitismus«. Dieser versperrte alle Ausgänge und borgte sich von den Konservativen die Idee eines unaufhaltsamen Systems, das eine unantastbare Verteilung des sozialen Reichtums vorsah. Doch haben die Gewerkschaften auch etwas von der Leninschen Attraktivität: Wenn man sich organisiert, um das »System« zu Fall zu bringen, so bringt das eine massive, jesuitische und rigorose Disziplin, die den eisernen Willen und die stählerne Moral des professionellen Revolutionärs hervorruft. Eine Ironie der Geschichte, die nicht von ungefähr kommt: Die Gewerkschaftsbewegung war nicht eine Ausnahme oder Abweichung in der planetarischen Ausbreitung des Proletariats. Die leninistische Militärorganisation ist nur ein extremer Fall (ein anderer extremer Fall ist die Mafia, die die amerikanische Lastwagenfahrergewerkschaft beherrscht). Sie führt zum Absoluten der jedem Kollektiv innewohnenden Kräfte, das abschreckende Wirkung hat. Man glaubt, daß der »Mensch der Organisation«, der alle Poren der modernen Ökonomie verstopft, nachträglich zu dem individualistischen *homo oeconomicus,* der den klassischen Bourgeois verkörperte, hinzukommt. Als ob nicht von Anfang an der einzige Akteur, der zählt, nicht der war, der in der Lage war, eine kleine oder große Krise auszulösen.

Das Wirtschaftssubjekt bestimmt sich nach einer Macht, die Wirtschaft zu desintegrieren. Ein Bild aus Epinal: Der Bauer lädt sein Getreide auf den Esel, der Arbeiter ist selbst seine Arbeitskraft, und der Unternehmer wundert sich, daß ihm Geld zufließt. Sie alle nehmen an einem Markt teil, der dem einen wie dem andern die ganz ungleich verteilte Gunst seines Gleichgewichts aufbürdet. Das entbehrt nicht der Romantik: Jeder bringt seinen Gebrauchswert wie eine Topfpflanze und denkt nicht daran, daß zuallererst der Austausch – von Worten, Gütern, Schlägen und Küssen steht. Es ist schon ein Aberglauben, das Individuum in einem ursprünglich gedachten Zustand mit einer Sache zu isolieren, um so seinen »Gebrauchswert« zu bestimmen. Der Geizige, der auf seinem Schatz verhungert, der Bauer, der sein Getreide und sein Vieh selbst verzehrt, der Arbeiter, der seine physische und geistige Arbeitskraft für sich behält, trägt dazu bei, daß das Wirtschaftsleben zugrunde geht. Austausch oder nicht – darum geht es doch. Der Teilnehmer am Wirtschaftsleben berührt gar nicht, worauf es ankommt, wenn er sich in seinem Wert außerhalb des Tauschsystems mit einem feststehend angenommenen Geldwert vergleicht. Wer nicht im Tauschsystem lebt, bei sich zu Hause bleibt, ist nicht eines selbstgenügsamen Überlebens sicher, sondern trägt bei zur Angst, daß alle umkommen. Die allen klassischen Autoren so lieb gewordene Verwandlung, mit der das *Kapital* beginnt, die sagenhafte Operation, in der ein nicht existierender Gebrauchswert auf einen nicht erklärlichen Schlag hin zu einem Tauschwert wird, fand nie statt. Man kann getrost darüber hinweggehen: Die Wirtschaftätigkeit entsteht immer wieder aus der sich wandelnden Drohung einer Krise im Tauschnetzwerk.

Der Krieg ist der Boden der Wirtschaft, die Krise steckt hinter den Kulissen des Tauschens. Jede Wirtschaftseinheit, der Ölscheich ebenso wie eine Gruppe von Arbeitern im Kampf, verhandelt aus der Position der Stärke, wenn seine Gegner sich an den Rand des Abgrunds gedrängt glauben. Die Drohung schwelt, Leben und Konflikte dauern an (mit Kant gesprochen: Dem transzendentalen Idealismus der Destruktion entspricht der empirische Realismus der Wirtschaft). Jedes ökonomische Kalkül geht davon aus, daß der Marktpreis, der durch die Konkurrenz bestimmt wird, sich um einen Mittelwert bewegt, der oft als Produktionspreis bezeichnet wird (Investitionen, Löhne, Grundrente usw.). Man erkennt leicht, daß die Aufteilung der Produktionsfaktoren die wesentlichen sozialen Klassen, die de facto ein Vetorecht haben, bestimmt. Die Schlagkraft der verschiedenen Kräfte ist so groß wie ihre Kraft, das ökonomische Spiel auf eine härtere Gangart umzustellen oder in Frage zu stellen (Investoren der Metropolen, Länder der Arbeitskräfte, Rohstoffländer). Man sieht auch, daß der Kampf

der Klassen, der Staaten und der Reiche letztlich auf Abschrek-
kung beruht. Jeder muß ein Maximum an Glaubwürdigkeit
seiner Drohung deutlich machen, obschon der Schritt zur Ausführung den Zauberlehrling nicht erspart. Ein einzelner hat in
seiner Singularität nie die Möglichkeit, die Wirtschaft in Krise
zu versetzen. Wenn das ein hoher Kader oder ein Atomgigant
wollte, würde er in psychiatrische Behandlung geschickt oder,
wäre er ein kleiner Fisch, dem Gerichtsdiener übergeben. Die
Aktion braucht große Körperschaften; diese repräsentieren
jeden einzelnen in den großen Gruppierungen, in denen sich die
Unterwerfung (unter eine Haustradition, eine Schule, die Solidarität der Partei oder eine Institution) auszahlt. Der Imperialismus geistert auf dem Planeten, seitdem es die Schrift gibt.
Dagegen ist der Kapitalismus der Zynismus des Imperialismus,
in dem viele Institutionen und republikanisch agierende Herrscher sich abwechseln, die Apokalypse in Brot und Wein in Blut
zu verwandeln.

Die Krebsgeschwulst eines Reiches kopfloser Reiche erscheint als um so unwiderstehlicher, als es nicht einen bestimmten Kopf gibt, den man abhauen kann. In den Abschreckungs-
maschinen wechseln die Machthaber eher als die Machtaus-
übung, die ihre letztliche Unpersönlichkeit von dem von außen
drohenden Tod erhält. Geschäftsgeist und Personenkult
schmücken die Körperschaften. Die Möglichkeit der Zerstörung hält sie eher zusammen als die innere Überzeugung.

Die Welt für eine Tonne

Zwischen dem einzelnen und den Institutionen, die ihm sagen,
wie er angesichts der Todesdrohung leben soll, bleibt ein
Bruch. Die modernen Ideologien künden allesamt das Ende der
anderen Ideologien an; sie wetteifern darin, ein auserwähltes
Wir zu feiern – wie die Manichäer (... wir sind besser) –, das
sich gegen *sie* absetzt. Bestimmen sie den Gang der Welt?
Berühren wir mit ihnen den Punkt der Überzeugung aller Ab-

schreckungen, das anfängliche »Es werde Licht«, das die verschiedenen Systeme gut geschmierter Negationen in Gang setzt? Die Ideologen geben Gründe fürs Sterben und Töten, mit denen der einzelne im Kollektiv aufgeht und sich seine Unsterblichkeit sichert (im Sinne eines Klassenbewußtseins, des Bluts der Rasse, des Geistes der Kultur). Aber der ideologische Strom läuft durch ein verkabeltes Universum. Die Ideologie muß schon gewollt sein; dadurch unterscheidet sie sich von der Tradition der Väter. Man glaubt sie, weil man sie glauben will. Die modernen Mythen – und darin besteht ihre Modernität – sind nicht so sehr gegeben als aufgegeben. Sie sind eine Art do it yourself. J. Billig bemerkt, daß ein Nazi teils an den Kult technischer Effizienz, teils an die Verherrlichung des Primitiven und Irrationalen glaubt. Die Ideologie verbindet Stücke von Wissen mit Erinnerungsresten aus Erzählungen und Legenden. Je nach Disposition kann man die Mischung überzeugend finden.

Wenn man den Lauf der Welt durch den Einfluß von Ideologien erklären will, dann glaubt man, daß alle außer einem selbst dumm sind. Es ist klar, daß die Nazis kleine Geister waren. Der junge SS-Mann kann voller Widersprüche, unbedacht oder böswillig scheinen. Wie kann man glauben, daß man glaubt, wenn man weiß, daß man glauben will? Glauben wollen heißt noch nicht glauben, also wissen, daß man nicht glaubt. Die ersten Ethnologen, die unser von uns rational genanntes Denken mit dem der schriftlosen Völker verglichen, kamen zu dem Schluß, daß den »Primitiven« in ihrem »prälogischen« Stadium etwas fehle: Sie kennen nicht das Prinzip des Widerspruchs! (Lévy-Bruhl) Dieses primitive Verfahren kannte nicht die feinen und subtilen Strukturen des wilden Denkens. Dagegen denkt die Ideologie bei uns, in uns. Nichts ist passender, als sich die Barbaren des 20. Jahrhunderts so zu denken, wie man sich bis vor kurzem die Eingeborenen im Süden der Erdhälfte vorstellte. Sie haben einen leichten Kopf, sie können nicht beeinflußt werden. Der Kopf hat sich gedreht, sie schauen in die andere Richtung. Das ist das ganze Geheimnis. Die Ideologie ist eine Geisteskrankheit, die die schwachen Geister erfaßt und sie mühsam genug dazu bringt, nicht so gut wie ich zu denken. Die Mediziner bei Molière haben keine bessere Diagnose.

Das Geheimnis der Ideologie liegt nicht in der Ideologie, diesem Wirrwarr von Ideensplittern, die auf die Schnelle zusammengesetzt wurden, sondern bei denen, die daraus ihr täglich Brot machen: »Suchen wir unser Übel nicht außerhalb von uns, es ist in uns drin.« (Montaigne, Essais II, 25)

Nach Solschenizyn begreift man das Geheimnis des Stalinismus, wenn man das Schuldgefühl und die dem Rausch folgende Ernüchterung der Leute betrachtet, die dem Stalinismus huldigten und ihn dann aufgaben. Die Begeisterungsfähigkeit des jungen Mathematikers und Offiziers Solschenizyn, des jungen Dichters André Breton und auch die ichbezogene und kalte Unbekümmertheit des alten, konservativen Winston Churchill war das, was Stalin möglich machte. Die Ideen, die ein Diktator hat, haben weniger Bedeutung als die Ideenlosigkeit derer, die ihm nicht Widerstand leisten. Eine Ideologie muß in einer vor hergehenden, präideologischen Disposition angenommen und toleriert sein, um mobilisieren zu können und Massaker durchführbar zu machen.

Die Ideologien geben dem mehr, der mehr sucht. Darin besteht kein großer Unterschied zwischen dem Griechen der klassischen Zeit und dem Mann auf der abgasverpesteten Straße. Der Grieche verlief sich oft in einem Haufen von Tugenden, ohne die Idee des Mutes, der Gerechtigkeit, des Wissens und ihnen Verwandtes gut unterscheiden zu können. Die Lebenskunst sucht nach einem einzigen Schlüssel zum Land der Vasenmalerei und des wissenschaftlichen Anspruchs. Wie kann man eine Ideologie verstehen? Sie ist ein Passepartout. Man hätte sie nie gefunden, wenn man sie nicht unablässig gesucht hätte. Man akzeptiert sie nicht mit Verstand und Leidenschaft, sondern mit Zynismus. Der junge Nazi – wie jeder von uns, der ideologisch denkt – weiß, daß er nicht firm ist in der Wissenschaft. Aber er schaut von oben herab auf die Grenzen der Wissenschaft, und noch mehr verachtet er den Aberglauben einer Vergangenheit, die er ja überwunden hat. Sein Reich ist die Zukunft, in der sich die alte mythische Zeit und die technische Gegenwart miteinander verbinden. Es ist unmöglich, nur wissenschaftlich oder nur romantisch orientiert zu sein. Hier ist also einer, der daraus die Konsequenz zieht, die Defizite der Wissenschaft mit der Überzeugung der Romantik zu verbinden. Er kritisiert gleich doppelt und hält sich an beide Gewißheiten. Er beschwört alles, was man gegen die Tradition sagen kann. Er stellt alles, was man gegen die Wissenschaft sagen kann, in Rechnung. So wird er zum Mann der vollkommenen Negation, zum Mann der vollkommenen Affirmation deshalb, weil er vor allem der Mann der Stunde ist.

Das Bedürfnis nach Ideologie befriedigt das Bedürfnis, im Einklang mit seiner Zeit zu sein. Sei's drum. Man will sie als eine einzige. Die Zeit, die sich als ein Durcheinander von Fertigkeiten und Wissen, ein Patchwork von Schönem und Unsinn darstellte, ist nunmehr zu einer zusammenhängenden Weltsicht geworden. Das Tableau, auf dem das Durcheinander zur Harmonie wird, konstituiert eine Ideologie. Aber das ordnende Auge erweist sich zugleich als vor- und postideologisch. Es macht das wohltemperierte Spektakel möglich und garantiert, daß es nicht wieder zum Chaos kommt. Jedes ideologische Angebot setzt eine zynische Frage voraus, badet sie aus, entspricht ihr und lebt von ihr. Der Ideologe ist nur ein betäubter Zyniker.

Diogenes, adieu

Die Mode und die Zeiten ändern sich, Geschichte und Gesellschaft entwickeln sich, die Technik macht Fortschritte, aber es bleibt im Potpourri der Weltsichten etwas Festes. Sie alle antworten auf ein starkes Bedürfnis nach Sicherheit. Der kalte Blick, das eisige Lächeln und ein nicht zur Ruhe zu bringendes Bewußtsein machen die klassische Haltung des Zynikers im üblichen Sinn des Wortes aus. Das Bild, das die alten Philoso-

phen in Diogenes verehren, kann zuzeiten erbauen: »Man
sagte, daß der Zynismus nur eine Abkürzung in Richtung
Tugend sei.« Die Philosophen in der Tonne sind Emblem für
eine Weisheit, die beim absoluten Selbstbesitz angelangt ist:
»Sie glauben, daß die Tugend gelehrt werden kann und daß
man sie nie wieder verliert, wenn man sie einmal erworben hat;
daß der Weise es wert ist, geliebt zu werden, und daß er unfehlbar ist …« Im Unterschied zu den Schulen, die in Lebenslehren
einführen, schließt der klassische Zynismus kurz; er ist ein
Lebensstil, der direkt die Lebensformen angeht, deren Stil er
bestreitet. Man kann »die Askese der Abkürzung« nicht von
der Tugend, um die es geht, unterscheiden. Die Tugend der
Abkürzung macht die zynische Weisheit aus: »Man soll nur
soviel Gepäck mitnehmen, wie man im Falle des Schiffbruches
braucht, um schwimmen zu können.« Der Zyniker, der von der
Überlegung ausgeht, daß Geschichte, Welt und Gesellschaft
von der Unsicherheit eines möglichen Schiffbruchs bedroht
sind, siedelt seine Tugend oberhalb der Kontingenzen an (»die
Tugend genügt fürs Wohlbefinden und setzt nur die Stärke der
Seele eines Sokrates voraus«). Er achtet das Unsichere und
Äußere für nichts und kommt so auf Kosten einer wilden phänomenologischen Reduktion zu einer einzigen Tugend, eben
zur zynischen Tugend.

Die Stoiker wollen das unterscheiden, was von uns abhängt,
und das, was nicht von uns abhängt (Körper, Umwelt). Daher
kann Zenon die Sitten der Stadt verbessern, und er versteht es,
den Augenblick, in dem Mut gefordert ist, und den Augenblick,
in dem Mäßigung am Platz ist, zu unterscheiden. Politik und
ziviles Leben fordern unterschiedliche Tugenden. Der zynische
Radikalismus ignoriert das. Die Gelegenheit macht den Dieb,
und der kluge Mann baut vor. »Bist du Philosoph geworden? –
Wenigstens das bin ich sicher: gerüstet für alles, was kommen
mag.« Die Tugend des Diogenes kennt nur die Einzahl. Sie
gefällt sich in der unerschütterlichen, unveränderlichen, unver-
wüstlichen, unbewegten »Apathie« einer feststehenden Gewißheit, die die bürgerlichen Tugenden kontrolliert: »Wenn du

eine Schlange in der Mitte fängst, wirst du gebissen; wenn du sie am Kopf packst, bist du gesund und heil.«

»Verändern wir die Währung.« »Erkenne dich selbst.« Die beiden Parolen eröffnen voneinander getrennte Weltgegenden. Die sokratische Vorschrift schärfte dem Griechen ein, »die Grenzen seines sterblichen Seins zu erkennen, verbot ihm, in die Region des Göttlichen vorzudringen«. Das Daimonion des Sokrates beschränkte sich darauf, zurückzuhalten und eine Grenze zu ziehen. Die Maxime des Diogenes fordert die Macht, wenn schon nicht tabula rasa zu machen (Kaiser Julian, der sie so auslegte, zeigt sich hier als Römer, nicht als Hellene, mehr als Armeechef denn als Denker), so doch Währungen und Sitten neu zu eichen – das bedeutet, daß wir das Maß der Messung in Aktion setzen und die kapitalistischen Mühlen im Eiswasser des zynischen Kalküls sich drehen lassen.

Diogenes geht auf philosophische Weise über die Philosophie hinaus. Er erkennt die Grenzen, die diese sich selbst setzt, nicht an, sondern erkennt sich in den Fluchtlinien, die sie eröffnet. Seine Einheitstugend, die zugleich kontemplativ ist und zur Aktivität anhält, die sich zugleich als tugendhaft erkennt und das Bewußtsein der Tugend ist, erinnert an das »sich selbst denkende Denken«, das die Tätigkeit des aristotelischen Gottes im wesentlichen bestimmt. Dieser Aristoteles behält dem Göttlichen die Vollkommenheit vor, sagt aber auch, daß wir dorthin streben, daß wir ans Göttliche reichen, da »das Wachen, die Sinnesempfindungen, das Denken unsere größte Lust sind«. So ist »der Akt der Kontemplation«, in dem wir im Wahren sind, die vollkommene Seligkeit; »diesen Zustand der Freude, den wir nur zu bestimmten Momenten kennen, kennt Gott ständig ...« Es sind flüchtige Augenblicke, in denen Diogenes sich dauerhaft niederläßt. »Warum soll nicht jeder Tag ein Festtag für den guten Menschen sein?«

Der Gott des Aristoteles begnügt sich damit, sich selbst zu denken. Er kennt sich selbst, aber er kennt nicht die Welt hier unten. »Es gibt Dinge, die man besser nicht sieht, als daß man sie sieht.« Wenn er auf andere einwirkt, dann ohne Besorgnis, durch einfache Attraktion, wie ein Objekt der Liebe. Diese Autarkie macht seine »Leidensunfähigkeit« aus. Stellen wir uns vor, daß diese Erkenntnis der Erkenntnis sich herabläßt und einen Blick auf das, was unter ihr geschieht, riskiert. Sie würde »Schlimmeres zu denken bekommen«, als der Philosoph dem Denken des Besten zugestehen kann. Wenn Gott sich vergißt und sich herabläßt, die Welt zu denken, wird er zynisch. Kinder sind Zeugen. Was könnte ein Gott, der Zeuge des Spektakels wäre, sich sagen? Schweigen oder Grinsen liegen nahe – das erklärt Iwan dem Aljoscha und der Großinquisitor Christus.

Entweder der ungefiederte Zweibeiner denkt wie ein Mensch. Er denkt Gott nicht, es sei denn als etwas, das er nicht ist. Oder aber er kann in aristotelischen Gnadenaugenblicken Gott erreichen – unter der Bedingung, daß dieser Gott nichts mit der Welt zu tun hat. Wenn der Sterbliche nicht sterblich denkt, muß er sich vergessen. Der Zyniker schließt den Kreis, in ihm denkt Gott die Welt. Man warf Diogenes vor, unschickliche Lokalitäten aufzusuchen. Er antwortet: »Auch die Sonne scheint in die Aborte, wird aber doch nicht besudelt.« Die zur Sicherheit gewordene Tugend schafft auf einen Satz die Vielzahl der Tugenden ab und den Unterschied zwischen Gott und Mensch.

Die Tyrannei kann auf zweierlei Weise gedeutet werden – sie ist entweder korrekt und unbestechlich oder lasterhaft und unerbittlich. Die einen schreiben Fanatismus und Autodafé den Exzessen einer offenen oder versteckten religiösen Haltung zu (wie sie z. B. im revolutionären Millenarismus zu finden ist). Die andern suchen für dieselben Wirkungen die umgekehrten Ursachen: im Atheismus oder in dem Willen einiger weniger Erwählter den Platz einzunehmen, den Gott leer gelassen hat. Theokratie oder Atheokratie? Das Problem ist unlösbar, da es falsch gestellt ist. Da der Zyniker jede Grenze zwischen Gott und Mensch beseitigt, besagt es wenig, ob dies von unten nach oben oder umgekehrt geschieht. Nur die Leidenschaft für unbegrenzte Macht (»Kratie«) macht das Fest aus. In unseren Weisen zu glauben oder nicht zu glauben zeigt sich die Annahme oder Ablehnung des Menschseins.

Sokrates bereitet sich darauf vor, den Schierlingsbecher zu trinken; das Gespräch (im *Phaidon)* geht weiter, als wenn nichts wäre, außer daß die Vergänglichkeit der Körper erwähnt wird. Wer soll mir verbieten, mir vorzustellen, daß die unsichtbare Seele ein anderes Geschick hat? »Die Auflösung der Seele kann der des Leibes folgen«, entgegnet sein Freund Kebes. Die Hypothesen stehen im Raum, sie sind freie Variationen einer ersten Evidenz: »Den Tod weiß man; über das, was folgt, denkt man nach.« Dieses bekannte Axiom macht jede Verpflichtung zu einem Spiel um Alles oder Nichts. Ohne dieses Axiom gäbe es keinen Willen zum Heroismus, keine Versuchung zur Heiligkeit. Geht sparsam damit um! Die Pascalsche Wette und das schöne Wagnis des Sokrates sind Fallen. So verliert das geistliche Leben zumindest im Westen seinen Schwung.

»Kebes, das ist keine Kleinigkeit, die du wissen möchtest. Wir müssen da nämlich die Ursache des Werdens und des Vergehens überhaupt untersuchen«, antwortet Sokrates und schließt an seine intellektuelle Biographie an: Wie ist er zur Kritik der alten Weisen, die über die großen Themen nachdachten (die »Naturphilosophen«, Anaxagoras), gekommen? Sokrates wird sterben; man fragt ihn, wo er seinen Mut hernehme. Er geht von der intimsten Frage über zu vergeistigten Betrachtungen über die Geheimnisse des Werdens im Gesamtzusammenhang der Wesen. Niemand unterbricht ihn: Es geht um dich, du weichst aus in Theorie ... Theoretisch und abstrakt sind die anderen, die mit Kebes wollen, »daß man die Unzerstörbarkeit und Unsterblichkeit unserer Seele beweise«. Sie sind sich ihrer Sache sicher, genauer gesagt: Sie sind überzeugt, zu wissen, was in dieser Angelegenheit ein Beweis ist und was nicht.

Überspringt der Sterbende die entscheidende und nahe Stunde? Nein, die andern gehen auf intellektuelle Weise durch die Mauer und fordern ihn dazu auf, sich nach dem zu richten, was er nicht sehen kann. Sie sind ja Spezialisten fürs Werden und Vergehen. Er mißt ihr Wissen an seinem Tun. »Warum sitze ich hier?« Es ist unnötig, die Verbindung der Knochen und die Muskeltätigkeit zu nennen. »Denn, beim Hunde, schon lange, glaube ich wenigstens, wären die Sehnen und Knochen in Megara oder bei den Böotiern.« Nichts wird uns aus der Beziehung, die uns hier und jetzt an unser Ende bindet, herausführen; jede Argumentation bewegt sich in diesem Kreis. Ein Mythos von dem Geschehen im Jenseits ersetzt die Beweisführung; Sokrates erzählt nur »von der Gefahr, der er sich gegenübersieht«. Der Tod braucht nicht bewiesen zu werden, er erneuert von Grund auf unsere so gehütete Idee des Beweises. Wenn der Mensch dem Tod trotzt, faßt er alles zusammen, um sich in der Welt zu verorten. Es gibt keinen umfassenden Überblick. Sokrates behält nicht eine noch nie gehörte Lehre wie ein Amulett zurück, die die Unsterblichkeit seiner Seele beweisen soll. Sein Verhalten gibt den Beweis. Sokrates gibt das sterbliche Bild der Unsterblichkeit, das einzig mögliche, wie die Zeit das verkleinerte und bewegliche Vorbild der Ewigkeit ist. Diese Evidenz, Schluß machen zu müssen, die dem Wissen übers Jenseits überlegen ist, steckt das Feld eines Glaubens ab, der nicht aufs Denken verzichtet und der zugleich unter der steten Drohung von *zwei* Toden lebt, des Leibes und der Seele (vgl. Augustinus). Die scharfe platonische und christliche Trennung von Fleisch und Geist sollte nicht den nicht aufzuhebenden und unteilbaren Horizont des »è finita la commedia« übersehen lassen.

Warum sitze ich hier? Die grundsätzlichste Frage der westlichen Philosophie führt zu der uralten Antwort: Weil es mir gut zu sein scheint. Es ist hier nicht der Ort, die Frage und die auf sie folgende Antwort zu untersuchen. Die Antwort sagt, wie sie die Frage versteht. Das ist ihre einzige Information. Es folgt, ob das, was mir gut scheint, wahr oder falsch ist. Das ist eine andere Frage, die anderen Problemen gilt. Im Moment sind wir sicher, daß der Antwortende sich auf das Tun bezieht, das die Frage in Erinnerung ruft. Der Austausch der Worte ist trotz der Kürze nicht tautologisch. Wir wissen nachher mehr als vorher. Dieses plötzliche Stutzen läßt uns das Gebiet des Erkennens verlassen und auf das noch unbekannte Gebiet der Selbsterkenntnis losgehen.

Homer ließ den Mutigsten zaudern. Odysseus, der mitten im Gedränge ganz allein ist und von den Trojanern gebunden wird, beginnt sich zu fragen:

>Wehe, was soll mir geschehen! O Schande doch,
    wenn ich entflöhe,
Fort durch Menge geschreckt! Doch entsetzlicher,
    wenn sie mich fingen
Einsam hier ...
Aber warum bewegte das Herz mir solche Gedanken?
Weiß ich doch, daß Feige von dannen gehn aus dem Kampfe!«

In Odysseus spricht der Kluge den Zögernden an. Unter dem Druck der Unsicherheit wird er seiner selbst unsicher, er fragt sich: »Ti patho?« Die elegante Übersetzung von R. Flacelière (Quel sort m'attend?) entschärft die Plötzlichkeit des Gedankens im Unterschied zur genaueren deutschen Übersetzung.

In der Stunde, die alles entwirrt, stürzt Orest sich mit erhobenem Schwert auf Klytaimnestra, sie fällt vor ihm auf die Knie, reißt sich das Gewand auf und entblößt ihre Brust. Orest senkt die Waffe und sagt zu seinem Alter ego: »Was, Pylades, tun? Die Mutter – morden – geb ich's auf?« Sokrates erhellt seinen Dialog mit der Idee des Guten, nachdem die Sonne mit der Frage aufgegangen ist: »Was ist das Gute?« Und diese stammt von der Frage: »Wer ist gut?« Diese wiederum stammt von der andern Frage: »Was findest du gut?« »Was scheint mir gut?«

Das entsetzte »Was soll mir geschehen?« des Helden im Epos, das »Was tun?« des tragischen Helden und das philosophische »Wozu ist es gut?« haben offensichtlich gemeinsame logische Eigenschaften. Die Alternativen (fliehen bzw. nicht fliehen, sich gut oder schlecht verhalten) zeigen auf, daß es um eine zweifache Entscheidung geht. Ein Mensch überlegt, ehe er sich entscheidet. In logischer Hinsicht hat die Entscheidung ihre eigene Bedeutung und ist nicht nur vom (guten oder schlechten) Ausgang bestimmt. Ein heroischer Akt ist nicht derselbe, ob er spontan, ohne Zögern geschieht oder ob er überlegt ist. Odysseus weiß Mut und Tollkühnheit, Wahn und wirklichen Mut zu unterscheiden. Orest wird einem Gott gegenüber schuldig, wie immer er sich entscheidet – ob er den Vatermord ungerächt läßt oder die Mutter tötet. Nur der Blitz der Frage erhebt ihn aus dem Morast, in dem er steckt. Sokrates bemüht sich um die der Frage (nach dem Guten) eigene Tugend, auch wenn man nicht zu einer Lösung kommt. Die drei Arten der Alternativen zwingen einen Menschen, zwischen den Personen, die er verkörpern könnte, zu wählen. Zwischen dem wählenden und gewählten Ich kommt es zu der paradoxen Beziehung, die Poincaré »imprädikativ« nennt und in der Russell die semantischen und syntaktischen Zweideutigkeiten des kretischen »Ich lüge« findet. Die auf Erkennen ausgerichteten logischen Traktate heben ab auf die Verlegenheit dieser Formulierungen. Die Sokratiker finden in ihnen den Ausgangspunkt der Selbsterkenntnis. Sie kennt nicht, wie Pilatus, das Händewaschen: Was ist Wahrheit? Das ist zuerst deine und meine Wahrheit, angefangen von der Ehrlichkeit unseres »Was weiß ich?« Sie schließt zugleich auch Gehirnwäsche aus.

Sokrates setzt den Gewißheiten und Erkenntnissen des Zynikers seine Unsicherheit und die sterbliche Erkenntnis eines Sterblichen entgegen: »Wenn aber nach dem Tode alles zu Ende ist, dann falle ich wenigstens in diesen letzten Stunden den Anwesenden weniger lästig durch meine Klagen.« (91b) Die innerste Überzeugung des Zynikers – daß eine letzte Überzeugung möglich ist – unterminiert oder überfällt, ohne andere ebenso kräftige und subversive Positionen in Betracht zu ziehen. Der *Phaidon* weist alle vier zynischen Positionen der Reihe nach zurück. Die letzte nahm den Tod zum Eichmaß einer reduktiven Messung. Sokrates beklagt sie als optische Täuschung: »Mein lieber Simmias, dies ist also schwerlich der rechte Tausch zur Erlangung der Tugend, indem man Lust gegen Lust und Schmerz gegen Schmerz und Furcht gegen Furcht eintauscht, eine größere gegen eine geringere, so wie man Geld wechselt. Vernünftige Einsicht allein ist die wahre Münze, für die man alles eintauschen soll.«

Die Hypothese der »Erinnerung«, die ein vorgeburtliches

Wissen und darum auch ein Wissen nach dem Tode annimmt, macht die Dritte These zweifelhaft, die besagt, daß es eine zynische Entsprechung der äußersten Macht (zu töten) und des allerersten Wissens (von sich selbst) gebe. Die Zweite These über die Ununterscheidbarkeit des Guten und Bösen wird durch das ganze biographische Bekenntnis des Sokrates geschwächt, in dem er dem kosmologischen Wissen der Gelehrten sein originelles Wissen vom Besseren, Schlechteren und deren Unterscheidung entgegenhält (*Phaidon* 97–98). Diese Widerlegungen verstehen sich von selbst, und die Erste These explodiert dann: Nein, nicht der Tod schützt das radikale Denken; nein, er verbindet nicht die größte Affirmation mit der größten Zerstörung, auch nicht mit den kleinsten Zerstörungen; überhaupt deckt er sich mit nichts. Im Gegenteil, er trennt. Sokrates definiert die Philosophie als Einübung, Besorgen, Meditation, Vorausbedenken des Todes. Die philosophierende Seele war darauf bedacht, »leicht zu sterben«. Darin liegt kein Widerspruch. Wenn das Denken des Todes das Leben des Zynikers und des Philosophen erhellt, so bringt das letzte Geschehen keinen der beiden außer Fassung. Sie leben ganz unterschiedlich. Der eine denkt den Tod als Entsprechung (von Affirmation und Destruktion, von Ich und Welt, von Innen und Außen). Der andere denkt ihn als Trennung und ist darum bemüht, im Leben an dem, wovon der Tod definitiv trennt, Anteil zu haben. Der Zyniker lernt vom Tod die Gleichgültigkeit, Sokrates lichtet das Gestrüpp so, daß man von »Irrtum und Unvernunft, von Ängsten und wilden Liebesbegierden und allen anderen menschlichen Übeln befreit« wird.

Sokrates beweist nicht die Unsterblichkeit der Seele, er zeigt, daß man nicht sterben *kann*. Der Tod ist nicht in unserer Macht, und es steht nicht in der Macht eines andern, ein Gespenst aus ihm zu machen (*Phaidon* 77e). Wer den Leib von Justine umfaßt, umfaßt sie nicht ganz. Solange sie noch lebt, hören ihre Verfolger nicht auf, sie zu verfolgen. Es bleibt ein Rest. Sie lehnt es ab, obwohl man sie zwingt, sich Rechenschaft zu geben, die Situation so zu sehen, wie sie durch ihre

Bosheit geworden ist. Man muß neue Fallen stellen, die aber die Meinung, die sie von ihrer Tugendhaftigkeit hat, nicht ganz zerstören, ihren »Aberglauben« oder ihre unendliche Fähigkeit zum Schriftstellerischen (ihre Schwäche und der Wahn des Romanautors, die tief verankerte Komplizenschaft zwischen dem Schreiben des Autors und den Atemzügen des Opfers). Ein lebender Körper reinigt sich, er kann neu geboren werden. Ein toter Körper spricht nicht mehr, ein Mörder wird nie damit fertig, »Wasser zu foltern«. So wie Diogenes sich nicht selbst in seinem Selbstmord begegnet, wird der Henker nie seines Opfers habhaft. Justine und Sokrates verstecken sich in der Literatur.

Selbstmord, Mord – es gibt einen notwendigen Bezug beider aufeinander, nicht weil sie dieselbe Neigung verraten, sondern der Idee wegen: Man denkt den Tod als gewalttätig. Gnostiker spüren in der Welt einen böswilligen Demiurgen auf, Sadisten sind der Mechanik einer unerbittlichen und wunderlichen Natur auf der Spur. Der Gewaltakt geht ihnen zufolge über den freien Willen hinaus und wird nicht so sehr dem Willen, sondern dem von einer fremden oder feindlichen Kraft bewirkten Trieb zugeschrieben. Der sokratische Philosoph sieht hier mehr das Äußere als den Feind. Auf das, wogegen man sich nicht wehren kann, stellt man sich nur so ein, daß man es gar nicht erst versucht. Die Trennung, die der Tod mit sich bringt, ist wie ein Naturereignis und nicht gewaltsam.

»Nur Sokrates befaßte sich mit dem Tod ganz selbstverständlich, machte ihn sich vertraut und erfreute sich an ihm. Er sucht nicht außerhalb Trost. Sterben ist für ihn ein natürliches und selbstverständliches Geschehen. Nur darauf richtet er mit Recht seinen Blick und nimmt es gefaßt an, ohne den Blick abzuwenden.« Oder auch: »Du stirbst nicht, weil du krank bist. Du stirbst, weil du lebst. Der Tod tötet dich recht wohl ohne Beihilfe der Krankheit.«

Das kann man auf zweierlei Weise verstehen. Entweder ist Sterben »natürlich« – das wird gesagt mit der Unbekümmertheit eines Positivisten, für den eine Tatsache eine Tatsache ist, basta. Oder aber man »versucht, den Tod wie einen natürlichen Vorgang zu denken und zu leben«. So lautet der Eid und strategisch gemeint Vorsatz, mit dem der Sokratiker sich gegen den Zynismus entscheidet. Das Adjektiv »natürlich« hat in den beiden Fällen nicht denselben Gegenbegriff, die Formulierungen unterscheiden sich. Der Positivist sieht den Tod wie ein Objekt der Naturwissenschaft angesichts der von ihm hervorgerufenen subjektiven Rückschläge und menschlich-allzumenschlichen Schrecken. Man kann daran nichts ändern, man kann nur die Situation regulieren – ein sanfter und schlichter Samthandschuh bedeckt dann eine eiserne Hand. (Man muß den unbeugsamen Gesetzen der Wirtschaft sowieso gehorchen.) Diese Unterwerfung befriedigt aber den Sokratiker nicht. Es ist keineswegs natürlicher zu gehorchen als sich aufzulehnen, sein Leben nach einer wissenschaftlichen Formel einzurichten als seine Existenz mehrdimensional auszurichten, wobei eine Dimension unsterblich und paradiesisch ist. Die wendige Geduld des Sokrates läßt an einen anderen Widerstand denken als den der inneren Phantasiebilder, die von einer allmächtigen äußeren Realität niedergedrückt werden. »Natürlich« erhält eine andere Bedeutung: Sokrates sagt damit, daß der Tod nicht mehr als etwas Gewalttätiges betrachtet wird. Das richtet sich gegen den Zyniker, der sagt: Übe selbst die Gewalt aus, mache sie zu deinem Gesetz! Und gegen den Positivisten, der sagt: Gehorche dieser Gewalt wie einem Naturgesetz!

Ein Vorgang ist *natürlich,* wenn er sein Prinzip, etwas, das ihn in Bewegung versetzt, in sich trägt. Er ist *gewaltsam,* wenn er von außen, einer Ursache, in Bewegung gesetzt wird. Diese Unterscheidung bestimmt die *Physik* des Aristoteles und die ganz unaristotelischen *Essais* von Montaigne. Sie stammt aus dem *Phaidon,* in dem der im Gefängnis sich befindende Sokrates den Schierlingsbecher aus eigenen, freien Stücken und nicht wegen der Ketten (die er auch hätte von sich werfen können) erwartet. Natürlich ist das, was mich auf den Weg bringt. Gewaltsam das, was von außen kommt, sei es mehr oder weniger bewußt (von einer Person her) oder blind (von einer Sache her). Die Unterscheidung geht nicht auf in der Unterscheidung von Mensch und Sache. Sie bezieht sich auf das Verhältnis zwischen den Menschen. Sie geht der szientifischen Forschung voraus und grenzt sie aus – ist also nicht ihr Resultat. Bis auf Galilei ist »Physik« ausschließlich die Lehre von den natürlichen Bewegungen. Nach ihm ausschließlich die Lehre von gewaltsamen Bewegungen, die in einem von der Mathematik raumzeitlich bestimmten Rahmen ablaufen, eine äußere Ursache haben und gelegentlich ihre eigene Ursache sind. Es wäre ganz unsinnig, zu glauben, daß der Philosoph das Natürliche als eine der Außenwelt fremde Innenwelt entdeckt. Seit der von besten Absichten geleitete Humanist in die Auseinandersetzung mit den Szientisten trat, verlor er das Wissen um die ursprüngliche Trennung von Gewaltsam und Natürlich, von Denken und Zynismus.

»Es ist unmöglich, daß wir weiter ausschreiten können, als es unsere Beine erlauben.« Geben wir zu, daß der Tod die menschlichen Lebensbedingungen bestimmt. Das zwingt nicht dazu, ihn anzustreben, oder zu versuchen, ihn festzuhalten, sondern sich loszulassen. Er nimmt dem Leben das Endgültige. »Meine Absichten liegen nicht fest. Ich mache mir keine großen Hoffnungen. Es genügt mir der jeweilige Tag.« Jederzeit kann es aus sein. Das gibt die Freiheit, Ausschau zu halten, und verbietet es, sich einzuschließen. »Die Wahrheit zu sagen, wir rüsten uns gegen die Zurüstungen auf den Tod ... Doch mir will es scheinen, daß der Tod wohl das Ende, nicht aber das Ziel des Lebens ist, sein Schlußpunkt, seine äußerste Grenze, nicht aber sein Inhalt.« Das letzte Gericht, vor das der Zyniker Wort und Tat, Absicht und Geschehen zitiert, wird nie stattfinden. Wenn es ein Gericht ist, ist es nie das letzte, meint Sokrates. Wenn es das letzte ist, dann beurteilt es uns nicht, sondern macht mit uns Schluß, setzt Montaigne hinzu. Das Leben des Sterblichen brennt an zwei Enden. Anfangen heißt anfangen Schluß zu machen und beenden heißt aufhören anzufangen. Die Eintagsfliege genießt, daß es so ist. »Vor allem zu dieser Stunde, da ich spüre, wie kurz noch mir die Zeit bemessen ist, will ich das Leben an Gewicht steigern; ich will seine schnelle Flucht durch meinen schnellen Zugriff aufhalten und durch die Wachheit, mit der ich es nütze, die Eile ausgleichen, mit der es von mir geht; je kürzer die Zeit ist, die ich das Leben noch besitze, desto tiefer und voller will ich es besitzen.«

Alles geschieht so, als ob ein einziger Tod mit jedem in seiner Sprache spräche. Betrügt er?

Er ist unerbittlich und scheidend; Milliarden Menschen läßt er nur zwei Wahlmöglichkeiten. Da er zynischer ist als der Zyniker, bringt er ihn mit seinem Gegner zusammen. Da er über den Zynismus hinausgeht, wirft er uns auf uns selbst zurück, auf unsere Freiheit, ihn mit oder ohne Gewalt zu nehmen wie eine Tasse Tee oder einen Becher Gift. Der Zyniker setzt alles ein, um zur Gewißheit des Nichts zu gelangen. Diese Gewißheit lautet nach Parmenides: Ich sage das, was ist. Vom Nichts heißt es im Sinne des Heraklit: Es fließt dahin. Der Dogmatismus der Bejahung verschließt sich im Nihilismus der Auflösung mit dem Getöse eines metallenen Müllschluckers. Mehr als eine Meinung ist ein ganzes Leben, mehr als ein Dogma ist das, was in jedem Dogma verschwiegen wird. Die Welt wird von ihrer Zerstörung her gesehen, die Endlösung von den Grenzen der Sprache her, die Tabula rasa liegt unter den Füßen, der große Neubeginn ist mit Händen zu greifen, jedes Ja kann mit einer Apokalypse rechnen, jedes Nein mit dem letzten Wort. Damit konfrontiert, könnte der Sokratiker nichts entgegnen. Die Zyniker gibt es, er ist ihnen begegnet. Wie man weiß, legen sie ihre Überlegungen dar. Der Sokratiker kann seine Zange öffnen, er kann verhindern, daß das Nichts sich zur Gewißheit aufbläht (so zeigt es Sokrates), und er kann verhindern, daß die Gewißheit alles bis zum eigenen Nichts schluckt (das lehrt Montaigne).

In Verbindung mit der Philosophie herrscht der Tod nicht, er wendet sich gegen jede parmenideische Herrschaft, er ist nicht etwas, das wie ein heraklitisches und nihilistisches Niesen abgeht. Er gibt einem Leben Impulse, aber keine Rezepte.

Platons *Dialoge,* Sades Romane und Montaignes *Essais* sind

Werke, die man nicht abschließen kann, weder als Autor noch als Leser. Wie Gedichte und wie das Leben.

»Die beste antike Prosa gibt immer die Stärke und Beherztheit der Poesie wieder ... Freilich mußte der Dichter die Bestimmtheit und den Vorrang des Sprechens aufgeben. Platon sagt, daß der Dichter, der auf dem Musendreifuß sitzt, in Erregung alles, was ihm in den Mund kommt, vergießt wie das Plätschern eines Springbrunnens ... Die Gelehrten sagen, er selbst sei ganz Dichter, die alte Theologie und die frühe Philosophie sei Poesie.«

Es ist leicht, den Zynismus auf seine morbiden Gedanken zurückzuführen und ihm eine gesunde »Betrachtung des Lebens« im Stil von Spinoza entgegenzusetzen. Dann gibt man ihm im Entscheidenden nach. Dem Gegner die Erkenntnis zu überlassen, die das Subjekt erlangt, um sein Ende zu bedenken, heißt doch, daß man dem Zynismus zugesteht, die Lebensbedingungen der Sterblichen zu bestimmen. Wenn Sokrates oder Montaigne die Philosophie erfinden bzw. wieder erfinden, so gehen sie nicht mit dem Zeitgeist, noch vermeiden sie es, den sie umgebenden Zynismus in Betracht zu ziehen. Sie überspringen nicht, sie sind mitten drin in der Gefährdung, die das Leben aus der Einsicht in die Wahrheit der Dinge mit sich bringt. Die Philosophie ist bemüht, offen zu sein. (Homer bezeichnet mit *philia* oft die Tugend der Gastfreundschaft.) Solange Sokrates all seine Gedanken aufs Wahre, Gute, Schöne, aufs Sein richtet, ist er »noch jung und noch nicht von der Philosophie gepackt«. Platon (der »Heilige«, der »Reine«) sagt ihm in aller Geduld und nicht ohne Hintersinn: An dem Tag wirst du von der Philosophie gepackt sein, an dem du überhaupt nichts geringachtest. Gemeint sind »Dinge ... die ganz lächerlich scheinen könnten, wie Haare, Kot, Schmutz und was sonst noch recht geringfügig und verächtlich ist«. Platon nimmt nicht bloß eine Hellsichtigkeit für sich in Anspruch, die das Verachtenswerte als solches anstarrt und darüber hinausgeht. Man weiß, daß er sich bemühte, die Wahrheit der Dinge in einer Daseinsweise festzuhalten, die über ihre Erscheinungsweisen hinausgeht (er nennt sie *eidos*, Idee oder Gestalt). So führt er es näher aus:

Solange du dich damit begnügst, das wahre Gesicht des Guten, Schönen und Rechten zu prüfen, hat die Philosophie noch gar nicht angefangen. Die Wahrheit hat keine Grenzen. Nimm eine Idee des Haares, eine Form des Schmutzes, betrachte sie mit genausoviel Aufmerksamkeit, Mühe, Sorgfalt und Liebe, wie du sie dem höchsten Sein zugestehst. Dieses Geringfügige ist weder bedeutungsloser noch lächerlicher als die Größe, noch weniger ernst zu nehmen. Ehe sich die Philosophie als Forschung nach dem Wesen des Guten und dem Denken des Seins als solchem sah, fand sie die Kraft, sich vom Zynismus zu lösen, ohne die Augen von der Realität abzuwenden. Sie brachte es zu einer Idee des Schmutzes; sie war, ist und wird weiterhin die Betrachtung des Schmutzes als Schmutz sein. Der junge Sokrates, der das nicht zugeben will, ist noch nicht der Held der Ungewißheit. Und darum gehört er in die Tragödie.

Leiden.
Das Denken des Ungewissen

»… nein, vernichten ihr Geschlecht,
ihr ganzes, wollt
ein andres zeugen er aufs neu.
Und dem trat keiner sonst entgegen
außer mir.«

AISCHYLOS, *Der gefesselte Prometheus*

»Das Übel
ist der Stein des Anstoßes
jeder Philosophie.«

GEORGES BATAILLE

Die absolute Möglichkeit

Genossen,
mit meiner Versetzung nach Paris fiel ich unter die Resolution
215/II des Kommissariats für ideologische Spionage, Geschäfts-
träger für auswärtige Angelegenheiten beim Politbüro des Zentralkomitees der KPdSU. Es wurde mir dringend nahegelegt, zu
vergessen, daß wir in Moskau alles wissen, was in der französischen Hauptstadt vor sich geht, um einen klaren Blick zu
haben. Ich erhielt den Auftrag, meine Eindrücke mitzuteilen
und nicht auf die letzte Rede unseres Generalsekretärs und die
Texte unserer großen Gründerväter Bezug zu nehmen. Die
marxistisch-leninistische Interpretation der übermittelten
Informationen war den höheren Rängen vorbehalten. Ich sollte
mich so naiv wie ein Nichtsowjet geben, selbst auf die Gefahr
hin, mich mit den Objekten meiner Studie zu identifizieren,
indem ich *wir* – Franzosen, Europäer, Leute im Westen –
schreibe. Es würde mir nicht übelgenommen. Ich weiß nicht, ob
ich einen solchen Grad der Anpassung erreichen werde, so sehr
überraschte mich mein erster Kontakt. Obwohl die Leute in
Paris doch Erben von Mißerfolgen größten Ausmaßes sind,
erschienen sie mir ganz und gar nicht verzweifelt.

Ihre Fernsehnachrichten sparen nicht mit Berichten über das
Elend der Welt, sie bestärken einen längst selbstverständlichen
Eindruck, der alle optimistischen Auswüchse ausschließt und
einen überzogenen Pessimismus mäßigt. Hoffnung und Ver-
zweiflung sind Sache von Leuten, die »nach uns die Sintflut«
sagen und mit den Achseln zucken. Die anderen, die auf ihre
Umgebung Einfluß ausüben wollen, lassen ihre Pläne wie
Ruderboote los. Sie trotzen den vorhergesehenen Strömungen,

161

die weder günstig noch katastrophal sind, wohl aber wechsel-
haft. Das Gefühl einer Mindestsicherung, das unsere Fünfjah-
res-, Zehnjahres- oder Tausendjahrespläne vermitteln, fehlt
ihnen. Wir bewegen uns auf den Kommunismus zu; auch
unsere Faulenzer wissen das und stellen sich mit ihren Berechnungen auf lange Fristen ein. Sie dagegen treiben ohne Kompaß
und Orientierung dahin. Vielleicht erklärt ein nüchternes Ver-
schweigen ihren Mangel an Stetigkeit, der in der Unfähigkeit,
den Zeitablauf zu organisieren, die unausrottbare Überzeugung, »keine Zeit zu haben«, zur Schau stellt. Ich ging ins
Theater. Man gab eines der ältesten Repertoirestücke, *Aga-*
memnon, den ersten Teil der *Orestie* des Aischylos. Ein Chor
der Alten deklamierte in vollem Vorherwissen und aus prophetischer Vision: »Das Künftige, sobald's geschah, hörst du's
wohl. Vorher begrüßt – Gleichviel ist's: vorher bestöhnt ...«
  Ihre Literatur verrät eine unwiderstehliche Vorliebe für einen
Zustand, der Erste Hilfe nötig hätte. Wenn sie es erreichen
würden, daß einem selbst auf der Spitze des Zynismus die letzten Momente entgehen, sie könnten sich von der bedeutsamen
vorletzten Stunde nicht befreien, sie würden sie zur *besonders*
günstigen Situation hochstilisieren, um sie wie den Augenblick
der Vollendung einzusaugen:

»Sie lächelt:
  ›Dann wieder gibt es Fälle, wo es gilt, *mehr* als stoisch zu
sein. Du erinnerst dich natürlich nicht mehr an den ersten Kuß,
den ich dir gab?‹
  ›Doch, sehr gut sogar‹, sage ich triumphierend, ›in Kew
Gardens war es, am Ufer der Themse.‹
  ›Aber nie hast du erfahren, daß ich mich in die Brennesseln
gesetzt hatte. Mein Rock hatte sich verschoben, meine Schenkel
waren mit Stichen übersät, und bei jeder Bewegung gab es neue
Stiche. Nun, damals hätte Stoizismus allein nicht genügt.
Glaube nicht, daß du mich völlig um meinen Verstand gebracht
hättest oder daß ich ein besonderes Verlangen nach deinen
Küssen gehabt hätte – von wesentlich größerer Bedeutung war

der Kuß, den ich dir geben wollte: er war eine Verpflichtung, ein Pakt. Nun, du verstehst, der Schmerz war unausstehlich, in einem solchen Augenblick aber durfte ich nicht an meine Schenkel denken. Es genügt nicht, keinen Schmerz merken zu lassen: ich durfte keinen Schmerz fühlen.‹

Stolz sieht sie mich an, immer noch überrascht von dem, was sie getan hat.

›Mehr als zwanzig Minuten, die ganze Zeit über, in der du auf diesem Kuß bestandest (ich war schon entschlossen, ihn dir zu geben, die ganze Zeit über, in der ich mich bitten ließ, denn nach den Spielregeln mußte ich ihn dir geben) – also während dieser ganzen Zeit gelang es mir, mich vollkommen unempfindlich zu machen. Und der liebe Gott weiß, was für eine empfindliche Haut ich habe! Ich habe *nichts* gespürt, bis wir aufstanden.‹«

Diese Geschichte aus dem westlichen Sexualleben ermüdet vielleicht unser Komitee, aber sie hat beunruhigende Folgen. Lange Zeit glaubte ich, daß jeder Mensch eine Vorstellung von der Welt und von sich, die er, auch wenn er Analphabet ist, als definitiv ansieht, haben muß, um handeln zu können. Wir fahren die Lokomotive der Geschichte und bekennen uns mehr oder weniger dialektisch zum letztlich geltenden Determinismus der Wirtschaft. Andere wissen um eine Vorhersehung aus der Heiligen Schrift. Andere wiederum meinen, daß jedes Geschehen in einer bestimmten Bahn verlaufe und das Buch des Lebens in Zahlen abgefaßt sei. Die heiligen Texte sind verschieden, aber der Kult des Buches bleibt. In Paris habe ich gefunden, daß es Leute gibt, für die nicht alles »im Buch steht«. Dieses Fehlen einer beherrschenden Idee macht sie besonders feinfühlig für das, was geschieht. Unvorhersehbare Katastrophen reißen sie völlig mit. Sie sind bereit, ihr Leben einzusetzen, um andere zu retten, ohne die Gewißheit, die Welt zu verändern und im Trend zu liegen. Unsere zuständigen Dienste werden Euch einen Bericht über die »Médecins du Monde« übermitteln, die unseren Freunden in Vietnam und auch den Amerikanern in El Salvador ein Ärgernis sind, weil sie eine Moral der äußersten Notsituation leben.

Ein Nietzscheaner unseres Zentralkomitees wird gewiß in dieser fieberhaften Sucht, zum Krankenträger zu werden, eine letzte Eruption des christlichen »Moralins« sehen. Es gibt Gläubige unter diesen Ärzten; andere, die keine Gläubigen sind, können als »anonyme Christen« angesehen werden, damit die Hypothese stimmt. *Agamemnon* beginnt mit dem Monolog eines Wächters, der auf dem Dach der Atridenburg liegt. Seit zehn Jahren lauert er, um das Siegesfeuer zu erspähen. Die Fackeln sollen von Hand zu Hand weitergereicht werden und die Nachricht nach Argos bringen, um es zu erhellen. Die Königin Klytaimnestra setzte ihren Freund auf den Thron. Der Fakkellauf, diese große Premiere einer drahtlosen Telegraphie, sollte es ermöglichen, daß rechtzeitig Vorbereitungen getroffen werden konnten, um Agamemnon, dem legitimen König, dem rächenden Gatten und siegreichen Vater, einen blutigen Empfang zu bereiten. Die besorgten Gedanken des kleinen Wachmannes stehen im Gegensatz zu der Sicherheit, die alle großen Persönlichkeiten zu Beginn ausstrahlen.

Der Späher, der zwischen Himmel und Erde liegt, den Palast sehr genau kennt und den Horizont beobachtet, fragt sich: Soll er von der Angst, die ihn bedrängt, sprechen? Aischylos setzt mit ihm einen zweiten Prometheus, am Felsen angekettet, in die Kreuzung zwischen oben und unten, zwischen nah und fern, in gleicher Entfernung zu allen Enden der Welt ein. Später werden der Kalvarienberg und Golgatha denselben Kreuzungspunkt bezeichnen. Der Wächter ist selbst eine Nachricht – nicht, weil er etwas Künftiges voraussagt, sondern weil er sich Schritt für Schritt dem von allen Erwarteten entgegensetzt. Daneben Agamemnon, der über den Menschen und unter den Göttern steht, der Beherrscher der äußeren Welt, der Herr, der nach Hause kommt. Wie man weiß, endet der erste Tag der *Orestie* damit, daß der Wächter die Dinge richtig, der Monarch sie falsch sieht.

In den Augen des Königs ist alles gleich geblieben. Der

Opferrauch verkündet die Verbindung zwischen Göttern und Menschen; der Rauch des Krieges trennt Freund und Feind. Menschen und Götter leben und feiern gemeinsam. Das von den Orakeln geforderte Opfer der Iphigenie, der Tochter, war ein öffentliches, leidvolles und gerechtes Verbrechen. Der Wahn verschanzte sich hinter einem politischen und feierlichen Akt. Die Vögel des Aristophanes wollen nicht so hoch hinaus, sie unterbrechen das Opfern. Die ausgehungerten Götter verschwinden. Ein und dasselbe Band verbindet den Aufstieg zu den Göttern und die Kommunikation von Mensch zu Mensch. Versperrt die zynische Maschinerie den Weg? Oder zeigt sie nur an, daß es keinen Weg gibt? (Zeigt sie »Aporien« auf?) Agamemnon nimmt das Problem nicht zur Kenntnis, nicht so die Komödien- oder Tragödiendichter oder die »Médecins du Monde«:

>»Jetzt, Freund, studier und spekulier,
>Nimm deinen Kopf und deine
>Fünf Sinne zusammen;
>Behend, wenn du ja dich verwickelst, spring
>Auf einen andern
>Gedanken ab; und der labende
>Schlaf bleibe fern deinem Augenlid!«

Man nennt jemanden »komisch«, der sich in den Stricken verfängt, mit denen er einen andern zu Fall bringen wollte. Der, der zu besiegen glaubte, wird selbst besiegt. Tragisch ist der, der durch einen andern zu Fall kommt. Genauer gesagt: Der tragische Held gehört nicht ins sentimentale Melodram; er ist nicht nur Opfer, er hat Teil an seinem Sturz. Der Protagonist einer Komödie ist nur deswegen ein Kasper, weil er sich am Abgrund glaubt. Eine tragische Gestalt, die sich nicht begreift, ist komisch. Tragisch ist ein Nichtwissen, das zum Wissen findet.

Troja ist ständig in Flammen

Die Wache teilt in der Mitte der Nacht mit, daß das Feuerzeichen leuchtet. Noch ist der Tag nicht angebrochen, die besiegte Stadt brennt, die Altäre sind zerstört, die Bevölkerung leidet. Und schon sinnt Klytaimnestra – nur auf das Siegeszeichen hin, ohne andere Information – auf Schreckliches. Brand ruft nach Brand. Die Königin von Argos bereitet den Brand vor, der ahnen läßt, was Agamemnon ihr angetan hat. Die Nacht weiß um die Nacht. Ein und derselbe Wind schürt die Kriegsverbrechen, die Zwietracht der Bürger, den Mord in der Familie. Die Tat führt ohne Umschweif und Pardon die Ankündigung der Nacht aus. Agamemnon kehrt zurück, gefolgt von der Seherin Kassandra, seiner Gefangenen. Klytaimnestra, seine Frau, bringt sie um. Sie sagt, daß sie ihre Tochter Iphigenie räche. Ihr Freund Aigisthos preist die Rache an ihrem Vater. Der Chor zögert. Ende des ersten Tages. Wer fing an? War es Agamemnon, der vor zehn Jahren, dem Orakel gehorchend, sein Kind opferte, um guten Wind für seine Flotte, deren Befehlshaber er war, zu sichern? Oder war es die Intrigantin Artemis, die Zeus – nicht den König der Könige, sondern ihren Vater – mit diesem todbringenden Orakel in eine ausweglose Situation bringen wollte?

Keiner kann sich weißwaschen, wenn man die Sache zurückverfolgt. Klytaimnestra wendet das Messer gegen Agamemnon, das dieser gegen sein Kind gebrauchte. Der aufmerksame Chor bekommt die Erklärung; von Zeit zu Zeit ist er geneigt, die Verantwortung radikal zu verlagern. Ging der irdischen Tragödie nicht ein Drama im Himmel voraus? Was wollte Zeus, der seinen Adler auf eine gehütete Beute niederfahren ließ und den Zorn von Artemis erregte – was eine Kaskade von Menschenopfern mit sich brachte?

War seine Botschaft klar? Die Eingeweide der trächtigen Häsin ließen vorauswissen, daß Troja zerstört und seine Bewohner getötet würden. Sie zeigten auch das Unheil der Griechen an, das Leid einer endlosen Belagerung, das Verbre-

166

chen des Sieges, die Irrfahrt einer Rückkehr, die die meisten nicht erlebten. (Aischylos rettet Agamemnon aus einem Sturm, der sein Heer zugrunde richtet.) Diese Auseinandersetzung von Weltbedeutung unter den damaligen technischen und geographischen Bedingungen scheint Zeus gewollt zu haben. Der Raub der Helena sollte gestraft werden, der die Gesetze der Gastfreundschaft und die Macht des Hauses, deren Garant Zeus ist, verletzte. Vom Himmel fallen wir ins allzumenschliche Bett und sind vom letzten Wort der Geschichte ziemlich fern. Die große Schönheit der Helena schlägt so sehr in Bann, daß man die Götter mit von der Partie wissen muß, wenn man nicht gottlos ist. »Wahnsinns-Helena, du, die allein so viel, der Seelen so viel dem Tode geweiht dort vor Troia«, ruft der Chor aus, als sich die hochmütige und blutrünstige Klytaimnestra über dem Leichnam des Königs aufrichtet. Die Königin antwortet darauf im wesentlichen, der Chor solle die Frage richtig stellen; er spreche von Helena, meine aber Klytaimnestra, er solle hinter ihr und Helena die Auseinandersetzung begreifen, diese Wunde, die sich nicht schließt. Eris, die jüngste der ersten Generation der Kinder der Nacht, die Mutter der zweiten Generation: »Du behauptest, es sei diese Tat mein Werk;/ Doch sag nicht dazu,/Daß Agamemnons Gemahlin ich sei;/An Gestalt nur dem Weib dieses Toten gleich,/Ließ der alte grimmige Rachegeist/Für Atreus, Gastgeber des grausigen Mahls,/ *Den* büßen die Schuld,/Den Mann für die Knäblein hinopfernd.«

Die unbestimmbare und alles Maß sprengende Ursache dieser Übel läßt sich weder genau fixieren noch isolieren. Jeden erwischt es. Klytaimnestra entschuldigt sich, indem sie anklagt. Sie wird sich kaum entlasten können. Aber sie ist nicht allein mit ihrer Schuld. Die Götter spielen ein doppeltes Spiel. In der tiefen Dunkelheit, die ihre Absichten verbirgt, lauert ein ganz bestimmtes Vorhaben. Zeus wollte, sagt der *Prometheus* des Aischylos, das Menschengeschlecht ganz ausrotten. Seine Bosheit bringt ihn vielleicht dazu, den Menschen künftig die Sorge für die Beerdigungen zu überlassen, und darum auch den Anlaß dazu. Er liefert ihnen Pandora, Helena, diese schönen Streit-objekte, die das Unglück heraufbeschwören.

Das 20. Jahrhundert war so anmaßend zu glauben, den Genozid, diese nie dagewesene neue Sache, entdeckt zu haben. Man glaubt, daß das Schreckliche mit den Armeniern, Juden, Biafranern, Kambodschanern begonnen habe. Vor vierhundert Jahren schon haben Las Casas, Montaigne und einige wenige andere das Blutbad eines ganzen Kontinents aufgedeckt. Die drastische Entvölkerung der beiden Amerikas scheint nicht beabsichtigt, scheint auch kein Automatismus gewesen zu sein, vergleicht man sie mit den genau kalkulierten Projekten, die unsere rationale Zeit kennzeichnen. Egoismus, Intoleranz und Epidemien taten ein übriges. Die Erfindung des Stacheldrahts, der Güterzüge und der Bomber erlaubten, Rekorde in Reichweite und Geschwindigkeit zu programmieren. Lieferte die technologische Revolution rückwärts gerichteten Positionen neue Mittel? Polieren unsere Ideologien ungeahnte Verbrechen auf? Geben wir, mit Blick auf eine Bestandsaufnahme, ruhig zu, daß die alten Nationalismen – selbst die überzogenen – die gegnerische Nation, aber nicht die Menschen dieser Nation beseitigen wollten. Und die Religionskriege? Die Bürgerkriege? Und die Jagd auf Hexenmeister, Hexen und Dämonen? Die Scheiterhaufen und Autodafés? Den innereuropäischen und nach außen getragenen Kreuzzügen fehlte die Absicht auf Genozid durchaus nicht, auch wenn sie dazu nicht die Mittel hatten. Vor zweitausend Jahren begnügte man sich nicht damit, Kriminelle zu erfassen und beunruhigende Verhaltensweisen zu speichern. Die griechische Tragödie verzahnt individuelle Ziele mit kollektiven Mitteln und zeigt so die unheilvollen Mechanismen auf, die angesichts des Menschseins des Menschen und seines Verschwindens zu denken geben.

An Eichmann ist nichts Großes, er hat nicht einmal große Untugenden. Der Organisator von Millionen Morden bleibt bis zuletzt ein mittlerer Beamter, der sich um seine Karriere sorgt und darum, worüber man so spricht. Ohne Gewissensbisse gab er Anordnungen von oben nach unten weiter. Er bleibt der kleine, gewöhnliche Chef, den auch die unvermeidlich mit seinem Prozeß verbundene, weltweite Aufmerksamkeit erregende Inszenierung nicht zu einem außerordentlichen Menschen machen kann. Er arbeitet mit der »Banalität des Bösen«. Die entscheidende Intuition von Hannah Arendt scheint im Untertitel ihres Buches auf. Sie enthält eine Feststellung. Der Angeklagte ist ein Mann von der Straße. Aber auf dreihundertundzehn Seiten gelingt ihr keine Erhellung dieser Banalität. In einem Brief an Scholem bekämpft sie Kants Theorie des »radikal Bösen«, ungenau, denn sie ist in Eile. Sie vertritt die Ansicht, daß der Naziverbrecher keine Art Doktor Mabuse ist, jener aus romantischen Geschichten bekannte, raffinierte, als verrückt geltende Mörder, der außerhalb der Gemeinschaft lebt und wie ein Meteor von einer anderen Welt gekommen zu sein scheint. Solschenizyn konstatiert dasselbe Fehlen des Außergewöhnlichen bei den kleinen, mittelmäßigen und ganz alltäglichen Leuten, den Triebkräften, die das Hitlersche und Stalinsche Blutbad in Gang setzten: ein guter Weichensteller, ein pflichtgemäß handelnder Beamter, das Gefühl für eine Aufgabe, Sehnsucht nach und Achtung für Uniform, Ehrgeiz, Bereitschaft zu lügen.

Die mikroskopische Analyse bringt Verschwiegenes an den Tag. Was den Wahnsinn Hitlers anbelangt, beruhigt man sich zu leicht mit der Erklärung, daß Stalin ein Menschenfresser war, daß schreckliche Ideen Schrecken hervorbringen. In unserem Garten, so trösten wir uns, könnten solch exotische Schreckgebilde nicht keimen. Wenn man das Böse in seiner Banalität untersucht, gräbt man seine Wurzeln unter dem eigenen hübschen Rasen aus. Scheinbar handeln die Tragödien von den großen Königen der Vorzeit und von längst verblichenen Fürstinnen. Aber tatsächlich geht es um die Tragödie einer Wahl. Es waren zwei Brüder. Der eine, Menelaos, wählte die Schönheit und bekam sie; Agamemnon, der andere, entschied sich für die Macht und erlangte sie. Helena steht für das Unglück des ersten, Iphigenie für den Fluch des zweiten. Gewöhnlich kennen die Märchen noch eine zusätzliche Wahlmöglichkeit; es gibt drei Feen, drei Kästchen, drei Versuchungen. Zum erotischen Bereich und dem Ansehen der Befehlsgewalt kommt noch die Befähigung zur Einsicht. Sie ist in der Tat das Los der Kassandra und der Alten am ersten Tag der *Orestie*. Sie macht nicht glücklich. Es bringt kaum Befriedigung, das Drama, das sich zusammenzieht, aufzudecken, ohne es entwirren zu können. Was in der antiken Tragödie geschieht, illustriert die Theorie von Arendt und Solschenizyn über die Selbstverständlichkeit des Bösen. Angeblich geht es in der Tragödie um ein unvergleichliches Schicksal; tatsächlich geht es um unsere bürgerlichen Lebensentscheidungen. Das Böse zeigt nicht nachträglich, daß unsere gewohnte Moral nicht standhält, es gehört zum Leben selbst. Es wird nicht eigens gewählt, es ist in jedem; es hat keine bestimmte Ursache, es ist vor allen Ursachen. Am Anfang zeigt sich die dem Bösen ureigenste Eigenschaft, schon immer da zu sein. Es wurzelt in sich selbst, daher ist es »radikal« und schwindelerregend.

Nach der Eroberung Trojas kehrt Agamemnon zurück. Ohne Heer, aber nicht ohne Ruhm. Aischylos demütigt ihn an keiner Stelle, und noch nach zweitausendfünfhundert Jahren streiten sich die Gelehrten über seinen »Fehltritt«, ohne zu einer Übereinstimmung zu kommen. Klytaimnestra gibt an, den Mord an ihrer Tochter zu rächen. Aber wer spricht aus ihr? Die Mutter, die Ehebrecherin oder das Gericht der Geschichte? Die *Orestie* wurde anläßlich der großen Dionysien von Athen im Jahre 458 vor Christus an drei aufeinanderfolgenden Tagen gespielt. Der Chor vernimmt aufmerksam, was die Königin zu sagen hat, aber er stimmt ihr nicht zu; er zögert, als wolle er den Streit zwischen dem Vater, der sein Kind tötete, und der Mutter, die zur Rache schritt, nicht entscheiden. Der zweite Tag: Drehung um 180 Grad. Orest beruft sich auf den Mord am Vater und auf dessen makellose Ehre. Niemand widerspricht; des Königs Tugend gilt plötzlich als unbestritten. Die Eroberung Trojas, die ruchlose Verwüstung des ersten Tages wird zur über jeden Zweifel erhabenen Großtat. Jeder Held besteht auf seiner Sicht. Klytaimnestra klagt an, Orest und

Elektra verehren den Vater: Agamemnon mußte sich verteidigen, die Expedition war ihm aufgegeben, die Flotte saß fest und löste sich auf, Troja triumphierte. Die Familienbeziehungen über die politischen und militärischen Forderungen zu stellen hieße *desertieren*. E. Fraenkel unterstreicht in seiner großen kritischen Edition den Ausdruck und findet darin den Schlüssel zur Person des Agamemnon. P. Bruno sieht in Agamemnon einen unentschiedenen Vater und einen König, der weiß, was er will. H. D. F. Kitto bestreitet nicht, daß dies die Selbstrechtfertigung des Agamemnon sei. Er bezweifelt aber, daß der Autor sie übernimmt: »Aischylos will uns nicht den common sense nehmen und einreden, daß diese Expedition, die unternommen wurde (›Weil, die frech einst gefolgt war,/Du, Männer hinopfernd, heimholtest‹, so der Chor, v. 804), ein gerechter Krieg war.«

Kitto macht den Chor einsichtiger, als er ist. Er äußert ja, wie unsere Zeitgenossen, keine sehr feste Meinung über das, was man einen gerechten Krieg nennen soll. Die Alten bringen ihren seinerzeitigen Widerstand gegen den Krieg in Erinnerung, um im folgenden Vers dem Sieger zu gratulieren; bis zum letzten Trojaner habe er die »Not ... gut bestanden«. Agamemnon bringt sein privates Glück auf dem Altar des allgemeinen Wohls zum Opfer dar, so daß es nicht so aussieht, daß er die Krieger von ganz Griechenland wegen einer Familienstreitigkeit zusammenrief. Man muß glauben, daß sich Aischylos kaum um den Common sense kümmerte. Es ist damals wie heute schwierig, den Unterschied zwischen dem Ehrgeiz, sich aufzuopfern, und der Aufopferungsbereitschaft des Ehrgeizigen kenntlich zu machen. Aristoteles bemerkt, daß es den tragischen Dichtern zuerst um die Handlung, erst dann um die Helden geht. Nicht die Schuld, sondern die Ausweglosigkeit, in die die Helden geraten, bewegt. Der Zorn der Artemis, die Rache des Zeus, die Politik des Agamemnon tragen auf ihre Weise zur Errichtung der großen Maschinerie bei, deren Getriebe die *Orestie* inspiziert. Die erlegte trächtige Häsin, die vom eigenen Vater zu Tode gebrachte Iphigenie lassen erahnen, was folgt. Die Vorahnung der Zerstörung zieht das Netz um die Personen

171

zusammen und diese schließen sich darin ein. Das Gemetzel zeigt den jähen Taumel siegessicherer Haudegen, aber nicht nur. Zehn Jahre lang währen Zerstörung und Rachsucht; so wird aus Plünderung Genozid. Nach der verschuldeten Katastrophe berichtet die *Orestie* von der Zerstörung der Zerstörer. Griechen und Trojaner sind wie Eteokles und Polyneikes, »feindliche Brüder, zu gleichem Geschick berufen«. Warum? Will Aischylos eine Gerechtigkeit abstrakt aufrichten, indem er ein Gleichgewicht von unten nach oben fordert? Keineswegs. Die Würfel sind gefallen. Der Wille, den andern zur bedingungslosen Kapitulation zu zwingen, besagt, daß man sich derselben Gefahr ganz bewußt aussetzt. Der Wille zum Genozid nährt eine geheime Zustimmung zum kollektiven Selbstmord.

Am Ende des dunklen Shakespeareschen »König Lear« trägt Lear seine tote Tochter in den Armen. Freud sagt dazu: »Nun denke man an die erschütternde letzte Szene, einen der Höhepunkte der Tragik im modernen Drama: Lear trägt den Leichnam der Cordelia auf die Bühne. Cordelia ist der Tod. Wenn man die Situation umkehrt, wird sie uns verständlich und vertraut. Es ist die Todesgöttin, die den gestorbenen Helden vom Kampfplatze wegträgt, wie die Walküre in der deutschen Mythologie. Ewige Weisheit im Gewande des uralten Mythus rät dem alten Manne, der Liebe zu entsagen, den Tod zu wählen, sich mit der Notwendigkeit des Sterbens zu befreunden.« Agamemnon, der seine Tochter Iphigenie seinem Heer voran das letzte Mal trägt, feiert das einzige Ende der Geschichte, das der Westen kennt, in dem die Generationenfolge sich in einem kollektiven Selbstmord zurücknimmt. Wenn man, wie Freud, die Szene verkehrt, entdeckt man die Iphigenie mythischer und uralter Traditionen, deren Kult Menschenopfer gefordert haben soll. Agamemnon opfert die Priesterin, Klytaimnestra beseitigt den Priester, der Krieg weitet das Ganze aus. Die Tragödie ist ihr eigener Analytiker. Agamemnons Tat kann man bis zu dem Zeitpunkt, an dem sie auf ihn zurückfällt, ganz verschieden auffassen: Im Tierreich bricht der Kampf ums Dasein aus; der Kampf um die Ehre entzweit die Götter; die

Geschichte ist kalt und grausam – später wird man sagen laizistisch und machiavellistisch. Der Mensch geht bis zum »Gehtnicht-mehr«, ohne sich auf das Eingreifen eines Deus ex machina zu verlassen. (Kitto merkt an, daß »der Krieg nur als politisches Geschehen gilt«.) Die Väter machen ihre Karriere über die Leichen ihrer Kinder, eine Generation nach der andern läßt sich niedermetzeln und feiert den Sieg. Am Ende des ersten Tages gibt es nichts Heiliges mehr, das Hinscheiden der Iphigenie erregt niemanden, es wird nicht zum Anlaß eines Gedenkens, kein Ort erinnert daran. Immer wieder kommt es zum Mord, er trifft das flache Land und dringt in die Paläste. Zorn steht gegen Zornesausbruch, Mord gegen Mord, Gerechtigkeit gegen Gerechtigkeit. Die Griechen nennen diese Maßlosigkeit, die das Maß überschreitet und eine Eigendynamik bekommt, »Hybris«. Sie tun so, als ob sie eine Spur der Vergangenheit, ein Gesetz des Talion, das von alters her überkommen ist, einen Geist der Rache, der für Barbaren, die weder Gesetze noch Gerichte kennen, typisch ist, aufdeckten. Einige aber ziehen das Denken den Beruhigungsmitteln vor. Sie wollen die Situationen kennenlernen, die sich noch heute dem Gesetzbuch und den zivilisierten Sitten entziehen. In internationalen Spannungen, Bürgerkriegen, Familienbeziehungen droht Hybris, kommt es zur Tragödie.

Mit philanthropischen Grüßen

Sich ungeschützt tragischen Unruhen auszusetzen verwundet. So verlegt man sich aus praktischen Gründen darauf, Friedenszeiten, in denen es einem gut geht, genau von Kriegszeiten zu unterscheiden, die man nicht in Rechnung stellen kann, weil es dafür immer zu früh oder zu spät ist. Der moderne Europäer hat dazu mehr Anlaß als der Bürger der vielen griechischen Städte, der von ständig aufeinander folgenden Kriegen heimgesucht wurde.

So viele Themen, über die es Streit gibt, so viele Gelegenheiten finden sich, um sich auf den Kopf zu hauen. Doch suchten die Alten nach Maßnahmen der Eindämmung; sie begrenzten die Konflikte in soziologischer Hinsicht, indem sie nur die freien Menschen und genaugenommen nur die Männer in den Kampf schickten. »Die höchste Ehre einer Frau besteht darin, daß sie weder im guten noch im schlechten Sinne Anlaß gibt, von ihr zu reden«, erinnerte Perikles in seiner Trauerrede. Das ist die Moral, auf die Ismene (gegenüber Antigone) und Iokaste (gegen Ödipus) sich in Situationen, in denen ihre anständige Mittelmäßigkeit herausgefordert ist, berufen. Diese Sperrmaßnahme bricht zusammen, wenn wirklich etwas passiert. Weder im Schlechten noch im Guten ist eine tragische Heldin »von Natur aus« dem Mann unterlegen. Die Tragödie kennt – vor dem heiligen Paulus – weder Männer noch Frauen, weder Freie noch Sklaven, weder Griechen noch Barbaren – und zwar sowohl auf der Bühne als auch in der Öffentlichkeit. Das betont Platon wie ein von zu vielen Theaterveranstaltungen aufgebrachter Staatsanwalt: »Jetzt also haben wir eine Redekunst gefunden an ein solches Volk, aus Kindern zugleich und Weibern und Männern bestehend, aus Sklaven und Freien ...« Niemand konnte in den *Persern* den geringsten Anhaltspunkt für einen Verdacht auf Rassismus oder Fremdenhaß finden. Aischylos läßt dieses Stück, das ja von einem Mitkämpfer verfaßt wurde, um den noch nicht lange zurückliegenden Sieg, der Griechenland frei und selbstbewußt machte, zu feiern, ganz am Hof des Darius spielen.

Die Gleichheit – vor und in der Tragödie – läßt ein universelles menschliches Bewußtsein entstehen. Es ist das erste Mal auf der Welt. Aristoteles nennt drei Empfindungen, die das Tragische ausstrahlen: den Schrecken, das Mitleid und, was oft vergessen wird, den »Sinn für das Menschliche«, wörtlich: das Philanthropische oder die Philanthropie. Aristoteles gebraucht diesen Ausdruck, der etwa hundert Jahre alt und schon nicht mehr im Gebrauch war, nur selten, immer mit Zurückhaltung und Scheu. Hier unterstreicht er ihn. Aischylos hat unseres Wissens das Wort als erster gebraucht. Es bezeichnet das

Tun des Prometheus, der den Menschen das Feuer gab. (Hephaistos spricht davon, er »spiele den Wohltäter der Menschen«.) Aristophanes, unser zweiter Zeuge, verwendet das Wort in einem Gebet des Chores, der Hermes schöntut und ihn anfleht als »den menschlichsten und großzügigsten der Götter«.

Philanthropie ist also »ein Akt der Großzügigkeit, der von draußen kommt, um dem Menschengeschlecht zu helfen«. Später bezeichnet sie nicht mehr göttliche, sondern menschliche Akte, hilfreiche Verhaltensweisen (Sokrates, der seine Lehre unentgeltlich erteilt), dann ganz einfach liebenswürdige und wohltuende Verhaltensweisen. Die heuchlerische Demagogie ist schnell zur Stelle, der Ausdruck wurde »in Gebrauch genommen« und verbreitet. Es verdient Beachtung, in welchem Zusammenhang er zuerst gebraucht wurde. Er beschlagnahmt nicht friedlich einen positiven Wesenszug des Menschen. Prometheus stiehlt das Feuer, um Zeus' Vorhaben, das Menschengeschlecht zu vernichten, zu vereiteln. Mit dem Feuer kann man sich gegen die natürliche Umwelt verteidigen, Brand stiften und hat Licht. Die Komödie des Aristophanes bringt eine ähnliche Begebenheit in Erinnerung. Die Olympier ziehen sich vorzeitig zurück, geben Hermes die Aufsicht und Polemos, dem Kriegsgott, die Macht. Der holt den großen Mörser, mit dem er die gegeneinander Krieg führenden Städte des Peloponnes vernichten will. Dem Chor gelingt es, diese Endlösung zu blockieren, er spricht den Wunsch aus, daß Hermes »philanthropisch« über ihren Aufstand hinwegsehe. Der »Sinn für das Menschliche« entstammt der Gleichheit aller vor dem Tod; die Brüderlichkeit im Leben ist bedroht, zweitrangig, gelegentlich lustig; kaum da, ist sie schon weg.

Von den Stoikern, die sich im untergehenden Griechentum als »Weltbürger« ausgaben, bis zu den neueren Versuchen des Völkerbundes und den Vereinten Nationen gibt es zahllose, von Enthusiasmus getragene Programme für eine neue Gemeinschaftsfähigkeit des Menschen und gute Vorschläge zur Erbauung der Regierten und Regierenden. Die Tragödie bestimmt das Menschliche negativ, sieht in ihm ein unbeständiges

Gefühl, das sich nur in der Geste, die es wegwischt, fassen läßt. Optimismus und Anstand wollen die Leere ausfüllen und auf solidem Grund aufbauen. Die Schwierigkeit bleibt. Zeuge ist ein Jahrhundert, das unfähig ist, klar und in justitiabler Hinsicht brauchbar zu bestimmen, was ein »Verbrechen gegen die Menschheit« ist. Das zeigen genügend Beispiele, über die man nicht hinwegsehen kann. Das Statut von London (1945) beruft sich auf diesen Begriff und klagt damit die Naziführer in den Nürnberger Prozessen an. »Es ist vollkommen richtig, daß – in den Worten des französischen Richters in Nürnberg, Donnedieu de Vabres ... – die Kategorie der ›Verbrechen gegen die Menschheit‹, die das Statut durch eine sehr kleine Tür eingelassen hatte, sich vermöge des Urteilsspruches des Gerichts wieder verflüchtigte.« Die Richter wollten auf eine einzige Anklage hinaus. Es ging um:

a. das »Verbrechen gegen den Frieden« – gemeint ist der Aggressionskrieg, qualifiziert als »höchstes internationales Verbrechen ... das alle anderen enthält«;

b. die Kriegsverbrechen – gemeint sind Exzesse, die die zugelassenen Konventionen (Den Haag) nicht beachten, Gewaltanwendungen, strategische Notwendigkeiten, Geiselnahme und Bombardierung von Zivilisten;

c. die genannten Verbrechen gegen die Menschheit.

Weder Rußland, das Finnland und Polen angegriffen hatte, in Katyn ein Massaker veranstaltete, noch die Vereinigten Staaten, die zwei Städte und deren Bevölkerung mit Atombomben auslöschten, konnten ernsthaft auf den ersten beiden Anklagepunkten bestehen. Das gelang noch weniger beim dritten Punkt. Die Verwirrung konnte auch nicht beim Eichmann-Prozeß gelöst werden. Nie wurde im Verlauf dieses Prozesses auf die juristische Möglichkeit verwiesen, »daß die Auslöschung ganzer Völker – der Juden, der Polen und der Zigeuner – mehr als ein Verbrechen gegen das jüdische und das polnische Volk oder das Volk der Zigeuner sein könnte, daß vielmehr die völkerrechtliche Ordnung der Welt und die Menschheit im ganzen dadurch aufs schwerste verletzt und gefährdet sind«.

Im 17. Jahrhundert ist Piraterie das Paradebeispiel für ein Verbrechen gegen die Menschheit. Nur sie ist international als solches anerkannt. Und dabei bleibt es. Das stört niemanden. Die Staaten werden sich leicht darüber einig, daß Leute ohne Gesetz und Fahne Feinde des Menschengeschlechts sind. Heute hängen die Massenmörder – die mittleren Amtsträger oder übergeordneten Chefs – vom Staat ab, den man mit ihnen zusammen verurteilen muß. Das sich auf dem Rückzug befindende internationale Recht gründet im wesentlichen auf frei vollzogener Übereinkunft zwischen unabhängigen und souveränen Einheiten. Wer »frei vollzogen« sagt, meint damit einseitig verpflichtend und jederzeit widerrufbar. Dieses Recht ist nur inter-national. Was immer sein Inhalt ist, entscheidend ist die Bedingung seiner Verkündigung – die Souveränität der Nationen – und damit die Möglichkeit, es aufzuheben. So bleiben die allgemein gehaltenen Bestimmungen und Verurteilungen tote Buchstaben, da es wenig wahrscheinlich ist, daß der Aggressor sich selbst verurteilt. Verbrechen gegen den Frieden und Kriegsverbrechen (»schmutzige Vorgehensweisen«, »Exzesse«) betreffen das Gefühl einzelner, die Gesetzgebung eines jeden Staates. Es gibt dafür keine juristische Zuständigkeit, die über sie hinausgeht; keine den ganzen Planeten übergreifende Autorität erteilt eine Verwarnung. Sehr weite Begriffe, die manchem Zweifel unterliegen, sind der Ausgangspunkt zur Kennzeichnung der Verbrechen gegen die Menschheit.

Die schnelle, systematische, zum Programm erhobene Ausrottung einer Bevölkerung ist wohl ein Tatbestand, der bislang nicht bekannt war. Rassendiskriminierungen und Vertreibungen sind in der Geschichte der Völker nur zu bekannt. Das Neue, die massenhaft tötende Endlösung kommt in dem Moment auf, in dem »das Naziregime erklärte, das deutsche Volk dulde nicht nur keine Juden in Deutschland, sondern gedächte das jüdische Volk überhaupt vom Erdboden verschwinden zu lassen«. Ein Staat, der sich das Recht auf Selektion, also über Leben und Tod aller Bewohner des Erdballs anmaßt, beansprucht eine ausschließliche und unteilbare Souveränität, die die der anderen für nichts erachtet. Er greift »die menschliche Verschiedenartigkeit« grundsätzlich an. Daraus folgende Taten werden als Verbrechen gegen die Menschheit bestraft, wenn man in der politischen, ethnischen, kulturellen Verschiedenartigkeit der Menschen die Menschheit selbst erkennt. Der Mensch »in seinem Hin und Her«, wie Montaigne sagt, kann grundsätzlich nicht fixiert werden. Ein Verbrechen gegen die Menschheit kann man dann bestimmen, wenn man in letzter Instanz die Menschheit nicht definiert.

Angesichts des Unerhörten muß man Kategorien erfinden, die es zu erfassen gestatten. Um ein nicht in den Erwartungsrahmen passendes Delikt zu beurteilen, muß die Jurisprudenz Unbekanntes auf Bekanntes zurückführen. Um die Verbrechen, die keine Gesetzgebung vor Augen hatte, zu beurteilen, mußten die Gerichte in Nürnberg und Jerusalem etwas recht Ungewohntes tun: Sie mußten ein Gesetz anwenden, das sie zuerst machen mußten. Sie mußten »ohne die Hilfe positiver Gesetze oder über die Grenzen des gesetzten Rechts hinaus Recht« sprechen. Angesichts eines Verbrechens gegen die Menschheit wird der Richter zum Gesetzgeber.

Ein verbrecherischer Akt hängt auch davon ab, gegen wen oder was er sich richtet. Das Kind des Nachbarn, seinen Hund oder eine Schnecke zu töten ist nicht dasselbe, wie man weiß. Dagegen schafft der Begriff des Verbrechens gegen die Menschheit erst das Objekt. Die Gesamtheit derer, die vom Genozid bedroht sind, wird erst mit dieser Drohung zu einer Gesamtheit. In juridischer und technologischer Hinsicht ist das für das 20. Jahrhundert etwas nie Dagewesenes. In begrifflicher und moralischer Hinsicht ist das die Geburtsstunde des westlichen Menschen. Prometheus liegt in Ketten, die Grausamkeit des Zeus bringt die Bewohner von Kleinasien, Skythien, von Arabien und vom Kaukasus und die Amazonen auf den Plan. In der gemeinsamen Klage lernen sie sich kennen. Der Hintergrund der *Orestie* ist der Genozid, der jedem einfachen, sterblichen Wesen verständlich ist. Das Massaker an den Trojanern geht über ein Kriegsverbrechen hinaus. Vorzeichen und Orakel kündeten das Geschehen als ein in logischer Hinsicht und überhaupt vorhersehbares Verbrechen an. Die Vorstellung des Schiffbruchs der griechischen Heere rundet das Bild einer allgemeinen Katastrophe, die mit einem Kindesmord begann, ab.

Das Opfer zeigt in einer Situation, in der eine Religion in einer Sackgasse steckt, die Gesamtheit der Menschen im Spiegel der kollektiven Todesunterworfenheit. Es kommt zu unauflösbar doppeldeutigem Reden, zu Taten, die sich gegen sich selbst wenden, die Altäre sind blutig und zugleich ihres Geheimnisses beraubt, als Morde getarnte Selbstmorde häufen sich. Der Bruch ist unwiderruflich. Nichts aber läßt auf den sogenannten Widerstreit von Vernunft und Religion schließen, mit denen man die Kinder im vergangenen Jahrhundert unterhielt. Die *Orestie* setzt nicht auf Licht, das das Dunkel vertreibt. Sie gibt nicht die Möglichkeit, weiter zu sehen, sondern in die Nähe zu sehen, und sie läßt erkennen, daß ein Mord ein Mord ist, nichts sonst.

Der Chor kann den Schrecken benennen. Aischylos nennt diese Fähigkeit manchmal »teraskopisch« (»teras« ist Ungeheuer, »skopie« Sicht). Kassandra verkörpert deren äußerste Möglichkeit; sie sagt voraus und beschreibt das Verbrechen der Klytaimnestra, ehe es geschieht. Dem erstaunten Chor, der sich dann dem Augenschein nicht entziehen kann, erspart sie nichts: den Hinterhalt, das Blut, den eigenen Tod, die Schreie und das Stöhnen, die das Unerträgliche begleiten. Man kann sich denken, daß der Chorführer milde lächelt; da verläßt Kassandra das Thema ihres eignen Todes, springt vom Wagen und wendet das Blatt: »Fürwahr, mein Wahrspruch wird nicht mehr aus Schleiers Hüll/Hervor mir spähn, der neuvermählten Gattin gleich.«

So beginnt der Westen – die Geschichte einiger Kinder, die einmal ins Schlafzimmer ihrer Eltern blickten, wie Kassandra, die vor dem Palast in Argos steht. Hat die Urszene wirklich stattgefunden? So fragen sich Familien und Beamte der Sozialhygiene. Was bedeutet das schon, da sie in jedem Fall in der

Phantasie besteht. Nie wird das Kind damit fertig, zu verhindern, daß es nicht zum gegenseitigen Verschlingen kommt, nie wird es seine »teraskopische« Fähigkeit vergessen, indem es sie zu beruhigenden Neurosen macht.

Mazon übersetzt »prophetischer Chor« in neutralisierender Absicht. Ja, aber es sind doch Schreckensprophetien. Die sehr schöne deutsche Übersetzung von W. von Humboldt, die Wilamowitz übernimmt, spricht romantisch von »unbestimmten Ahnungen« und bringt die »Teraskopie« des Aischylos in den Umkreis des traditionellen Warntraumes. Der Text sagt das Umgekehrte. Der Chor, der das Schrecklichste voraussieht, weiß, daß er nicht träumt, und beklagt das. (»Zu meinem Herzen stürzt von Galle gelb gefärbt/Das Blut, wie es auch vom Speer Gefällten geht...«) Der Schrecken ist weder Phantom noch Traum, man kann ihn nicht einfach abtun. Kassandra schreit die Wahrheit vor einem erstarrten Chor heraus: »Ich bewundr' an dir,/Daß, über Meer erzogen in sprachfremder Stadt, Du's triffst im Reden, gleich als ständest du dabei.« E. Fraenkel betont die an Unfehlbarkeit erinnernde Sichtweise des Aischylos: »Ein teraskopischer Augur ahnt nicht bloß Schreckbilder, er sieht und erkennt sie ganz klar.«

Die Alten von Argos überbieten den Gesang der Erinnyen. Niemand mußte dem Chor den Gesang der Töchter der Nacht erst beibringen. Das »teraskopische« Wissen lernt man von selbst. Weder die Rückkehr des Glücks, noch die Einnahme Trojas, noch die siegreiche Ankunft hinterlassen ihre Spur im inneren Zeitbewußtsein. Fraenkel ersetzt die romantisierenden Vorahnungen mit der klaren Erfassung ständig wirksamer Kräfte und ihrer »allgemeinen Gesetze«. Der tragische Chor wird, etwas verfrüht, gewiß, Träger des wissenschaftlichen Geistes und hat seine Stelle in der großen Diskussion des 19. Jahrhunderts zwischen dem Irrationalen im allgemeinen und dem Rationalen im allgemeinen. Das ist anachronistisch. Das »teraskopische« Wissen, das die üblichen akademischen Sichtweisen nicht kennen, geht diesem Denken voraus und übergreift in einer rationalen Erfassung des Irrationalen die von Pädagogen für sicher gehaltenen Ansichten.

In den *Bakchai* des Euripides will Penteus, der König von Theben, Dionysos fernhalten. Da es ihm nicht mit Stärke gelingt, beruft er sich aufs Recht. Dionysos antwortet: »Was sagst du? Was tust du? Wer bist du? Du weißt es nicht.« – »Was kann ich wissen? Was soll ich tun? Was darf ich hoffen?«, das sind nach Kant die dem Menschen wesentlichen Fragen. Keine beantwortet die antike Tragödie in definitiver Weise. Aber vielleicht zeigt sie, daß man sie nicht beantworten kann. Die Verwicklung läßt nicht nach, die Helden straucheln, der Chor zögert, während die Berechnungen wie die Sicherheit der Menschen der Tat und die religiösen Gewißheiten verfliegen. Die drei Kantschen Fragen berühren die positiven und handhabbaren Sicherheiten. Sie stellen alle die Frage: Was tun? im Bereich des Wissens, der Praxis oder des Glaubens. Die Tragödie macht sich einen Spaß, sie an der Frage Null abgleiten zu lassen: Woran muß man verzweifeln? Was soll man nicht tun?

Romantiker und Rationalisten machen sich die Erfassung der Wirklichkeit streitig: Ist sie in dunkler Ahnung oder in klarer und deutlicher Erkenntnis zugänglich? Sie straucheln an der fürchterlichsten Ursprünglichkeit eines Wissens über das, was noch nicht ist, und eines Noch nicht, das den nie gesehenen eigenen Tod zudeckt. Die »Teraskopie« nimmt am Nichtsein das wahr, was nicht sein kann, was aber das, was ist, vernichten kann. Es ist unmöglich, das zu sehen, dessen Bewegung unmöglich macht, was man sieht. Außer, wenn unser Auge in einem vielleicht ewigen Schlaf versunken ist, sieht es immer etwas. Die Mächte der Nacht, in der die Dinge sich verlieren, übersteigen die begrenzten Fähigkeiten des Auges und erfordern ein zusätzliches Auge. »Der König Ödipus hat ein Auge zuviel vielleicht. Diese Leiden dieses Mannes, sie scheinen unbeschreiblich, unaussprechlich, unausdrücklich.«

Kann man sagen, daß nicht ist, was nicht ausgesprochen, nicht gesehen werden kann?

Die Tragödie, das griechische Denken und der Westen überhaupt erfinden das dritte Auge und kehren die Frage um: Könnte man irgend etwas sagen, wenn man es nicht verstünde?

Könnte man aufgrund eines nicht nur logischen Vatermords das Nichtsein sein lassen? Könnte man irgend etwas sehen, wenn man dies nicht in seiner Bewegung auf dem Hintergrund seiner möglichen Zerstörung erfaßte? Die Götter in der Tragödie sind weniger wichtig als die Menschen. Allzusehr und immer kommen sie zu dem Punkt, daß sie keinen Schrecken kennen und sich gegenseitig nur nachstellen können, wenn sie sterbliche Wesen als Mittelspersonen einsetzen. So sind sie ständige und faszinierte Zuschauer, die nur den einen Fehler haben – es entgeht ihnen »die dreifache Größe des Menschen, der Tod, die Not, die Gefahr ... es fehlt ihnen der Mangel«. (Péguy)

Das springt ganz klar ins Auge

Die Hybris, in der sich Agamemnon und Klytaimnestra verschließen, kommt nie zur Ruhe. Das wohlbekannte Labyrinth, in dem sich die Rache der Atriden abspielt, kann man nicht mit dem Satz »Man weiß nicht, wo das hinführt« kennzeichnen. Im Gegenteil: Man weiß nur zu gut, mit teraskopischer Sicherheit, daß nie Ruhe eintritt. Auge um Auge, der Vater für die Tochter, die Rechnung wird gemacht, sagt Klytaimnestra dem aus dem Gleichgewicht gebrachten Chor. Aber das ist nicht so. Schon handelt Aigisthos auf eigene Faust hinter ihr, und Orest ist dem Vater verpflichtet. Es geht weiter. Man nimmt das Gesetz des Talion zu leicht, wenn man darin nur eine Formel des Tausches sieht *(do ut des)* und nicht den merkwürdigen Fluch erklärt, der es nicht zuläßt, daß sich eines Tages Angebot und Nachfrage ausgleichen. Die Logik der Hybris ist nicht einfach eine Gleichung der gerechten Wiederkehr aller Dinge, die ihr Ziel darin findet, daß der Verbrecher an seinem Verbrechen zugrunde geht. Vielmehr bleibt es beim Ungleichen; Verbrechen häuft sich auf Verbrechen in einer Eskalation, die alle Schutzmaßnahmen nacheinander außer Kraft setzt. Es gibt kein Ende. Auch nicht zufällig, da das Ende von vornherein ausgeschlossen ist. Es genügt, daß Pandora – wie der Mythos berichtet –

182

den Deckel öffnete und die Übel entwichen, wuchsen und sich vermehrten. Das Geheimnis dieser Folge liegt nicht im Bild des Tausches, sondern in dem der Generationenfolge: Die Reihe der Kinder der Nacht oder die unglückbeladene Aufeinanderfolge der Atriden trägt schon selbst die Ursache der Zerstörung als Bewegung eigenen Ursprungs und in eigener Regie in sich.

»Das Unendliche ist dem entgegengesetzt, was darüber gelehrt wird: nicht das nämlich ist unendlich, zu dem es kein Außen gibt, sondern das, das immer noch etwas außen läßt.« Die Übel sind unendlich. Hätte Ödipus dem entgehen können, was er nicht wußte? Hätte er vermeiden können, nicht zu wissen? Die Kommentatoren sagen, daß der »Fehler« des tragischen Helden zwischen Null und dem Absoluten schwankt. Die Autoren der Tragödien weigern sich, eindeutig von »der« Sünde oder »dem« zum Tode führenden Mechanismus zu sprechen. Daher kommt die extreme Verlegenheit. Ein Böses läßt sich nicht wie ein Faktum beschreiben, in eine Tat einschließen oder auf eine bestimmte Situation fixieren. Es ist nicht außerhalb des Helden oder des Zuschauers. Es sprengt den Rahmen und versetzt ständig in Unruhe. Es ist wie ein Wurm in der Frucht, der weder Frucht noch Schmetterling wird. Wie das Unendliche des Aristoteles »schließt es nicht ein, es ist eingeschlossen«. Es entwickelt sich und zerstört dabei seine Hülle, die »Teraskopie« läßt die Zeit sehen: »In der Zeit wird und vergeht alles ... Jedenfalls ist klar, daß sie an sich eher Ursache des Vergehens als des Werdens ist, denn an sich wirft sie uns aus der Bahn.« Die »Teraskopie« erweist sich als reine Sicht dieses Aus-der-Bahn-Werfens als solchem. Wenn man verneint, daß sich das Böse direkt zeigt, verneint man auch unsere zeitunterworfene Existenzweise. Die Erfassung eines Bösen, das dem es negierenden Guten vorangeht oder ihm äußerlich ist, ist ein Paradox wie die Auffassung einer Bewegung als solcher oder ein im Flug, dessen Ziel man nicht kennt, erfaßter Pfeil.

Es ist immer schwer, des Fehlen einer restlosen Bestimmbarkeit – unendlich? unbestimmbar? –, das die ersten Denker im Westen in der Bewegung der beweglichen und bewegten Dinge entdeckten, in Worte zu fassen. Nie wird der unermüdlich einer Schildkröte nachlaufende Achilles damit fertig, den Abstand zu überwinden, der ihn von ihr trennt. Das erstaunlichste Hindernis scheint in der Vorsilbe zu stecken, die die Grammatiker später »privativ« nennen (un-bestimmt, un-bestimmbar, das griechische *a-oristos*). Diese Stecklinge des Negativen überlagern aber nicht eine von ihnen unabhängige, ihnen vorausgehende Wirklichkeit. Man kann nicht zuerst die Grenze, dann ihre zerstörerische Überschreitung setzen. Eine Sache legt ihre ganze Kraft darauf, im Unbegrenzten sich den Platz zu schaffen. Sie kämpft bis zur Erschöpfung. Noch die müden Gesichtszüge eines Clowns von Picasso sprechen vom Sieg, daß er sich nicht die Maske vom Gesicht reißen ließ. Die Vorsilbe, die kein Zusatz ist, ist genausoviel wie die Hauptsilbe. Die Anforderung könnte verkehrt werden. Das griechische Wort für Wahrheit – das in wörtlicher Übersetzung das Nicht-Verborgene meint – setzt sich zusammen aus »Verborgensein« und dem privativen Präfix. Wenn man auf die beraubende Kraft des Verborgenen abhebt – das für Hesiod ein Kind der Nacht ist –, so hat das Präfix eine dem Privativen entgegengesetzte Bedeutung, in der sich eine Wahrheit abzuzeichnen beginnt, ein Kampf gegen das Verborgene in der Erinnerung, in der der Gefahr aus dem Verborgenen begegnet wird.

Der tragische Chor dreht und wendet sich in der Frage, wie es etwas Gutes geben kann, wenn man die Hybris, die uns am Abend wie am Morgen beherrscht, bedenkt. In Moll gestimmt folgt die erstaunliche Auskunft: »Keiner ist freiwillig ein Bösewicht«, mit der Sokrates in die Hörner eines simplen Optimismus bläst (»keiner ist schlimm«), zur Melodie eines Trotzdem angesichts der Verzweiflung (»noch ist keiner wirklich frei«). Umgekehrt ergeht sich der Europlatoniker in der Vorstellung eines reinen Guten, das in vollkommener Harmonie mit sich selbst ist. Es ist dann nicht mehr möglich, ans Böse oder das Böse zu denken. Ausgehend vom höchsten Guten, dem höchsten Sein, steigen wir die Stufenleiter der Geschöpfe hinab. Mit zunehmender Ferne nimmt die Unvollkommenheit zu, und so kommt es zu dem Trugbild einer immer mehr um sich greifenden Schlechtigkeit. Das Böse ist so nur eine optische Täuschung, die aus dem Vergleich von zwei ungleich guten Dingen entsteht, wenn man (zu Unrecht, wie die Glückseligen in der Höhe versichern) voraussetzt, daß die Unfähigkeit, so groß wie das höchste Sein zu sein, eine positive Eignung, sich ganz klein zu machen, verdeckt. Einige Neuplatoniker sprechen von der ausschließlich relativen Wirklichkeit der Übel, die so keine eigene Substanz haben. Von ihnen stammt eine Denkweise, die sich über Basilius den Großen (330–379), Pseudo-Dionysios (zweite Hälfte des 4. Jahrhunderts) durchsetzt, gelegentlich beim heiligen Augustinus zu finden ist, dann Teilhard de Chardin und die Allerweltsmoral kennzeichnet. Sie führen das Schlechte in der Welt auf den Mangel an Bildung oder Geld zurück.

Ist das Böse wirklich nur die reine Abwesenheit des Guten (wie man im sich dem Ende zuneigenden Griechentum meint) oder das schlichte Fehlen der Güter (wie das die ihrer selbst gewisse Modernität fest annimmt)? Wer nicht an den bösen Wolf, den personifizierten Teufel oder den Antichrist glaubt, muß der nicht von der Nichtexistenz von etwas überzeugt sein, das sich nur in einer Privation *(privatio boni)* zeigt? Die Privation ist bei Basilius dem Großen die genaue Übersetzung des griechischen *steresis*. Wenn sie auch nicht etwas ist (da sie ja etwas Fehlendes besagt), ist sie doch nicht nichts (durch die Steresis wird etwas zu nichts). Wie wir nicht zur selben Zeit die Sache (die an einem bestimmten Ort sich befindet) und ihre Bewegung (von einem Ort zum anderen, ohne auf einen der beiden fixiert werden zu können) denken können – woraus sich die Paradoxa des Zenon herleiten, »des Achill, der mit seinen großen Schritten nicht vorankommt«, so können wir nicht das Gegenwärtige als Abwesenheit und die Abwesenheit gegenwärtig denken. Und zwar nicht, weil sie sich gegenseitig ausschließen, sondern weil sie in antagonistischer und komplementärer Weise voneinander unabhängig sind. Nehmen wir eine Statue. Aristoteles betrachtet sie in ihrer Zusammensetzung aus Materie (Marmor) und Form (sie stellt z. B. Venus dar). Alles – insbesondere diese Zusammensetzung – sagt, daß sie gemacht worden ist; sie weist zurück auf den Bildhauer, die Marmorbrecher, die Stadt, die sie in Auftrag gab, und den Tempel, der sie schützend beherbergt. Unmittelbar fordert sie den Unkundigen dazu auf, sich über ihre Herkunft und Bestimmung zu fragen. Sofort bemerkt er, daß sie auch nicht da sein könnte. Der erste Blick faßt sie mit Materie und Form in der Aura der Steresis auf. Die Privation der Gesundheit hat einen Namen – Krankheit. Die Privation der Statue hat keinen Namen, sie ist »verborgen und namenlos«. Ein Wolkenkratzer kann den Platz der Statue einnehmen, sie kann von einem Bilderstürmer geköpft werden, das Wasser und die Leichtfertigkeit der Menschen in der Gegend können sie verwittern lassen, eine Frau oder ein Kind können den Künstler von dem Werk, das er in sich trägt, abhalten. Manchmal wird aus der nur in groben Umrissen geahnten Steresis etwas Bestimmtes, aus einem Wort wird ein ganzes Kunstwerk – so unternimmt Aischylos unter Führung des Gedankens der Hybris die genaue Analyse der zur Zerstörung führenden Beziehungen zwischen den Sterblichen. Alles hat immer drei Aspekte. Wie die Statue von der Schönheit bestimmt ist, dem Marmor Form gibt und sich ihrem aus vielen Gründen möglichen Nichtsein entzieht. »Nach unserer Lehre nämlich ist Stoff und Gestaltlosigkeit voneinander verschieden, und von diesen beiden hat das eine, der Stoff, das Nichtsein nur als Eigenschaft, die Gestaltlosigkeit aber an sich selber. Der Stoff ist schon beinahe selber Wesen, die Gestaltlosigkeit dagegen niemals.«

Das Böse ist nicht Form noch Materie noch auch Steresis, obschon diese Möglichkeit, nicht zu sein, die die Seienden umgibt, in sich das Böses-Tun *(to kako poion)* birgt. Nicht das Sterben, sondern die tausend Weisen zu sterben und zu töten sind schlecht. Die Lebensbedingungen (die Alten sagten Prinzipien, *archai*) machen das Böse möglich, ohne schon selbst böse zu sein, und die neuere Entdeckung der Banalität des Bösen wird von Aristoteles in philosophische Sprache gebracht: »Es gibt nicht ein Böses neben und außer den Dingen.« Anders gesagt: Das Böse scheint in vieles zerstreut zu sein. Es ist weder ein Prinzip noch ein Sein noch eine Person, und daher kann man es nicht unterdrücken, es ist schwer zu vertreiben.

»Weh! Weh! Ich wasche mich mit Blut – das Wasser ist Blut... Blut...« singt Wozzeck in Alban Bergs Oper. Aristoteles kümmert sich in seiner Theorie des Sehens wenig um die physiologischen Details, es geht ihm um eine grundsätzliche Einsicht. Es gibt ein Auftauchen und die Gegenwart des Lichts *(parusia),* es gibt das Schwarze seines Fehlens und seiner Steresis; zwischen beiden gibt es keine progressiv abnehmende Leuchtkraft. Die Veränderung ist total und augenblicklich. Die Nacht ist nicht die Verkleidung des Tages, der Schmerz nicht das Nachlassen des Wohlbefindens, das Böse nicht ein Nullstadium des Guten. Alle diese fälschlich Negativa genannten Wirklichkeiten haben ihre eigene Existenz, die nicht weniger als ihr Gegenteil da ist. Der Europäer sieht in der Nacht, indem er die Nacht sieht. Das Auge, das die Sonne sieht, ist selbst sonnenhaft und lichtvoll (Platon). Die Eule würde nicht das Dunkel wahrnehmen, ohne daran gewöhnt zu sein. Wir fühlen den Schmerz mit der in uns auftretenden Disharmonie (Empedokles). Das europäische Denken versteht sich gelegentlich als einen Leuchtturm, der das Dunkel erleuchtet und verscheucht. Das sind die Augenblicke der Ermattung, Vermeidungsstrategien angesichts der eigenen Nacht. Die Verstärker von Aufregung und Leidensdruck dringen nicht ins Denken und übertreffen nicht das Denken, das es wagt, ihr Gewicht zu bestimmen.

Das aufgeklärte Denken der beiden letzten Jahrhunderte nimmt den Opfergeist als Lösung der sozialen Frage und als Prinzip eines weltumspannenden Friedens. Glaubt es wirklich daran? Das hieße, die Probleme zu leicht mit einem Gefühl aus grauer Vorzeit lösen, das das Opfer mehr mit den Feuern der Angst als mit den Funzeln von Allerweltsauskünften nährt. »Die Frühzeit der israelitischen Religion kennt keinen Satan: wenn auf den Menschen eine Macht stößt und ihn bedroht, gilt es auch in ihr, sei sie noch so nächtig-grauenhaft und grausam,

JHWH wiederzuerkennen und ihm standzuhalten, da er doch nichts anderes von mir heischt als mich. Das Wort des Exilpropheten (Jesaja 45,7), ›Der den Frieden macht und das Übel schafft, ich JWHW bin's, der all dies macht‹, hat uralte Wurzeln.«

Die Begegnung des Abraham mit JHWH wurzelt in diesem Erzittern, das nicht nur den Menschen, sondern auch Gott erfaßt. Im Dunkeln kann man nicht mit einem einzigen Blick die Guten und die Bösen schön säuberlich voneinander trennen. Die Nacht ist nicht ein Negativ des Tages, die Mythen nennen sie die Mutter von Anbeginn.

Klytaimnestra redet um die Sache herum, sucht die blutigen Hände in Wiederholungen zweideutiger Aussagen zu waschen und hält die Sache für erledigt mit einem »Wie du mir, so ich dir«. Iokaste erwartet Ödipus ohne Komplex. Die Mächtigen ahnen in ähnlicher Verdrängung das Verbrechen, ohne dessen Nähe wahrzunehmen. Sie geben sich mit einer Kriminaltheorie der Geschichte zufrieden. Agamemnon ist kaum aus dem Wagen gestiegen – schon erinnert der Chor an die Gerüchte von politischem Komplott und Bürgerkrieg. Ödipus liest aus den Andeutungen des Teiresias die dunklen Machenschaften einer Parteiung heraus, die seinen Untergang will und die Stadt verrät. Böses ohne Banalität, Banalität ohne Böses. Es gibt so zwei Zugänge zur Tragödie, die ganz unwissend sind. Um die Scheuklappen des Unauthentischen abzulegen und die Situation im Ganzen »teraskopisch« zu verstehen, muß man lernen. Ödipus entdeckt seine eigene Banalität, und der Chor der Alten entscheidet sich am Abend des ersten Tages für die Auseinandersetzung.

Wer sind diese Alten, die so lange zögern? Die widersprüchlichen Theorien über die Funktion des antiken Chors – *vox populi? vox dei?* – zeigen, daß diese Alten die Kommentatoren in ihr Schwanken hineinziehen konnten. Sind sie übrig vom Kronrat, der von der Königin und deren Freund abgesetzt wurde? Eine Truppe, die vom halben Sold lebt, alte, arbeitslose Kämpen? Peter Stein ließ sie wie moderne Ruheständler in einer

Kneipe sitzend auftreten. Von fern verfolgen sie, was geschieht, wie Fernsehzuschauer; sie werden von einer fieberhaften Aufregung gepackt, als sie den geliebten Chef »Mörder!« schreien hören.

Chorführer:	Schon getan scheint nun die Untat nach des Königs Weheruf.
	Auf, gemeinsam laßt uns, Männer, fassen sicheren Beschluß!
Erster Mann:	Ich erstlich tu euch diese meine Meinung kund:
	Zum Haus her hol die Bürger man durch Heroldsruf!
Zweiter Mann:	Mir scheint so schnell wie möglich einzudringen not,
	Was vorliegt, auszuspähn mit frischgezücktem Schwert.
Dritter Mann:	Und ich – in solcher Meinung mit dir völlig eins –
	Ich stimm dafür: zur Tat! Kein weiteres Zaudern mehr!
Vierter Mann:	Vor Augen liegt: ihr Vorspiel ist es so nur,
	der Tyrannis Banner aufzupflanzen in der Stadt!
Fünfter Mann:	Wir säumen, ja. Und sie, vorsichtgen Zögerns Ruhm
	Mit Füßen tretend, lassen ruhn nicht ihre Hand.
Sechster Mann:	Nicht weiß ich, was für Rat ich finden, geben soll.
	Wer handeln will, dem ziemt auch Rat, Entschluß zuvor.
Siebter Mann:	Auch mir ergeht es so; find ich doch keinen Weg,
	Mit Worten den, der tot, zu wecken wiederum.

Achter Mann:	Wolln wir, ums Leben sorgend, so uns beugen vor Des Hauses Schändern, die sich Herrschaft angemaßt?
Neunter Mann:	Nein, unerträglich ist's! Nein, sterben zieh ich vor; Ist freundlicher doch Todeslos als Tyrannei!
Zehnter Mann:	Wolln wir denn auf das Zeugnis jammerschreienden Rufs Schon baun den Wahrspruch, daß der Herr getötet ward?
Elfter Mann:	Wer sicher weiß nur, hat ein Recht auf zornigen Mut. Vermuten ist und sicher wissen zweierlei.

Eine französische, deutsche, spanische Nachrichtensendung? Der Bericht der Szene ist packend. Man könnte glauben, er sei verfaßt, um ein negatives Bild des »ängstlichen Kleinbürgers« zu zeichnen, der zögert, stottert, hin und her geworfen wird, sich schieben läßt, anstatt etwas zu tun, alles zu wissen vorgibt und nicht Gefahr laufen will, sich zu kompromittieren. Stein bleibt auf dieser Linie und greift so beim letzten Auftritt des Chores vollständig daneben. Aischylos schrieb nicht ein Thesenstück, die europäischen Kleinbürger leben auch nicht in einem solchen Stück. Die Tragödie schließt, in aller Schönheit, mit einer unvorhersehbaren Wendung, die Generationen von Griechischlehrern erbleichen machte. Plötzlich sieht sich zum Schluß Aigisthos denselben kleinen Leuten, die sich in Überlegungen auf ihre Stöcke stützten, gegenüber. Sie haben sich aber aufgerichtet und das Schwert gezückt.

Der Faschismus baute nicht eine hermetisch geschlossene Gesellschaft auf, noch errichtete er eine unerbittliche Mechanik, die sich selbst steuert, alles wegfegt auf ihrem Weg, was immer auch die Reaktionen von draußen seien. Die Phantasmagorie, die er erzeugt, ehe er die faszinierten Zeugen mit sich in die Tiefe riß, hält den Faktenbeweis nicht aus. Die Judenvernichtung brandete wild auf, es gab dabei nichts Schicksalhaftes. Der Europa beherrschende Naziapparat setzte seine besten Leute dazu ein. Aber die, die ihm keinen Widerstand entgegensetzten, ermöglichten ihm, seine Arbeit auszuführen. In Dänemark weigerten sich die Leute. »Dieses einzige uns bekannte Beispiel von *offenem* Widerstand einer Bevölkerung scheint zu zeigen, daß die Nazis, die solchem Widerstand begegneten, nicht nur opportunistisch nachgaben, sondern gewissermaßen ihre Meinung änderten: unter Umständen haben offenbar auch sie die Ausrottung eines ganzen Volkes nicht mehr so selbstverständlich gefunden.«

Woher kommen die gezückten Schwerter dieses Chors der Alten? Stein, der in Brechtscher Manier die Kleinbürger verachtet, übergeht das stillschweigend, der Chor bewegt seine Stöcke in der Luft. Soll man mit Wilamowitz glauben, daß Aischylos diese Leute von Anfang an in Waffen auf die Bühne schickte? So wären sie ganz schön ausgestattet – auf der einen Seite das Schwert, ein Stock auf der andern. Oder gräbt der Chor in äußerster Notlage die Waffen aus, die er zu tragen zu alt geworden war, seit die Männer zehn Jahre zuvor Argos verließen? Ist die Tragödie aus, *incipit comoedia?*

Aischylos skizziert die Anfänge und die Losung eines Aufstandes. Der Chorführer spricht im Namen eines endlich einmütigen Chores: »Ich sag: nicht wird entschlüpfen im Gericht dein Haupt / Dem volkgeworfnen, daß du's weißt: der Steinigung Fluch!«

Der neue Tyrann wird der ehrenrührigsten Bestrafung für würdig erachtet, die friedlichen Greise sind auf einmal ein wahrer Saint-Just. In Athen steinigte man lange nicht mehr, man ächtete im Scherbengericht. Die Ausweisung stellt das Ende der strafrechtlichen Entwicklung dar, bemerkt G. Glotz. Aischylos, der die große Ohnmacht des Chores so betonte, scheint zuletzt die Schwäche der Alten und die Bräuche seiner Stadt zu vergessen. Soll man ihm seine Inkonsequenz ankreiden oder eher die der Leute, die das Unerträgliche bis zu dem Tag aushalten, wo sie es nicht mehr ertragen? Das ist auch eine Definition des

Westens: Er ist die Gegend, wo manchmal Stöcke, Töpfe und Zimbeln zu Schwertern werden, besonders dann, wenn die Gestaltlosigkeit zu wüten droht. In einem grausamen Erwachen bemerkt man dann die zusätzliche Gefahr, daß die eisernen Stangen den Blitz anlocken.

Eine gnostische Oper

Zur Genüge kenne ich die Parteischulen. Zensoren mit langen Ohren bereiten meine ideologische Liquidation vor. Hätte ich nicht ein Opfer der Verführung durch die Geheimdienste des Gegners werden können, auf die schiefe Ebene der Kollaboration mit dem Klassenfeind, diese ganz übliche Rutschpartie der Leute, die zu lange im Ausland waren, geraten können? Stalin ließ solche Leute ohne Federlesens bei der Ankunft von der Lagerverwaltung aufgreifen. Das führte dazu, daß unsere Polizei nichts vom Ausland wußte. Es bedurfte der unvergessenen Initiative unseres jetzigen Genossen Präsident, um diese unbekannten Gegenden zu erforschen und in die Beobachtung einzubeziehen. Wenn in Frankreich ein Polizeikommissar einen einfachen Menschen – also einen niedrigen Angestellten – verhört, so lenkt er gewöhnlich das Licht auf den guten Mann, der immer verlorener wirkt, und wiederholt zum sechsten Mal: »Also nochmals, wir sind um 20 Uhr aufgestanden, wir haben unser Messer geschärft, haben einen Schluck getrunken und dann ...« So verbreitert sich der Mann niederen Dienstgrades, ohne sich verdächtig zu machen. Man gestatte mir dieselbe Freiheit, das »Wir« des Polizisten zu gebrauchen.

Viele Verantwortliche lesen zuwenig. Sie müssen Dokumente und Statistiken durchsehen, aber die Literatur langweilt sie, Romane fallen ihnen aus den Händen und vor dem Fernseher schlafen sie ein, wenn es um eine Liebesgeschichte geht. Die Ausuferungen des kleinbürgerlichen Subjektivismus ermüden naturgemäß einen von der Verwaltung geformten und im Geist des Materialismus erzogenen Kopf. Der allzusehr in die Diskussion gezogene und außergewöhnliche Apparat, der so lange

193

Zeit schon den Bürger wie ein Gespenst verfolgt, hat mich nicht zum Kapitalisten, aber zum Kinofan gemacht. Wenn die Fossilien unserer Politbüros so viele Filme konsumiert hätten wie ein Durchschnittsmensch im Westen, würden sie das Geheimnis des Stimmungswechsels, über den sie sich aufregen, kennen. Die Wendungen in der Politik sind selten das Werk großer Machiavellisten. Die Staatsmänner sind eingebunden in die Stimmungslagen, über die die Unterhaltungsserien im Fernsehen besser Auskunft geben als die Berichte der Bruderparteien.

Man soll den Abstand zwischen den Wochenendunterhaltungssendungen und der Hochkultur, auf die die feinen Leute so großen Wert legen, nicht beachten. Die Konsumartikel naschen mit an der Wirkung, die die Meisterwerke in ihrer Art der Ausführung erzielen. Die Unterhaltungssendungen bewegen den Zuschauer; die Meisterwerke geben einem den Schlüssel für die Veränderung der Stimmung an die Hand; ein guter Western kann eine Einführung zu Aischylos sein, ganz wie die griechischen Tragödien zur zeitgenössischen Weltpolitik hinführen.

Eine Vorführung der Kranken

Das, worum es am zweiten Tag der *Orestie* geht, könnte jeden Tag in Texas passieren. Eine Stadt, die von einigen Mördern in Schach gehalten wird, wird von einem Rächer besucht. Orest taucht unerkannt in Begleitung seines einzigen Gefährten Pylades auf. Er versichert sich des Vertrauens einiger weniger reiner Seelen, der Elektra und ihres Gefolges, des Sklavinnenchors. Er überlistet die Mächtigen, tötet den Tyrannen Aigisthos und Klytaimnestra. Er verschwindet in einer schwarzen Staubwolke. Die Erinnyen, diese unerbittlichen Rächerinnen, stürzen sich auf ihn. »Orestes rides alone.«

Diese Begebenheit könnte Anlaß sein, den Griechen einen weit naiveren Personenkult anzulasten, als er den Sowjets vorgeworfen wird. Aber es gibt da zwei merkwürdige Details. Alle Leute im Westen sind irgendwann einmal in ihrem Leben Orest.

Zweite Merkwürdigkeit: Der vom Mut gepackte ruhige Bürger gerät außer sich, aber er weiß es auch. Die Anomalie des Orest ist nicht verborgen. Unsere Nuklearstrategen fragen sich, ob die Leute von der Gegenseite glaubwürdig sind, das heißt, ob sie losschlagen können, was es auch koste. Die Amerikaner sagen, es gehe darum, das Undenkbare zu denken und sich seiner selbst bewußtes Dynamit vorzustellen. Also Orest spielen.

So ist das – mit allen Licht- und Schattenseiten. Der erste Tag der *Orestie* brachte den Genozid auf, der zweite erforscht die Existenzbedingung mitten in der äußersten Bedrohung. Orest kommt daher, vaterlandslos, ohne Herd und Hof, eine Existenz, die sich verborgen hält und den andern nicht vertrauenswürdig erscheint. Am Ende verliert er sein ganzes Gepäck, den Verstand. Das Stück schließt von politischer Entfremdung auf geistige Verwirrung, es schlägt in Bann, wie die Krankenpräsentationen von Großprofessoren für die Studenten der psychiatrischen Anstalten. Die Zuhörer sind bemüht, den Unterschied zwischen sich und den Kranken auf jeden Fall zu fassen, der Kranke will normal erscheinen. Es besteht die Gefahr, daß der Psychiater verschwindet, der Kranke auf der Bühne allein bleibt und die Normalität des Publikums nachläßt. Pascal meint, die Menschen seien sowieso verrückt. Es wäre in anderer Weise verrückt, wenn man nicht verrückt wäre. Plötzlich wird der Unterschied deutlich und ein Raunen geht durch den Saal. Schnell werden jetzt die untrüglichen Anzeichen pathologischer Störungen schulmäßig aufgezeigt, und die Situation ist gerettet. Die Tragödie verkneift sich dieses medizinische Schnellverfahren. Wir wissen, daß Orest krank ist; uns geht es auch nicht besser. Dieser böse Kranke läßt sich nicht auf sein Übel festlegen, er agiert es voll aus. Das gibt den verstörten Exegeten die Aufgabe, unfreiwillig die Krankheit der Krankheiten, das Leiden, anzuerkennen.

Der Jüngling Orest ist das klassische Beispiel für den in der griechischen Kultur wohlbekannten Epheben. Er ist weder Kind noch Erwachsener; seine vorübergehend bestehende Zwitterhaftigkeit entzieht sich soziologischen Zuordnungen.

Als einen Anfänger im Mannestum und im Kriegerhandwerk ordnet man ihn der alten Problematik der *rites de passage* zu. Er ist der Unverantwortlichkeit seines Alters ohne Verpflichtung entwachsen, doch ist er ehelos, lebt nicht in einem bestimmten Verband am Rand, wo sich die Unterschiede der Geschlechter verwischen, ebenso die Rangordnung der Gesellschaft und der Unterschied zwischen Ordnung und Unordnung. Der Chor träumte von einem »Befreier« mit skythischem Bogen und dem alten Hoplitenschwert, der also doppelt gewappnet ist. Damit er den Feind zugleich aus der Nähe und der Ferne treffe? Damit er allgegenwärtig sei. Der Skythe ist bei Herodot das ergänzende Gegenstück des athenischen Hopliten. Die griechische Infanterie schlägt den Perser durch Mannschaftsdisziplin und Korpsgeist. Gegen denselben Feind geht der skythische Kämpfer in seiner Wildheit und Ungeordnetheit vor. Da es weder Hauptstadt noch Städte zu verteidigen galt, keine Institutionen und Altäre zu schützen gab, bringt er die persische Invasion durch Guerillakrieg und die Taktik der verbrannten Erde zum Stehen. Orest schlägt den Tyrannen als Jäger und Skythe, mit Fallen und List. Nur das Irreguläre rettet: Troja wurde nachts genommen, die Athener überließen ihre Stadt den Persern, um sie vom Meer her zu schlagen. Die Opfernden am Grab *(Choëphoroi)* stellen zur Initiation eine zweifache Moral auf: Dem Erwachsenen wird in Erinnerung gerufen, daß man den Jungen in sich nicht töten darf. Dem Kind wird eingeschärft, daß man weitergehen muß, wenn man nicht auf der Stufe skythischer Wildheit bleiben will. Der Doppelsinn bringt eine Antinomie zum Ausdruck.

Orest macht vom Morgen bis zum Abend seinen Fall in einem beispiellosen Ausbruch der Verrücktheit schlimmer. Weigert er sich wie Hippolyt bei Euripides, erwachsen zu werden, der in seine Keuschheit so verliebt war, daß er die Liebesgöttin verletzte, weil er ein ewiger Jüngling ist? Oder will er zu schnell erwachsen werden und mit Seele und Bewußtsein an den Debatten teilnehmen, die die Agora Athens vernichten? Ist er zu langsam, zu sehr Kind oder zu schnell, um die Stufen zu nehmen? Die Überlieferung wollte, daß die Alten weise, die Jungen robust und die Frauen gebärfreudig sind. Diese antike Zuteilung der Eigenschaften geht nicht auf, Orest wird verrückt. Freiwillig fühlte er sich zum bloßen Werkzeug von Eingebungen von oben berufen, die von einem besonders Hellsichtigen gedeutet wurden. Pylades, den er wie einen zweiten Teiresias um Rat fragt, scheint nur Gefährte zu sein, weder ein Magier noch ein Hellseher, ein einfaches Alter ego. Er steht Orest bei, der in sich keine Ruhe findet und der nicht nur allein handeln, sondern auch entscheiden muß. Man kann sich einen Epheben vorstellen, dessen Wahn ihn dazu treibt, nur Ephebe zu sein und nicht weitergehen zu wollen. Man kann auch an einen Goetheschen Bildungsroman denken, der den Helden dem inneren Leben eröffnet. Orest reift; die Begegnung mit den Erinnyen führt zur Jugendkrise und in die Einsamkeit. Wilamowitz bemerkt, daß in diesem Jugendlichen, der den Erwachsenen spielt, sich ein innerer Prozeß vollzieht, indem das moralische Bewußtsein zugleich Richter und Partei ist. Ein Psychotiker wird so zum Vorbild des modernen Erwachsenen. Aischylos und Goethe hätten diese Ironie genossen. Orest hat keine Identität im Hinblick auf Ort, Haus, Alter. Das ist sein Fall.

Die Betrachtung eines ungehörigen Opfers bestimmt den ersten Tag. Der zweite ist der Unwirksamkeit der *rites de passage* gewidmet, denen es darum geht, die Reichweite festzulegen und die Zeit zu beschränken, die die unvermeidlichen Generationenkonflikte beanspruchen dürfen. Die Sitten und Mythen, Feste und Feierlichkeiten machen aus Gegensätzen ins Übermaß gesteigerte Zweideutigkeiten. Karneval ist König, die Jungen verkleiden sich als Mädchen, Bettler als Prinzen, die Gesellschaft verkehrt sich. Die *Orestie* feiert die Gesetzlosigkeit, gründet so das Gesetz und macht aus einem Muttermord den Morgen der Freiheit; so beschränkt sie die Reichweite der Antinomien aufs äußerste mit umgekehrtem Effekt. Sie begrenzt nicht etwa die Unordnung – sie strahlt sie aus. Das ganze Leben ist *rite de passage*, weil das ganze Leben nur ein Durchgang ist, den kein Ritus normalisiert. Die zentripetalen

Ausuferungen des Kultes überspringen den begrenzten Raum des Heiligen. In der Tragödie dagegen denkt man nach – Platon ist darüber beunruhigt, da zu viel und zu schlecht gedacht wird. Jedenfalls laut und vernehmlich. Der moderne Leser kann Orest mit dem besonderen und paradoxen Status des Epheben erklären. Der Ephebenstatus seinerseits erklärt sich mit Orest und läßt den Fackelträger des jugendlichen Feuers entdecken. Der Nomade geht weg, Beute seiner Phantome. Die Befreiten verstehen es nicht, ihre Befreier zu befreien. Orest, der für Argos zu groß ist, zieht sich selbstgefällig zurück und beherrscht den Schlußsatz wie die Prämisse: Nach ihm wird jeder wie er, dem es in der Erwachsenenwelt zu eng wird, die Erzieher, die ihn mit strengem Blick ansehen, fragen: Habe ich dich nicht gemacht? Wirf den jungen Wolf zum alten Weisen oder den bartlosen Revoluzzer zum weißhaarigen Politiker!

Ist Orest, dieser erste Nihilist, der die Generationenfolge aufhebt und die institutionalisierten Altersgrenzen, in der Lage, alle Institutionen zu erschüttern? Ebnet er nicht dem Selfmademan die Bahn, die von Alkibiades bis Napoleon die Geschichte um die eigene Person kreisen lassen? Klammheimlich führt er ein in die Bruderschaften der jungen Denker, die die Menschheit zweiteilen und ihr intellektuelles Abenteuer zum Maß des Vorher und Nachher machen. Acht Jahrhunderte später wendet sich ein in Ehren stehender Zeuge gegen »die Verwüster« – diese abscheuliche und teuflische Bezeichnung ist ja gleichsam das Kennwort feiner Bildung – »Sie sind bösen Geistes, bekämpfen die Anständigkeit, verspotten, machen lächerlich. Sie kultivieren die Kunst und die Weise des Bruchs der Mentalität, bereiten ideologische Revolutionen vor, erweisen sich als Dämonen im Sinne von Dostojewski, als gelehrte und mit Vernunftgründen gespeiste Ordnungsstörer in der Art, die von Rimbaud und den Surrealisten hochgepriesen wird.« Die sich dagegen wendende Taktik, auf die die Überlegung des heiligen Augustinus hinausläuft, gibt einer orestischen Maschinerie einen christlichen Anstrich.

»Ihr Treiben war dem der Dämonen ähnlich auf ein Haar.

›Verderber‹ – kein Name träfe sie besser. Sie sind selber schon grundverdorben und entartet, die Beute unvermerkt betrügender Geister, die sich, hohnkichernd und übertölpelnd, genau dieselbe Schadenfreude machen, andere spottlachend zu übertölpeln.«

Ausnahmeerscheinungen? Böse Geister? Könnten sie sich jahrtausendelang halten, wenn sie nicht das Geheimste des Kindes im Westen, des jungen Menschen in seinem Kampf mitten im Gewirr der Triebe berühren würden? Er richtet sie gegen seine Eltern, gegen sich selbst. »Die oralsadistischen und analsadistischen Martern, mit denen die Erinnyen Orest bedrohen, sind ganz archaisch. Wir hören, daß ihr Atem ein Gluthauch ist und daß ihre Körper aus Giftdämpfen bestehen. Bestimmte Zerstörungsmittel unter den archaischsten, die der Säugling phantasiert, bestehen aus Darmgasen und Darminhalt, mit denen er seine Mutter vergiften will, so wie das Feuer, mit dem er sie verbrennen will, aus Urin ist.«

Geht es darum, ein Werk der Literatur auf eine Abfolge der Stadien psychischer Entwicklung zurückzuführen oder – umgekehrt – darum, eine vielgestaltige Entwicklung zu schematisieren, indem man sie in ein Kulturmuster hineinpreßt? Lassen wir uns doch davon überraschen, daß in den Dramen eines Säuglings des 20. Jahrhunderts nicht nur etwas, was wir schon gut zu kennen glauben, bestimmend ist – eine wilde Natur, ein barbarischer Instinkt, die einfache und ursprüngliche Gutheit oder die auf ihre Beschriftung wartende Wachstafel. Erkennen wir darin auch die sich zäh durchhaltende und sich beweglich zeigende *Orestie,* die im Unterbewußten versteckt ist.

So verschieden die Aussagen von Augustinus, Dostojewski oder der Psychoanalyse auch erscheinen mögen, sie zeigen etwas Gemeinsames. Sie stellen uns ein Individuum vor, das vor der Unterscheidung von Gut und Böse (»des guten und bösen Objekts«, sagt Melanie Klein) steht. Alles hängt am Wort – laut dem Gebet der Elektra: »… deine Mörder treffe wieder Mord wie's Recht!« Das Unrecht bezeichnet eine konkrete Situation – die Hoffnungslosigkeit der legitimen Kinder, der verbannte und mit dem Tod bedrohte Erbe; die Macht hat die Mörderin. Aber noch mehr – ein Boden tut sich auf, der jederzeit die im Tagesgeschehen Aufgehenden verschlingen kann. Der Tod, der Schlaf, die Träume, die Moiren, Verblendung und Schuld (Ate), die rachedurstigen Erinnyen, alle Töchter der Nacht beherrschen die Gesänge und die Verstrickungen des Dramas, bevor sie sich auf Orest stürzen. Alle Chöre der *Choëphoroi* rufen die Kinder der Nacht an. Sie wechseln ab in der Tat, die unter dem Schirm von Eris, dem todbringenden Streite, steht: »Dem Haus kommt Balsam hierfür, / Heilmittel nicht von Fremden, / Außerher nicht: von ihm selbst kommt's / in Streit, grausam, voll Blut!« Die ursprüngliche Verbindung des Menschen mit den Mächten des Bösen wird offenkundig: Ein Held nach Art des Orest schlägt sich unaufhörlich mit, nicht gegen ... Niemand macht die Nacht hell, der nicht von ihr umfangen ist. Jede Moral richtet den Blick auf ein gutes und ein schlechtes Ziel. Im Entgegensetzen wird das, was einander entgegengesetzt wird, vorausbestimmt. Wenn das moralische Problem – wie man sagt – klargestellt ist, so ist seine Lösung nicht weit. Wir brauchen uns nur noch entscheiden. Aber es scheint, daß wir nicht mehr das zu Wählende zu wählen hätten, als ob der entscheidende Moment, der für Orest typisch ist, wo man in guter oder böser Absicht sich dafür entscheidet, was das Gute und das Böse ist, sich verberge. Die abgeleitete Moral der Lehrveranstaltungen in Moral optiert dafür, sich für das Gute zu entscheiden. Das setzt voraus, daß man sich schon für eine Basismoral entschieden hat, die die Grenzen setzt, Gutes und Böses trennt und Gefahr läuft, ins Lebendige zu schneiden. Die *Orestie* führt dies am unerbittlichen und extremen Beispiel des Muttermordes aus. Orest hat viele Rollen. Er ist schon als Säugling ein Held, professioneller Agitator, radikal Tugendhafter, unbestechlicher Herr der dunklen Mächte oder Nervals »Prinz von Aquitanien ...« So viele Lichtkegel es gibt, die sich auf diese rätselhafte Figur richten, so viele Zugänge sind legitim, ja, sogar gelehrte Erklärungen möglich, die die vielen Aufträge und Bezüge den Umständen entsprechend erhellen. Würde Orest nicht von

Anfang an ein Bewußtsein der Zeit signalisieren, das nach ihm unbestritten zur Geltung kam, so wäre es nicht angebracht, diesen vielen Bezügen so viel Aufmerksamkeit zu widmen. Man befaßt sich mit diesem Jüngling so aufmerksam und ausgiebig, weil mit ihm der Westen mit dem unvergleichlichen Flüstern von sich zu reden beginnt, dem Historiker und Männer der Tat eine praktische, wissenschaftliche und überhaupt allgemeine Bedeutung zuschreiben. Am Anfang ist das Unerreichbare, die archaische Natur, der ursprüngliche Kommunismus, das Paradies schlechthin, die gute oder schlechte alte Zeit.

> »Ehrfurcht, die, keinerlei Kampf, keinem Zwang
>   überwindbar, einst
> Vom Ohr her ins Herz des ganzen Volks
> Hineindrang, nun trat abseits sie.
> Nur Furcht hegt man jetzt. Erfolgreich sein,
> Das ist den Menschen Gott und höher noch als Gott.«

So singt der Chor. Die Krise bestimmt die Gegenwart in ihrem Verfall, das Wellental ohne Vergangenheit und ohne Aussicht auf Gerechtigkeit. Im Tonfall dieser dringlichen Klage hört man einen nicht unterdrückten Hochmut durch. Sooft die unerbittliche Unveränderlichkeit des Vergangenen beschworen wird, sooft hat die Gegenwart des Gegenwärtigen das Unbesiegbare besiegt. Vielleicht nehmen die Genossen vom ZK nun besser das Geheimnis wahr, warum es so stolz macht, sich in der Krise zu wissen. Ich erinnere nur an die schmucken und teilnahmsvollen Wendungen, die Marx den Saint-Simonisten entnahm, um die Herrschaft einer verurteilten Bourgeoisie zu beschreiben: »Das Kapital treibt … hinaus über nationale Schranken und Vorurteile, wie über Naturvergötterung, und überlieferte, in bestimmten Grenzen selbstgenügsam eingepfählte Befriedigung vorhandner Bedürfnisse und Reproduktion alter Lebensweise. Es ist destruktiv gegen alles dies und beständig revolutionierend, alle Schranken niederreißend, die die Entwicklung der Produktivkräfte, die Erweiterung der Bedürfnisse, die Mannigfaltigkeit der Produktion und die

Exploitation und den Austausch der Natur- und Geisteskräfte hemmen.«

Orest erträgt den Bruch der dreigeteilten Zeit. Im Wartezustand erfahren der Chor und Elektra ihre Zerreißprobe:

Chorführer: Daß komme für sie – sei's ein Gott, sei es ein Mensch –

Elektra: Ist es ihr Richter, ist's sein Rächer, den du meinst?

Chorführer: Sag einfach so nur: der vergilt den Mord mit Mord!

Elektra: Und ist's für mich auch fromm, von Göttern das erflehn?

Chorführer: Wie sollt's nicht? Daß der Feind mit Bösem Böses büßt?

In den Fragen der Elektra zeigt sich ein »neuer Geist« (Kitto), den der erste Tag der *Orestie* nicht kannte und den der Chorführer noch nicht verstand. Der Rächer rächt sich ganz einfach. Agamemnon rächt sich an Troja, Aigisthos an Agamemnon. Nichts ist geometrischer als dieser »alte Geist«, das Pseudogesetz des Talion, das den Raub der Helena durch das Massaker eines ganzen Volkes ausgleicht und das Verbrechen des Vaters mit dem Blut des Sohnes. Die Sorge, das Verbrechen durch Strafe auszugleichen, ist ganz abstrakt – sie glänzt in Abwesenheit, die Rhetorik des Aug' um Auge verdeckt den ununterdrückbaren Willen der Rückkehr ins Vergangene, der die Raupe in die Frucht, die Frucht in die Blüte zurückkehren läßt, als ob nichts geschehen wäre. Der Trojanische Krieg fand statt bis zum letzten Blutstropfen, damit er nicht mehr stattfinde und damit alles immer wieder auf den früheren Zustand zurückfinde. Helena muß zurück, als ob sie nie weggegangen wäre, ihr Abenteuer ist hinfort unmöglich, weil es keinen Geliebten gibt und kein Anderswo. Der Brand schafft eine Wüste rings um eine Gegenwart ohne Erinnerung. Gestern kehrte der Herr in sein Königreich zurück, ging geradewegs in den Palast zu Klytaimnestra, zum Tod, nur getrieben von dem Wunsch, seine Füße in die alten Fußstapfen treten zu lassen, als ob es keine Zeit dazwischen gegeben hätte. Heute ist die Stunde des Richters *(dikastes)*, der nicht nur wie ein einfacher Rächer *(dikephoros)* die Gleichheit im Sinne der Rachejustiz wiederherstellen will. Ohne das zu wollen, geht es Orest um die Frage der Wiedergeburt des Westens. Er zahlt dabei drauf. Er muß die Zukunft erfinden, um das Gefühl dafür, eine Vergangenheit zu haben, wiederzufinden.

Exkursion über Nag Hammadi

Genossen, ich gehe etwas zu weit. Nicht nur fordere ich meine Leser vom Zentralkomitee dazu auf, in einem Klassiker zu blättern, den sie für etwas verstaubt ansehen, obschon Marx ihn als ein Zeugnis für unsere »ewige Kindheit« genoß. Darüber hinaus möchte ich sie mit einem Bestand an Geheimbüchern vertraut machen, die schwer zu entziffern, fast unmöglich zu verstehen sind. Die entscheidenden Stücke dieses Bestands wurden 1945 in Tonkrügen, im Sand bei Nag Hammadi versteckt, gefunden. Wir haben die Oktoberrevolution vor siebzig Jahren gemacht. Das übrige Europa brach nicht, wie Lenin meinte, in den darauf folgenden Monaten zusammen. Drei Generationen kamen und gingen. Unser Erbfeind von Anbeginn an begeistert sich, wird rasend, macht sich Illusionen, ist niedergeschlagen, macht sich genauso wie vorher in einem Rhythmus zu schaffen, der unsere besten ideologischen Experten verblüfft. Was nützt es, auf eine von allgemeinen und letzten Krisen erzeugte Verwirrung zu setzen, wenn die Situationen sich mit einer Geschwindigkeit ändern, die aus einem Toten einen Phönix hervorgehen läßt? Lenin korrigierte seine erste Diagnose und hob hervor, daß der Gegner immer abenteuerlicher und defätistischer agieren und nicht in eine endgültige Bewußtlosigkeit versinken würde. Vergessen wir die Bilder von den »letzten Zuckungen« eines von einer Meute eingekreisten Wildtieres, mit denen wir die Betrachtungen über unser Gegenüber versahen. Es sind Einbildungen, die mit einer Beschleunigung der

Geschichte rechnen, die ihnen den Eindruck gibt, intensiver zu leben, als sie es im Samstagabendfieber früherer Jahrhunderte taten. Kaum war eine Epoche so verteufelt wie die ersten Jahrhunderte unserer Zeitrechnung. Die Religionen schossen auf wie die Pilze und verwelkten einem unter den Händen. Geheimlehren schoben die Philosophien beiseite, die mystischen Erfahrungen rissen das Bewußtsein vor den offenen Gräbern und angesichts eines verdunsteten Lebens mit sich.

Die ungeheure gnostische Explosion erschütterte das Innere des westlichen Menschen wie nichts seither. War das eine reine Wirkung der christlichen Offenbarung, wie einige Kirchenväter und die Häresiekenner vermuteten? Oder war das von den Mystikern, Sekten, Dissidenten des späten und gelehrten Judentums vorbereitet? Das Geschehen hat noch seine Wurzeln im ersten monotheistischen Land, in Persien, dessen esoterische Spiritualität noch heute den Iran bewegt und in Unruhe versetzt. Reitzenstein und später Corbin verfolgten den Ariadnefaden. Anderen entging nicht die griechische Dimension, wo alle diese Stimmen ihr Echo fanden. Das ist bei Platon und Plotin ganz klar. Vom archaischen Morgendämmern an vermischt ein kühner Synkretismus die vom Norden gekommenen männlichen Gottheiten mit den Muttergottheiten des Mittelmeerraumes. Die indoeuropäische Dreifunktionalität verliert sich hier ganz und gar. Die Götter wechseln ihre Namen ohne weiteres, und sie alle kreisen um eine einzige Geschichte, die vom Erlöser und dem Erlösten.

Die viele Male berichtete Geschichte vom Abstieg und der Gefangenschaft der Seele in dieser Welt und die von ihrer Befreiung »ist die einzige Geschichte, von der ein Gnostiker etwas weiß« (Corbin). Das wunderschöne »Perlenlied« der *Thomasakten* beschreibt das Exil eines jungen, vom geheimnisvollen Osten gekommenen Prinzen im Westen, um die von einem Drachen gefangengehaltene Perle zu suchen.

»Ich ging auf direktem Weg zur Schlange und legte mich in der Nähe ihrer Lagerstätte nieder, um zu warten, bis sie in Dösen und Schlaf verfalle und ich ihr die Perle wegnehmen könnte. Da ich ganz allein war, war ich den anderen, die mit mir in der Herberge waren, fremd … Doch kleidete ich mich so wie sie. Sie sollten keinen Verdacht hegen, daß ich von anderswoher komme und die Perle haben wollte, und sollten daher die Schlange nicht auf mich aufmerksam machen. Aber irgendwie bemerkten sie, daß ich nicht ihr Landsmann sei. Sie mischten mir listig etwas ins Getränk und gaben mir von ihrem Fleisch. Ich vergaß, daß ich ein Königssohn sei und diente ihrem König. Ich vergaß, daß mich meine Eltern wegen der Perle hierher sandten. Von ihrer Nahrung wurde ich träge und verfiel in tiefen Schlaf.«

Die Geschichte versinkt in der Tiefe. Der Drache nimmt den Prinzen von innen her gefangen. Die Schläfrigkeit betäubt sein Bewußtsein und läßt ihn seinen Auftrag vergessen. Es genügt nicht, die Perle mit der Seele gleichzusetzen. Seine Ilias ist zugleich seine Odyssee. Das Opfer ist der Befreier, der Erlöste der Erlöser. Eine mandäische Liturgie für die Toten sagt das ausdrücklich in der rituellen Sprache:

»Ich gehe weg, um zu meinem Bild zu kommen
Und mein Bild kommt mir entgegen
Es herzt mich und umarmt mich
Als käme ich aus der Gefangenschaft.«

Einige Genossen werden die von Dr. Jekyll und Mr. Hyde her bekannte Verwicklung kennen. Sie ist hier nur umgekehrt. Nebenbei werden sie bemerkt haben, daß die Geschichten von Edgar Allan Poe sehr genau in die verschiedenen Erscheinungsformen der gnostischen Erfahrung einführen, da sie sie in der Psychopathologie gründen lassen, um sie in Sackgassen zu erwischen.

Darum gehe ich zum Gegenangriff über, wenn meine Kollegen in den Geheimdiensten mit diesem Beweis aus der Literatur nicht zufrieden sind und der Aktualität jahrtausendealter emotionaler Prozesse skeptisch gegenüberstehen. Sie sind stolz darauf, wie sie mit den Linken im Westen in den siebziger und achtziger Jahren umgegangen sind. Sie haben sie in den internationalen Waffenhandel verwickelt; sie haben die Sache bei den Hörnern gepackt und auf die Grundsätze des Diamat und die Macht des Pulvers mehr als auf die von Worten gesetzt. Sie bauen ihre Analysen auf den parallel von den europäischen und amerikanischen Diensten gemachten auf und laufen so Gefahr, demselben Irrtum zu erliegen. Genau wie die Dienste jenseits des Atlantik angesichts der Millionen Bürger, die sich gegen den Vietnamkrieg stark machten, baff waren und gelähmt dastanden, so erwiesen sich unsere Organe als unfähig, die »Ereignisse« (so sagt man doch eleganterweise), die von Berlin bis Budapest, in der ČSSR, in Polen alle zehn Jahre unsern Teil von Europa in Unruhe versetzen, vorauszusehen und ihnen zu begegnen. Wenn ganze Städte und eine ganze Generation auf die Straße gehen, so ist es – denke ich – ziemlich lächerlich, die Bewegungen mit Waffenlieferungen und Banknoten kontrollieren zu wollen, ob man die Quelle nun zum Versiegen oder in machiavellistischer Weise zum Überlaufen bringen will. Unseren Apparaten empfehle ich die Lektüre einiger seltener Bücher, die die Dynamik der gnostischen Massenbewegungen aufdecken, von denen die polnischen Katholiken oder die amerikanischen »Flower-power«-Adepten gelernt haben könnten. Es gibt natürlich keinen direkten Einfluß. Ich will nicht die Liste der indizierten Bücher vermehren! Hätte sich unser guter Lyssenko mehr um diese Dinge gekümmert als um den Maisanbau, hätte er weit überzeugender seine berühmte Theorie der erworbenen Charaktere darstellen können. Unsere Verwaltungsbehörden müssen eines Tages zur Kenntnis nehmen, daß es diese seltsamen Emotionen und die von ihnen bestimmten Massenbewegungen gibt. Sie gehören zum unvermeidlichen kulturellen Gepäck des Durchschnittseuropäers.

Um uns unseren Genossen verständlich zu machen, wollen wir die Art und Weise, in der jede Gnosis den Menschen mit einer Art zweiter Seele belastet, mehr dialektisch als materialistisch nennen.

Die Texte nennen diese innere Verdopplung »meinen Bewohner des Lichts«. Die Perle im Zentrum der gnostischen

Religion ist der Wink, ein dem Menschen innewohnendes Prinzip zu entdecken, das zugleich transzendent, außerweltlich ist und gewissermaßen der Schöpfung vorausgeht. Unsere Psychiater katalogisieren längst diese »Persönlichkeitsverdopplung«, von der die Gelehrten auf ihre Weise wissen. Hans Jonas weist darauf hin, daß in den manichäischen Fragmenten von Turfan von *griw* (iran.) gesprochen wird, das man mit »Ich« oder »Ego« übersetzen könnte. Damit ist nicht die empirische Seele, sondern der für das Heil empfängliche Bereich gemeint. Man kann auch von Lichtnatur sprechen, der heilige Paulus spricht vom »inneren Menschen«.

Hinter diesen mythologischen Theorien, die die gemeinsame Substanz von Gott und den Seelen auf tausend Arten erklären (die Hegelsche Dialektik bringt eine moderne Version desselben Themas), steht dieselbe einzigartige Erfahrung, die »denselben Helden« »ein und derselben wiederkehrenden Situation« gegenüberstellt. Das Szenario des Gesangs von der Perle bringt unzählige Wiederholungsmöglichkeiten mit sich. »Zusammenfassend läßt sich sagen, daß sich Gott unser bedient, um sich selbst zu erlösen. Gott ist zugleich Erlöser und Erlöster. Er ist so die zentrale Gestalt jeder Gnosis.« Wir selbst sind auch solche erlösten Erlöser. Und da, auf einmal, zögere ich. Ich laufe Gefahr, die letzten Freunde zu verlieren, die mir aus den Zeiten der Parteischulung blieben. Sie sagen sich, daß ich mich in einen der reaktionärsten Mystizismen verirre. Aber bevor sie mich feuern, sollten sie doch über die außerordentliche Verbreitung der Themen der »Selbstverwaltung« nachdenken. Hat diese nicht, seit der jugoslawische Revisionismus sich auf sie berief, zwar selten Fabriken zum Funktionieren gebracht, dafür aber um so mehr Köpfe beschäftigt! Meine vergeßlichen Freunde sollen die *Internationale* singen: »... Uns aus dem Elend zu erlösen, können wir nur selber tun!«

Hören sie denn nicht den Bezug heraus zwischen dem Esoterismus des sich erlösenden Erlösers und den profanen Massenmobilisierungen? Ich rechne nicht damit, daß ich überzeuge. Die überall vorherrschende Neigung, alles in ein Schubfach zu sperren, zählt die Gnosen zur Religionsgeschichte, die Tragödie zur Literaturgeschichte, und die *Internationale* hat ihren Platz im Liederbuch der Arbeiterbewegung. »Spinnt die Welt oder ich?« fragte sich Eugène Pottier, der Autor der *Internationale*, ganz besorgt. Sein inneres Erleben, das er Neurasthenie nannte, folgt der Bahn der religiösen Erfahrung. »Herr, gib mir, daß ich die Welt, die ich machte, zerstöre, denn mein Geist ist bei den Menschen angekettet und ich werde ihn von dort befreien.« (Hippolyt) Wenn der Erlöser sich erlösen muß, muß er zerstören, was ihn zerstört, nicht ohne sein Bild oder seine Haut in Gefahr zu bringen.

Das war die Verwirrung des Orest, lange vor *Hamlet* und ganz unabhängig von *Lorenzaccio*. Wenn er seinen Vater nicht rächt, so wird Apollo ihm den Aussatz schicken. Den muttermörderischen Rächer verurteilen die Erinnyen zum Wahn. Wenn der Erlöser sich selbst erlösen muß, so gehört er zu dieser Welt, deren Untergang er will. Seine ganze Seele wird zum Schlachtfeld. Tragödie und Gnosis gehören zu verschiedenen universitären Spezialfächern. So behandelt man sie kaum in einem Zusammenhang. Ein aufmerksamer Zeitgenosse indes hätte leicht am Beginn der modernen Religionen im neuen Sektengeist das Fortdauern des tragischen Gefühls finden können. Das Zeugnis des letzten bedeutenden griechischen Denkers ist zu beachten. Er verbindet Aufgang und Dämmerung der großen akademischen Philosophie: »Den tragischen Ton geben sie auf und sprechen dafür von den sogenannten Gefahren der Seele in den Sphären der Welt.« (Plotin in seiner Schrift gegen die Gnostiker) Der »tragische Ton« – das ist die ursprüngliche Subversion.

Liebe Genossen, jetzt lade ich euch ein, die *Choëphoroi* als große gnostische Oper zu entziffern. Es geht mir aber beileibe nicht um einen Posten an der Lomonossow-Universität. Gewiß würde mir ein Lehrstuhl zwischen dem der klassischen Literatur und der vergleichenden Religionswissenschaften einen angenehmen Ruhestand bescheren. Ihr wißt aber, daß wir das Geheimnis der Menschen im Westen verkleinern und es übermäßig mystifizieren, wenn wir ihre Literatur von ihrer Politik und ihre sogenannten religiösen Erfahrungen von ihrer Psychologie getrennt behandeln. Ihr entgegnet, daß sie selbst so vorgehen. Gewiß. Ein Minimum an wissenschaftlichem Geist sagt aber jedem Ethnologen, daß er die Rationalisierungen seiner Informanten nicht für bare Münze nimmt. Die Theorien der Einheimischen nimmt er lediglich zur Kenntnis.

Ödipus und sein Doppelgänger

»Alles geht schlecht aus.« Der zweite Morgen der *Orestie* fängt an wie eine Wahlkampagne. Jede Generation verkündet mit diesem Leitmotiv ihren Eintritt ins Leben. Sie entdeckt sich darin als neue Generation, daß sie die Vorhergehenden ins Ausgedinge der Geschichte verweist. Die drei Bände unseres geschätzten Genossen Akademikers Trapezoidow zeigen die Grenzen, in denen die Brüchigkeit dieses Diagnosetyps variiert: »Ihre subjektive Seite ist das Objektive, ihre objektive Seite dagegen liegt im Subjektiven«, führt er nicht ohne Betonung aus. Anders gesagt: Wenn das Urteil über den Stand der Dinge täuscht, so zeigt es doch den Zustand der Seele auf. Wir haben gelernt, den Leuten im Westen zu mißtrauen, die ihre Wirtschaft stracks in die Katastrophe segeln sehen. Wir müssen die sich überkreuzende Methode von Trapezoidow anwenden. Unsere Psychologen und Ideologen müssen die westlichen Vorhersagen über die industrielle und ökonomische Entwicklung lesen, um ihre moralische und ideologische Situation kennenzulernen. Unsere Ökonomen dagegen müssen alle publizierten politischen Indizes analysieren, die es gestatten, die Moral der gegnerischen Truppe zu beurteilen und daraus die klare Voraussage ihrer industriellen Entwicklung zu ziehen. Ich werde in meinem Beitrag versuchen, über das zwischen den Zeilen Gesagte etwas zu sagen und über die heimliche Befriedigung in den allerpessimistischsten Urteilen nachzudenken.

Am Anfang steht die Wahrnehmung eines Übels. Nichts ist

mehr, nichts weniger objektiv als ein Kieselstein unter den Füßen oder ein Vogel am Himmel. Die Mörder sind an der Macht. Das stellen Elektra und Orest fest, die sich aber täuschen können. Ist der Stein im Schuh nicht meine Empfindung, eine Fußwarze? Dieses Übel kann doch eine Einbildung sein. Es verbirgt sich aber doch etwas Wahres dahinter. Eine Empfindung jagt die andere, ohne daß wir den Bereich der Sinneswahrnehmung verlassen, dessen Possen und Ausflüchte den Gang bestimmen. Es geht nicht ohne Mühe ab, wissenschaftlich oder phänomenologisch, wörtlich oder bildlich das zu denken, was man sieht. Aber die Schwierigkeit wächst, wenn man den Blick wendet. Ein Gnostiker entgegnet einem Schöngeist, der über die Natur des Bösen nachsinnt, um besser zu erkennen, worum es sich handelt: »Ich würde diesem Mann gern einen Skorpion in die Hand geben und sehen, ob er sie nicht zurückziehe.« Genauso wie das Wahre für sich selbst und das Falsche zeugt (Spinoza sagt: »verum index sui et falsi«), genauso wie das Wahrgenommene nur durch ein anderes Wahrgenommenes zurückgewiesen werden kann (Husserl), genauso gibt sich das Böse als Böses im ersten Ausbruch des Schreckens zu erkennen, und nur ein noch größerer Schrecken scheint es zu mildern.

Wir sind im Wahren. Ödipus macht von Anfang bis Ende diese Erfahrung. Wir sind im Bösen, das zeigt der Weg des Orest. Ödipus ist zu Beginn mit seiner Macht, seiner Weisheit, seinem Glück ein großer König. Blind und verbannt hätte er in seiner Einsamkeit am Ende des Lebens alles verloren, wäre er nicht vom simplen Sehen zur wahren Erkenntnis, vom Schein zum Sein, von anderen zu sich selbst gekommen. Er kommt nicht von einem Sein in ein anderes, von einer niederen zu einer höheren Wahrheit. Orest erhebt sich vom partiellen Unglück eines Kindes ohne Familie und Vaterland zum vollen Desaster des Psychotikers. Bei seiner Ankunft in Argos erleidet er das Nichterkanntwerden durch die andern, sich selbst unbekannt geht er weiter. Wenn Ödipus immer unterwegs zu sein scheint, einer, der methodisch nach der Wahrheit sucht, so ist Orest ständig in einem Umweg gefangen, der ihn vom Schlimmen zum Schlimmsten führt. Er gibt vor, nicht mehr zu wissen, warum er gekommen ist, dem Chor hält er vor, ihn zu drängen; er zögert, als der Zeitpunkt des Handelns gekommen ist. Pylades bittet er, ihm die Hand zu geben. Orest führt genauso wie Klytaimnestra in ihrer Hybris den blutigen Streich mit der Waffe. Die Leichen wechseln, das Töten wiederholt sich mit einem bestimmten Hauch von Dauerhaftigkeit. Klytaimnestra schneidet ihrem Sohn jeden Weg zurück ab. Sie zerreißt ihr Gewand und hält ihre nackten Brüste dem Schwert entgegen. Sie zwingt ihn, im ganz Hellen zu handeln, sie verurteilt zum Sehen und nennt ganz genau die Tat, den Täter, das Verbot und seine Übertretung. Nichts Unmenschliches bleibt fremd. Ödipus ist wissend und das Böse entgeht ihm. (Er hat sich die Augen ausgestochen, um den Leib seiner Mutter nicht zu sehen und das schöne Bild des Körpers seiner Frau behalten zu können.) Orest ist mitten im Bösen, das ist das einzige, was er weiß.

In jeder tragischen Verwicklung kann man drei Knoten unterscheiden – drei Teile der Geschichte nach Aristoteles. Zuerst: der *Theatereffekt (peripeteia)*, der Moment, in dem die Situation sich in überraschenden Wendungen verkehrt, die gegen jede Erwartung die Karten neu verteilen und zu einem Ende führen. Zweitens: das *Wiedererkennen (anagnorisis)*, d. h. »die Wandlung von Unkenntnis zum Wissen, die zu freundlicher oder feindlicher Einstellung zu den Dingen führt, die über Glück und Unglück entscheiden«. Typisches Beispiel: Elektra erkennt in dem Dahergelaufenen ihren Bruder Orest. Drittens: die Erfahrung des Leidens *(pathos)*, »ein Tod oder Schmerz bringender Vorgang, z. B. auf offener Bühne sterben, übergroßer Schmerz, Verwundungen und dergleichen«. Aristoteles bemerkt bei dieser Einteilung, daß Sophokles besonders zu betrachten sei. Dessen Theatereffekt könnte nicht klassischer sein (»so wie der Bote im ›Ödipus‹, der den Helden erfreuen und von der Angst um seine Mutter dadurch befreien will, daß er ihm sagt, wer er ist, gerade das Gegenteil erreicht«), wenn er sich nicht mit der zweiten tragischen Triebkraft verdoppeln würde, woraus sein unvergleichlicher Erfolg resultiert. Am vortrefflichsten ist die Wiedererkennung, wenn Wendepunkte damit verbunden sind, wie im Ödipus. Innerhalb eines Augenblicks kommt das Licht wie der Blitz, die Aktion wendet sich, das Geschehen bricht zugleich im Innern und auf politischer Ebene aus, Ödipus erkennt sich als berufenen König und als das Absolute, das man ausschließt. Er vereinigt die Überraschungen der Handlung und des Wissens. *König Ödipus* ist nicht nur das unerreichte Beispiel einer Verbindung von Theorie und Praxis, es eröffnet auch eine Tragödie der Erkenntnis, die – wie wir von Freud wissen – sich ständig in jedem einzelnen abspielt.

Die Schönheit ist die Einheit einer Vielheit, eine »Form« oder Idee, die die leuchtendste, die einzig offenbare und sichtbare ist. Aristoteles nennt das Wiedererkennen in der Art des Ödipus das »schönste«. Er stellt dieses vor und zeigt zugleich das dahinterstehende Prinzip auf. Der Richter wird gerichtet – er deckt auf, daß das Urteil ein Urteil über sich selbst ist. Alles scheint sich im Orkan zu verschlingen, der Ödipus zu sich selbst bringt, die Pest, die die Stadt bedroht, die Deutung der Orakelsprüche, die Identität eines jeden. Alles? Keineswegs. Der dritte Punkt, der Gewalteffekt, paßt in diese schöne Lösung nicht hinein. Eine ungeklärte Härte bedroht die Grenzen der Tragödie, ihr Vorher (Warum sollte Laios keine Kinder zeugen? Warum setzte er seinen Neugeborenen, Ödipus, aus?), ihr Außen (die menschenfressende Sphinx), ihren Hintergrund (die Pest). Diese in der Tiefe versteckte Gewaltsamkeit bleibt im Hintergrund, sie kommt nur gedämpft zu Wort, wie zum Beispiel, wenn Iokaste auf die Frage des Ödipus sagt, daß er sich nicht zu beunruhigen brauche, da jeder Mann davon träume, mit seiner Mutter zu schlafen. Hieße das nicht im Ton einer banalen, ruhigen und bürgerlichen Klugheit, daß man nicht mehr zwischen Traum und Wirklichkeit, zwischen dem, was man tut, und dem, was man sich einbildet, unterscheiden solle? Sei psychotisch, mein Sohn!

In Iokaste zeigt sich Klytaimnestra, hinter Laios verschwindet der, der Iphigenie opferte. Die offensichtlich zu Theben gehörende Pest breitet sich mit der Ansteckung der Genozide aus, solange ein zu feinsinniger Ödipus sich über den Wahn des Orest erhebt.

Man kommt leicht dazu, Ödipus zu idealisieren. Seine Selbstverstümmelung am Ende gilt als Sieg des Geistes über den Körper. Vergessen ist der beunruhigende Alte, den Sophokles zwanzig Jahre später auf Kolonos versetzt. Die anfänglichen Anwandlungen von Gewalt sind weg, ihr Rätsel ist ungelöst. Man strickt an einem Erbauungsroman über eine Erkenntnis, die die Alternativen des Engagements und die Zweideutigkeiten der menschlichen Beziehungen beherrscht. Der idealisierte Ödipus versetzt Orest in einen Schatten, der durch so viel Licht nur noch verstärkt wird. Der eine ist nicht vom anderen abhängig. Orest ist kein umgekehrter Ödipus, auch kein Anti-Ödipus. Er ist dem Schrecken angesichts der Schönheit geweiht; sein wirklich ergreifender Lebensweg erweist sich von Anfang bis Ende als »eine Zerstörung und Schmerz verursachende Handlung«. Elektra bewirkt das »Wiedererkennen«. Nur Klytaimnestra erleidet den »Theatereffekt« des totgeglaubten Sohnes, der tötet, während der Held, selbst überrascht, erschüttert, aufgewühlt, nur in der dritten Dimension der Tragödie erscheint, wenn die Gewalt wirkt und die schöne Einheit von Betrachtung und Handlung sich als Wahn erweist. Das Bild eines idealen und über alle Zweifel erhabenen Ödipus verdeckt das Besondere einer Persönlichkeit, die sich nicht vom Bösen entfernt hält, sondern davor zurückweicht. Die Vermeidungsstrategie ist familienbedingt, schon seine Eltern – die das verfluchte Kind wegschafften, ohne es zu töten – hofften so, das Hindernis durch Identitätsverfälschung zu beseitigen, bedienten sich der List. Auf Kolonos begegnen wir Ödipus auf der Flucht. Er verließ Vaterland und Söhne, um in einem unbekannten Land Zuflucht zu suchen. Im Rahmen dieser dauernden Fiktion in der Lebensführung erscheint der Akt des Augenausstechens als Spiel mit dem Bösen in einem Übermaß des Schmerzes, der dieses Spiel auf ein Mindestmaß der Zerstörung begrenzen soll. Es siegt der, den man für besiegt hielt, indem er aus freien

Stücken ein nicht aus freien Stücken begangenes Verbrechen sühnt, das er sowieso hätte sühnen müssen. Schelling sieht darin etwas Großes, daß eine Strafe für ein unvermeidliches Verbrechen aus freien Stücken angenommen wird und man sich dadurch frei erweise, daß man auf die Freiheit verzichtet. Der Kunstgriff des seine Schuld bekennenden Richters entspricht der Ironie des Schicksals. Ödipus weiß sehr wohl um das Böse, aber er weiß es zu wenden und seine Verurteilung abzuwenden. Orest verschwindet in seiner verlorenen Freiheit, Ödipus tritt hervor und damit das Vorhaben, das diesen Verlust befreit. Wer nicht sieht, wie sich ihre Wege kreuzen, verpaßt eine Bruderschaft.

Ohne Orest fällt Ödipus in das Hohe über den Himmeln und das Blut, das aus seinen Augenhöhlen rinnt, gibt Diotima, der vom Geist ergriffenen Priesterin im *Symposion* des Platon, die entscheidenden Akzente. Ohne Unterbrechung führt die Patronin des westlichen Optimismus von der Liebe zu schönen Dingen, zu schönen Knaben und von wohlgesetzten Reden zum alles umfassenden höchsten Gut und gibt so das Programm eines Aufstiegs, der jeden Karfreitag von vornherein ausschließt. Kein Gefühl für eine vollkommene Einsamkeit bedroht den, der das Schöne liebt und sich auf jeder Sprosse der Leiter Diotimas wohlfühlt. Die Übel verschwinden für den, der weiß, wie man sie nicht sieht. Der idealisierte Ödipus korrigiert in seiner starken Weise das Schlimme, das er sieht. Man setzt sich nicht mehr der Gefahr aus, ein »Mein Gott, warum hast du mich verlassen?« zu hören, das dem entspricht, was der flehende Orest vorbringt.

Eine zur Lehre gewordene Erotik buchstabiert die verschiedenen Erscheinungsformen der Schönheit — Leib, Seele, Wissenschaft — und führt uns schrittweise zu ihrer Vollkommenheit in der Verschmelzung der auf etwas Bestimmtes gerichteten Leidenschaft mit dem göttlichen Wahren, Schönen und Guten. Lehrer und Dichter gefallen sich darin, bei Platon die Lehre der Liebe zu finden, »das universelle Prinzip jeder Harmonie und jeder Ordnung« (Robin). Ein glücklich Geborener schwört nur bei Diotima. Wenn er seine Ansicht ändert, so werden weder Umstände noch intellektuelle Medien ihm deswegen fehlen. Die die Welt durchdringende Liebe versperrt nicht die Sicht. Jeder trägt in sich, womit er einen Bruch bewirken kann; Freud ist Zeuge und schlägt eine begriffliche Fassung vor: »Die Annahme des Todes- oder Destruktionstriebes hat selbst in analytischen Kreisen Widerstand gefunden ... Ich verstehe nicht mehr, daß wir die Ubiquität der nicht erotischen Aggression und Destruktion übersehen und versäumen konnten, ihr die gebührende Stellung in der Deutung des Lebens einzuräumen ... Ich erinnere mich meiner eigenen Abwehr, als die Idee des Destruktionstriebs zuerst in der psychoanalytischen Literatur auftauchte, und wie lange es dauerte, bis ich für sie empfänglich wurde. Daß andere dieselbe Ablehnung zeigten und noch zeigen, verwundert mich weniger. Denn die Kindlein, sie hören es nicht gerne, wenn die angeborene Neigung des Menschen zum ›Bösen‹, zur Aggression, Destruktion und damit auch zur Grausamkeit erwähnt wird.«

Der Libertin, mit dem man gern zusammen ist, kommt mit seinem ganzen Körper dorthin, wohin der geistliche Mensch mit tiefster Seele gelangt – zu jenem erfüllten Augenblick, in dem keine Wahrnehmung mehr von etwas trennt. Dann ist man in der Liebe, »die Sinnliches und Unsinnliches in der Seele versöhnt, Bewegung und Erkennen, Handeln und Betrachten, Leben und Denken, Werden und Sein«. Orest bricht diese platonische Symphonie ab und führt einen unvermeidlich dissonanten Gesichtspunkt ein, der sich wie Schiefer zwischen das Lebendige und das Denken schiebt und nicht zuläßt, daß die Wunden sich schließen und die Narben verschwinden. Von Platon bis Freud gilt Eros als das das Leben durchdringende und zusammenhaltende Prinzip, das zugleich auch die Märchen bestimmt. Orests Zerstörungsdrang – das Freudsche Nirwanaprinzip – führt die aristotelische Operation vor, die die Zweiheit Materie-Form durchbricht und ein Drittes, die Privation oder Steresis, zitiert. Die Materie braucht die Form. Kein Ding kann ohne diese beiden Verliebten auskommen. Freud bemerkt, daß die Allgegenwart der Zerstörung verborgen ist, wenn sie nicht erotisch gefärbt ist. Die Abwesenheit des Piloten ist Ursache des Unfalls. Es kommt aufs selbe heraus, ob ein Unfähiger seinen Platz einnimmt oder ob dieser leer bleibt. Die Steresis ist nicht eine andere Form, sondern die Deformation, die ein Loch läßt. Wie soll man die Seinsflucht, die die schönen, nach Art der Diotima zusammengehörigen Gruppen, von denen die Welt so gern bevölkert ist, wegrafft, begreifen? In der Steresis erkennt man sie nicht mehr – Orest ist von Erinnyen umgeben.

Er geht nicht weg, er reißt uns ins Nichtsein, er bringt den Beweis für die Existenz der Steresis mit derselben Wucht wie der Gläubige den Beweis der Existenz Gottes. »*Wir* sagen heute z. B.: das Fahrrad ist weg, und meinen dabei nicht nur, es sei fort, sondern wir wollen sagen: es fehlt. Wenn etwas fehlt, dann ist das *Fehlende* zwar weg, aber das *Weg* selbst, das Fehlen bringt uns gerade auf und beunruhigt uns deshalb, was alles das Fehlen nur kann, wenn es selbst da ist, d. h. *ist,* d. h. ein Sein ausmacht.« Mit der Steresis zeigt Heidegger eine Anwesenheit ohne Anwesendes auf, ein Leeres, das sich als Leeres zeigt und dessen »Erstaunliches« festgehalten werden muß, anstatt es »in ein leichtfertiges, dialektisches Begriffsspiel aufzulösen«. Man kann sagen, daß Orest den Verstand verliert und daß er dabei erkennt, daß man den Verstand zwar verlieren kann, daß der Verstand aber nie verloren ist. Ohne Verstand gewinnt keiner. Er kann sich verlaufen, aber ohne ihn geschieht nichts.

Literatur und Revolutionen
(Fortsetzung)

Nur eine einzige Zivilisation unter allen, die es gibt, wagte den logischen Widersinn, der im Begriff »Arbeitslosigkeit« liegt. Überall stößt man auf arme Schlucker. Will man sie als Arbeitslose bezeichnen, so heißt das eine Feststellung treffen, die auf eine Antinomie führt. Wer kann sagen: »Ich bin arbeitslos«? Ein Arbeiter, der nicht arbeitet, ein Arbeiter ohne Arbeit, ein Mensch gewordener Widerspruch also, ein Bruder des Kreters, der sagt: »Ich lüge.« Denn, Genossen, wenn er arbeitslos ist, ist er nicht mehr Arbeiter. Das weiß jeder sowjetische Polizist. Einer unserer Pariser Freunde – Louis Althusser – schlug vor, den Begriff Entfremdung, der von unseren Gründervätern unbedacht für eine zurückliegende Zeit gebraucht worden ist, aus dem marxistischen Wörterbuch zu streichen. Dieser Begriff macht dieselben Schwierigkeiten wie der Begriff Arbeitslosigkeit. Wenn man ihn gebraucht, straft er das Ausgesagte Lügen. Wer kann sagen: »Ich bin entfremdet«? Der Narr, der sich für seinen eigenen Psychiater hält, der Fremde, der sich in einer Sprache durchaus passend ausdrückt, die ihm – wie er ausdrücklich sagt – fremd ist, und der, der sich nicht imstande sieht, zu urteilen. Entweder mißt sich das Bewußtsein der Entfremdung einen zu hohen Rang als Bewußtsein schlechthin zu, oder aber es fühlt sich als entfremdetes minderwertig. Nur die Literatur findet ihren Schatz in diesem Überbleibsel des wissenschaftlichen Sozialismus. Man muß glauben, daß die Sozialisten von einst die Revolutionäre – und diese sich selbst – als gnostische Seele verstanden, die in Ketten liegend singt:

»Die Fremden, mit denen ich zusammen bin
Kennen mich nicht.
Sie haben meine Sanftmut genossen,
Sie wollen mich behalten.
Ich war für sie Leben,
Sie waren für mich Tod.«

Das Gefühl der Entfremdung ist erträglich nur, wenn es mehrere Rollen übernimmt – Erlöser und Erlöster, der, der das Gefängnis von innen her angreift, der Helfer von außen, gelegentlich der Kerkermeister. Die Schwierigkeit, alle diese Rollen auf einmal in mir, mit andern zu vereinen, macht die Entfremdung zu einer Krankheit der Verständigung und so mitteilsam und mitteilbar. Die Krise oder die Entfremdung machen klar, daß etwas nicht oder nicht mehr paßt. Der platonische Eros, Ideal einer ununterbrochenen Kommunikation, ist krank. Es gibt einen Bruch zwischen Iphigenie und Agamemnon, zwischen ihm und Klytaimnestra. Die Masche strickt sich fort, Elektra ruft ihren toten Vater im Grab an, Orest ehrt ihn als makellosen Helden, beide träumen mit Diotima von einer Welt, in der der Tod Unsterblichkeit bedeutet. Diotima wagt zu sagen, daß die Reinen sich nicht geopfert hätten, »wenn sie sich damit nicht das ewige Angedenken in Zukunft, das mit dem Verdienst verbunden ist und das wir ihnen heute bewahren, hätten erwerben wollen«. Das bindet die beiden Kinder an den Hügel, auf dem sie ihr Opfer bringen. Darum rührt der Chor an die sanft klingenden Platonismen eines Prinzips der tragischen Realität: »Jedoch dieser zweifachen Geißel Hieb/Trifft dumpfen Gedröhns: Eure Helfer ruhn/In der Erde längst; und die nun an der Macht,/Sind unreiner Hand, sind – hassenswert ihm (nämlich Agamemnon) –/Seinen Kindern noch mehr es geworden!« Das ist die Situation, wo es zur Liebe kommt, sogar im Platonschen *Symposion*. Es gibt den begehrenden Liebhaber und den Geliebten in seiner begehrenswerten Schönheit. Die verschiedenen Personen, die Platon in seinem Dialog zusammenbringt, singen von ihrer Verbindung. Die Tragödie und Sokrates reservieren sich den Gegenpart.

Das *Symposion:* Ein Lehrer begehrt die Knaben, die wissen wollen. Pausanias wundert sich, daß das Band zwischen dem Begehrenden und dem Begehrten wie in der Generationenkette verbindet. Fülle erfüllt die Leere und die Gegensätze werden zur Harmonie, so fährt der Arzt Eryximachos fort. Die Körper finden zueinander, und auch die Seelen, jedem die Seine, jedem der Freund, wie die beiden getrennten Hälften einer ursprünglichen und zusammengehörigen Ganzheit (Aristophanes). Man ist sich einig über die Einmütigkeit dieses gegenseitigen Gebens, mit der alle Beteiligten den geheimen Grund eines Liebesglücks verbinden. So muß Diotima nur noch auf den Gedanken bringen, daß man mehr als den Freund die Verbindung zwischen den Freunden liebt, diese Dimension der Ewigkeit, in der uns ein absoluter und vollkommener Bezug hält, der nichts zu wünschen übrig läßt – zuallererst lieben wir die Unsterblichkeit.

Psychologen, Sexualforscher und Sozialarbeiter haben eine nicht weit davon entfernte prosaische Version dieser Auffassung. Sie schätzen den Wert freudig gestimmter und gut sich entfaltender Sexualität hoch ein. Liebe teilt sich direkt mit, »sie waren glücklich miteinander und hatten viele Kinder ...« Mit diesen jeden Widerspruch von vornherein ausschaltenden Reden erinnerte Phaidros an ein ganz anderes Wunder als das der Zusammengehörigkeit. Höher als Alkestis, die liebende Frau, die an Stelle ihres geliebten Mannes den Tod annahm, stellt er Achilles, der als Rächer seines Freundes Patroklos stirbt. Diotima deutet dies: Er wollte sich in seiner Liebe unsterblich machen. Sie führt Achilles auf Alkestis zurück, beide hätten auf dieselbe Art gezeigt, daß die Liebe stärker als alles ist; so weist das Feuer, das in den Lebenden ist, auf die Ewigkeit voraus. Alkestis bleibt sich selbst treu. Sie stirbt ganz anders als Achilles. Sein Tod sagt mehr über die Wahrheit, die ihn an Patroklos bindet, als sein Leben. Achilles, der schönere und jüngere, ist der Geliebte, nicht der Liebhaber des Patroklos. (Phaidros unterstreicht das deutlich; unter dem Vorwand, Aischylos am Zeug zu flicken, widerlegt er Diotima im voraus.) Unvorhergesehen trat er in Aktion. Er geht über die Liebe, von der Alkestis Zeugnis gibt, hinaus; göttlich stürzt er sich ins Unsichtbare. Nur sein Tod für Patroklos gibt Zeugnis davon, daß die beiden sich begegneten. Die wundersame Liebe des Patroklos, des Liebenden, erhält vom Geliebten die Antwort des Liebenden. »Der Liebende setzt sich an die Stelle des Geliebten. Das ist die Metapher für die Situation der Liebe. Das ist diese Hand, die den Holzscheit anrührt, der sofort zu lodern beginnt. Diese Handbewegung ist mit dem Reifen der Frucht, der Schönheit der Blume, dem Aufflammen des Holzscheits verbunden. Wenn die Hand zum Objekt greift, wenn aus der Blume, der Frucht, dem Holzscheit eine Hand sich eurer Hand entgegenstreckt und eure Hand sich in diesem Augenblick in

der Explosion einer auflodernden Hand oder in der sich schlie-
ßenden Rose oder Frucht erstarrt, ist das Liebe ...« Der Psychoanalytiker Jacques Lacan meint, daß Platon nicht Diotima
das letzte Wort gibt. Sie hat nur die letzte große Rede über die
Sicherheit in der Liebe, im Sozialen und im Himmlischen. Die
Lust ist von dieser göttlichen Nähe weit gebannt. Wenn es das
Angenehmste ist, das Geliebte zu haben, lebt jeder, der es hat,
sehr zufrieden ... Weit abseits messen Phaidros, der das Rätsel
am Anfang vorbrachte, und Sokrates, der nach der Schlußfol-
gerung von Alkibiades es verkörpert, die Begegnung des Eros
mit ihrem äußersten Risiko – daß es nie dazu komme.

Die sexuelle Orthopädie verbindet zwei Bezugspunkte im
Innern eines außer Betracht gelassenen Bezugs. Die Literatur
über Liebe bezieht sich darauf und kommt nicht zur Ruhe. Sie
handelt vom Übel der tragischen Liebe, vom Übel des gnostischen Geliebten, vom Übel des romantischen und modernen
Liebhabers. In den drei Fällen stellt sie Wesen vor, die sich nur
treffen, indem sie sich selbst finden und sich nicht treffen würden, wenn sie nicht zu sich selbst finden müßten. Die Entfremdung ist nur eine Unruhe in der Liebe. Die Liebe ist jedenfalls
beunruhigend, aufgeregt und erregt.

Zur Tragödie kommt es, wenn ein Kollektiv – eine Familie,
eine Stadt – blockiert ist, zerbricht, mit Überraschung zur
Erkenntnis kommt, daß die gewohnten Verhaltensweisen, die
die materielle und geistige Reproduktion sicherstellten, nicht
mehr greifen. Die Pest nimmt überhand, die Toten werden
nicht bestattet, die Paare gehen auseinander, die Kinder
schreien, die Mörder haben das Sagen. Am Anfang fallen diese
Schreckensdinge vom Himmel, die Personen erleiden sie, ohne
sie zu verstehen und ohne etwas davon zu begreifen. Am Ende
merken sie, daß sie daran mitgewirkt haben, wenn sie nicht gar
Urheber des Unheils waren, das sie wie ein Blitz aus heiterem
Himmel zu treffen schien. Am Ende der *Choëphoroi* steht der
blutige Orest über zwei Leichen gebeugt da. Das Verbrechen
war seit der ersten Szene im Schwange, wir haben aber gelernt,
es zu unterschreiben ... Das Pathos läßt sich nicht lokalisieren

oder sonstwie beschränken. Es färbt die Atmosphäre rot und verbindet die Familien- und Polis-Dramen im Blut. Die Gewalt ist von Anfang bis Ende da, sie ist kein Schmuck, sie bewegt sich in der Handlung und ist mitten in ihr. Orest, der Gewalt erlitt, nimmt sie manchmal in Anspruch; oft mit dem Ziel, sie dort spüren zu lassen, wo er sie selbst spürt, angestiftet durch familiäre Neigung. Sie wird verzweifelt intim, sie verdreht bis zum Wahn die Handlungen und das Wissen, die ein tragischer Held glaubt, seine eigenen nennen zu können.

Mit der Anrufung des höchsten der Griechengötter – des Einen – spricht Aischylos am Morgen des ersten Tages die Regel aus, die das dreiteilige Werk durchzieht: »Zeus, der uns der Weisheit Weg/Leitet, der dem Satz: ›Durch Leid/Lernen!‹ vollste Geltung leiht,/Klopft anstatt des Schlummers an das Herz/Reugemut Mühsal an: selbst sich Sträu-/benden kommt Besonnenheit./Götter geben solche Gunst, Ge-/waltherrn auf des Weltensteurers Thron.« Klugheit hat, wie bei Homer, keine moralische Bedeutung. Wie der Ekklesiastes findet der taube Beethoven in der Komposition der großen Symphonien diese Wahrheit der Tragödie – »Durch Leiden Freude«. Diese Formulierung verbindet das Wissen (*mathein,* die zweite Komponente der Tragödie) und die Gewalterfahrung (*pathein* weist auf *pathos*). Schnell machten die Griechen ein Sprichwort daraus. Der Mensch lernt nur auf eigene Kosten. Aber was lernt er? Das Wichtigste, den Bezug, der über ihn hinausweist, die »wohltuende Gewalt der Götter«, ihre grausame und wilde Kraft und ihre Gnade *(charis).* Aischylos verbindet mit Absicht Wasser und Feuer, in seinem Pathos entfaltet er in einer Dopplung die tragische Erfahrung (Leiden und Wissen, Leidenschaft und Wachsamkeit) des Tragischen (Grausamkeit und Gnade sind tief verborgen in allen Dingen). Man leidet an der grausamen Möglichkeit des Genozids der Olympier, man sieht mit ihrer Kraft. Das ist die relativ klare Situation am ersten Tag der *Oresteia.* Kassandra zeigt das. Die Schuldlosen leiden, die Bösewichte handeln. Die Situation ist in religiöser Hinsicht und auf friedlichem Wege aufgeteilt, Gut und Böse sind zwei verschiedene Dinge. In Gott kulminiert die nicht weiter rückführbare Zweiheit der Lage. Jakob Böhme wird in der Güte des christlichen Vatergottes später eine dunkle und schreckliche Wucht wahrnehmen. Die Gnostiker unterschieden gern zwischen der höchsten Gottheit und einem weniger vollkommenen Demiurgen, der sogar diabolische Züge hatte und dem wir das Tohuwabohu der Geschöpfwelt zuzuschreiben haben. In ihrer bescheideneren Weise achtet unsere jetzige Geschichtsbetrachtung, die zunehmend die ganze Welt umfaßt, das unantastbare Schema. Es ist zur Gewohnheit geworden, das Leben schwarz zu sehen (das Mittelalter, den Obskurantismus, den Kapitalismus) oder rosarot (die Renaissance, die Aufklärung, den Sozialismus). Der Religion des Mani (dem Manichäismus) verdanken wir eine der klarsten Formulierungen des grundlegenden Antagonismus. »Vor der Existenz des Himmels, der Erde und alles, was in ihnen ist, gab es zwei Prinzipien, ein gutes und ein böses. Das gute Prinzip wohnt im Land des Lichtes.« Gegenüber diesem Lichtland *(terra lucida),* dem Reich des Vaters, erstreckt sich das Land des Unheils *(terra pestifera),* wo der Fürst der Finsternis sein Wesen treibt. Diese beiden Reiche sind parallel und symmetrisch gedacht. Den fünf Wohnungen des Vaters (Einsicht, Verstand, Denken, Reflexion, Willen) entsprechen fünf Welten, die der Höllengeist besetzt hält, »zuerst die des Dampfes oder Nebels, die von nebelhaften und rußigen Gestalten bevölkert ist, dann die eines Feuers, das nicht reinigt und nicht verbrennt, dann die des rasenden und zerstörerischen Sturmes, noch tiefer die des trüben und morastigen Wassers, schließlich die des Dunkeln, des grundlosen Abgrundes«. Die manichäische Lehre der zwei Wurzeln – des Guten und des Schlechten – ist der erste Akt des ganzen Stückes, das vom Kampf (gegen die Natur, zwischen den Menschen und mit dem Schicksal, ganz gleich) handelt.

In der Geschichte stoßen die beiden Prinzipien aufeinander, sie »vermischen« sich. Wie geht das zu? Es ist doch schwierig, aus der Koexistenz der beiden Feinde, die einander fremd sind, herauszutreten. Geben wir zu, daß das Böse, das von

Natur her auf Eroberung aus ist, von der reinen Schönheit des Guten angezogen ist. So bleibt zu erklären, warum der gute Gott, »der Vater der Größe«, die Invasion des Dunkels nicht mit einem Satz erledigt. Er kann es nicht, sagt Mani, »in der Welt des Lichtes gibt es kein brennendes Feuer, das gegen das Böse gewendet werden könnte, kein schneidendes Schwert, keine Wasser, in denen man umkommt, oder etwas Böses sonst. Dort ist alles Licht...« Man spricht über die Ausrüstung und die Inszenierung des Kampfes. Der heilige Augustinus schweigt darüber nicht. Hinter diesen Bildern erschüttert das Eingeständnis (die Genossen im Kreml kennen sich aus), daß das Gute offensichtlich nicht in der Lage ist, das Böse zu bekämpfen. Dieses wesensbegründete Unvermögen begründet die Kultur und die Überzeugungen in Europa. Nietzsche nennt diese unendlich unaufdringliche Liebesmystik eine »Religion der Schwäche«. Europa sagt nicht, daß Schwäche und Sklaverei gut seien, es sagt, daß die Guten naturgemäß wenig Kraft haben.

Das Gute wird immer überrascht, es ist nicht moralisch gerüstet. Daß ihm die militärische Ausrüstung fehlt, schafft ein bedeutendes Ungleichgewicht zwischen den Lagern. In den meisten Versionen der Gnosis lähmt die anfängliche Lähmung auch Gott. Ein geheimnisvolles Drama im Himmel geht dem Stück auf Erden voraus. Wenn die großen orthodoxen Lehren von der Allmacht Gottes sprechen, so verdrängen sie die Größe des Guten, das sein Gutsein dem Bösen aussetzt, in die Sündhaftigkeit des Menschen. Die Verwundbarkeit der Demokratien (über die wir uns in den Parteischulen lustig machen) hat viele Ursachen. Ich greife keine besondere heraus, sondern zeige sie alle an einem einzigen Gefühl auf. Das »gute« Leben ist nicht ganz vom Bösen in Bann gehalten. Glücklich die, die dem Bösen nachher widerstehen; verrückt ist, wer allem vorbeugen will, alles heilen will. In Frankreich riefen riesige Menschenmassen: »Nieder mit dem Faschismus und dem Krieg!« Drei Jahre später trafen sich diese beiden, Faschismus und Krieg. Und die *Front populaire* bleibt als Zauberer in Erinne-

rung. Niemand stellte sich in Europa vorbeugend auf den Nazi-
terror ein; alle wußten, wie leicht man Kollaborateur wird. Die
Juden sahen den Genozid nicht voraus. Ein Teil ihrer Elite, der
von besten Absichten geleitet war und enormen Illusionen
erlag, half den »Evakuierungs«-Organisationen. Das Gute ist
von vornherein vor dem Bösen machtlos, sagt schon Mani. Wer
in der »Zwischenwelt« kämpft, erfährt notgedrungen die
Schwäche der Position der Guten. Der Erlöser muß sich aus
einer moralisch oder materiell verzweifelten Situation retten –
alle religiöse oder profane Literatur im Westen ist von Orest
geprägt. Es gibt keinen Helden, der nicht vom Gefühl tiefster
Entfremdung geprägt wäre. Am zweiten Tag der *Oresteia* wird
die Gewalt zwischen den Personen zur inneren Gewalt. Das
»Lernen durch Leiden« nimmt die Form eines »Erkenne dich
selbst« an: Kenne deinen Wunsch, entdecke die Gewalt des
Genozids in der Flamme, die in dir lodert. Die Entfremdung
entspricht auf zweifache Weise der »liebenswürdigen Wildheit«, die uns umgibt. Ödipus kommt durch Gewalt zur
Erkenntnis, Orest gerät ins Verbrechen, von denen, die ihn
lieben, dazu gedrängt. Die Entfremdeten stehen miteinander in
Kontakt. Der einsame, vaterlose Orest bewaffnet sich mit
höchster Einsicht auf höchster Ebene (Elektra, die Tochter der
Königin, nimmt ihn als Bruder an) und mit der Unterstützung
des Volkes (der Chor, die Amme). Die *Choëphoroi* inszenieren
die elementare Struktur eines Revolutionstages. Die verschiedenen Erkundungen, die der Morgen des zweiten Tages sammelt,
künden einen Sturm an, dessen erste Vorzeichen unser guter
Lenin so meisterhaft nannte: Nur wenn die »unten« nicht mehr
wie bisher leben wollen und die »oben« es nicht mehr können,
kann die Revolution den Sieg erlangen.

Dieser Gedanke verdiente es, in der klassischen politischen
Philosophie genannt zu werden, auch wenn er die naiven Marxisten schockiert, die meinen, daß Revolutionen nur von unten
kommen, oder die nicht weniger ungehobelten Antimarxisten,
die, wie Hippolyte Taine, bestimmen, daß sie »von oben«,
durch Manipulation böswilliger Anführer und ehrgeiziger

Intellektueller, komme. Zwei politische Spiele müssen zusammenkommen, will man ein oligarchisches System niederwerfen, die Fraktion der Elite und die Volksrevolte. Eine Art der Verfassungsänderung der Oligarchien kommt zustande, »wenn man die Volksmenge ungerecht behandelt, denn da genügt der erste beste zum Führer, zumal wenn er sich aus dem Kreis der Oligarchen findet«. Der zuerst Gekommene hätte kaum Gelegenheit gehabt, seine Führungsfähigkeit unter Beweis zu stellen, wenn nicht von Anfang an eine Allianz der Klasse und eine Trennung der Klasse bestünde, die die explosive Mischung der Revolutionen und der Geschichte ausmachen.

Die Allianz ist nicht bloß von einem rein materiellen Kräfteverhältnis bestimmt. Eine Tyrannis erhält sich durch drei Maßnahmen, sagte schon Aristoteles: Die Seelen der Unterworfenen werden erniedrigt, es wird Mißtrauen unter ihnen gesät, man nimmt ihnen jede Möglichkeit, aktiv zu sein. Kurzum, man hindert sie daran, zu lieben. Die Militärdiktatur und die ihr entsprechende Ohnmacht des Bürgers bemessen das äußere Dispositiv der Tyrannenmacht, die jedenfalls die Möglichkeit der Kommunikation monopolisieren will, »denn die Tyrannis kann nicht gestürzt werden, solange die Bürger zueinander kein Vertrauen fassen«. Die soziale Umwälzung beginnt hier durch Angriff auf das kulturelle Monopol. Diese Etappe der »psychologischen Aktion« oder der »ideologischen Revolution« installiert Kommunikationsnetze, die der Kontrolle der Machthaber entgehen. Unsere Genossen vom Kreml überwachen darum so aufmerksam die offensichtlich willkürlichen und folgenlosen Aktivitäten der Dichterlinge und Straßenredner. Stellt euch vor, wie Solschenizyns Regel »Nicht lügen«, würde sie befolgt, die Beziehungen zwischen den sowjetischen Bürgern und deren Gefühle verändern würde, die von einem Staat bestimmt sind, den wir den Staat des ganzen Volkes nennen (denn nur in ihm ist das Volk als Ganzes erfaßt). Vermeiden wir den Unfall Orest; fixieren wir uns nicht auf das Bewußtsein der Erniedrigung, die Abneigung gegen das Mißtrauen und die Schande der Ohnmacht. Ein atomisiertes Volk mag bei Gelegenheit in der

Entfremdungsliteratur finden, wie man sich in der Diaspora behauptet. Die Industrie und der Handel, das ist was; die Liebe ist auch gefährlich – verstaatlichen wir sie!

Von der doppelten Gegenliebe

Eine Kontrolle der Kommunikation, die die Informationsnetze erfaßt – Fernsehen, Radio, Schreibmaschinen und Rotationsdruck –, bleibt lückenhaft. Zur Erzeugung von Mißtrauen muß die Tyrannei das Prinzip der Begegnungen selbst zu fassen bekommen, den Funken, der Achilles in Bewegung setzte, wo Patroklos nichts zu erwarten wagte. Dieser rasende Eros überrascht die, die er erfaßt, und läßt den etablierten Machthabern keine Ruhe. Es hätte keine Folgen, daß er gegen die guten Sitten verstößt und für Angst sorgt, wenn er sich nicht als Hort einer nie zum Erlahmen kommenden Subversion erweisen würde. Dieser Punkt dürfte in Moskau wie in Paris verfehlt werden. Man denke nur an die Strafgebühr für Parteigenossen, die ausländische pornographische Hefte kaufen. Aber, liebe Genossen, weder die unerschöpfliche Erregung der Sinne noch die gewalttätige Übertretung noch der unendliche Exzeß eines wahnsinnigen Begehrens beunruhigen die Machthaber, die sich ja genügend darauf verstehen, Polizei und Verwahranstalten zur Beruhigung der uralten Exzesse bereitzuhalten, wenn sie daran keinen Gefallen finden. Die Liebe bringt auf ihre verfänglich sanfte und wissende Weise Unruhe; die Tyrannen halten sie für zu republikanisch, zu lasch, um irgend etwas, sei es was es wolle, zu stürzen. Die Sade-Anhänger träumen von der Belagerung einer Stadt, die vor lauter Begierde in Schlaf gefallen ist; Eros beschränkt sich darauf, Erfolg zu haben, wo die Gewalt scheitert.

Das Phänomen der »Liebe auf den ersten Blick« wurde in seinen klinischen Hauptaspekten sehr bald als »vollkommener Wahn« analysiert (Platon, Phaidros). Zur Liebe kommt man wie zur Religion, die Analogie hört nicht beim Beginn auf, die

»einen glücklich erlebten Dienst in freiwillig angenommener Knechtschaft« (Scève) eröffnet. Die französischen Dichter des 16. Jahrhunderts entdeckten wieder die »freiwillige Sklaverei« des *Symposion,* bei dem es dem Liebenden um sein Sein geht:

»In dir lebe ich, so sehr du auch fort bist;
In mir sterbe ich, so sehr ich auch da bin;
So fern du auch bist, du bist doch da;
so nah du auch bist, so fern bin doch ich.«

Die Köstlichkeit, für den Geliebten zu sterben, inspirierte selbstredend die Poeten der Polis. »Ja, wenn man es irgendwie einrichten könnte, daß eine Stadt oder ein Heer aus lauter Liebhabern und Geliebten entstände, dann könnten sie wohl ihre Stadt nicht besser verwalten, als daß sie sich aller häßlichen Dinge enthielten und miteinander in Wettbewerb träten.« Wir wissen um die Myrmidonen, die Achilles vor Troja umgaben, das »heilige Bataillon« der Thebaner, die latente Homosexualität der modernen militärischen Organisationen. Man träumt stets davon, daß man die Liebesbeziehung und die Sozialbeziehung identifizieren könne, so daß in freiwilligem Liebesdienst das Geforderte geschieht. Liebe deinen Staat wie deinen Nächsten! Gibt die Liebe nicht ohne Schmerz, freiwillig, was jede Macht verzweifelt sich zu sichern bestrebt ist – das Opfer des Individuums?

Der Widerstreit von Ehrgeiz und Zärtlichkeit, Familie oder Vaterland, Pflicht oder Neigung, der guten Gründe des höchsten Gutes, könnte leicht die besten Geister blockieren, die die traurige Notwendigkeit, eine Rangordnung ihrer Neigung zwischen animalischen Bedürfnissen, aber auch Briefmarkensammeln, dem Vaterland und dem Vater im Himmel festzulegen, überschritten haben. Die Liebe der Menschen eröffnet ein außerordentliches, der Opferbereitschaft günstiges Terrain. Achilles, der Geliebte, der zu Patroklos, dem Liebenden, sich zurückwendet, setzt die Götter in Erstaunen – im 16. Jahrhundert wird man das die vollkommene Freundschaft nennen: »Hier finden wir das Wunder, daß die sich Liebenden ineinan-

227

der leben. Sie tauschen sich gegenseitig aus. Jeder gibt sich dem anderen, um sich vom anderen her zu empfangen. So sind die beiden Liebenden für sich jeweils tot, doch im andern auferstanden.« Agamemnon opferte Iphigenie dem griechischen Heer. Das Liebesopfer hat es mit Wohlwollen, nicht mit Macht zu tun: »Die Macht der Venus ist etwas ganz anderes als die Gewalt des Mars. Darum unterscheiden sich Herrschaft und Liebe. Ein Herrscher besitzt die anderen um seiner selbst willen, ein Liebender beherrscht sich für einen anderen. Jeder Liebende nimmt sich zurück, geht auf den anderen zu und ist für sich tot, lebt aber neu im andern.« Das erste Postulat: Liebe kann man nicht befehlen. Man kann sie auch nicht verbieten. Sie tut weh oder wohl nur aus sich selbst. Dieses Eingeständnis frappiert so sehr, daß Marsilio Ficino daran gelegen ist, das Riesenloch, das seine »platonische Theologie« bedroht, abzudichten. Was wird denn aus den endlosen Anstrengungen der Erzieher, Therapeuten und Spezialisten in Sachen Liebe, die sich darum mühen einzuführen, zurechtzubiegen, zu verbessern, zu kultivieren, zu sichern, was man nicht in der Hand hat? Marsilio Ficino kann nur noch einen Zusatzparagraphen formulieren, der dem ersten widerspricht, sein zweites Postulat: Man kann gegen die Liebe nichts tun. »Der Geliebte muß den, der ihn liebt, wiederlieben« und dem Begehren sein Recht widerfahren lassen. Wer jemandem in Gefahr nicht beisteht, wird kriminell, »darum muß der Geliebte nach strenger Gerechtigkeit lieben. Wer nicht liebt, wer ihn liebt, macht sich des Menschenmordes schuldig.« Man kann das Verhältnis auch umgekehrt fassen: Das Begehrte nimmt das Begehren in seinen Dienst, das Sosein des Geliebten bestimmt den Liebenden, »die Schönheit ist ein Licht, das den menschlichen Geist anzieht«. Nichts widersteht, »die Liebe ist das Begehren, das sich an der Schönheit erfreut«. Ob die Liebe beim Liebenden oder Geliebten auftritt, gleichviel – ihre ersten Seufzer brauchen ein Echo. Es ist beiden Seiten nicht gestattet, die Liebe abzuweisen.

Die Notwendigkeit, sich fesseln zu lassen, ist also klar. Man dekoriert die Eisenfaust des Eros mit allem Samt der Kultur. So mahnt man den Liebenden, die gewöhnliche und giftige Venus zu lassen und eine geistige Gottheit an ihre Stelle treten zu lassen; man lehrt den Geliebten, daß es nicht nur Fleisch, sondern auch Geist gibt. Die großen Reinigungen und Besserungen verzieren, schmücken und verheimlichen die wilde Notwendigkeit, deren Zeugen sie sind: Paßt euch aneinander' an, ihr Liebenden sollt den Geliebten Freude machen, ihr Geliebten fangt eure Liebenden ein – wer sich weigert, tötet.» Wer als Dieb, Mörder oder Gottesschänder des Todes schuldig ist, der kann ohne weiteres oder als ein absolut niederträchtig und weltlich Gesinnter von jedem getötet werden, außer wenn er sich dem Gesetz unterwirft und den liebt, der ihn liebt.«

Die vollkommene Freundschaft in gegenseitiger Liebe wird in zweifacher Weise gedeutet, was aus der offensichtlichen Synonymie der Formulierungen nicht hervorgeht. Das erste Postulat spricht von der Begegnung und geht aus von der erstaunlichen Nachricht, daß der geliebte Achilles als Liebender handelt. Das zweite Postulat nimmt das Erstaunen nicht zur Kenntnis. Das Angebot der Liebe paßt zur Nachfrage ganz selbstverständlich, wie die Nachfrage das Angebot mit sich bringt; das Einvernehmen versteht sich von selbst. Es ist ganz gleich, ob zuerst Henne oder Ei da war; jedes der beiden kommt vom anderen und für das andere. Nur das erste Postulat nimmt in Blick, daß sich ein Kuckuck einnistet oder daß in einer beklemmenden Sicht die Legehenne nachschaut, was sie gelegt hat und dabei das Ei zerbricht. Tausend erhabene oder ganz realistische Konzeptionen, mit denen die platonische Theologie (die zweite Gegenliebe) den Eros bedenkt, lassen die zufällig abgeschossenen Pfeile nie Böses bewirken. Die erste Auffassung der Gegenliebe schließt jede Theologie aus. Wenn die Begegnung nicht dem Willen unterworfen ist, muß man sich ihr bedingungslos unterwerfen.

Jeder Bürger hat das Recht und die Pflicht, sich zu entfalten; so will es unsere sowjetische Moral dank der zweiten Auffassung der Gegenliebe. Sie wird unsere Gesellschaft an dem Tag, an dem niemand das angebotene Glück ablehnt, in ein warmes Gewächshaus verwandeln. Lenin sagte, daß man seinen Durst nicht stillt, wenn man aus einem Rinnsal am Rand des Trottoirs schlürft. Zu Unrecht tadelt man den Genossen wegen einer konformistischen Prüderie, von der er sich unter anderen Umständen als vollkommen frei erweisen würde. Hinter den verschwommenen Theorien von der »freien Liebe« – diese technokratische Konzeption des sexuellen Vergnügens soll von vornherein einen Bolschewiken verführen – schockiert die unerwartete Seite der Begegnung. Ich bezweifle, daß das, was sich zwischen zwei Liebenden ereignet, Anstoß erregt. Gibt es etwas Natürliches, das nicht bekannt und auf wissenschaftliche Weise neutralisiert ist? Die Wahnsinnsausbrüche, die sich die Bürger erlauben, sind obszön, weil nichts und niemand sie sich zu erlauben gestattet hat. Die Spinne schwebt wie sie im »Luftleeren«, aber sie hält sich noch am Faden ihres Sekrets, während die Begegnung der Liebenden weder Hilfe noch Bindung kennt, unvorhergesehen und unvorhersehbar ist; man kann sich nicht darauf einstellen, darum kann man sie auch nicht abwehren. Alle Konformisten jeder Herkunft scheinen unabhängig von Rasse, Meinung, Religion unsere verständliche Entrüstung über ein Phänomen zu teilen, das jede in eine Form gebrachte Anpassung des Individuums an die Gesellschaft unterläuft. Der Mensch im Westen bleibt atavistisch genug in der abergläubischen Meinung des ersten Postulats, das vom Blitz ohne Ursprung und Ziel spricht, der die Liebenden überraschend mit sich reißt und einander öffnet. Der Seiltänzer Eros macht's ohne Netz, auf eine wunderliche Art, die das Politbüro irrational nennt. Schon längst stellten sich die Erfinder der westlichen Wissenschaft ein astronomisch ungewisses Sein vor, das »von nichts überwältigt, beharrend (sei) infolge gleichen Abstandes von allen (Himmelskreisen)«.

Gemeint war die Erde, die wegen ihrer Gleichgültigkeit an ihrem Platz bleibt. Das Fehlen von Vernunft schafft Vernunft. Der Planet, der von allem gleich weit entfernt ist und gleichgültig ist, wird unter den Füßen des Anaximander zum Zentrum.

Die Erde im Weltall, die Agora in der Polis, der Eros im Kopf –
sie nehmen voneinander Kenntnis, weil sie keine Herrschaft
ausüben.

Wie der Geist in den Westen kommt

Es gibt keine Liebe zwischen Vater und Tochter, Mann und
Frau. Die erotische Tragödie, die *Orestie,* schließt am ersten
Tag das zweite Postulat von der Liebendem und Geliebtem
vorbestimmten Harmonie aus. Dagegen geht der zweite Tag
mit dem sonnenklaren Beweis auf, daß es eine Liebe im Sinne
des ersten Postulates gibt, über die keiner verfügt. Eine am
Grab des Vaters als Opfer dargebrachte Haarsträhne läßt Elektra die Nähe von Orest ahnen. Sophokles wird die Szene erneut
darstellen. Und Euripides wird ihn parodieren – er bezweifelt,
daß eine Handvoll Haare und ein Schuhabdruck für einen
Erkennungsbogen genügend Anhaltspunkte geben. Fängt der
letzte der großen Tragiker mit der Sorge um Präzision und
Detail an, die große Bürokratien so faszinieren? Er wollte –
nicht ohne Lächeln und in einer Antiphrase – sagen, daß die
äußeren Erkennungszeichen wenig bedeuten, wenn zwei Wesen
sich auf der tragischen Bühne treffen. Sie erkennen einander
mit einer aus ihrer Einsamkeit stammenden Nähe. Die Elektra
des Aischylos überlegt hin und her, spricht über die Zeugnisse,
zeigt sie. Aber nicht wie ein Polizeikommissar, noch wie ein
einer Spur folgender Detektiv. Die abgeschnittenen Haare, das
Zeichen der Trauer, identifizieren den einzigen, der diese Gabe
darbringen könnte. »Niemand dürft außer mir sie scheren sich
vom Haupt.« Elektra gibt kein der Unterscheidung dienendes
Roboterporträt, das den aus einer tausendköpfigen Menge her-
ausfischt, der wirklich ihr Bruder ist. Sie ist ganz allein. Aus
dem Niemandsland rings um sie taucht ein anderer auf, der
genauso fremd ist wie sie – und darum ihr Bruder ist.
Der beispiellose Taumel, in dem sie aufeinandertreffen, geht
etwas über die innerfamiliären Beziehungen des dekadenten

griechischen Adels hinaus. Noch heute sagen die Schwarzen in den USA statt »Genosse« »Bruder« oder »Schwester«. Das stammt aus den gnostischen Sekten und fasziniert seit zweitausendfünfhundert Jahren. Das hat nichts zu tun mit der zur Gewohnheit gewordenen »Brüderlichkeit«, die sich zeigt, wenn der Oberst zum Regimentsvater wird und die Mütter in die Hände klatschen. Elektra ruft in ihrer Einsamkeit aus:

»O süßes Auge, auf vierfache Art gehörst
Du mir: Anreden muß ich notgedrungen dich
Als Vater; statt zur Mutter neigt zu dir sich mir
Die Liebe – die wird ganz mit Recht gehaßt von mir –,
Statt zur graus geopferten, zur Schwester auch;
Als treuer Bruder warst du meiner Hoffnung Stern.
Daß nur nun Kraft, Gerechtigkeit ... im Bunde sei mit mir!«

Zu welcher Banalität Liebesaffären auch absinken mögen, so lassen sie doch zumindest blaß das ursprüngliche Feuer erahnen, mit dem die einen die anderen entfachten. Und in einer wunderschönen Wirrnis treten die unwahrscheinlichsten Beziehungen zutage. Die kalte Asche stammt von einer Feuersglut, in der die Rolle von Vater, Mutter, Bruder und Kindern nicht feststeht. Bruderliebe heißt eine geordnete Beziehung, die die Bewegtheit nicht adäquat wiedergibt, die jemandem von einer verwandten Seele widerfährt. So wollen wir die Gefühlsaufwallung der Elektra mit einem Begriff bezeichnen, den Musil für eine ähnliche Erfahrung, die von Ulrich erfahrene Schwesterliebe, gebrauchte: »Seraphische Liebe hatte er die einmal genannt. Man könnte auch sagen: Liebe ohne Gegenspieler, dachte er. Oder ebensogut: Liebe ohne Geschlechtlichkeit. Man liebe heute überhaupt nur geschlechtlich: Unter Gleichen möge man sich nicht ausstehn, und in der geschlechterweisen Verkreuzung liebe man sich mit einer wachsenden Auflehnung gegen die Überschätzung dieses Zwanges. Von beidem sei die seraphische Liebe aber befreit. Sie sei die von den Gegenströmungen der sozialen und sexuellen Abneigungen befreite Liebe. Man könnte sie, die allenthalben in Kompanie mit der Grausamkeit des heutigen Lebens zu spüren sei, wahrhaftig die Schwesterliebe einer Zeit nennen, die für Bruderliebe keinen Platz habe – sagte er sich, ärgerlich zusammenzuckend.« Und obschon der Zustand Ulrichs und seiner Schwester Agathe eine religiöse Dimension hatte, so war er doch nicht ein Zustand der Gottergebenheit: »Freilich war – anders, als es vielleicht ein buchstabengläubiger Mensch erlebt hätte – Gott ihrem Abenteuer fern geblieben ...«

Lassen wir den Irrtum unseres früher so geschätzten Stalin, der mit der Frage scherzte: »Wie viele Divisionen hat der Papst?«, auf sich beruhen. Rom greift uns in Polen ohne eine päpstliche Garde an. Die Schwesterliebe ist nicht greifbar, sie bringt keine Kinder zur Welt noch bringt sie es zu Gymnastikkursen, die einen strahlenden Körper für eine gesunde Seele produzieren sollen. Auch soll man nicht glauben, daß sie – der Welt überdrüssig – mit freundlich oder feindlich eingestellten Außerirdischen etwas im Sinn hat. Was auch immer Elektra sagt – man kann nicht mit jemandem leben, der zugleich Vater und Mutter, noch dazu Bruder und auch tote Schwester ist. Gleich was Stalin sagt – was man nicht zugleich und zur selben Zeit tun kann, entgeht uns nicht ganz. Die Diagonale des Quadrats kann nie in runden Zahlen angegeben werden. Die geschwisterliche Liebe ist der Diagonale des Quadrats ähnlich; sie ist unmöglich, aber dieses Unmögliche gibt es.

– Wir verbieten ja die Diagonale nicht, entgegnet mir ein alteingefleischter Stalinist. Sie beflügelte die Mathematik ganz beachtlich; von hier aus wurde die irrationale Zahl definiert. Ihre handhabbare Irrationalität beunruhigt ja niemanden ernsthaft.

– Gewiß, Genosse, aber das war nur möglich, weil einige starke Köpfe einen Riesenskandal auslösten; sie weigerten sich, so vorzugehen, wie dies die Geometer bisher taten.

Keiner würde über die gewohnten Gefühle eines Vaters, einer Mutter oder eines Sohnes des Hauses nur ein Wort verlieren, wenn sie der moralischen Ordnung entsprechen. Das Ganze kompliziert sich aber dadurch, daß die Gefühle eine ganz

erstaunliche Affinität zu Worten haben, so daß sich dem Gefühls-
bereich Sekundäreffekte beimischen und es zu Höhen und Tiefen,
zu einem Babyboom und zur Karfreitagsstimmung kommt – je
nachdem, ob die Gefühlsbörse im Austausch von Geschmack und
Farben in die Höhe geht oder eine Baisse erleidet. Was tun unsere
geschwisterlichen Seelen? Sie nehmen an der Bewertung teil, mit
Koseworten streifen sie, was die normale Arbeit der Leidenschaften verbirgt: »Man muß sich also selbst den Reim darauf
bilden, daß Gespräche in der Liebe fast eine größere Rolle spielen als alles andere. Sie ist das gesprächigste aller Gefühle und
besteht zum großen Teil ganz aus Gesprächigkeit ...«

Im Hochgesang der Liebe, einer fixen Idee, schafft der
Roman die Wiedergabe eines Gegebenen. Ein Herz kommt in
Bewegung – es nimmt die Literatur wörtlich. Alles bewegt sich
so wie bei Madame Bovary – das Wörtliche wird Literatur.

Die geschwisterliche Liebe breitet sich seraphisch »um so
größer in Worten« aus, »je weiter ihnen noch das Handeln ist;
und was nach den zuerst vorangegangenen heftigen und unkla-
ren Gemütserlebnissen die Geschwister bewog, sich Gesprä-
chen zu überlassen, und ihnen zuweilen wie eine Verzauberung
erschien, war in erster Linie die Unwissenheit, wie sie handeln
könnten«.

Man könnte die »taghelle Mystik« eines österreichischen
Autors vor dem Zweiten Weltkrieg leichtnehmen. In seinen
zerbrechlichen Personen, die einfach verblassende Ideen darstellen, kann man eine von den Wirren der Zeit mitgenommene
Bourgeoisie erkennen. So sah es die *Literaturnaja Gazeta,*
wenn sie den Autor nicht überhaupt überging. Fanden sich
Orest und Elektra wirklich auf ähnliche Weise verzaubert?
Andere Zeiten, andere Sitten. Sie rief nach ihrem Rächer, sie
schrie um Hilfe. Sie begegnen sich beim Ruf nach einer einfachen Tat, die sie immer im Kopf hatten. Es geht beiden um
dasselbe; die Mechanik setzt sich in Bewegung, um das entscheidende Objekt ihrer Rache zu beseitigen. Nichts davon ist
jetzt noch da. So hat der Chor alle Mühe, die eigenartige, an
Musil erinnernde Faszination, die sie außer Gefecht setzt, ins

Wanken zu bringen. Er muß sogar direkt auffordern, die Mission nicht zu vergessen, merkt ein Übersetzer an. Es ist, als ob sie sich in der gegenseitigen Spiegelung verloren haben und zur Tat unfähig wurden. Diese »taghelle Mystik« zeigt sich unabhängig von unterschiedlichen historischen Situationen in dem Ergriffensein von einer Umkehrbarkeit: »Er erinnerte sich an den Morgen nach seiner Ankunft im Vaterhaus, als er sie zum ersten Mal in Frauenkleidern erblickte; auch damals war ihm das sonderbare Erlebnis widerfahren, sie stehe in einer Grotte von Strahlen, und dazu noch dieses: sie sei eine schönere Wiederholung und Veränderung seiner selbst.« Psychologen und Analytiker finden Ähnliches in der freudigen Selbsterkenntnis, von der das Kind fasziniert ist, wenn es sein Bild im Spiegel entdeckt und sich in einem freundlichen Blick bestätigt findet. Lenin und Stalin zeigten uns mit mehr oder weniger dialektischem Fingerspitzengefühl, daß die Wahrheit der Reflex der Wirklichkeit ist. In den Spiegeln, in denen der Mensch im Westen sich findet, findet entweder die Begegnung statt und die Wirklichkeit ist bloß der Reflex der Wahrheit, oder aber sie findet gerade nicht statt – das Ganze ist reine Koketterie – und die Wahrheit ist bloß die Wirklichkeit eines Reflexes. Lenin und Stalin haben uns erkennen gelehrt, indem sie uns festen und eindeutigen Objekten gegenüberstellten. Es geht im übrigen nicht so sehr darum, sich selbst zu kennen, sondern das eine mit dem anderen in Verbindung zu bringen. Einerseits gibt es die Welt der Dinge und die Logik der Spiele gegen die Natur, andererseits das Spiel mit den anderen, das »strategisch« genannt wird.

Der Symmetrie, die den Tanz des Orest und der Elektra außerhalb von Raum und Zeit bestimmt, entspricht beinahe haargenau – das ist entscheidend für die Verschwörung – eine verpaßte Gelegenheit. Die Amme verfehlt Orest. Sie glaubte, er sei tot. Der Chor sagt ihr, er lebe. Sie tut so, als ob sie seine Anwesenheit ahne und entwaffnet Aigisthos. Die Rolle der Priesterin, die das Opfertier für das Opfer vorbereitet, der Bevölkerung, die die Armee am Beginn des Aufstands paralysiert, ist entscheidend. Manchmal hüllt die Freiheitskämpfer ein wohltuendes Dunkel ein. So steht die Amme für ein andauerndes Dunkel. Die Nacht ihrer Zuneigung kennt keine Entsprechung:

> »... solch kleine Unvernunft muß wie ein Tier
> Man aufziehn ja, da hilft kein Gott mit viel Vernunft!
> Kein Wort ja sagt ein Kind, das noch in Windeln steckt,
> Ob Hunger, Durst, ob naßzumachen es die Not
> Ankommt; hilft doch der kleine Bauch sich selbst beim Kind.
> Da sollte man voraussehn; oft jedoch, ich weiß,
> Täuscht man sich, wird des Kindes Windelwäscherin;
> Walkrin und Amme ist dann beides *ein* Geschäft!«

Die Amme heißt Kilissa. Wie Sklaven so oft trägt sie nur den Namen des Landes, aus dem sie kommt. In den Kommentaren wird sie übergangen. Die Interpreten, die an die Idee einer elitären und aristokratischen antiken Kultur glauben, sehen sie gar nicht. Seltsam genug ist es, daß auch die Psychoanalytiker, die die zentrale Bedeutung der *Orestie* für ihr eigenes Gebiet gut kennen, diese das Ganze in Bewegung haltende Person verfehlen. Melanie Klein, die sich auf so vielen Seiten über den Säugling ausläßt, übergeht die Amme. Zweimal macht Kilissa deutlich, daß sie nicht eine gewöhnliche Amme ist, eine Brust voll guter Gefühle und herrlicher Milch. »Sie nahm Orest auf.« »Das ist ein Lieblingswort weiser Frauen und das Lieblingswort der Alten. Sie wiederholt es mit selbstverständlicher Beharrlichkeit. Ihre Ehre besteht darin, daß sie eine besondere Rolle bei der Geburt des Sohnes des Hauses hatte und ihn an Stelle des Vaters aufnahm. Das wog alle Mühen auf, die es ihr machte, Orest alleine großzuziehen.« Naiv? Wir wollen sehen. Kilissa ist nicht die »gute Mutter«, die das Gegenstück der »bösen« ist. Die Philosophieprofessoren, die Nietzsche aufs Wort glauben und einen Abgrund zwischen der Tragödie und Sokrates annehmen, nehmen hochfahrend eine Genealogie nicht zur Kenntnis, deren Geheimnis sich hier zeigt. Von seiner Mutter, der Hebamme Phainarete, ererbte Sokrates den Beruf, im Entstehen begriffene Wahrheiten und die Anemonen, Blumen des Windes, Zeichen der Leere, zu entbinden. Das Metier des Geburtshelfers deckt die Beschäftigung des Sokrates aber nicht ganz ab: »Bei den Frauen kommt es doch nicht vor, daß sie das eine Mal nur Trugbilder gebären und das andere Mal wieder echte Kinder, und daß man die beiden dann nicht leicht voneinander unterscheiden kann. Denn wenn das vorkäme, wäre es doch die größte und schönste Aufgabe der Hebammen, das Wahre und das Falsche zu sondern.« Besteht nicht die »Arbeit« der Wahrheit, die die sokratische Kilissa ausführt, gerade darin, ständig das Wahre und Falsche des Kleinen zu entbinden?

Die »geistige Liebe« (Montaigne) bewegt sich in einer unsymmetrischen Polarität: »... ich selbst bin nicht imstande, eine Weisheit hervorzubringen ... zu entbinden nötigt mich der Gott, zu gebären aber hat er mir versagt. So bin ich denn also selbst durchaus nicht weise ...« Diotima besteht energisch darauf, daß jeder Sterbliche dazu bestimmt sei, im Schönen, im Guten und im Wahren zu zeugen. So ist Marsilio Ficino nicht der einzige, der diese Schwärmerin für die Blüte des Platonismus hält. Macht Sokrates aus seiner eigenen, völligen Unfruchtbarkeit die Bedingung seiner geistigen Wirksamkeit, so wird im Westen gemeinhin seine gespielte Bescheidenheit bewundert. Man belächelt den Scherz. Wie soll man glauben, daß ein Weiser, der höchst geschätzte Mann in Athen, nicht über die Mittel verfügt, die jeder Kandidat für die Deputation gratis unter seinen Klienten verteilt? Welcher Fachmann außer einigen »Detektiven« in Kriminalromanen oder einem Psychoanalytiker, der sich noch keiner Schule angeschlossen hat, würde es wagen, mit seiner Bedeutungslosigkeit um Kunden zu werben? »Von denen aber, die mit mir verkehren, erscheinen einige am Anfang völlig unbelehrt ... dabei ist es offensichtlich, daß sie nie etwas von mir gelernt haben, sondern daß sie selbst und aus sich selbst viel Schönes gefunden und hervorgebracht haben ...« Die Systemerbauer sind arbeitslos. Sofort sind die Propheten, die den Schlüssel zum Paradies haben, zur Stelle und auch die Leute, die sich auf den Psychoboom verstehen, die alle Bücher außer ihren eigenen verbrennen. In den Schul- und Fernsehprogrammen, den Preisverteilungen und den Leichenreden ist Diotima ganz groß da. Aber vielleicht soll man in einer Zeit der Krise die Augen doch auf weniger Wortgewaltiges richten.

Der Säugling wird nie die Amme der Amme. Wenn er selbst später Kinder hat, so wird er die fehlende Entsprechung reproduzieren. So sieht Aischylos in der Beziehung zwischen Kilissa und Orest ebenso wie in der zwischen Elektra und Orest, daß die Liebe am Werk ist. Zwischen Liebendem und Geliebtem gibt es einen nie ganz zum Verschwinden zu bringenden Riß. Bevor Platon noch Diotima seine – oder besser eine – seiner Stimmen lieh, entdeckte er den Riß im Glas der idealen Gegenseitigkeit der Liebe. Wann sprechen wir von Liebe? Platon meint, daß das auch dann der Fall ist, wenn der Geliebte die Liebe nicht erwidert oder mit Haß antwortet. Die Neugeborenen zum Beispiel, die noch keine Anhänglichkeit zum Ausdruck bringen können, aber manchmal ihrem Vater oder ihrer Mutter Widerstand entgegensetzen, werden doch von ihren Eltern heiß geliebt. Platon weiß: Die Liebe stößt nicht notwendig auf Gegenliebe. Daran ändert das Gerede über platonische Liebe nichts. Nichts garantiert ein Gleichgewicht von Geben und Nehmen. Nie ist es nur vom Liebenden oder Geliebten abhängig, darüber zu befinden, daß es zur Liebe kommt. Im Dialog Lysis zieht Platon die Konsequenz: »So werden also viele von ihren Feinden geliebt, von den Freunden aber gehaßt, und ihren Feinden sind sie lieb, den Freunden aber verhaßt.« Kein Auge kann den Tränen des Eros befehlen, sein Lächeln küßt Lippen, die nicht darauf gefaßt sind. Platon nimmt diesen von den Göttern übernommenen Wahn wie sibyllische Prophetien oder die Trance trunkener Priesterinnen. Kilissa ist da viel nüchterner: »... hilft doch der kleine Bauch sich selbst beim Kind. / Da sollte man voraussehn ...«

So ist die Wechselseitigkeit der Liebe keineswegs klar. Deutlich ist der Schmerz der Liebe und unsicher die Erlösung. Eros bleibt ein Kind, er wird stets neu geboren. Weder der Philosoph noch die Amme könnten sich ein Wissen vorstellen, das stark genug wäre, den mit dem Eros verbundenen Schmerz zu beseitigen. Die Krisen der Erziehungssysteme folgen mit dem Generationenwechsel einander in so beunruhigender Regelmäßigkeit, daß Lehrende und Lernende am besten notgedrungen sich zu Herzen nehmen sollten, was Sokrates in seinem Dialog über die Freundschaft sagt: »Heute haben wir uns lächerlich gemacht, Lysis und Menexenos, ich, als alter Mann, und auch ihr. Diese Leute da werden auf dem Heimweg sagen, wir bildeten uns ein, untereinander Freunde zu sein – ich zähle mich auch zu euch –, und seien dabei nicht einmal imstande gewesen herauszufinden, was ein Freund eigentlich ist.«

Die Beziehung zwischen Elektra und Orest ist so eng, daß sie Schwindel erregt und ihren Gegenstandsbezug verliert. In der Begegnung zwischen Kilissa und Orest werden zwei Unkenntnisse herauskatapultiert. In dieser doppelten Erfahrung zeigt sich, daß die Liebe weder Subjekt noch Objekt hat. Man weiß nicht, wer liebt, man kennt nicht den Gegenstand der Liebe. Man liebt, ohne zu wissen. Die geschwisterliche Liebe, die sich auf nichts stützen kann, dient weder der Zeugung noch der Fortpflanzung. Wenn sie sich einstellt, ehe das Subjekt sich findet, so nimmt sie das ganze Wissen vorweg. Doch sie hat Worte, ihr Reden inspiriert (Musil); wie ein Orakel stellt sie sich Fragen (Kilissa) – sie ist ein Gespräch.

Eine Flucht zum Ministerium der menschlichen Beziehungen

Kilissa dekodiert. Mit ihrer Sicht geht es ihr darum, »präverbale« Verhaltensweisen auszusprechen. Sie steht in der großen Tradition des Orakels von Delphi. Pythia machte von sich reden: »Ich verstehe den Taubstummen, ich verstehe den, der nicht spricht.« Das ist eine Hermeneutik, die anders ist als die der Landpolizisten. Sie stellt nicht etwas fest, ohne ihr eigenes Wort im Labyrinth der verschwiegenen Dinge zu riskieren. Sie erhellt ein Rätsel durch ein anderes, das das erste noch gegenwärtiger macht. Kilissa sagt:

> »Kein Wort ja sagt ein Kind, das noch in Windeln steckt,
> Ob Hunger, Durst, ob naßzumachen es die Not
> Ankommt; hilft doch der kleine Bauch sich selbst beim Kind.«

Und will damit sagen, daß es sprechen will *(autarkes)*, obwohl es nicht spricht. Es kann mit einer Grimasse oder einem Lächeln zum Ausdruck bringen, daß es Hunger hat. Und gelegentlich hat der kleine Bauch weder Hunger noch Durst. Das Präverbale ist schon zu einem Gutteil Mitteilung: »Offensichtlich ist es lebensnotwendig, daß eine ganze Reihe von Bedürfnissen erfüllt werden, die das Kleinkind nicht selbst befriedigen kann. Genauso müssen Bedürfnisse der Seele gestillt werden, ohne die das Kind nicht – trotz der Unreife seines Zustands – vollkommen sich dafür entscheiden kann, sich dem Leben zu verweigern.« Die Deutung, die eine Amme dem Präverbalen gibt, läuft Gefahr, unfreundlich beantwortet zu werden: »... oft jedoch, ich weiß / Täuscht man sich, wird des Kindes Windelwäscherin ...« Lieben bedeutet, daß man das unvermeidliche, nie aufhörende Risiko auf sich nimmt, eine von Gewalt nicht freie Deutung zu geben. »Diese Vorwegnahme schenkt dem Subjekt etwas, ohne das es nicht Subjekt werden kann. Sofort verwandelt es dies in Bedeutung – sei es Liebe, Wunsch, Aggression, Verweigerung –, die mitgeteilt werden kann ...« Mein Sohn, du wirst Mensch. Das versprechen die Erziehungsprogramme. Aber keines hat Erfolg, wenn man nicht den Satz »du wirst Sohn, Mensch« heraushört.

Man kann die Orakelsprüche auch falsch verstehen, wie beispielsweise Krösus – Herodot berichtet darüber. Der Lydierkönig nimmt, obschon er Barbar ist, das delphische Orakel durchaus ernst. Er macht große Spenden und befragt es respektvoll, bevor er handelt. Im Gegensatz dazu steht sein ganz modernes Mißverstehen. Das Mehrdeutige des Gottes wird zu einer vom Mann der Tat geforderten Eindeutigkeit verengt. Auf die Frage, was ein Krieg gegen den Perserkönig Kyros bringe, antwortet das Orakel: »Wenn du in den Krieg ziehst, wirst du ein großes Reich zerstören.« Krösus denkt an Sieg, nicht an Selbstzerstörung, er deutet den Orakelspruch zu global.

Nach der Niederlage glaubt Krösus, daß Apollo ihn getäuscht habe, und versteht so immer noch nicht: »Der hätte ..., wenn er sich hätte beraten wollen, erst senden müssen und anfragen, ob er sein oder Kyros' Reich meine. Da er den Spruch nun nicht verstanden noch wieder angefragt, soll er sich selbst die Schuld zusprechen.« Krösus – wie auch Xerxes – stehen Kilissa und Sokrates gegenüber. Das Vergehen der Herrscher liegt auf der Hand. Ihre Hybris »bringt es zu Exzessen und Übertretungen jeder Art und auf allen Gebieten ...« Kambyses begehrt seine Schwester, Kyros will die Massageten unterwerfen. Der alte Artabanos, Xerxes' Onkel, versucht ihn davon abzubringen und muß ernüchtert zur Kenntnis nehmen, daß die Macht der Herrscher dazu treibt, »viel«, das heißt zu viel, zu begehren. Das von der ins Unendliche gehenden Woge des Begehrens mitgerissene Individuum und der eroberungssüchtige Tyrann sprengen das Maß ... aber welches Maß? Unermüdlich wiederholten die vor ihren Verbündeten sich zur Verteidigung der Thermopylen sammelnden Athener: Xerxes ist kein Gott, eines Tages wird er scheitern. Das war das Stichwort, das zwei Jahrtausende lang wie eine Axt auf jeden niederging, der im Westen ein Reich aufrichten wollte. Die Träume von der Weltherrschaft folgen aufeinander, sie sind nichts als bunte Vögel aus Papier. Scheitern sie an dem allgemeinen Gleichgewicht der guten und der schlechten Dinge? Oder an der zur Vorsicht gemahnenden Hypothese, daß jede Medaille eine Kehrseite hat? Hinter den großsprecherischen Visionen einer kosmischen Gerechtigkeit und den übergescheiten Vorschriften über das Leben von Tag zu Tag verbirgt sich vielleicht die zugespitzte Wahrnehmung einer inneren Schwäche der Hybris. Wer das Maß überschreitet, der geht über die Bedingungen der Kommunikation hinaus. Xerxes und Krösus, Agamemnon, Klytaimnestrea und der junge Ödipus gehen mit ihrer Deutung zu weit, sie begeben sich der Möglichkeit, die Antwort der Menschen, der Götter und des Geschehens zu verstehen. Das Fieber, das die Gewalt eines einzelnen wie auch den Eroberungsdrang eines Herrschers anheizt, zielt darauf, das Vieldeutige eindeutig zu machen, die Dialoge zum Monolog zu verwandeln und so zu einer Ordnung zu führen, wo nur noch Eitelkeit und Tautologie herrschen.

Die Versuchung, alle Kontakte der Bürger zu kontrollieren, Überwachung, Verdächtigung, Denunziation, die Konfiskation des Kommunikationsnetzes sind nichts grundsätzlich Modernes. Die Alten zogen aus Einzelbeispielen eine Lehre und nannten die Tyrannis eine Herrschaftsform, die jetzt »totalitär« genannt wird. Sie will durch das Monopol der sozialen Kommunikation mit starker Macht die dauernde Lahmlegung der Gesellschaft bewirken. Genossen, ich weiß, daß das für einen verantwortlichen Sowjetrussen, der das liest, schwer verständlich ist. Wir Kommunisten sind gewohnt, die Produktionsverhältnisse als Basis jeder gesellschaftlichen Struktur zu betrachten und anzunehmen, daß die Redefreiheit, die Informationsfreiheit letztlich zweitrangig, rein formal und unnötig seien und den verantwortlichen Bürger und den Wähler folglich zu allerletzt interessieren. Der Ökonomismus der traditionellen Liberalen und die Fortschrittsgläubigkeit des Polytechnikers, die nur in der Wissenschaft die Zukunft sehen, glauben das auch. Diese offiziellen Denkmuster – so habe ich Anlaß zu vermuten – verbergen etwas. Ganz anders als der sowjetische Materialismus ist die »letzte Analyse« des durchschnittlichen Mannes im Westen vom Primat des Austausches zwischen den Individuen bestimmt. Ich beziehe mich hier auf die Psychoanalytikerin, die von einem Säugling spricht, der nicht essen will und statt dessen mit allen Kräften seinen Haß und seine Verzweiflung aus sich herausschreit. Sie sieht in jedem Kind die Fähigkeit zu einem unbegrenzten Hungerstreik, wie wir ihn von unseren Dissidenten kennen – die zum Glück Ausnahmeerscheinungen sind. Das ist ein elementarer Gegensatz. Die einen sagen: Der Mensch will vor allem essen. Sie nehmen an, daß das soziale Leben vom Hunger ausgeht. Die anderen meinen, daß das erste Naturbedürfnis die Kommunikation ist. Sie setzen den Hungerstreik als Anfang der gesellschaftlichen Entwicklung. Es steht jedem frei, in dialektischer Manier einer Entscheidung in dieser Grundsatzfrage auszuweichen. Eine gute Mahlzeit schließt eine kleine Unterredung nicht aus, wird der wohlgesonnene Genosse entgegnen. Wenn die materielle Basis stimmt, dann kann man über die Freiheiten reden. Darum sind die Hungeraufstände zahllos; selten wurden sie nicht niedergedrückt, sie erlagen der Zersplitterung der eigenen Kräfte, wurden von den eigenen Führungsleuten verraten. So scheint es, daß große Reformen und Revolutionen zuerst die Kommunikationsweisen ändern müssen, ehe die Bürger die Produktionsweisen und die Verteilung der Güter verändern können. Lenin hielt der westlichen Arbeiterklasse vor, daß sie an seine besondere revolutionäre Sendung nicht glaube. Dieser berühmte reformistische und gewerkschaftliche Egoismus ist nicht im Verrat der Führer oder in der Korruption der Massen, sondern in historischer Erfahrung begründet. Nie hat der Proletarier seine Eß- und Arbeitsgewohnheiten geändert, ohne sich einer (der Veränderung unterworfenen) Gruppe von Nichtproletariern, Unternehmern und Intellektuellen, anzuschließen. Wenn Marx über den ersten Schulterschluß der »trade unions« und der englischen Liberalen spricht, so sieht er darin nur eine Episode, die der Begrenzung der Arbeitszeit der Frauen und Kinder diente. Diese raffinierte Taktik belebt eine kaum bestrittene strategische Notwendigkeit, die die Versorgung mit der Freiheit, Meinungen auszutauschen, in Verbindung bringt.

Der tyrannischen Hybris ist eine Grenze gesetzt. Mitten in ihrer Entfremdung erkennen sich die Benachteiligten im Angesicht ihrer Gegner: Elektra und Orest. Im Unglück versuchen sich zwei sterbliche Wesen zu verständigen, ohne sich noch verstanden zu haben oder ein Wort für das Unglück zu haben: Kilissa und Orest. Die Kommunikation schließt jeden Versuch der Beschränkung von vornherein aus. Sie ist unvollkommen und gibt der Schwierigkeit eine Form; sie macht die Unmöglichkeit zu ihrem Ausgangspunkt. Sokrates und Platon sehen in ihr die Liebe.

Wenn die Ideen von Diotima, Sokrates und Platon schon nicht dieselben sind, so gehen sie zumindest in dieselbe Richtung. Das ist gesichert und anerkannt. So macht es wenig aus, daß hie und da Gelehrtendispute die Einigkeit stören. Hans von Arnim und Max Pohlenz haben sich jahrzehntelang über die Einheit von *Lysis* und *Symposion* gestritten. Der erste Dialog endet etwas enttäuschend und scheint die Liebe für eine Sackgasse (Aporie) zu halten, während Diotima sie im *Symposion* für den Königsweg hält. Handelt es sich – wie man annehmen könnte – um den Weg, der von der Auseinandersetzung mit einem Thema (in *Lysis*) zu einem zur Vollendung gekommenen konstruktiven Denken führt, das für ein reifes und seiner Verantwortung bewußtes Denken typisch ist? Vielleicht. Wenn Diotima aber auf die erbärmliche Geburt des Eros zu sprechen kommt, so verfällt sie auf die nihilistischen Überlegungen, die am Ende des anderen Dialoges zu lesen sind. Pohlenz und von Arnim waren geteilter Meinung über Datierung und Einzelheiten der Gedankenentwicklung; einig waren sie sich aber darin, daß die Platonsche Theorie der Liebe in den erhabenen Aussagen über das Gute und Schöne zu ihrem Höhepunkt kommt. In einer neueren Studie über den Gelehrtenstreit heißt es, daß Sokrates darauf bedacht war, am Ende des *Symposion* zu bemerken, daß der, der die Weisheit besitzt, also weise ist, nicht Freund oder Liebender der Weisheit (Philosoph) sein könne. Die Weisheit wird nicht um ihrer selbst willen geliebt, sondern weil sie jemanden befreit, der wenig oder gar nichts weiß. »Obschon Pohlenz und von Arnim dieses Denken für zutiefst antiplatonisch ansehen, ist es nicht absurd zu meinen, daß die Übel eine notwendige Bedingung der Liebe zum Guten sind.« Das Argument macht die Aporie in *Lysis* unvermeidlich. Und wenn die Liebe eine besondere Art, sich zu den Übeln zu verhalten, entdecken würde? Wenn Sokrates alt geworden wäre, ohne seine Ansicht zu ändern? Und wenn Diotima nicht das letzte Wort hätte?

Was besagt das schon, werdet ihr fragen, Genossen. Sehr viel. Von Anfang an ist der Westen zweigeteilt, vom Dachboden bis zum Keller, von der Schwüle der Schlafkammer bis zum Heulen der Sirenen, die Atomalarm geben. Er spricht davon, daß er bereit ist, für das zu sterben, was er verteidigt. Aber was liebt er? Was soll denn eigentlich geliebt werden? Glaubt er wirklich, daß man aus Liebe stirbt? Wie zufällig klingt das *Symposion*, dieser Dialog, dem es vor allem um das geht, was sich zwischen zwei Wesen abspielt, die sich begehren, mit einem Lob des Mutes und der Heldentat aus. Sokrates ging, während das athenische Heer vor den Böotiern von Delion im Jahre 424 zurückwich, »wie hier in der Stadt einer ... sich brüstend und die Augen zur Seite werfend, und den Blick gelassen auf Freund und Feind richtend, so daß es jedem schon von weitem klar wurde, daß sich dieser Mann sehr kräftig wehren würde, wenn ihn einer angreifen sollte.« Wenn man diese Passage wieder liest, werden die Genossen, die unsere bewaffneten Kräfte zu Land, zur See und im Luftraum befehligen, verstehen, daß die Reichweite der SS 20 davon abhängt, ob sie auf einen Platoniker oder einen Sokratiker gerichtet ist. Wenn ich die Rede der Diotima richtig verstehe, dann ist mein Beitrag zur Verstärkung unserer Abschreckungskraft nicht gering.

Diese Verteidigung der Liebe wird oft in einem einzigen Zug ohne Beachtung der geheimnisvollen Seiten und der ironischen Untertöne genommen, mit denen Sokrates den Bericht würzt. Nur Jacques Lacan hat mit einem gewissen Lächeln den Gedanken auf Mehrdeutiges gebracht und das Absonderliche dieses Homosexuellengelages erahnt: »Schöner Agathon, komm an meine Seite; nein zu mir; heiliger Sokrates, immer hat er die guten Plätze!« Schon zwanzig Jahre später verging das Lächeln, und die Szene, die seit zwei Jahrtausenden die Liebenden um ihren schönen Freund vereint, verliert wieder ihre Bestimmtheit. In dieser kollektiven Verführungsinszenierung bietet jeder Beteiligte unter dem Vorwand, die Liebe zu preisen, an, was er für die Gunst, die er haben will, zu bieten hat. Am deutlichsten spricht sich Pausanias aus: Gib mir deinen Körper, und ich gebe dir Wissen. Eine einzige Frau kommt zu Wort, sie ist nicht mit von der Partie und nimmt an dem Kampf der Herzen nicht teil. Diotima macht mit den Rivalitäten Schluß – die Pest brach in Athen »erst zehn Jahre später« aus – das heißt aber doch, daß nach ihr die Pest erst recht kam. Wein und Schlaf ließen es zum Ende des Festes kommen. Mitten unter den Schlaftrunkenen reden der tragische Dichter Agathon, der Komödiendichter Aristophanes und Sokrates miteinander. Niemand hört sie. Bis heute hört das Getuschel nicht auf; nur eine einzige Information dringt durch das Schweigen: »Im wesentlichen führte Sokrates sie schrittweise zu der Erkenntnis, daß ein und derselbe Mensch eine Komödie und eine Tragödie verfassen könne und daß der, der die eine Kunst beherrscht, auch die andere beherrscht.« Das griechische Wort für »schaffen« führte zu dem Wort »Poesie«, das griechische Wort für Kunst zu »Technik« und das Wort für »fähig« führt zu »Epistemologie« oder Wissen. Alle drei machen eine ganze Kultur aus. Wenn Diotima das entscheidende Wort im *Symposion* hat und wenn die von Sokrates formulierte Regel für sie gilt, dann ist es an der Zeit, sich zu fragen, was an ihr das Tragische und das Komische ist.

Der lyrische Aufschwung wird durch eine geänderte Tonlage unterstrichen. Am Beginn steht der prosaische Bericht über die traurige Geburt des Eros, und am Ende steht der Aufweis, daß »alle Menschen« fähig sind, in der Dimension des Schönen zu zeugen und zu gebären. Pierre Boutang ist ganz auf seiten der Priesterin: »Die neue Klarheit, mit der Diotima vertraut macht, führt über den Sokratismus des natürlichen Lichts und ihre eigene Erzählung von der Geburt des Eros hinaus.« Natürlich ist hier zu sehr von dem Verstand Voltaires die Rede, als daß Athen gemeint sein könnte. Aber das Entscheidende ist gesagt: Diotima öffnet den Blick. Jetzt beginnen die Platoniker, sie sehr ernst zu nehmen, und die von Sokrates beeinflußten Denker lassen ein gewisses Erstaunen erkennen. Fast widerspricht die Priesterin sich. Unter schweren Bedingungen hat sie den Halbgott zur Welt gebracht. Ohne zu zögern, läßt sie in ein und demselben Atemzug vernehmen, daß der Mensch seinen Bedingungen entkommen kann und daß dieses Wesen, das niedriger als die Götter und die Halbgötter ist, auf ewig in Leib und Seele in der Dimension des Schönen fruchtbar ist. Ein umgekehrter Olymp also. Eros wird in einer Nacht der Trunkenheit aus der Liebe der Begegnung geboren. Seine Mutter war auf der Straße, sein Vater betrunken.

»Da ging Poros, berauscht vom Nektar (es gab ja damals noch keinen Wein), in den Garten des Zeus und fiel in einen schweren Schlaf. Die Armut faßte nun in ihrer Ratlosigkeit den Plan, mit Poros ein Kind zu erzeugen; sie legte sich zu ihm und empfing den Eros ... Und weil Eros der Sohn des Poros und der Armut ist, befindet er sich nun auch in folgender Lage. Erstlich ist er allezeit arm und bei weitem nicht so zart und schön, wie die meisten Leute glauben, sondern herb, rauh, unbeschuht und ohne Haus, da er stets auf der Erde und ohne Decken liegt und vor Türen und auf Wegen unter freiem Himmel schläft und, der Natur seiner Mutter gemäß, immer der Dürftigkeit Genosse ist. Nach der Art seines Vaters dagegen stellt er allem Schönen und Guten nach, ist tapfer, draufgängerisch und energisch, ein gewaltiger Jäger, der stets irgendwelche Ränke schmiedet, begierig nach Einsicht und gewandt, sein ganzes Leben hindurch philosophierend, ein gewaltiger Zauberer und Hexenmeister und Sophist ...«

Dieser zu Recht berühmte Text beschreibt eine Situation der Entfremdung, die nicht nur für professionelle Philosophen typisch ist. Man kann aus dieser sokratischen Erzählung nur das lernen, was sie von und in uns aufdeckt. Der Mythos spricht in einfacher Sprache und zeigt Wirken und Hemmung der Liebe, ihren Reichtum und ihre Verzweiflung. Diese stürmische Geburt gibt das Bild der menschlichen Verfassung wieder, und sogar der im Erhabenen schwebende Ficino weiß darum: »Warum ist die Liebe teils reich, teils arm? Weil wir gewöhnlich weder das begehren, was wir ganz besitzen, noch das, was wir überhaupt nicht haben.«

Diotima verspricht uns – »allen Menschen« – die Wohltaten

– das Schaffen des Schönen in der Dimension des Schönen –, wodurch die Liebe die Bedingungen ihrer Herkunft mit einem Schlag eliminiert, sehr zum Leidwesen der konsequenten Ideenabfolge: »Wenn sich daher das Zeugungsbereite dem Schönen nähert, so wird es froh und von Freude durchströmt und zeugt und pflanzt sich fort. Nähert es sich aber dem Häßlichen, so zieht es sich finster und betrübt in sich zusammen, wendet sich ab, schrumpft ein und zeugt nicht ...« Bezieht man das auf Poros, so verpflichtet sie diese eugenische Regel dazu, ihre Fruchtbarkeit für sich zu behalten. Eros wäre nie zur Welt gekommen. Es ist wahr, daß Poros getrunken hatte und seinen Rausch ausschlief. Soll man wünschen, daß der Mensch sich der trunken machenden Getränke enthalte, um so der Platonschen Priesterin zu helfen, daß sie ihn von der zweideutigen Liebe befreie, zu der ihn die Götter verurteilten? Die Annahme eines Lebens ohne Alkohol würde merkwürdigerweise ein Gelage beenden, bei dem alle Teilnehmenden unter dem Tisch liegen. Mit Ausnahme des Sokrates, der nicht weniger, sondern besser trinkt. Was Diotima über die Geburt des Eros sagt, widerspricht den Erwartungen, mit denen die Liebe die Menschheit erfüllt, nun doch zu sehr – zumal Diotima selbst diese Erwartungen ausgesprochen hat.

Die Bedingungen der Liebe sind Not, Mangel, Fremdsein. Kaum geboren, verwandelt sich die Situation. Die Idylle ist perfekt. Sokrates kann sich nur noch verdrücken. »Es ist ja unmöglich, in der Dimension des Häßlichen zu gebären.« Sein Talent als Experte für Anemonen welkt dahin, ohne in Anspruch genommen zu werden. Eros kommt zur Welt – die tragische Geburt des Eros. Eros bringt zur Welt – schmerzfreie Geburt, Geburt in einer ganz erfüllten Liebe. Zwei Zeiten, zwei Weisen, zwei Sichtweisen. Der zweite Tag der Orestie verwickelt Orest in eine Rede nach Art der Diotima. Sein Vater ist rein, sein Handeln ebenso, der Gott befiehlt es, der Freund rät dazu, Orest verewigt sich im Schatten der Ahnen. Wenn die Götter ihn zum Opferpriester bestellen, gibt es keine Krise. Zwischen Pylades und Diotima hat ein zögernder Sokrates keinen Platz. Ein ganz unschuldiger Orest, der wieder wie Agamemnon handelt, ist – folgt man der göttlichen Diotima – das Ende der Philosophie. Vielleicht setzt er auf die apollinische Einsicht, daß alles erlaubt ist, in der der Vollkommene des gnostischen Manichäismus die Arglosigkeit des armseligen Manichäers vorwegnimmt. Das Spiel übertrifft die gut ausgeführte Tat noch. »Ich habe immer gesehen, wie die den Himmel betreffenden Meinungen und die unterirdischen Gewohnheiten eigenartig übereinstimmen ...« Eine zweite Nacht bricht über Argos herein.

Soll man Diotima eine wenig wahrgenommene und äußerste Ironie unterstellen? Sie verspricht dem einzelnen das Äußerste an möglicher Dauer. Er bleibt von einer Generation zur anderen sich gleich. Doch sie löst es auf, sein Leib verändert sich, seine Ideen fließen, es stirbt nicht einmal, sondern ständig: »Wird dieser doch derselbe genannt, obwohl er niemals dasselbe in sich hat, sondern stets neu wird und andere dafür verliert, an seinen Haaren ebenso wie am Fleisch und an den Knochen und am ganzen Leibe, sondern auch an seiner Seele: die Gewöhnungen, Charaktereigenschaften, Meinungen, Begierden, Freuden, Schmerzen und Ängste – das alles ist bei einem jeden Menschen niemals gleich, sondern das eine wird, das andere vergeht.«

Was bleibt also für die Ewigkeit? »Mein« Gefühl? »Mein« Denken? Diotima beschwört nicht einen bösen Geist herauf, um einen entscheidenderen Abgrund aufzureißen, als es der cartesianische Zweifel tut. Sie taucht ihr Individuum in die Zeit, diesen Offenbarer überhaupt, ein: »Und noch viel sonderbarer ist es, daß auch unser Wissen bald entsteht und bald wieder vergeht und daß wir in bezug auf das Wissen niemals dieselben sind ... Denn was man ›Übung‹ nennt, das setzt voraus, daß uns das Wissen entschwinden kann ...; denn das Vergessen ist das Entschwinden des Wissens, die Übung dagegen rettet das Wissen, indem es ein neues Gedächtnis an Stelle des entschwindenden einpflanzt, so daß der Eindruck entsteht, es sei dasselbe ...«

Eine gut begründete Auffassung besagt, daß die Idee der Welterschaffung aus dem Nichts biblischen Ursprungs ist. Doch geht es dem *Symposion* um eine »Poesie«, die mit dem dichterischen Schaffen im engeren Sinne nichts zu tun hat. »Du weißt doch, daß ›Schaffen‹ (›Dichten‹) vielerlei bedeutet. Denn dafür, daß irgend etwas aus dem Nichtseienden in das Seiende übergeht, dafür ist insgesamt das Schaffen (Dichten) der Grund, und so sind auch die Werke in allen Künsten ein Schaffen (Dichten), und alle Meister sind Schöpfer (Dichter).«

In dieser kurz vorher näher bestimmten Poesie meldet sich – auf gut Glück sozusagen – in Diotima Sokrates zu Wort: »Denn auf diese Weise wird jegliches Sterbliche gerettet, nicht dadurch, daß es schlechthin immer dasselbe ist wie das Göttliche, sondern dadurch, daß das, was entschwindet und alt wird, wieder ein Junges von derselben Art hinterläßt, wie es selbst war. Durch dieses Mittel ... hat Sterbliches an der Unsterblichkeit teil, der Leib ebenso wie alles andere; beim Unsterblichen aber geschieht das auf andere Art.«

Die ihrem Geburtsakt treu gebliebene Liebe wirkt nicht in der Dimension des Sich-Gleichbleibenden und des Fixierten. Sie ist nicht erbauend oder erbaulich, sondern drängt sich auf und bleibt mitten im Wirbel der Vergänglichkeit. Wer in einer allgemeinen Auflösung schwimmt, der muß Kopf oder Faust in einem Akt schöpferischer Liebe über Wasser halten. Aus der Liebe kommt es zum Identischen – nicht umgekehrt. So habe ich meine Zweifel an der »Poesie«. Das Äußerste, was das *Symposion* zu denken gibt, zeigt uns einen Orest, der nicht Herr, sondern verliebt ist, nicht unschuldig, sondern ein Flehender, ein Hölderlin des dritten Tages; der sich fragt, »was zu tun indes und zu sagen, ... und wozu Dichter in dürftiger Zeit«. Seit der *Orestie* gibt es nur noch Verzweiflung.

Das Prinzip der Unsicherheit

Er hat zwei Gegner: Der erste bedrängt ihn von hinten, vom Ursprung her. Der zweite verwehrt ihm den Weg nach vorn. Er kämpft mit beiden. Eigentlich unterstützt ihn der erste im Kampf mit dem Zweiten, denn er will ihn nach vorn drängen und ebenso unterstützt ihn der zweite im Kampf mit dem Ersten; denn er treibt ihn doch zurück. So ist es aber nur theoretisch. Denn es sind ja nicht nur die zwei Gegner da, sondern auch noch er selbst, und wer kennt eigentlich seine Absichten? Immerhin ist es sein Traum, daß er einmal in einem unbewachten Augenblick – dazu gehört allerdings eine Nacht, so finster wie noch keine war – aus der Kampflinie ausspringt und wegen seiner Kampfeserfahrung zum Richter über seine miteinander kämpfenden Gegner erhoben wird.

FRANZ KAFKA

Seine Majestät das von Leidenschaft getriebene Kind

Mein Aufenthalt neigt sich dem Ende zu, Ihr wollt, daß ich nach Moskau zurückkehre und eine genaue Diagnose der Situation hier mitbringe. Für die neu installierten Computer des Zentralkomitees, die auf in Zahlen zu erfassende Voraussagen lauern, ist es Sauregurkenzeit. Ihr könnt nur mich selbst verschlingen. Ehe meine Vorgesetzten unter dem Vorwand, daß ich zu früh in den Genuß des Aufenthalts in einer Metropole der Dekadenz gekommen bin, meine Pension streichen, sollten sie sich eines überlegen: Vielleicht ist mein Bericht mehr wert als die vielen Berichte, die durch ihn überflüssig werden. Paris ist weiterhin voll von Orest-Typen.

Sie sind von ihren angeschlagenen Antipoden zurückgekommen; nach himmelstürmenden geistigen und politischen Umwälzungen, die auf sie selbst zurückschlugen, sagen sie sich, daß Zwanzig nicht das schönste Lebensalter ist, sie glauben nichts mehr. Die geballte Faust wurde zum Klischee der III. Internationale, vorher symbolisierte sie die Herausforderung in einer Lage der Verzweiflung.

> »Jeder morgen frostig gleißend
> Droht er auch mit fäusten stur
> Den trompeten im azur
> Lautlos seinen aufgang preisend«

Die stets aufrechterhaltene Kindlichkeit eines Mallarmé, die sich um die erwachsene und verantwortungsbewußte Poesie unserer Organisationen nicht schert, läßt ihren Helden nicht mit leeren Händen zurück. Sie bekommen Würfel zu fassen:

»Seine Verzweiflung wirft sie in den Raum wie man die Faust ballt...« Noch weniger verheißungsvoll ist dieser ständige Schiffbruch, bei dem vom Kapitän nur die Hand, die die Chance festhält, übrig bleibt.

> »DER MEISTER...
> zögert
> erstarrt mit ausgestrecktem arm das
> geheimnis nicht preisgebend«

Der Kommandant eines Geisterschiffes, der ertrunkene Seemann – so bemerkt Gardner Davies – »hat seine Entscheidung noch nicht getroffen. Mit den Würfeln in der geschlossenen Faust zögert er...« Nimmt er sie in die Tiefen des Meeres mit? Wirft er sie, ehe er verschlungen wird? Schon »braucht der Schiffbrüchige seinen Leib nicht mehr. Der Dichter hat daher keine Skrupel, das Wort ›Kadaver‹ zu gebrauchen, um ihn zu bezeichnen. Nur der aus dem Wasser gestreckte Arm trennt den

Herrn vom Geheimnis seines Geschicks ...« Die Trennung hört vielleicht auf, und das Geheimnis findet sich in dem aus der Woge herausragenden Arm. Er spielt mit dem Zufall des Ozeans und läßt ihn nicht einfach Schluß machen. Der Jugendliche im Westen entzieht sich unseren Vermutungen wie Hamlet, »dieser Herr im Verborgenen, der nie Herr sein wird, der jugendliche Schatten aller ...«, spielt Orest das ganze Leben lang.

Von Grönland bis nach Feuerland, von 1945 bis heute tobt die Diskussion zwischen denen, die sich unserem Block entgegensetzen, und denen, die zu Differenzierungen und Abweichungen als letzter List und einer subtilen Strategie ihrer Zivilisation greifen. Unsre expatriierten »Dissidenten« mischen kräftig mit. Die einen arbeiten an der Sammlung aller geistigen Kräfte, die andern glauben, daß die Ungeordnetheit der Sinne und der Seele besser die Grenzen überschreitet und die kompaktesten monolithischen Systeme angreift. Selten kommt es zu einer Verständigung. Einige setzen auf eine einheitliche Befehlsstruktur der alliierten Kräfte, andere wieder ziehen es vor, daß die Leute, die eine Apokalypse inszenieren, verstreut sind.

Wieder andere sind Netzwerkstrategen und wollen die Raketenlager und Nuklearsilos munizipalisieren, als ob diese Risikovermehrung einen potentiellen Angreifer in Angst versetzen würde. Ist die dichte und kontrollierte oder eher die aufgeteilte und unkontrollierte Drohung glaubhafter? Das ist eine überflüssige Frage. Die Glaubwürdigkeit der Waffen hängt davon ab, ob einer den Mut hat, sie einzusetzen. Ob der Vorgang selbst ein einziger ist, ob es deren mehrere gibt, ob ihn eine Despotie oder eine Anarchie in Gang setzt, besagt wenig für die Versuchung, die Risiken nicht einzugehen und eher sich selbst aufzugeben als den anderen abzuschrecken. In ihrer Unentschiedenheit betrügen sich die Leute im Westen um ihre Angst, aber sie führen auch uns in die Irre. Soll man mit den einen oder mit den anderen verhandeln? Sind sie sich einig oder nicht? Vernichten sie sich selbst oder werden sie sich uns im letzten Moment doch noch entgegenstellen? Wenn ich keine Antwort mitbringe, wird man mich entlassen. Meine Antwort ist, daß man das nicht entscheiden kann. Der Gegner hat sich für die Strategie der Krake entschieden. Er führt unsere Experten in die Irre, läßt uns zu keinen Thesen kommen, lähmt uns, weil er sich als nicht berechenbar gibt. Wenn sich jemand als zu allem fähig zeigt, um uns außer Gefecht zu setzen, würde es sehr bedenklich sein, wenn dieses Verhalten nicht in den Sitten schon gegeben wäre. »Ich halte nichts vom Zuviel in einer Tugend, wie vom Zuviel eines Wertes, wenn ich nicht zugleich das Übermaß der entgegengesetzten Tugend sehe ... Denn sonst ist das kein Aufstieg, sondern ein Fall. Man zeigt seine Größe nicht dadurch, daß man extrem ist, sondern daß man die beiden äußersten Seiten einer Sache erfaßt und den Zwischenraum füllt.« (Pascal)

Die Tragödie entspricht der Institutionalisierung einer für alle in gleicher Weise geltenden Rechtspflege. Sie feiert »den Fortschritt der Gerichte, der für Entstehen und Auftreten der Demokratie in Athen entscheidend ist ...« Doch zieht sie ihre Getreuen nicht vor die Gerichte, über die sich die Komödie ausläßt. Sie selbst setzt sich ins Richterkollegium, sie richtet die Richter.

»Die lebendige Tragödie ist das Drama der das ganze Volk betreffenden Justiz im Zuge ihrer Gestaltung«, sagt ein Gräzist. Man könnte hinzufügen, daß es zur allgemeinen Justiz gehört, daß dieses Drama sich »im Zuge ihrer Gestaltung« auf Dauer stellt. Wenn das Volk unter dem Vorwand, das Drama zu beenden, aufhört, die Justiz in Form zu bringen, oder die Justiz sich über das Volk lustig macht, ist es mit Tragödie und Demokratie vorbei.

Politik ist eine Show. Heute ist das eine abschätzig gemeinte Feststellung. Einst war das der einzige Ausweg angesichts des sokratischen Paradoxons der Kompetenz. Alle – nicht jeder einzelne, aber wohl alle zusammen – können sich als kompetenter erweisen als eine kleine Gruppe, wenn es darum geht, ein Werk, nicht eine Berufsfertigkeit, zu prüfen. »Daher beurteilen ja auch die Vielen die Werke von Musikern und Dichtern am besten, nämlich der eine diese, der andere jene Seite an denselben und alle zusammen das Ganze.« Weder Gott noch Caesar noch ein Tribun könnte Aristoteles an die Leine nehmen, wohl aber die Show, der Zuschauer. Die Kommunikationsweise, d. h. die Inszenierung, hat, wie immer, im nichtsowjetischen Bereich über die reine und einfache Produktionsweise gesiegt. Jeder kann sich selbst ein Urteil bilden. Das ist dort der Fall, »wo man die Werke verstehen kann, ohne selber die Kunst ihrer Herstellung zu besitzen. So kann z. B. von einem Haus nicht nur derjenige, der es gebaut hat, etwas verstehen, sondern es wird der, der es in Gebrauch genommen hat, ... selber noch besser darüber urteilen ... und über ein Essen der Gast und nicht der Koch.« Aischylos stellt sich nicht in den Dienst einer Politik, er nimmt das Schauspiel so wie es ist. So fängt er eine ganze Kultur in der Falle des Orest.

Er ist nicht zufällig psychotisch, er ist das hellsichtige Kind einer Kultur, die den Genozid als das nimmt, was er ist, und versucht, ihn dadurch in Schach zu halten, daß sie selbst zu Massakern schreitet. Es gibt ein schriftliches Zeugnis des »automatischen Orest«, der den bescheidenen Schlagersänger und den kühnen Schürzenjäger im Übergang ins dritte Jahrtausend fernsteuert. Der Nachteil, daß dieser Text in der Nähe eines allzu berühmten Textes steht, läßt ihn in einem wenig beachteten Dunkel. Er steht am Ende des VII. Buches von Platons *Politeia,* er folgt dem berühmten »Höhlengleichnis«, mit dem Sokrates eine Nacht der Sinne und der Unwissenheit beschreibt. Die in Fesseln Liegenden fühlen sich so wohl, daß sie mit Gewalt ans Licht gezerrt werden müssen. Der aufmerksame Hörer spitzt die Ohren, wenn Sokrates kurz darauf sagt, daß die jungen Athener (wie der Dostojewskische Dämon) und der Protestierende sich selbst ihrer Ketten entledigen. Alle Kinder, die er kannte, sagt er, haben am Anfang Achtung für Vater und Mutter und nehmen sie so wahr, wie sie sich geben. Der junge Philosoph (Dialektiker), der seine Fesseln abgelegt hat, darf sich keineswegs verblüffen lassen. Er braucht sich nur ein Kind vorzustellen, »das in großem Reichtum heranwächst, im

Kreis einer großen und geachteten Familie und unter zahlreichen Schmeichlern. Wenn er dann ein Mann geworden ist, erführe er, daß er nicht von denen stammt, die sich als seine Eltern ausgeben, doch konnte er seine wirklichen Eltern nicht ausfindig machen.« In gewisser Weise, meint der Autor, stammen wir alle aus einem geistig ziemlich bequemen Milieu. »Wir haben doch von Kindheit auf gewisse Ansichten über das Gerechte und das Schöne. In diesen sind wir wie von Eltern auferzogen worden, ihnen gehorchen wir und halten sie in Ehren.«

Landstreicher und Räuber, die verführerischen und sittenverderbenden Firlefanz anbieten, werden von dem guten Haus mit Bedacht ferngehalten, bis der Ironiker mit leeren Händen zwar, aber mit gespitzter Zunge daherkommt. Er fragt den Jungen aus gutem Hause, was das Schöne ist, »und wenn ihm dann die vernünftige Auseinandersetzung seine Antwort, wie er sie vom Gesetzgeber gehört hat, widerlegt, und wenn sie ihn immer wieder und auf mannigfaltige Weise widerlegt und ihn so auf die Meinung verfallen läßt, daß das Schöne ebenso schön als häßlich sei und daß es mit dem Gerechten und mit dem Guten und mit allem, was er besonders verehrt hatte, ebenso stehe – wie glaubst du, daß es dann diesen Dingen gegenüber mit seiner Ehrfurcht und seinem Gehorsam stehen wird?« Auf den ersten Blick ziehen Sokrates wie Hippolyte Taine in Betracht, daß die Subversion von den Lehrern der Vermessenheit herkommt und daß es weniger Revolutionen gäbe, wenn es nicht so viele Advokaten und kritische Intellektuelle gäbe. Auf den zweiten Blick aber wird Sokrates – ohne sich zu widersprechen – Soziologe in einer noch wenig ausgebildeten Weise und erklärt die Bewußtseinskrise mit der voraufgehenden häuslichen oder politischen Lüge. Würden sich die kollektiven Werte als fester erweisen, würden die einzelnen weniger verunsichert sein. In dem Königreich Dänemark, aus dem Hamlet stammt, ist etwas faul. Auf den dritten Blick findet eine subtilere Soziologie im Vergleich, daß der junge Athener recht hat, daß er ein »Findelkind« ist. Sokrates bringt so eine endlose Reihe von »Beichten eines Kindes seiner Zeit« in Gang, mit denen jede Generation sich als erste skeptisch zu geben glaubt.

Wir fragen uns, »was aus den jungen Leuten, die zu diskutieren anfangen, wird«. Insbesondere wollen wir wissen, mit welchem Holz ihre Leidenschaft Feuer fängt und woraus sie sich ernährt. Im Vergleich schließen wir, daß es nicht zu verwundern ist, daß sie mit dem Diskutieren spielen. »Sie brauchen es jederzeit zur Widerrede, und indem sie die nachahmen, von denen sie widerlegt werden, widerlegen sie selbst wieder andere und freuen sich dabei wie junge Hunde, wenn sie jeden, der in ihre Nähe kommt, mit ihrem Disputieren packen und zerren können ... Und plötzlich geraten sie in einen Zustand, daß sie nichts mehr von dem glauben, was sie vorher geglaubt haben.« Die verrückte Virtuosität, die den ganzen Charme des »Neveu de Rameau« und der russischen Nihilisten ausmacht, wird hier Manie genannt. Das griechische *mania* bezeichnet gewiß die sich wiederholenden Arten des Zeitvertreibs der Leute, die sich von der Agora zurückgezogen haben, ja sogar manische Besessenheiten, aber vor allem schützt sie die Trunkenheit des sich Gott ganz Hingebenden. Die Erzählung weist so auf eine vierte Moralität und zeigt den Philosophen, der von der Wahrheit besessen und ein wenig abnorm ist – als Findelkind einer verlorenen Stadt. Als ein Sammler alter Gnosen und Restaurateur antiker Vasen erhebt sich dieser Vogel der Weisheit nicht vor der Dämmerung des Abends, er starrt die sich gestaltende Welt an und zerlegt sie mit ihrem Gemeinschaftsleben und ihrer »Moralität der Sitten« schon am Beginn in ihre Teile.

Wörtlich genommen, in fünfter und letzter Sicht, bietet die Geschichte ein Bild ohne alle Wehmut. Die Vergangenheit beherbergt keine Weisheit, das Kind kommt zu sich selbst und erkennt seine Herkunft – es hat nämlich keine. Von daher kommen die aufeinanderfolgenden »kopernikanischen Revolutionen«, die das Leben der Leute im Westen einteilen. Die Erde irrt im Himmel umher und ihre Bewohner verlieren von einer Epoche zur andern die Orientierung, so daß sie nicht Himmel und Hölle, Licht und Dunkel, Engel und Teufel unterscheiden können. Luther bezeichnete den Menschen als eine Dämmerung in zweierlei Hinsicht, als *crepusculum vespertinum* – zwischen Tag und Nacht, und als *crepusculum matutinum* – zwischen Nacht und Tag.

Die Parabel vom verlorenen Kind sollte diese eigenartige dialektische Raserei verständlich machen, die mit schönen Zähnen die Gewohnheiten und die Überzeugungen zerreißt. Sie endet damit, daß der Wutentbrannte ganz recht hat, wenn er sich an eine Familie nicht anpaßt, zu der er nicht gehört. So gut diese Familie auch sein mag, sie muß doch verschwinden, wenn sie die Frage nach der Wahrheit nicht aushält. Die Philosophie erhebt sich nicht über den Trümmern, um ein Schlußlied zu singen. Sie ist ausgezogen mit dem, der zertrümmert, nicht mit dem, der ruiniert wird. Die Manie, die in ihr steckt, ist der Preis für ihre Freiheit von der Vergangenheit. Die pathologische Situation des Verlassenen zeigt die historische Situation eines Kindes, das sich von seinen Eltern nur löst, wenn es sie adoptiert.

Pathos – Leidenschaft, das bedeutet Emotion, Affekt, Gefühl, ohne daß es der Ort wäre, irgendwelche Verwirrungen zu beanstanden. Sie benennt das, was in der modernen Psychologie unter die Rubrik des »affektiven Lebens« fällt. Manchmal wird das Wort genommen, um Praxis und Ethos zu unterscheiden. Passion und Praxis gehen zusammen, um in einem einzigen Geschehen das zu bezeichnen, was man erleidet, und das, was man tut. Das Ethos ist als eine ständige Disposition (die »Sitten« der Stadt, der »Charakter« eines Individuums) davon unterschieden. Einige Autoren variieren diese Unterscheidungen. Descartes stellt die Leidenschaften den »Seelentätigkeiten« gegenüber, Quintilian macht einen Unterschied zwischen Pathos, Tyrannis und emotionaler Gewalt auf der einen Seite, Ethos, Heiterkeit und dem Wohlwollen der ruhigsten Gefühle auf der anderen Seite. Die sokratische Erzählung sieht in den drei Begriffen Stufen einer Reifung. Die festen Überzeugungen aus unserer Kindheit bezeichnen Anstand und Charakter (das Ethos). Dann kommt die Leidenschaft, die

Krise der eigenen Entwicklung. Zum Schluß folgt, wenn diese Manie einen Ausweg läßt, die Zeit der Verantwortlichkeit, der Übergang zur bürgerlichen Praxis, die Überlegung und Besonnenheit einschließt.

Ich falle in Ohnmacht, um einer Gefahr zu entgehen. Die Emotion hüllt ein Verhalten ein, das wie mit einem Zauberstab die Ereignisse magisch unter Kontrolle hält. Ich bin gefühlvoll, ich tue alles, um mich anzustecken, ich bleibe auf Distanz, ich mache mich allgegenwärtig. Das Kind ist noch im Mann gegenwärtig, wenn die Achtung der Distanz zwischen den Menschen und die Unterscheidung der Ideen fehlt, der Überzeugung sind jedenfalls viele Psychologen. Der Vernunftgründen folgende Erwachsene beherbergt einen Doppelgänger aus Gefühlen, der im Prälogischen zu Hause ist. Schriftsteller und Analytiker setzen die Gründe des Herzens und die Paradoxa der Vernunft parallel und brechen so die Trennwand nieder; sie sehen sie schon bei den Menschen der Antike wirken, die nichts von ihrer Prälogik wußten: »Man muß bei jedem Gefühl dreierlei unterscheiden, z. B. beim Zorn, nämlich in welcher Verfassung wir zum Zorn neigen, wem wir dann zu zürnen pflegen und auf Grund wovon.«

Aristoteles behandelt den Zorn in einem eingehenden Diskurs, der alle Gründe darlegt und abwägend einander gegenüberstellt. Die Passion wird nie einfach auf einen Selbstbezug zurückgeführt, sondern ist der Grund für das wechselnde Urteil der Menschen und hat Schmerz oder Wohlbefinden zur Folge. Der griechische Ausdruck für »Urteil« ist »Krise«. Er bezieht sich auf das innere Gespräch wie auf den äußeren Kampf und auf die Ununterschiedenheit von beiden. Man kann übersetzen: Die Passion bewirkt, daß sich der Mensch in der Krise verändert, oder daß sich der Mensch ständig in der Krise befindet und darum in der Passion. Das intellektuelle und das affektive Leben gedeihen nicht auf getrennten Kontinenten, die Leidenschaft fällt Urteile und das Urteil ist von Leidenschaft getragen. Die sokratische Parabel liest sich wie ein nicht geradliniges zeitliches Fortschreiten, das man sich kreisförmig oder spiralartig denken kann. Der fortgeschrittene Philosoph läßt die Manie des Fragens um des Fragens willen hinter sich, er findet seinen Weg und stellt Fragen, um zu verändern. Es gibt kein Urteil ohne Passion. Die politische Praxis des dritten Lebensalters kann nur dann erzieherisch wirken, wenn sie sich auf die beiden vorausgehenden bezieht. Sie bekämpft die Leidenschaften in den Leidenschaften, um auf die Sitten zurückzuführen, die anfangs ganz selbstverständlich da waren.

Vom Beinahe zum Noch nicht

Die *Orestie* folgt den drei Stadien der Passion. Agamemnon will vor allem König sein, Klytaimnestra sieht sich als Mutter und Frau und wird zur Mänade; die schrecklichen Kinder sind von Gefühlen bestimmt, die sie nicht in Frage stellen – sie leben im ersten Lebensabschnitt. Die leidenschaftliche Revolte der Jungen macht den zweiten Tag aus. Am dritten Tag, an dem die »Eumeniden« gegeben werden, tritt Ordnung in den Kräften und Gefühlen ein. Das ist der Tag des »griechischen Wunders«. Athene gründet die politischen Institutionen und setzt den Areopag, das Gericht der Stadt, ein, zähmt die Schrecken verbreitenden Erinnyen und gemeindet sie der Stadt als Mächte des Friedens und des Wohlstands unter dem freundlichen Namen »Eumeniden« ein. Am Ende des Tages werden die Töchter der Nacht im Fackelzug des ganzen Volkes – der Chor geht voran – in ihre neue Bleibe geleitet: »Die alte und die neue Ordnung, die Erinnyen und die Olympier werden in der ein für allemal in Athen aufgerichteten Gerechtigkeit versöhnt.«

Wer versöhnt sich mit wem? Der Staat sich mit den Göttern? Oder die Götter sich mit dem Volk? Einige Götter sich mit anderen? Die Kommentare feiern den Sieg über die Hybris und den alten Rachegeist. Doch sind sie geteilter Meinung, wenn es um die Analyse dieser Kulturleistung geht. Das ist ganz normal; die großen griechischen Tragödien lösen oft Kontroversen über ihren Ausgang aus. So wird die *Elektra* von Sophokles vom überragenden Einfluß Apollos her gelesen (Jebb). Von Orest heißt es bei Sheppard, daß er dem Orakel schlecht gehorcht habe. Lesky sieht darin das Drama einer Seele, deren Mut aus Angst und Verzweiflung zur Befreiung führt. Thomson aber sagt, daß das Ergebnis nur schrecklicher Jammer sei; nach Murray geht es um eine Kombination von Muttermord und Selbstgefälligkeit. Kitto spricht vom »dunkelsten Stück«. Laut Waldock gibt es darin für einen vorurteilsfreien Betrachter überhaupt kein Problem. Baldry lehnt die Kulturleistung ganz ab und sagt am Schluß nicht ohne Raffinesse: »Sophokles sagt von sich aus nichts Wichtiges ... Der moderne Leser wird im Ungewissen gelassen ...« Das Zweideutige des Schlusses der *Orestie* zeigt dieselbe Ungewißheit, die nicht an den Kommentaren, sondern in der Tragödie liegt, an der Strategie eines Denkens, das den Wunsch nach Sicherheit, der im Zuschauer steckt, fesselt und nimmt.

Die Gerechtigkeit siegt – welche Gerechtigkeit? Ein unbestimmter Halt. Zum erstenmal gibt es im Areopag keine Entscheidung. Ebenso viele Stimmen sind für Verurteilung wie für Freispruch. Der Stein der Göttin zählt doppelt und befreit Orest. Heißt das, daß in der neuen Gerechtigkeit die Menschen denken, die Götter lenken? Mit der Institutionalisierung des Gerichts der Bürger »für alle Ewigkeit« nimmt die Tochter des Zeus eine Gegenposition zu einer integrationistischen Theokratie ein:

> »Der Fall liegt schwerer, als daß hier sich
>   zutraun könnt
> Ein Mensch zu richten; und auch mir kommt
>   es nicht zu ...«

Das tragische Geschehen erfaßt alle, und die Götter, die darin verwickelt sind, sind genauso betroffen wie Agamemnon oder Orest. Die Anwesenheit von Athene beim Gericht ist nicht die Regel, sie signalisiert einen Abgang. Was sie vorbringt, um Orest freizubekommen, scheint die Ausnahme dieser Mitwirkung noch zu unterstreichen. Wenn der Muttermord weniger

Gewicht hat als der Vatermord, den er rächte, so gilt das deswegen, weil sie – wie jedem bekannt ist – von Zeus stammt und keine Mutter hat. Ein Geheimnis? Eine Drehung um die eigene Achse, weil man kein Argument hat? Nimmt sie die These Apollos auf, der für die Unschuld des Orest streitet und die Frau, die den männlichen Samen ja bloß empfängt, für die Weitergabe des Lebens für unwichtig hält? Nichts läßt daran denken, daß Aischylos das genetische Argument für entscheidend hält. Athene stellt nur deshalb ein neues Gesetz auf, weil sie keiner der Streitparteien recht geben will.

Athenes Akt ist theologischer, nicht biologischer Natur. Mit Apollo teilt sie die Fähigkeit, das Geschehen nur im Zusammenhang mit den Menschen, die ihm unterworfen sind, zu betrachten. Nur die Vergänglichen sind in quälenden Alternativen gefangen. Daß man von einem Vater und von einer Mutter stammt, verdoppelt die Sterblichkeit. Wenn zwei Wesen sich in einem Kind verkörpern, so ist dieses nicht die Reinkarnation eines anderen und ist dazu verurteilt, die Unmöglichkeit zu leben, eine Einheit zu sein, der es sein Sein verdankt.

Athene sieht das Rätsel des Freispruchs im Rätsel ihrer Geburt. Der Wurf geht hin und her. Orest geht gereinigt, doch nicht als Sieger hervor. Apollo verschwindet nach dem Urteil wortlos; seine heilige Wahrsagung wird nicht mehr eine Stadt leiten, die den Richter über den Wahrsager stellt. Die geschlagene Partei verliert ihre Beute, doch bekommt sie Altäre. Der das Ganze beendende Kompromiß schützt sein eigenes Geheimnis wohlweislich. Er scheint jedem recht zu geben, da er niemanden zufriedenstellt. Die unfruchtbaren Kinder der fruchtbaren Nacht erheben mit ihrer Zivilisierung die Enttäuschung, die sie ausstrahlen, zu einer allgemeinen Maxime. Die Göttin sagt denn auch zum Schluß:

> »Aus den so grausgen Gesichtern – ich seh's –
> Kommt hoher Gewinn für die Bürger hier ...«

Hinter diesen vorgebrachten oder eingestandenen Beweggründen drängt eine geheimere Logik zum Freispruch. Sie fällt vom hohen Himmel herab und wird Politik. Die meisten Kommentare meinen, daß die *Orestie* in einer »progressiven Sicht« der Geschichte ausklingt. Zwischen dem ersten und dem dritten Tag sind die Götter vernünftig geworden, oder die Menschen haben gelernt, miteinander auszukommen. Zeus macht den Schritt von der rohen Gewalt zur Herrschaft aufgrund von Übereinkunft. Die Gemeinschaft geht vom Gesetz des Talion über zum geschriebenen Gesetz. Also eine Wendezeit des Fortschritts einer humanistischen Theologie oder der Laizisierung der Öffentlichkeit. Die Tragödie steht zwischen einem Schon und einem Noch nicht. »Der tragische Sinn der Verantwortlichkeit tritt auf, wenn die menschliche Handlung bereits Gegenstand des Nachdenkens geworden ist und sie aber noch nicht in ihrer vollen Autonomie begriffen ist«. Orest wäre keine tragische Gestalt, wenn er sich selbst freisprechen würde. Der Erbe von Argos verlangt den Urteilsspruch einer fremden, wenn auch befreundeten Stadt. Viele Spiegelungen führen ihn von Schiedsrichter zu Schiedsrichter, vom Tempel zum Gericht, wo schließlich eine Entscheidung, die niemand treffen kann, in der Lichtdurchlässigkeit eines weißen Steines aufleuchtet.

Widersprüche und Antinomien löst man am leichtesten auf, wenn man sie auf eine Zeitachse verlegt, auf der sie verschwinden. Wer das Geschehen zum Verschwinden bringt, weil er es erklären will, der kommt ins Schleudern. Wenn man die *Orestie* als ein Geschehen, das sich selbst überholt, liest, weil es einem um den Punkt geht, hinter den man nicht mehr zurückfallen kann, wo die Handlung sich ihrer Verantwortung entledigt und sich auflöst, so nimmt man an, daß der die Tragödie versteht, der ihre Sterbeurkunde kommentiert. Die Passion des Orest hat einen Anfang – die Mythologie der Ahnen –, sie hat auch ein Ende – die Vernunft in der Stadt. Wo soll man den Fluchtpunkt setzen, der eine von später her gesehen erklärbare Handlung richtig verortet? Es macht keinen Unterschied, ob man das Ganze christlich, kartesianisch oder im Sinne eines weltumspannenden Fortschrittsdenkens sieht, wenn man meint, daß man die Tragödie nur von einem Standpunkt aus betrachten kann, der sie aufhebt. Wenn sie aber etwas zu denken aufgeben würde, das sie nicht überholt?

Orest hat sich als Bastard in geistiger Hinsicht verstanden. Der Bruch mit der Selbstverständlichkeit der Sitten versetzt ihn auf die zweite Stufe der sokratischen Unterscheidung, in der die Frage »was soll ich tun?« die Leidenschaft bewegt. Manchmal leistet er den sein Gewissen beunruhigenden Erinnyen Gesellschaft. Am Beginn der Eumeniden bittet er flehentlich zu Apollo, er bittet voll nach oben gewandter Inbrunst. »Tatsächlich betet jedes Wesen seinem Rang in der Natur gemäß. So singt es das Lob des Herrn der Ordnung, zu der es gehört, in einem geistlichen, vernunftgemäßen, natürlichen oder gefühlsbestimmten Loblied. Soweit es sich frei bewegen kann, wendet es sich zur Sonne. Würde man den Ton der von seiner Bewegung getroffenen Luft verstehen können, so würde man bemerken, daß es eine Hymne auf seinen König ist, wie ihn eine Pflanze singen kann.«

In dem tragischen Schmerz brennt eine Flamme, die ihn ätzt. Selbstbewußt sagt eine Danaerin in Aischylos' *Flehenden,* daß sie ihre Trauer durchlebe. Ein flehender Chor beklagt sein Unheil, er bedrängt die anderen, die Götter und Menschen schon allein dadurch, daß er auf das hilflose Ausgeliefertsein im sozialen Leben aufmerksam macht. Die Angst umarmt einen Mächtigen, er hört zu.

»Der Nöte Fülle – einem Strom gleich – stürzt herzu.
In Unheils grundlos-tiefes, schwerbefahrbares Meer
Geriet ich – weit und breit kein Hafen für die Not! ...
Gleichwohl tut's not, daß Zeus', des Flüchtlingsschützers Groll
Man scheut. Weckt er bei Menschen doch die höchste Furcht.«

Der tragische Mensch steckt an, nicht ohne List drängt der Flehende sich auf. Die Solidarität der Leute des Meers bewegt. Eine nach oben gewandte Passion bleibt nie passiv, sie findet Sympathie. Eine doppelte Anziehung bringt sie in Richtung Sonne, während die Feuerkugel sie anzieht. Die beiden Ebenen – die menschliche und die göttliche Ebene –, in denen die

Orestie spielt, bezeichnen zwei Pole eines inneren Lebens, indem das Sterbliche unter dem Unsterblichen leidet und umgekehrt. Dieses innere Wissen ist vielerlei Deutung zugänglich. Die *Orestie* sagt kaum etwas über seinen Inhalt, wohl aber darüber, daß es dieses Wissen gibt. Die immer wieder aufgenommene Suche nach der »Religion des Aischylos« liefert uns keinen lehrmäßigen Anhaltspunkt, wohl aber zeigt sie, daß wir mit Orest in einen esoterischen Bereich eintreten, der keiner großen Überzeugung im Westen verschlossen ist. Wie die Tragödie, so eröffnet auch *das Buch* eine gegenwärtige Wahrheit einem vergangenen Geschehen. Ein jüdischer Kabbalist, ein christlicher Mystiker nehmen auf ihre Weise die die Zeit überschreitende Wahrnehmung des schiitischen Deuters auf. »Die heiligen Bücher berichten von Ereignissen, deren Außenseite *(zâhir)* in der Vergangenheit liegt. Sie wissen von Personen, Taten und Handlungen, Gestalten der Vergangenheit. Darum haben diese Ereignisse und Wesen einen anderen Sinn, als sie ihn in einem profanen Buch hätten. Wenn sie eine Bedeutung für Leben und Tod des Lesers haben, dann deswegen, weil sie nicht Geschehnisse bloß der Vergangenheit sind, Geschehnisse, die in den Chroniken enthalten sind.«

Das Wissen der Schriftvölker hängt miteinander zusammen, so wie das auch bei den großen mythologischen Komplexen, deren intellektuellen Zusammenhang Lévi-Strauss analysiert, der Fall ist. Das esoterische Wissen war lange Zeit ein abgegrenzter Bereich und ist dadurch hermetisch verschlossen. Doch gibt es so etwas wie eine Internationale der Gnostiker und Mystiker. Sie brechen mit der Ortsautorität und den stadtgebundenen Beschränkungen der Institutionen und machen aus ihrem Aufstand ein Prinzip universeller Kommunikation.

»Bis jetzt wehrte ich meinen Gefährten ab
Solange mein Herz nicht denselben Glauben wie er bekannte
Doch jetzt ist mein Herz frei für alle Formen
Es ist eine Gazellenwiese und ein Kloster christlicher Mönche
Ein Tempel mit Bildern und die Kaaba des Pilgers

Die Tafeln des Gesetzes und das Buch des Koran
Ich bekenne mich zur Religion der Liebe
Und welche Richtung auch sie nehme
So ist doch die Liebe meine Religion und mein Glaube.«

Die vielen geistlichen Strategien ähneln einander in dem Maße, in dem sie die eine Passion auf Erden und im Himmel verstehen und zur Erfahrung bringen. (Die Goldene Regel des Persers Suhrawardi lautet daher: »Lese den Koran so, als wäre er nur ganz allein für dich geoffenbart worden.«) Der Esoterismus findet die Verbindung zwischen Passion *(pathein)* und Einsicht *(mathein),* von Gefühlsbetontem und Wissen, indem er aus der Entzifferung eines auf eine bestimmte Person bezogenen exemplarischen Geschehens ein wiederum auf eine bestimmte Person bezogenes beispielloses Geschehen macht. Die *Orestie* spricht deren Gesetz aus. Die Kunst zu sehen und zuzuhören – die tragische »Theorie« – wird zu einer Kunst des Lesens. »Die guten Leutchen... wissen nicht, was es Einen für Zeit und Mühe gekostet, um *lesen zu lernen.* Ich habe achtzig Jahre dazu gebraucht, und kann noch jetzt nicht sagen, daß ich am Ziele wäre.« (Goethe)

Die verschiedenen westlichen Esoterismen behandeln nicht denselben Text, und sie gehen auch nicht mit derselben geistigen Disziplinierung vor. Es gibt die Bücher der drei Buchreligionen, die chaldäischen »Orakel«, die hermetischen »Offenbarungen«, die Apokryphen, die gnostischen Schriften und den Homer. Die Behandlungsweisen sind teils mathematischer, linguistischer, alchimistischer, poetisch-mystischer Natur oder folgen der Art gnostischer Kosmogonien. Doch gibt es klare Forderungen an eine Entzifferungsmethode.

Zuerst muß man sich von der Abkapselung und Kodierung des anerkannten Wissensbestandes lösen. Orest in seiner Nacht wird sich klar über die Gefahren, die die Einsicht mit sich bringt, Schwindel und Versinken drohen. »Steige über alle Höhen, steige hinab in die Tiefen. Vereinige in dir alle den geschaffenen Wesen gegebenen Erfahrungen, das Feuer und das

Wasser, das Trockene und das Feuchte, stelle dir vor, daß du noch nicht geboren bist, daß du im Mutterschoß bist, daß du jung, alt, tot und jenseits des Todes bist. Wenn du im Denken das alles auf einmal, Zeit, Raum, Substanzen, Eigenschaften, Größenordnungen umfaßt, dann kannst du Gott verstehen.« Ein Psychoanalytiker würde hier an die Regel der freien Assoziation denken.

In zweiter Näherung kommt es zur Einsicht, daß Gott nicht nur unbekannt, sondern unerkennbar ist. Das ist er nicht etwa unserer Schwäche wegen, sondern in seiner göttlichen Übermacht.

> »Käm aus Zeus unverhohlen des Zeus
> Wunsch doch und Wille! Nicht leicht
> Zu erjagen ja ist er. Allwärts lodert er auf, auch
> In düstren Schicksals Nacht …
> … Durch das Dickicht, im Dunkeln
> Ja ziehn des Geistes Pfade ihm,
> Keinem Auge faßbar.«

Über die Verborgenheit Gottes kommen wir nicht hinaus. Das Esoterische und das Exoterische sind vollkommen getrennt. Der Weg nach Innen führt nur zu einem Gott, der sich in der Verborgenheit kundtut. Wer auf das Geheimnisvolle zu sprechen kommt, ohne das Geheimnis zu wahren, taugt nicht. (Pascal) Er hat nicht die rechte Einstellung. Henry Corbin sieht einen Zusammenhang zwischen dem Verschwinden des Grals beim Tod des Parsifal, dem Verschwinden des Zwölften Imam in der schiitischen Gnosis und dem Aufstieg des Hermes im »Corpus Hermeticum«. Die esoterische Offenbarung führt zu einem Wissen um das Verborgene, und darum bleibt der Zugang zu ihr verschlossen. Man kann sie nicht wie ein geöffnetes Buch lesen und sie zur Stabilisierung soziopolitischer Institutionen einsetzen oder gar »umsetzen«. Ein verborgener Gott gibt niemandem Macht, er überläßt Caesar die Tragödie. Die klassische Gnosis spricht vom *agnostos theos*. Ein Freudianer könnte davon sprechen, daß Gott unbewußt ist.

Die dritte Regel einer esoterischen Deutung läßt das Ergebnis offen. Etwas in geistlicher Hinsicht Erkanntes ist nicht ein feststehendes Faktum. In der Erfahrung gibt es nie ein letztes Wort. »Dein ganzes Herz wird von einem äußerst gewaltsamen Beben ergriffen. Du glaubst, daß du stirbst, da deine Seele von der ihr zuteil gewordenen Erkenntnis den Leib hinter sich läßt. Mache dich in diesem Augenblick bereit, bewußt zu sterben. Denn du weißt, daß du weit genug gegangen bist, um zur Erleuchtung zu kommen. Dann verhülle dein Antlitz und fürchte dich davor, Gott anzuschauen – denn du wünschest ja den Namen des Erhabenen zu ehren und ihm mit Leib und Seele zu dienen. Dann kehre in die Bedingungen der leiblichen Existenz zurück, erhebe dich, iß und trink ein wenig oder erfrische dich mit einem angenehmen Duftstoff, beruhige dich und freue dich darüber, daß dir dieses Erlebnis zuteil ward und daß Gott dich liebt.« Das Offenbarungsgeschehen, das den Innen- vom Außenbereich scheidet, will mit diesem Vorgang ein Sein erfahren, das nicht in eine definitive Festlegung und Entsprechung von Buchstabe und Geist gebracht werden kann. Der Psychoanalytiker findet darin ihm Wohlbekanntes. Seine »Analyse«, die nie zu einem Abschluß kommt, macht Psychosynthesen, die das Innen nach einem »angepaßten«, »gesunden« oder »akzeptierten« Muster des Verhaltens normalisieren wollen, unmöglich. »Gott gefällt es, die Rollen zu vertauschen.« (Euripides, Hippolyt)

Jedesmal, wenn der Mensch im Westen sich seinem inneren Leben zuwendet, und sei er der überzeugteste Agnostiker, stolpert er über die freie Assoziation, den in seinem Wesen unbekannten Gott, den unerschöpflichen Charakter des Erkennens – diese Bedingungen der Möglichkeit des Esoterischen. Für das 20. Jahrhundert bezeugt dies die Psychoanalyse. Hegel sieht in der *Orestie* die Tragödie einer Gerechtigkeit, deren Prinzip den Sterblichen »noch« entgleitet, um im weißen Stein einer Göttin zum Leuchten zu kommen. Die unpersönliche, emotionslose Entscheidung bestimmt ein Unbewußtes (»an sich«), an das das antike Bewußtsein sich ständig gebunden fühlte. Dagegen geht es dem modernen Bewußtsein um eine transparente Gerechtigkeit (»an und für sich«, »Vernunft«, »die Verwirklichung des allgemeinen Geistes«). Orest ist nicht Napoleon, er krönt sich nicht selbst. Sein sonnenwärts gerichtetes Gebet wendet sich an eine schwarze oder zumindest verfinsterte Sonne. Gewiß glaubten die Griechen, daß man beten könne ohne alles esoterische Dunkel, mit einem Willen zur Übersicht und Klarheit, von der *König Ödipus* zu Beginn handelt. Lange Zeit vermuten sie, daß eine Hybris einen so großen Willen zur Gewißheit mit ihrer Gewalt beflügle, daß noch einer ihrer letzten philosophischen Köpfe wie Hegel es unternimmt, die wahre Bestimmung der Seele in der Betrachtung dessen, was zu sehen gestattet, in der vollkommenen Betrachtung und so in der vollkommenen Gewißheit verortete. »Man sieht die Sonne nur mit dem Licht der Sonne. Wie wird man dieses Licht? Laß alles weg.« Die Beunruhigung des dritten Tages der *Orestie* ist gerade umgekehrt. Wie kann man angesichts der einander entsprechenden Ansprüche der Erinnyen und des Apollo »alles weglassen«? Wie können wir uns von einem Licht erleuchten lassen, das uns durchdringt und doch nicht zu fassen ist?

Die Mauer der Zeit

Das laute Denken des Orest dringt in die Welt bis zu der Zeit, in der auf die Tradition eines die ganze Gemeinschaft bestimmenden Theaters eine Kultur des für sich genommenen Textes folgte. »Dieser neue Typ der individuellen und rein geistigen Initiation, der durch aufmerksame Lektüre und Betrachtung eines esoterischen Textes möglich wurde, entwickelte sich in der Kaiserzeit und besonders nach dem Sieg des Christentums. In der Sicht dieser neuen Initiation bildet die Überlieferung esoterischer Lehren nicht mehr eine ›initiatische Kette‹. Der heilige Text kann jahrhundertelang vergessen werden. Es genügt, daß er von einem kompetenten Leser entdeckt wird, damit seine Botschaft wieder verständlich und lebendig wird.«

Wissen meine Genossen eigentlich, daß ich mich nicht über Phantasien auslasse, sondern über für unser Regime Entscheidendes rede? Die Polizei sollte sich nicht wundern, daß Leute, die sie vom Lager ins Asyl transportiert, einen Moment erwischen, in dem sie maschinengeschriebene Texte in fünffacher Ausfertigung verteilen. Sie sprechen wie der im Europäer verborgene Orest, der nicht ausstirbt. Ich sage noch einmal: Es geht hierbei nicht bloß um die innere Sicherheit, sondern um die weltweite Ausbreitung und den weltweiten Einfluß unserer sozialistischen Republik.

Hätten unsere Genossen in den Diensten und in der Armee auf den fünf Kontinenten landen können, wenn sie nicht gut aufgenommen worden wären? Die ideologischen Bedingungen unserer Ankunft – unter gleichbleibenden Bedingungen – sind zur Genüge bekannt. Die in einem Land Unterdrückten müssen einer weißen eine rote Armee entgegensetzen, der Politik der Polizei eine politische Polizei, der Diktatur der Bourgeoisie eine proletarische Diktatur, dem kolonialen Despotismus ein revolutionäres Schreckensregiment, dem ewigen Feind Imperialismus die von unserer Verstärkung betonierte Brüderlichkeit – das genügt auch schon. Die Entsprechung von Krieg zu Krieg versteht sich von selbst. Daran ist nichts Besonderes. Lenin und Stalin wunderten sich darüber, daß die Leute im Westen oft gegen die »manichäischen« Mobilmachungen im Stil der Klytaimnestra aufgebracht waren. Wenn man will, kann man die relativ privilegierte Situation der Gegenden zur Erklärung dafür nehmen, daß unsere kommunistischen Parteien zeitweise keinen Erfolg haben. Aber noch ist die übrige Welt nicht ganz erobert. Die Pistole des Guerillapriesters macht uns wenig zu schaffen. Schon eher die oft von der Kirche in Lateinamerika gehörte dritte Stimme, die gegen die Folterer kämpft, aber nicht um die Macht, der es mehr um das Zeugnis und die Menschenrechte als um unsere Revolution geht. Es kann an der bekannten Beschränktheit der Kirchenleute liegen, daß es nicht zu einer richtigen Massenbewegung kommt. Die Kraft der Schwachen setzt sich Gefahren und Tod aus, ehe sie den Staatswagen in die eigene Regie nimmt. Es geht um die geheime Zuflucht, in der der isolierte Streikende und der mit leeren Händen Demonstrierende sich wieder Mut holt. Wenn wir uns abschließen, ohne diese Selbstlosigkeit für uns nutzbar zu machen, werden wir mit unseren Truppentransporten und unseren ideologischen Exportprogrammen keinen großen Erfolg haben.

Die Wege der Freiheit führen nicht alle zur Einnahme des Winterpalais und zur Errichtung eines Regimes, das härter ist als das ihm vorausgehende – so träumt man in Westeuropa. Die erste russische Revolution des Jahres 1905 gab dem jungen Trotzki Anlaß, die Spontaneität des Volkes gegen den organisatorischen Autoritarismus des Lenin (in der Schrift: »Was tun?«) ins Feld zu führen. Leo Dawidowitsch widerrief später diese Jugendsünde, und wie ein Robespierre und Saint-Just des Jahres 1917 mit der Brille von 1789 gelesen fragte er sich mit seinem ganzen Scharfsinn, ob Stalins böses Blut nach den Jakobinern rieche, am Thermidor fließe oder Bonaparte ankündige. Rosa Luxemburg beruft sich auf 1905 in ihrer Kritik der sozialistischen und später bolschewistischen Bürokratie. Nur ein Bilderstürmer wagte es, sie dadurch zu überholen, daß er Kult und Idee der letzten Revolution und damit ihre Krönung beseitigte.

Am 22. Januar 1905 versammelten sich Arbeiter und andere kleine Leute aus Sankt Petersburg unter der Führung des Popen Gapon vor dem Winterpalais. Sie brachten eine bescheidene und würdige Petition vor. »Man sieht in uns nicht Menschen, man behandelt uns wie Sklaven.« Zar Nikolaus II. gab seiner Truppe den Schießbefehl. Es gab viele Tote. Das sind die Fakten. Und nun die Deutung: »In der ganzen Einstellung, in der ganzen Art, in der schwerfälligen Bewegung dieser vielen Leute wird jeder, der die Realität der politischen und sozialen Ereignisse zur Kenntnis nimmt, eine nie aufhörende Bewegung des Flehens und nicht eine revolutionäre Aktion sehen.« Péguy will angesichts dieses Zuges der Verdammten dieser Erde, des Vorgängers einer langen Prozession, die über den Planeten hinwegziehen und alle Machtbeziehungen von Grund auf verändern sollte, seine »Parallellektüre« durch eine andere »Parallellektüre« ersetzt wissen. Paris hört die Nachrichten aus Petersburg und versetzt sie in Inszenierung und Kostümierung, die von Michelet, Aulard und Jaurès stammen – die Revolution von '89 beginnt wieder vor Asiens Pforten. Die Menge der Beleidigten erinnert Péguy nicht an die Bilder aus Epinal, die nachträglich gutgemeinte Erzählungen illustrieren. (Mühsam genug zeigen Historiker der Französischen Revolution im 20. Jahrhundert auf, daß sie fragwürdig sind.) Die andere Parallellektüre entziffert nicht weniger ehrgeizig die erste Eruption des 20. Jahrhunderts im Licht der griechischen Tragödie. »Der jetztige russische Aufstand ist eine Bewegung der Schutzsuchenden.«

Wenn man dies als defätistisch ansieht, dann ist das zwar taktisch gut, aber als Theorie schlecht. »Bei Homer, bei den Tragikern ist der Flehende niemals ein Kandidat. Er ist auch kein Bittsteller. Er ist nie ein Mensch, der sich erniedrigt, demütigt, auch nicht im christlichen Sinne. Kaum muß ich sagen, daß er nicht ein moderner Mensch ist, der kriecht ... Dieser Mensch, der sich an die Fersen des andern heftet, ist Herr seines Tuns ...« Wenn man dieser Sicht eine historische Perspektive der Notleidenden unterstellen wollte, würde man die Ironie nicht verstehen, daß Ödipus erbarmungswürdig ist, solange er König ist, aber groß, als er sich blendet. »Wie in dieser Begegnung, in diesem Dialog der Flehenden und des Angeflehten, der das Wesen der antiken Bitte ausmacht, ist es jedenfalls immer der Bittsteller, ob es sich nun um den umherirrenden Bettler, die bemitleidenswerte Witwe, den Geächteten, den Vernichteten, den schuldig – oder nicht – aus politischen Gründen oder aufgrund von Friedens- oder Kriegsbestimmungen aus der Stadt gejagten Bürger, den Gefangenen, den Besiegten, den ohnmächtigen Alten, den Waisen oder sein Gegenstück, den Alten ohne Nachkommenschaft handelt – der bestimmend auftritt, der den Dialog, die Situation in der Hand hat.« Wir haben die Episode Gapon sorgsam aus unseren Geschichtsbüchern getilgt, er war Pope und von den zaristischen Diensten bezahlt. Im Jahre 1917 erschienen einige bol-

272

schewistische Führer als Denunzianten. Das bleibt ungeklärt. Die Polizeiakten würden nicht genügen, das herauszufinden. Sind wir noch von der bolschewistischen Version der Ereignisse überzeugt? Sehen wir in den Massenbewegungen, die das große Rußland erschütterten, die Aktion eines revolutionären Volkes statt der Erhebung eines Volks von Schutzsuchenden? Ich bezweifle, daß einige unvergessene Bilder von Eisenstein die offizielle Version stützen.

Die Sicht der Ereignisse im Sinne einer Geschichte aus der Sicht der um Schutz Flehenden hinkt. Warum soll man sie der Perspektive des angeflehten Machthabers in einem moralischen Happy-End vorziehen, das genauso zweideutig ist wie ein großes Fest? Worin liegt die Überlegenheit des Flehenden? Er weiß ja nicht mehr – wie Péguy unklug unterstellt, ohne besser als sonstwer zeigen zu können, worin dieses Mehr besteht.

Orest gibt zu, daß er weniger weiß, die Zeit hat ihren Dienst getan. »Ich, wohl belehrt durch Unheils Not, verstehe mich auf manche Reinigung ...« Der Athene Anflehende fügt hinzu: »Nichts gibt es, das nicht mit der Zeit alt wird und schwindet.« Das ist ein Wortspiel. *Kathairein* – vernichten – wird zu ›reinigen‹ durch Versetzung des Akzents um eine Silbe. Bei Mallarmé klingt es noch nach: »Jede errungene Wahrheit stammt aus dem Verlust eines Eindrucks, der einmal leuchtete und dann verblich ... Die Destruktion wurde meine Beatrice.« Die innere Zeiterfahrung nutzt sich ab. Die Tragödie versucht die Hybris dadurch aufzureiben, daß sie Maschinen bastelt – Intrigen, Situationen, Gedichte –, die das Zerstörerische an Ort und Stelle zerstören. Der Protagonist, der weder nur unterdrückt noch nur Unterdrücker ist, ist zugleich Flehender und der, der angefleht wird. Er ist dies entweder zur selben Zeit wie Ödipus oder nacheinander wie Orest, er ist der privilegierte Zeuge einer Veränderung der Situation, die sich nicht nur durch und für ihn, sondern in ihm vollzieht.

Noch einige Seiten, Genossen, und ihr versteht, warum es vorstellbar ist, daß sich das alte Europa in die Luft sprengen könnte – und die ganze Welt dazu, wenn wir es direkt angreifen. Es hat dieses Ereignis schon kommentiert – wurden doch die Furien ohne Angriff beerdigt. Sie erhielten Geschenke und sie bekamen eine Sprache:

> »Oftmals wirkt, was Furcht weckt, Heil;
> Und, des Herzens Wächtrin, soll
> Sie dort wahren ihren Sitz.
> Segen bringt's,
> Klug zu werden durch die Not.
> Wer, der nicht im Glanz des Glücks
> Tief im Herzen Angst verspürt,
> Gleich, ob Stadt, ob Mensch es sei,
> hegte sonst noch Scheu vorm Recht?«

Es ist wahr, daß die Massen heute Schreckenshöhlen einweihen und dort »Nike Zeus« oder »Pluton« vergraben. Die Gewehre folgten auf die Statuen. Es bleibt das Gefühl, das Kultobjekten entgegengebracht wird.

Die herrschenden Gewißheiten wechseln mit den Zeiten. Die Ungewißheit setzt nichts in Bewegung. Die Europäer leben mit ihr schon so lange, daß sie sich schwer vorstellen können, sie wie Olympier zu überfliegen. Die Ungewißheit ist das erste, entzieht sich der Diskussion. Man würde es gern einen Trick der Inszenierung nennen, wenn es sich nicht um ein Apriori handeln würde, das die tragische Szene bestimmt. Und schon das griechische *skene* bezeichnet eigentlich den Hintergrund des von uns Bühne genannten Bereichs. (Die Bühne, auf der die Schauspieler auftreten, heißt lateinisch *proscenium,* auf griechisch *orchestra* und *proskenion.*) Die Skene, eine einfache Baracke – Umkleidekabine – wurde zu einem festeren Bauwerk. Die ursprüngliche Hütte wurde zu einer Holzfassade mit einer Länge bis zu dreißig Metern; dort konnten die Stimmen der Schauspieler widerhallen und verstärkt werden. Oft bemalte man sie. »Sie wurde zum integrierenden Bestandteil des Stükkes. In der Vorstellung der Zuschauer spielte sie die Rolle des Palastes, eines Tempels, des Zeltes eines Heerführers oder auch einer Höhle. Man konnte meinen, daß dort bestimmte Personen des Stückes wohnten. Sie gingen aus und ein.« Jeweils am Ende der beiden ersten Tage der *Orestie* rollte eine kleine Bühne – das *ekkyklema* – aus dem Tor der Skene, die den Eingang des Atridenpalastes darstellte. Auf dem Ekkyklema saßen zuerst Klytaimnestra, am zweiten Tag Orest über der Leiche und verkünden ihren Sieg. Alles führt auf einen einzigen Ort, den Raum vor der Skene, das Riesenauge, wo alle Überlegungen und Bilder sich kreuzen, wo die Ereignisse, die anderswo geschehen, berichtet werden und ihr Ergebnis bewertet wird.

Die bemalte Wand, mit der die Skene die Wände und Türen eines dunklen Ortes andeutet, steht keinem indiskreten Blick offen. Die italienische Renaissance erfindet den Hintergrund der illusionistischen Bühne. Durch die auf optische Täuschung hin angelegte Ausstattung wirkt die Bühne in Bildern vertieft. Die mit Perspektive arbeitenden Theaterdekorateure machen aus der Loge des Fürsten das »ideale Auge des Theaters«. Die Theaterillusion, »etwas absolut Neues«, beseitigt die Grenze zwischen dem Zuschauer und dem Schauspieler. Der Zuschauer gewinnt »den Eindruck, daß er wie ein Schauspieler auf die Bühne treten kann und daß der Schauspieler von der Bühne herunterkommen kann. Die Welt der Bühne ist ihm wie eine Verlängerung der wirklichen Welt zugänglich und umgekehrt.« Das antike Theater kann man nicht als ungeschickte Vorwegnahme der italienischen Bühne betrachten. Man muß es in seiner absoluten Antinomie begreifen. Die Mauer der Skene hält den Blick auf und wendet ihn auf die eigene Ungewißheit zurück. Wir wissen nicht, was sich in den Palästen und im Kopf der Großen, die dort zu Hause sind, abspielt. Wir sehen die Ein- und Ausgänge, wir verstehen Worte, die anderswo Ausgeführtes zur Sprache bringen. Es gibt keine Fürstenloge, kein zuschauendes und souveränes Auge, vor dem Dinge und Ereignisse transparent werden müßten: »Ein großer Teil der Handlung spielt im Innern der Skene. Aber die Griechen haben nie, um die Handlung sichtbar werden zu lassen, unsere Bühnenauffassung, die wir als gültig erachten – nämlich die Beseiti-

gung der Mauern des Zimmers, wo die Handlung spielen soll –
übernommen.«

Im griechischen Theater wissen Schauspieler und Zuschauer
schlußendlich wenig, aber alles im italienischen Illusionsthea-
ter. Ödipus, der doch König ist, spielt auf dem Hintergrund
einer beunruhigenden Fremdheit; die Skene ist eine Mauer in
zeitlicher und in räumlicher Hinsicht. Die Seher Teiresias, Kassandra, die sie ignorieren, sind von anderswoher gekommene
Meteoriten. Die mit einem Problem Ringenden sehen, daß sie
ganz alleine sind. Wenn die Skene erst einmal verschwunden
ist, weil man dem Versprechen, das alles sichtbar gemacht werden kann, glaubt, geben sich die modernen Paare mit Leib und
Seele hin, der Ball vollmündiger Überzeugungen rollt zwischen
Rosencrantz und Guildenstern hin und her, auch zwischen
Mutter und Vater bei Jarry. Unter ihren Füßen ist die Leere.
Mit der Freiheit, die Tür zu öffnen, nähren sie das Unsichtbare,
dem sie sich entziehen wollten. Die Revolution des 20. Jahrhunderts ist eine griechische Tragödie auf einer italienischen
Bühne. Sie fängt an wie Ödipus und endet mit König Ubu,
wenn die Paraphysik der Gewißheiten ihn zur Erfahrung des
Ungewissen führt.

Der Reine zwischen seiner Anarchie
und seiner Despotie

Die materielle Realität der Skene, dieser Nicht-Kulisse, verdoppelt die Wahrheit der Passion eines Menschen, der in einer
Nacht lebt, die eine Grenze durchzieht. »Die Tragödie ist Darstellung einer edlen, abgeschlossenen Handlung ... um durch
Mitleid und Furcht die Reinigung der Gefühle zu bewirken.«
Aristoteles versetzt sich nicht in einen idealen Zuschauer, wenn
er seine berühmte Definition der Tragödie gibt. Der kathar-
tische Prozeß ist im Spiel selbst wirksam, er geht durch den
präsentierten Mythos und die Handlung hindurch und behandelt Mitleiden und Schrecken im Mitleiden und Schrecken.

Gewiß lernt der Zuschauer sehen, er entdeckt, »daß wir Gefallen daran finden, die schönsten Bilder von Dingen zu sehen, die in Wirklichkeit zu sehen nicht angenehm ist«. Man lernt das am Fall des Orest. Betrachtet man sein Leben, so werden wir vom einfachen Schauen des Schrecklichen zum Einsehen geführt, das irgendwie befriedigt. Der Zuschauer unterhält sich nicht mit einer phantasierten Geschichte, die von schmerzlichen Gefühlen getragen ist, sondern verwandelt ein zunächst weitab liegendes mythisches Geschehen – die Geschichte der alten Atriden – in eine innere und ihn betreffende Sache, die zwischen dir und mir hin und her gehenden Leidenschaften. Wenn Angst erleiden heißt, daß ich selbst erschauere, so bedeutet die Erfahrung des *eleos*, daß ich um einen anderen zittere. Die »Teraskopie« des Prometheus von Aischylos spricht von Not, Schrecken und Grausamkeiten, »zu dulden qual- und schmerzvoll, jammervoll zu schaun«.

Wie soll man die von Aristoteles erwähnte Katharsis übersetzen? Corneille sagt: »Die Leidenschaft, die die von uns bedauerten Personen vor unseren Augen ins Verderben stürzt, soll gereinigt, in ein Maß gebracht, zurechtgebracht und sogar ausgerottet werden.« Racine spricht von reinigen, mildern, mäßigen. Die Katharsis bringt zurecht, entlädt, macht immun, treibt Teufel aus, heilt, verwandelt, scheidet aus, tröstet, befriedet, bringt die Passion durch das Medium Passion zum Ausgleich. Es gibt dafür religiöse, medizinische, moralistische, intellektualistische, ästhetische, psychopathologische Deutungen. Es macht nichts, daß Bataille und Caillois mit ihrer Ökonomie der Lust und der Übertretung eine wenig erbauliche Version geben. Alle geistlichen Erfahrungen des Westens haben mit der Katharsis zu tun. Daß es so viele Auffassungen davon gibt, besagt weniger, daß die Verwirrung groß ist, als daß es eine Überfülle von Bedeutungen für einen Begriff gibt, der als solcher von Freud bewahrt worden ist.

Zunächst geht es um Polemik, die Aristoteles nicht unwichtig war. Voltaire sagt, daß Aristoteles nur deswegen darüber redete, weil er Platons Gerede über Katharsis erledigen wollte.

Es ist bekannt, daß Platon Homer und die Tragiker aus seinem Idealstaat und aus seinem Bildungsprogramm verbannte. Er kämpfte »als Lehrer der Vernunft und als Gelehrter gegen eine auf die Gefühle bezogene antiwissenschaftliche Erzieherin« (A. Diès). Er machte einen Kurzschluß von Generationen, der täglich in unseren politischen Organisationen gezogen wird, zur Theorie. Einige Genossen wissen noch von den Prozessen, die es Stalin in den fünfziger Jahren erlaubten, die Kader zu beseitigen, die aus dem Spanischen Bürgerkrieg und aus dem Widerstand gegen Hitler kamen. Auch in weniger blutigem Kontext, in unserem verfilzten Milieu wird kein Älterer darauf verzichten, seine Kadetten zu säubern unter dem Vorwand, die Nachwachsenden zu fördern. Die demokratischen Hierarchien machen deutlich, daß die Leute der dritten Altersstufe die Jungen am besten dadurch gewinnen, daß sie die Generation dazwischen ausschaltet. Die Kunst, Großvater zu sein, und die Rolle des Philosophenkönigs sind dasselbe. Aristoteles argumentiert gegen den Philosophenstaat Platonscher Prägung mit dem Hinweis auf die Bürger, die weder für die tyrannische Allmacht noch für die barbarische Ohnmacht zu haben sind, die sowohl regieren als auch regiert werden können – und so beides beherrschen.

In ähnlicher Weise bringt die Katharsis ein autoritäres Erziehungsprogramm zu Fall. Es ist allein Sache des von seinen Leidenschaften bestimmten Individuums, diese zu beherrschen, zu lernen. Die Leidenschaft wird von der Leidenschaft kultiviert. Für Sokrates wie für Aristoteles hat die Wahrheit in den Leidenschaften ihre Existenz – im ersten Lebensabschnitt wird das Kindsein aufgegeben, im zweiten riskiert man pathologische Exzesse, im dritten kann man ihnen nur auf der Affektebene begegnen. Heute werden die energischen Verdammungen der Poeten und des Theaters in der Republik Platons von den Gelehrten nicht ohne Ironie behandelt. Der platonische Platonismus der Diotima und des Marsilio Ficino gibt nicht die Lehre eines Meisters wieder, der das Böse nicht vertreiben wollte und die Gründung seines Idealstaates als »einzige wahre

Tragödie« ausgab. Damit bestätigte er, daß die Wahrheit tragisch ist – er beanspruchte ihr Monopol. So muß man glauben, daß er sich gegen seine die wahre Lehre verteidigenden Schüler kaum hätte verteidigen können. Schon Aristoteles machte es sich zur Aufgabe, den gutgemeinten Platonismus, den es noch immer gibt, aufzubrechen.

Das Mitleiden (Sympathie) und der Schrecken (Furcht) machen nach Platon die Tragödie aus. Der letzte Tag der *Orestie* zeigt ihr Geheimnis vor aller Augen. Sie macht aus der Herkunft ihres Gefühls das Thema ihrer Handlung. Apollo plädiert für Freispruch, ihn leitet Mitleiden.

> »Doch will ich beistehn, will dem Schützling Retter sein.
> Denn furchtbar wirkt bei Menschen sich und Göttern aus
> Des Schutzbefohlnen Groll, gibt man mit Fleiß ihn auf.«

Unversöhnlich fordern die Erinnyen Rache und versetzen die Sterblichen in Angst.

> »Wer aber frech Übertretung sich anmaßt,
> Mitführend viel an reichem Raube widers Recht,
> Wird zwangsweis, kommt die Zeit, sein Segel
> Streichen, wenn Sturmes Not ihn packt,
> Brausend entzwei die Raa schlägt.«

Athene macht sich das ordnungschaffende Wort der Furchterregenden auf ihre Weise zu eigen.

> »Nicht obrigkeitslos noch Tyrannenknecht zu sein,
> Rat Bürgern ich als ihres Strebens höchstes Ziel,
> Und – nicht die Furcht ganz fortzubannen aus der Stadt.
> Denn wer der Menschen, der nichts fürchtet, bleibt gerecht?«

Jedes Kunstwerk hält dazu an, daß man die Unmittelbarkeit, mit der man ihm begegnet, von der vollen Wahrnehmung unterscheidet, die ihm ein Liebhaber entgegenbringt. Die Täuschung, mit der man der Tragödie zunächst begegnen kann, kann bestehen bleiben. Die Wahrheit, die am Ende deutlich wird, ist die, daß es keinen Notausgang gibt. Das Tragische läßt die Koexistenz der Sterblichen zu. Apollo hat doch recht: Der um Schutz Flehende muß auf den Despoten Rücksicht nehmen. Die Töchter der Nacht sind einfach da. Die gemeinsame Erfahrung der Angst hält die drohende Anarchie zurück.

Der Kompromiß der Leidenschaften und der Politik stammt nicht aus bloßer Aneinanderreihung. Das Schreckliche genügt sich selbst, es kommt direkt aus dem Herzen des Menschen, »nur es spricht direkt und spontan«. Man rennt, ehe man sich's versieht. Phobos bezeichnet bei Homer mehr Flucht als Furcht. Das Mitleiden kommt genauso ursprünglich und unwiderruflich auf. In dem Augenblick, in dem die Götter wollen, daß der Wahn des Ajax Odysseus erfreuen soll, zieht er sich zurück:

> »... mich jammert seiner.
> Er ist mein Feind, und dennoch fühl ich Mitleid
> Mit seinem Schicksal, das so schwer ihn schlägt.
> Seh ich ihn so, seh ich in ihm auch mich;
> Denn uns erseh ich als ein Nichts, als Luft,
> Als leere Schatten, uns, soviel wir leben«.

Vor Sonnenuntergang

Der Widerstreit zwischen den Furien und dem lichtvollen Gott bringt Athene, das Gericht und die Zuschauer in eine Aporie. Das heißt wörtlich: Es versperrt den Weg *(aporos)*. Wenn die Argumente für beide Seiten gleich gut erscheinen, wir uns nicht entscheiden können, sind wir in einer Aporie. Im Unterschied zu Apollo nimmt seine Schwester die widerstrebenden Geschöpfe der Unterwelt auf. Sie hört auf die Argumente beider Parteien. »Man muß deshalb vorher alle Schwierigkeiten in Betracht gezogen haben ... weil man bei einer Forschung ohne vorausgegangenen Zweifel den Wanderern gleicht, welche nicht wissen, wohin sie zu gehen haben ...« Will man vorankommen, so muß man zuerst wissen, wohin man will. Athene will sagen, daß man nicht damit anfängt herauszufinden, in welcher Sackgasse man Fuß fassen kann. Diese erste Information ist entscheidend. »Die Aporia im Denken aber zeigt diesen Knoten in der Sache an.« Athene setzt ihr Gericht ein, hört den Plädoyers aufmerksam zu und läßt These und Antithese frei gegeneinandertreten. Wenn die Situation von jetzt an schwierig ist, so ist es doch nicht falsch, daß das richtig zur Sprache kommt. »Dem Dunkel ist Licht von Art feind ...«

Für Apollo gibt es kein Problem. Es genügt der Freispruch. Die Erinnyen tun so, als ob es keine Lösung gebe. Blut fordert in alle Ewigkeit wieder Blut. Sie treten gegeneinander an und stecken so sehr in der Aporie, daß sie sie nicht einmal artikulieren können. Beide beseelt eine dogmatische Haltung. Apollo rechtfertigt Orest ohne jeden Anflug eines Zweifels, ohne jede Diskussion hieß er ihn die Mordtat ausführen. Das »Unentschieden« des Gerichtes zeigt die Aporie. Hier beginnen die fanatischen Haltungen sich abzunutzen, und es zeigt sich, daß die Sackgasse einen Ausweg läßt.

Das ist eine geistige Operation, die der des Menon vergleichbar ist. Auch die Mathematiker lehren nicht, obschon ihr Name die lehrbarste der Wissenschaften benennt (*mathein* heißt lernen, *mathema* heißt das lehrbare Wissen). Nie werden die zu lehrenden Dinge von außen beigebracht, sie sind uns schon gegeben, ohne daß wir das wissen. Zum Beweis befragt Sokrates einen besonders ausgewählten Sklaven, der keinen Unterricht erhalten hatte. Er läßt ihn entdecken, wie man die Fläche eines Quadrats verdoppelt. Der junge Sklave geht wie eine Ratte im Labyrinth solange in die Irre, bis er zuletzt doch das Richtige trifft. Sokrates setzt wie eine Katze den Sprüngen gewisse Grenzen. Das Kind findet die vierfache Fläche, täuscht sich nochmals und kommt mit der diskreten Hilfe seines nicht vorbereiteten Lehrers zum Ergebnis. Nichts berechtigt dazu, eine sehr geheimnisvoll angesetzte Lehre der Erinnerung einzuführen. Der Affe, der eine Banane holen will, bringt dasselbe Wunder zustande, wenn er am Bambusstengel zerrt. Das Entscheidende des Argumentes liegt aber woanders. Es tut wenig zur Sache, daß der Geduldige zum Schluß das Rechte trifft.

Vielleicht täuscht er sich immer noch (»Und jetzt sind diese Meinungen in ihm wie ein Traum aufgerührt worden«).

Dagegen weiß er genau, wenn er irrt. Das ist es, worauf es Sokrates ankommt: »Zuerst wußte er nicht, welches die Seite des Vierecks mit acht Fuß ist, so wie er es auch jetzt nicht weiß. Aber damals glaubte er es doch zu wissen, und keck gab er Antwort wie einer, der es weiß, und fühlte sich gar nicht verlegen; jetzt aber sieht er sich bereits ratlos, und wie er es nicht weiß, so bildet er sich auch nicht ein, es zu wissen.« Sokrates macht sich lustig darüber, daß der junge Sklave findet, da er vorher doch fand, daß er nicht fand. In diesem Punkt ist er ganz sicher. Wir können über das Wahre im Irrtum sein, aber über das Unwahre sind wir im Bilde. Da liegt vielleicht der kleine Unterschied zum Affen.

Der Verstand schreit »Land!« mitten in den umwälzendsten Verschiebungen. Diese Erfahrung verlagert die Grundprobleme der Geometrie auf ihre Grundlagen. Der Menon führt sie mit gespielter Unschuld aufs Problem der Diagonale im Quadrat zurück. Die voreuklidschen Geometrielehrer waren nicht die ersten, die die Schwierigkeit entdeckten, ein gemeinsames Maß für die Diagonale und die Seiten eines Vierecks zu finden. Die Babylonier hatten Erfahrung mit Verfahren, die mit Näherungswerten zu rechnen erlaubten, nachdem alle praktischen Erfordernisse zufriedenstellend gelöst sind. Das war wahrscheinlich ein Riesenskandal, wie die Antinomie, die die »Grundlagenkrise« zu Beginn des 20. Jahrhunderts einleitete; sie wurde genauso diskutiert und war genauso vieldeutig. Die Inkommensurabilität der Diagonale schockiert nicht, wenn man sie findet, aber wenn man sie zeigt. Unbekannte Pythagoreer zeigten, daß die Zahl, mit der die Länge der Diagonale ausgedrückt wird, im Hinblick auf die Seite weder gerade noch ungerade sein kann, und so kamen sie zu einem stärkeren Beweis der Inkalkulabilität als die Annäherungen, die mit Fehlerwerten erlauben, so zu rechnen, daß es nicht aufgeht und doch nicht falsch ist. Das Unbekannte, das weder gerade noch ungerade ist, die Strenge der Beweisführung ordnet sie mehr und nicht weniger als die gewöhnlichen Zahlen der Alternative gerade/ungerade unter. »Gott ist eine irrationale Zahl«, sagte Lysis, ein Pythagoreer, und wollte damit zum Ausdruck bringen, daß das Erfassen des Irrationalen *(alogos, arrhetos)* als Aporie die Begriffe bestimmt, die darin zur Aporie kommen. Der Beweis der Unmöglichkeit bringt eine Strenge, von der aus neue Theorien (Euklid) konstruiert werden. Die Undenkbarkeit eines Maßes ist wahrer als alle Verfahren, die es praktisch möglich machen. Das Erkennen schafft sich ein Vermögen über sein Unvermögen.

Die *Orestie* sieht die Athene gestellte Aufgabe, die sich vor die Inkommensurabilität Apollos und der Erinnyen gestellt sah, darin, »das Unberechenbare zu denken«. Die beiden Parteien müssen wie in einem Flechtwerk ineinander verwoben werden, es geht nicht darum, sie zu verschmelzen. Nacht und Tag stehen gegeneinander, die Stadt lebt von und in den Konflikten, die nur dadurch zum Austrag kommen, wenn ein absoluter Sieg nicht angestrebt wird und wenn bedingungslose Kapitulationen nicht in Aussicht stehen. Die Beweise der Unmöglichkeit kreuzen sich. Der erste zielt auf die dunkle Logik einer ständig wiederholten Rache. Blut bezahlt für Blut, nichts tilgt die Schuld. Nur so besteht die Gemeinschaft. Nehmen wir an, daß jeder Hammer hergestellt werden muß – mit Hammerschlägen. Kein Hammer kann den ersten Hammer hämmern. Nehmen wir an, daß ein Hammer da ist. Das Postulat ist nicht haltbar. Der Rachegeist führt ins Unendliche zurück und das macht die politische Aporie der Töchter der Nacht aus. Sie setzen sich nirgendwo fest, um Opfergaben zu empfangen. Erwischt Aischylos die apollinische These von ihrer guten Seite, wie das die Kritiker oft annehmen? Orest ist unschuldig. Das Orakel ist unfehlbar, das ihn dazu bestimmt, seine Mutter zu töten. Das Schwert der Gerechtigkeit zittert und zögert nicht. Der Gute macht nichts Böses. Agamemnon ist reingewaschen. Er opfert seine Tochter auf dem Altar der Vaterstadt. In der besten aller apollinischen Welten gibt es keine Tragödie. Aischylos widerlegt nicht zuletzt eine These, die die drei Tage der *Orestie* unaufhörlich als lächerlich und verhängnisvoll darstellte. Was er inszeniert, sagt uns mehr. Agamemnons Gefühlskälte erregte Klytaimnestras finsteres Ergrimmen; dieses Entsetzliche beschwört seinerseits den Gegenschlag des Orest herauf. Jede Partei treibt ohne zu wollen in eine Sackgasse, indem sie ihren Gegner immer wieder heraufzitiert.

»Nimmt man das Wort Krise im weitesten Sinn, dann sind die Mathematiker in einer Dauerkrise. Konflikte tun sich auf, die Prinzipien werden geändert, die Methoden gewechselt ... der Fortschritt der Mathematik lebt von der Kritik.« (Desanti) Einige Jahrhunderte lang beruhigte sich Europa zu Unrecht mit dem »nomologischen« Modell eines umfassenden und sicheren Kalküls. Seither entdeckte man wieder eine Disziplin, die das Urteil — wie in der Schule des Lebens — aus einer allgemeinen Fähigkeit, über das Unmögliche sich Gedanken zu machen, bildete. Nehmen wir die Formel »ich lüge« oder — damit identisch — den Satz:

(1) Dieser Satz ist nicht wahr.

Wenn (1) »dieser Satz« ist, wenn (1) wahr ist, dann ist (1) unwahr. Wenn (1) unwahr ist, dann ist (1) wahr. Gödel zeigte die Möglichkeit, daß in allen Sprachen mit einem Komplexitätsgrad, der dem der elementaren Arithmetik entspricht, ein Satz vom Typ (1) gebildet werden kann, der unentschieden bleibt. In einer logisch ausgearbeiteteren Form des Kreter-Paradoxons leitet Gödel verschiedene Grenztheoreme ab, die sich auf die Möglichkeit, die Wahrheit einer Sprache in dieser selben Sprache zu bestimmen, bezieht, oder auf den Beweis des Nichtwiderspruches usw. Die freie Wahl der Verbote, die logische Antinomien herbeiführen, bringt verschiedene Weisen mit sich, eine Mengentheorie im Ausgang von einer voraufgehenden »Enttäuschung« zu begründen. Das Subjekt, das auf ein umfassendes Wissen hinauswill, sagt mindestens einen Satz, der es widerlegt und es dem Verdacht des Nichtwissens aussetzt.

Diese Enttäuschung hat nichts Enttäuschendes an sich. Die Fähigkeit der Selbstbeschränkung ist keine Schwäche. Es ist kein Abstieg, daß die Logik die Entwicklung des Denkens nicht von vornherein kontrollieren kann. Die Mathematik des »Unentscheidbaren« löst sich von der logischen Beweisbarkeit, mit der man sie verwechselte, und geht selbständig voran. Keine abschließende Beschreibung kann davon Rechenschaft geben, was wir denken, wenn wir den Zahlbegriff gebrauchen. Aber diese Unvollständigkeit ist uns bewußt. Die Intuition ist genauso unerschöpflich wie die Wahrnehmung einer sinnlichen Gegebenheit. Es bleibt immer etwas nicht Gesehenes und noch nicht Gedachtes. Es bleibt immer etwas zu sehen und zu denken. Die mathematische Tätigkeit ist Forschung, nicht Deduktion; sie geht dialogisch vor. (Gödel)

Das Paradoxon des »Ich lüge« und des sokratischen Nichtwissens (»Ich weiß, daß ich nichts weiß«) sind nicht Zeichen von Sterilität, Unzuträglichkeit und Lähmung; sie führen uns mitten in eine unendliche Operation. Diese gehorcht nicht der fixen Idee einer feststehenden Wahrheit, sondern springt ohne Netz in der doppelten Bewegung des Zuschauers, der sich in diese Bewegung hineinversetzt, und des Schauspielers, der sie ausführt. Aischylos, der nicht zur Prophetie oder zur Predigt neigt, beschränkt sich darauf, jeden vor das, was er in Gang setzt, zu stellen. Mit einem Schluck läßt er die Erinnyen die Schalheit eines immer erneut vergossenen Blutes trinken. Apollo bringt er dazu, die durchaus zeitunterworfene Übersetzung seiner olympischen Unfehlbarkeiten zu entziffern. Die einzige Voraussetzung der *Orestie* ist das Gegenüber, ohne Drüber oder Drunter. Jeder muß sich selbst zum Problem werden, so daß er mit dem anderen nicht in einer Denkweise umgeht, die es zu Ausschließung und Mord kommen läßt. Zunächst wirkt Athene durchaus nicht versöhnlich, sie trennt. Sie bringt die Stadt nicht zusammen, sie unterstellt sie neuen Trägern von Konflikten.

Nietzsche sah die Tragödie aus Nacht und dionysischem Taumel heraufkommen, Hegel stieß sie in eine Richtung, in der zuviel Tageslicht sie auslöschte, Aristoteles stellt sie auf den Podest, sie ist ihm philosophischer als die Erforschung (der Geschichte). Die Geschichte, die als Chronik der laufenden

Ereignisse verstanden wird, unterscheidet das Eingebildete und etwas Wirkliches. Die Dichter der Epen und der Tragödien erforschen nach ihrem Vermögen das, was kommen kann, und machen den Unterschied zwischen Möglichem und Unmöglichem. Sie haben keine Angst, zu überraschen. »Denn es geschieht natürlich auch viel Unnatürliches.«

Die Tragödie ist zugleich Schauspiel und Theorie, sie spricht offen das Wunder einer denkerischen Vision und eines seherischen Denkens aus, erforscht dabei das Unerwartete; sie zieht aus der Menge der denkbaren Wendungen eine jedesmal einzigartige Wendung. Im Unterschied zum Epos muß eine tragische Vorstellung »auf einen Blick Anfang und Ende« erfassen lassen. Sie zeigt den Zusammenhang auf.

Der Geometrielehrer zieht aus den besonderen Linien, die er zeichnet, keine Schlüsse. Er denkt nach über das, was die Figur darstellt. Genauso macht es wenig aus, daß die Ebene des Lebens und der historische Status der Atriden kaum in der Reichweite des Zuschauers, das heißt eines Durchschnittsbürgers, liegen. Die Linien des Geschicks, die das Stück durchziehen, zeigen das Problem ebenso, wie das unzeitliche Quadrat sich in gleicher Weise auf Sand oder auf eine schwarze Tafel zeichnen läßt. Der Kontrast von Tag und Nacht in der Einheit einer politischen Landschaft, die Inkommensurabilität der Diagonale und der Seite mögen uns noch so viele Aporien, die wir lösen sollen oder auch nicht, aufgeben, obwohl sie den Alltag organisieren, in dem wir uns gegenseitig im Weg stehen. Es war der Geometrie und der Tragödie vorbehalten, diese immer problematisch bleibende Passion zur Darstellung zu bringen, die sich von der reinen Lust zu den von ihr in Umlauf gebrachten Schwierigkeiten bewegt. Es gibt etwas, was vom Trinken unterschieden ist – den Durst, aber nicht ein Gegenteil zur Inkommensurabilität der Diagonale. Dieser besondere Geschmack am Lernen verliert sich, seitdem man das Loblied auf die vielen Abschlußzeugnisse, Diplome und Lehrsätze singt. Man ist stolz darauf, so viel Wissen bereit zu haben, und es ist einem bange davor, daß das Wissen von heute morgen schon zum alten

Eisen gehören kann. Ein Wissen, das sein Wissen dadurch verdoppelt, daß es rückwärtsgeht, gleichsam den Weg seiner Bildung zurückklettert, sieht weiter, weil es vom Grund zum Grund des Grundes reicht, höher zu sitzen kommt und ein gewiß größeres Vergnügen macht, als es der tragische Geometrielehrer hat, wenn es auch davon wenig unterschieden ist. Die Lust am absoluten Wissen verzichtet ja nicht darauf, zu ihren Füßen das Stöhnen vor Wissensdurst zu vernehmen. Irgendwie beeinträchtigt das Bestreben, in einem angenehmen Aufstieg vom Weniger zum Mehr zu kommen, die Freude, die nicht mit Wissen verbunden ist. Man muß es ergreifen, ehe man glaubt, vornherum oder über ein Hindernis hinweggegangen zu sein. »Es ist wie in einer Schlacht, in der es zur Flucht gekommen ist, und nun erst einer wieder stehenbleibt, dann der nächste, bis sich dies zum Anfang der Reihe fortgepflanzt hat. Die Seele ist eben so eingerichtet, daß sie dies erfahren kann.«

In der Erklärung, wie die Seele die einzelnen Dinge sieht, sich Allgemeinbegriffe bildet, »induziert«, bringt Aristoteles uns nahe, daß es sich beim »griechischen Wunder« um etwas wie bei der Schlacht an der Marne oder bei Valmy handelt. Man feiert ja damit nicht nur einen einzelnen Sieg, sondern das Unerwartete, daß man sich aus der Auflösung heraus wieder zusammenrafft.

In diesem Wunder gibt es vier Abschnitte. Zuerst muß man sich verunsichern lassen. Der Mythos »denkt das Sinnliche in sinnlichen Begriffen« (Lévi-Strauss). Daher glaubt man zu Unrecht, er denke überhaupt nicht. Seine intellektuelle Architektur stammt aus einem Gespräch zwischen Worten und Dingen, birgt Begriffe in sich, ohne in ihnen zu verschwinden. Das griechische Denken reißt auseinander, es denkt das Sinnliche im Intelligiblen und entdeckt das letztere im Ausbruch aus dem ersten.

»Siegreich geflohn der schöne Untergang.«

Es geht überhaupt nicht um Idealismus. Die erste Begegnung mit dem Intelligiblen ist die mit dem Verwirrenden, dem Eros, der Sohn der Penia ist, der Diagonale, dem Tod, dem Genozid. Im Bereich des Sensiblen herrscht Panik, Panikstimmung; die Aporie ist ein Sonnenuntergang, bei dem der Geist die Sinne losläßt und ohne Gepäck und Ziel Landstreicher und nicht Pilger ist.

>Von Ruhm ein Brand, Blut, das mit Wolken streitet!
O Bitterkeit, wenn Königspurpur gleitet
An nichts als meinem künftgen Grab entlang.«

Zweite Wendung: Die Verwirrung legt sich nicht auf vorbereiteten Rückzugspositionen, sondern von selbst. Sie läßt nach im Auge, das mit einem Blick Anfang und Ende sieht, dem Auge des Sokrates in der Niederlage von Delion, des Geometrielehrers und des Tragikers, die alle die Verwirrung ertragen, ohne den Blick abzuwenden.

>Von all dem Glanz bleibt nicht einmal ein Stück
Dem mitternächtigen Dunkel, das uns weiht
Nur stolz ein Schatz des Haupts voll Lässigkeit
Und zärtlich spendet flammenlos sein Glück.«

Dritter Schritt: Man sieht, wohin das führt – zu einem nicht kalkulierbaren Nichts. Die Zahlenfolge ist ohne Zahl, die Erinnyen sind unermüdlich. Es gibt nicht ein »gutes Unendliches«, eine Fülle, etwas, das das schlechte Unendliche wegnimmt, es zu einem Relief gestaltet. Das Unendliche ist nicht etwas, es ist eine nie aufhörende Wegnahme, Entstehen und Vergehen, das in seiner Wiederholung verständlich wird. Nicht am Schluß des Prozesses stellt sich ein Gedankengang im nachhinein ein. Er ist schon unterwegs wirksam, fügt hinzu, nimmt weg und bestimmt das Ganze.

>Das deine, ja, wenn immer Glück, das deine,
Das von des Himmels abgelebtem Scheine
Ein wenig wahrt in kindlich hohen Spielen.«

Vierte Station, an der mehrere sich treffen. Keine Einmütigkeit. Russell gab die Idee auf, die Mathematik von der Logik her zu bestimmen, aber nicht den Ehrgeiz, alles Unklare in Atome von letzter Klarheit aufzulösen. Während des Zweiten Weltkrieges war er in Princeton Nachbar Einsteins und traf Kurt Gödel und Wolfgang Pauli. Die Treffen waren für ihn enttäuschend: »Obschon die drei Männer Juden, Exilierte und kosmopolitisch orientiert waren, hatten sie alle drei doch einen gut deutschen Hang zur Metaphysik, und trotz besten Willens gelang es uns nicht, einen gemeinsamen Boden für unsere Diskussion zu finden.«

Russell hatte nicht recht. Es ist etwas durchaus Kontinentales, daß die Grenzen überschritten werden, ohne doch zu verschwinden, und daß die Sackgassen sich von innen her aufklären. Europa denkt sich in der Diaspora der Länder der untergehenden Sonne.

> »Wenn du es bettest auf die Kissen hin:
> Den Kriegshelm einer jungen Kaiserin,
> Aus dem, dich zu bedeuten, Rosen fielen.«

Athene zeigt den Intoleranten und überhaupt jedermann, daß die Zukunft nicht sicher gewußt werden kann, aber daß ihre Unsicherheit ihnen etwas sagt. (»Es muß notwendig morgen eine Seeschlacht geschlagen werden oder nicht geschlagen werden, aber es ist nicht notwendig, daß morgen eine Seeschlacht stattfindet und auch nicht, daß sie nicht stattfindet, nur, daß sie entweder stattfindet oder nicht stattfindet.«) Die Zukunft ist uns in der Offenkundigkeit des Ungewissen gegeben. Das Geschehen, auf das man wartet, das so oder anders in Erscheinung treten kann, treibt dahin, und die Götter in der Tiefe und in den Höhen müssen es frei treiben lassen auf die Gefahr hin, daß es ihnen unter den Händen zerrinnt. Die *Orestie* fällt nicht über ein Toleranzprinzip, das sich darauf beschränkt, einander widerstreitenden Fundamentalisten eine Basis des Nebeneinanderlebens zu geben. Sie handelt von einem Unsicherheitsprinzip, das jede Partei dazu zwingt, sich als Kraft der Gegensätze, die verschiedene Weisen der Zukunft oder überhaupt keine haben kann, zu begreifen. Am Ende der drei Tage mit Aischylos scheinen die Götter zu ahnen, was es heißt, ein sterblicher Mensch zu sein. Und die Menschen lernen, daß Gott spielen Brandstiftung bedeutet. Die Gesetze der Vereinigten Staaten sehen vor, daß ein zur Zeugenaussage vorgeladener Angeklagter nicht mit Bestrafung rechnen muß. Orest wird nicht freigesprochen, weil er keine Schuld hat. Als Kronzeuge der Tragödie geht er weg und ist ein König, der unterwegs ist. So trifft er sich mit Sokrates, der die nicht ein und aus wissende Passion der *Orestie* demokratisiert. »Es ist meine Bestimmung, euch aufzuklären und dabei mich zu verzehren«, schreibt Benjamin Constant an Juliette Récamier.

»Denn gerade das ist ja das eigentliche Erlebnis des Philosophen, das Staunen. Es gibt nur diesen einzigen Ausgangspunkt der Philosophie«, versichert Sokrates. Er versteht die Philosophie nicht als eine Lehre, sondern als die leidenschaftliche Liebe im Leben und Sterben. Der Europäer findet diese in der Geometrie der Gefühle, die ihn bewegt, wenn er dabei nicht nur zynisch ist. »Das Πάθος des Erstaunens steht nicht einfach so am Beginn der Philosophie, wie zum Beispiel der Operation des Chirurgen das Waschen der Hände voraufgeht.« Das Staunen ist Chirurgie, die ins eigene Fleisch schneidet und in der Hoffnungslosigkeit des Fehlens von Mitteln einen unerwarteten Schatz entdeckt. »Alle beginnen mit der Verwunderung darüber, ob sich etwas wirklich so verhält, wie etwa über die automatischen Kunstwerke oder die Wendungen der Sonne oder die Irrationalität der Diagonalen; denn wunderbar erscheint es einem jeden, der den Grund noch nicht erforscht hat, wenn etwas durch das kleinste Maß nicht soll meßbar sein. Es muß sich aber dann am Ende zum Gegenteil und ›zum Besseren‹ umkehren ... denn über nichts würde sich ein der Geometrie Kundiger mehr verwundern, als wenn die Diagonale kommensurabel sein sollte.« Nichts würde einen nichtplatonischen Europäer mehr beunruhigen als eine Gruppe von Menschen, die im Gleichschritt ins wolkenlose Glück und auf eine Wahrheit zumarschierten, in der jede Unsicherheit verschwunden wäre.

Nachweis der Zitate und
Anmerkungen

Zynismus oder wie ich mich in Sicherheit wiege

»Destruktion heißt ...«: M. Heidegger, *Was ist das – die Philosophie?* Neske, Pfullingen [5]1972, S. 22.

Der Moralismus der Öffentlichkeit und die Unabhängigkeit des Intellektuellen

21 »... Schafe und so weiter«: Dostojewski, I. *Aufzeichnungen aus dem Untergrund,* übers. von E. K. Rahsin, in: Sämtl. Werke in zehn Bänden, Der Spieler – Späte Romane und Novellen, Piper, München 1980, S. 466.

22 »... mit dem Fluß dahinfließt«: Vgl. Henry Corbin, *En Islam iranien,* Gallimard, Paris 1972, Bd. IV, S. 192.

23 »... vorhalten«: Epiktet, *Unterredungen* III, 22, übers. von H. Schmid, Kröner, Stuttgart 1954, S. 90.

»... ertragen«: Ebd., S. 91.

24 »... Schuhmacher«: Ebd., S. 91.

»... zu sehen?«: Ebd., S. 100.

Die Texte, die direkt und ausdrücklich auf die antiken Zyniker Bezug nehmen, wurden von Léonce Paquet, *Les Cyniques grecs. Fragments et Témoignages,* Editions de l'Université d'Ottawa (1975) gesammelt. Selbstredend muß man von Diogenes Laertius, *Leben und Meinungen berühmter Philosophen,* übers. von O. Apelt, Philos. Bibliothek Bd. 53, Meiner, Hamburg [2]1967, ausgehen. Für den griechischen Text vgl. *Diogenes Laertius I und II,* ed. Hicks, Loeb Classical Library, London 1972.

25 »... als der Mensch«: Diogenes Laertius VI, 24.

»... nicht schädigt«: Epiktet, S. 100.

26 »… Lebensführung«: Diogenes Laertius VI, 64.

»… rückwärts geht?«: zit. nach Johannis Stoboei Florilegium, rec. A. Meineke, 4 Bde., Teubner, Leipzig 1855–1857, Bd. IV, S. 84; vgl. Paquet, S. 100.

27 »… der Historiker«: Léonce Paquet, S. 19. Donald R. Dudley, *A History of Cynism,* London 1937 (Reprint Olms, Hildesheim 1967) ist wenig hilfreich. Einen Überblick findet man in *Histoire de la philosophie,* Pléiade, Gallimard, Bd. I, Les Socratiques, par Jean Brun, S. 706 ff. Vgl. auch: *Teles, the Cynic Teacher,* ed. E. N. O'Neil, Scholar Press, Montana, USA 1977.

28 »… Neuplatonikern«: Diese Schrift entwickelte sich auf Kreta aus der Bilderschrift und ist auf Tontafeln von Knossos bezeugt (Anm. d. Übers.).

30 »… vertrage«: Plutarch, *Moralische Schriften,* übers. von W. Rösch, Bd. 18, Metzler'sche Buchhandlung, Stuttgart 1860, S. 2379.

31 »… Eseltreiber sind«: Vgl. Diogenes Laertius VI, 92.

32 »… von Städten«: Plutarch, *Große Griechen und Römer.* Alexander 1, übers. von K. Ziegler, *Die Bibliothek der Alten Welt,* Artemis, Zürich 1960, Bd. 5, S. 7.

33 »… aufzuspüren«: Ebd. Phokion 3, 1957, Bd. 4, S. 318.

34 »… zu den Mahlzeiten«, zit. nach Diogenes Laertius VI, 96, S. 344.

»… zugute kommen ließ?«: Ebd. VI, 98, S. 345.

Letztes Abenteuer
des federlosen Zweibeiners

Die Szene mit dem Huhn findet sich in Diogenes Laertius VI, 40. Über die dreifache Funktion vgl. Georges Dumézil, *Mythe et epopée,* Gallimard, Paris 1968, Bd. I, S. 288 und andere.

Erstes Bild

36 »… Noch nicht«: S. Mallarmé, *Igitur,* übers. von C. Fischer, in: S. Mallarmé, *Sämtliche Gedichte,* Lambert Schneider, Heidelberg 1957, S. 263.

37 »… denn als Tiere«: Platon, *Politikos* 263 d (alle Platon-Zitate in

der deutschen Übersetzung von R. Rufener, Artemis-Paperback-ausgabe, Zürich/München 1974).

38 »... der Beziehungswahn«: Karl Jaspers, *Allgemeine Psycho-pathologie,* Springer, Berlin/Heidelberg ⁵1948, S. 501 f.

Zweites Bild

39 Über die Perversion vgl. Piera Aulagnier, La Perversion comme structure, in: *L'Inconscient* n.2/1967.

Viertes Bild

44 »... putzen«: Octave Mirbeau, *Le journal d'une femme de chambre* (1900), übers. von G. Felsing, *Tagebuch einer Kammer-zofe,* Wien o. J., S. 12.

Fünftes Bild

44 »... in Szene setzt«: S. Mallarmé, *Igitur,* S. 263.

46 »... zu zeigen«: Shakespeare, *Hamlet* III/2, übers. von A. W. Schlegel u. a.

47 »... zu treten«: S. Mallarmé, Divagations, in: ders., *Igitur. Diva-gations. Un coup de dés,* Gallimard, coll. Poésie, Paris 1976, S. 186.

Zwischenspiel

48 »... übergeben«: Plutarch, *Große Griechen und Römer.* Solon, Bd. 1, 1954, S. 214 f.

49 »... gehaßt werden«: S. Weil, *La source grecque,* Gallimard, Paris 1953, S. 37.
»... der ward gerühmt«: Thukydides, *Geschichte des Peloponne-sischen Krieges* 3, 83, übers. von J. D. Heilmann, 1760.

Siebtes Bild

51 »... Diogenes«: Vgl. Diogenes Laertius VI, 32.

52 »... schlagen«: Platon, *Gorgias* 484 d ff.
Über das Verhältnis von Gewalt und Erkennen bei Hegel vgl. A. Glucksmann, *Le Discours de la Guerre,* Grasset, Paris 1979.
»... geheilt werden«: G. W. F. Hegel, *Die Verfassung Deutsch-lands,* Werke in 20 Bänden, Theorie-Werkausgabe, Suhrkamp, Frankfurt a. M., Bd. 1, 1971, S. 555.

53 »... erfordert«: G. W. F. Hegel, *Phänomenologie des Geistes.*
Vorrede, Sämtl. Werke, hrsg. von H. Glockner, F. Frommann,
Stuttgart-Bad Cannstatt [4]1965, Bd. 2, S. 34.

Achtes Bild

53 »... Licht ausbläst«: S. Mallarmé, *Igitur,* S. 263.
54 »... des Himmels«: Diogenes Laertius VI, 76 f., S. 333.
Zur Frage der Abschreckung sagt Raymond Aron, *Le Grand
Débat,* Calmann-Lévy, Paris 1963, S. 234: »Die Abschreckungs-
strategie ist im wesentlichen Willensprobe, Aufeinanderfolge von
Drohungen und Botschaften oder besser: von Drohungen, die
eine Botschaft enthalten, oder Botschaften, die von Drohungen
begleitet sind.«

Neuntes Bild

57 »... Ahnen«: S. Mallarmé, *Igitur,* S. 282.
»... begraben«: Diogenes Laertius VI, 77 f., S. 333 f.
58 »... uns führt«: Diogenes Laertius VI, 78, S. 334.

Letztes Bild

59 »... gezogen«: Goethe, *Sprichwörtlich,* 1812–1814, Werke,
H. Böhlau, Weimar 1887–1919, I/2 (1888), S. 237.
60 ».. dein Vater«: Aristoteles, *Metaphysik* XII 5, 1071 a, übers.
von H. Bonitz, rororo-Klassiker 205–208, Reinbek 1966.
62 Der Mythos vom Totengericht findet sich in Platon, *Gorgias*
523.
63 »... im Tode«: Platon, *Gorgias* 526 e.
64 »... sterblich ist«: Montaigne, *Essais* III, 12, übers. von H. Lüthy,
Manesse, Zürich 1953, S. 838.

Sokrates' Weggang

65 »... weinen«: Euripides, *Hippolyt,* 1396, übers. von U. v. Wila-
mowitz-Moellendorf, Berlin 1899.
»... vermeiden«: Ebd., 1437 f.
66 »... erscheinen zu lassen«: M. Blanchot, *L'Ecriture du desastre,*
Gallimard, Paris 1980, S. 108.
67 »... überzeugt«: S. Freud, *Zeitgemäßes über Krieg und Tod*
(1915), Studienausgabe Fischer, Frankfurt a.M. 1974, Bd. 9,
S. 49.

»... haben«: Tertullian, *Liber de anima*, cap. 50; vgl. J. Vuille-
min, *Essai sur la signification de la mort*, PUF, Paris o. J., S. 78 f.
68 »... aufweisen«: Augustinus, *De civitate Dei* XIII, 11, übers. von
W. Thimme, dtv 2160, DTV, München ²1985, S. 119 f.
»... umfangen«: Ebd. XIII, 10.
70 »... derselbe«: Spinoza, *Ethik*, IV. Teil, Lehrsatz 39, Anmerkung, übers. von O. Baensch, Philos. Bibl. Bd. 92, Meiner, Hamburg 1976, S. 225.
»... verborgen«: Juan de la Cruz, *Noche oscura. Gesang der
Seele*, V. Strophe, in: S. Johannes vom Kreuz, *Dunkle Nacht*,
Sämtl. Werke, Bd. 2, München 1929, S. 2, übers. von P. Aloysius
ab Imm. Conc.
»... erschlossen wird«: Spinoza, *Brief 10 an S. de Vries*, in: Spinoza, Briefwechsel, übers. von C. Gebhardt, Philos. Bibliothek
Bd. 96 a, Meiner, Hamburg ²1977, S. 40 f.
72 »... auferstehen«: Minutius Felix, vgl. L. de Beausobre, *Histoire
de Manichée et du manichéisme*, Amsterdam 1739, Bd. II, S. 211.
73 »... empfängt«: C. F. von Nägelsbach, *Homerische Theologie*,
Nürnberg 1884, S. 42.
»... das Ungeheure«: Goethe, *Faust* II, II/1.
»... der Unvernunft«: Platon, *Timaios* 44 a, 8.
»... hingestellt«: Clemens Alexandrinus mit dem Kommentar
von A.-J. Festugière, *La Révélation d'Hermès Trismégiste*, J. Ga-
balda, Paris 1949, Bd. IV, S. 76.
75 »... entscheiden können«: J.-P. Vernant, *Mythe et pensée chez les
Grecs*, Maspero, Paris 1971, Bd. I, S. 180.
75 f. Über Orphik, Pythagoreismus, Zynismus vgl. Marcel Détienne,
Dionysos mis à mort, Gallimard, Paris 1977, bes. S. 153 ff. Über
den Zynismus als eine marginale, aber gemäßigte Wildheit.

Vier entschieden moderne philosophische Thesen

77 »... zu *stoßen*«: M. Foucault, Sexualität und Wahrheit, übers.
von W. Seitter, stw 448, Suhrkamp, Frankfurt a. M. 1983, S. 165.
78 »... Beharrlichkeit«: Diogenes Laertius VI, 15.
79 »... der Tod«: M. Blanchot, *Sade, préface à La Nouvelle Justine*,

Œvres complètes du Marquis de Sade, ed. Tête de Feuilles, Paris 1973, Bd. 6, S. 38.

81 »... zu ertragen«: Dante, *Die Göttliche Komödie. Die Hölle,* Achtundzwanzigster Gesang, übers. von W. G. Hertz, Winkler Jubiläumsausgabe, Winkler, München 1957, S. 123.
»... fahren«: Ebd., Dritter Gesang.

Die äußerste Gleichung

82 Die Parallele von Juliette zur Phänomenologie des Geistes verfolgt Jean-Jacques Brochier, *Le Marquis de Sade et la Conquête de l'Unique,* Eric Losfeld, Paris 1966.
Alfred de Vigny, *Servitude et Grandeur militaires* (1835), dt. von Frhrn. von Taube, *Soldatenknechtschaft und Soldatengröße,* Stollberg, Merseburg 1936.

83 »... übernehmen«: Montaigne, *Essais* II, 27
»... was er will«: Epiktet, *Unterredungen* III, 22.

85 »... bewirkt«: M. Blanchot, S. 37.

Gleichgültiger König

87 »... des Daseins«: Hans Georg Gadamer, *Platons dialektische Ethik,* Meiner, Hamburg 1968, S. 132.
»... Vergnügen sterbe«: Platon, *Philebos* 47 a, b.

91 »... des Wunsches«: G. Bataille, *La littérature et le Mal,* Gallimard, Paris 1969.

92 »... als ich!«: F. Dostojewski, *Die Brüder Karamasoff,* übers. von E. K. Rahsin, Piper, München 1980, S. 71.

Napoleon bin ich

93 »... Daseinsunmöglichkeit«: M. Heidegger, *Sein und Zeit,* § 50, Niemeyer, Tübingen 1960, S. 250.
»... Verhaltens zu«: Ebd., § 53, S. 262.
»... Völkern«: J.-P. Sartre, *L'Etre et le Néant,* Gallimard, Paris 1943, S. 721.

95 »... so war es«: Dostojewski, *Schuld und Sühne,* V 4, übers. von R. Hoffmann, Winkler, München 1971, S. 530.
»... mordete ich«: Ebd., S. 534.
»... Laus mehr«: Ebd., S. 535.

97 »... Schau gestellt«: vgl. Augustinus, *De civitate Dei* XIV, 20.

»... ein Vergangenes«: G. W. F. Hegel, *Ästhetik,* hrsg. von F.
Bassenge, Aufbau-Verlag, Berlin/Weimar 1965, Bd. 1, S. 22.

98 »... wäre«: F. Dostojewski, *Die Dämonen,* übers. von E. K.
Rahsin, Piper, München 1980, S. 445.

99 »... Zustände ist«: K. Marx, *Zur Kritik der Hegelschen Rechts-*
philosophie, in: ders., Die Frühschriften, hrsg. von S. Landshut,
Kröner, Stuttgart 1953, S. 208.

Die politische Ökonomie des Glaspalastes

99 Über die Eroberung Lateinamerikas vgl. R. Ricard, *La conquête*
spirituelle du Méxique, Institut d'Ethnologie, Paris 1933;
G. Baudot, *Utopie et Histoire du Mexique,* Privat, Paris 1977,
und das Werk von Octavio Paz. Über die materiellen Bedingungen handelt Le Roy Ladurie, *Le Territoire de l'historien,* Gallimard, Paris 1978, Bd. 2, S. 85 ff.

101 »... seine eigenen«: Julian, *Oratio* VI, The Works of the Emperor
Julian, Loeb Classical Library, London/Cambridge, Mass. Bd. 2
(1949), S. 61.

Der ernsthafte Politiker

102 »... handeln würde«: Thukydides, 5, 105.

103 »... zukommt«: Platon, *Nomoi* 738 c, d.

104 »... Bosheit«: Plutarch, *Moral. Schriften,* übers. von J. C. F.
Bähr, Werke, Metzler, Stuttgart 1837, Bd. 31, S. 1602.

105 »... Tyrann ist«: Platon, *Nomoi* 739 a.

Der Weltmarkt

106 »... Eindimensionalität«: S. Mallarmé, *Variations sur un sujet,*
Œuvres complètes, Gallimard, Pléiade, Paris 1951, S. 398.

»... Städte um«: F. Braudel, *Civilisation materielle, économie et*
capitalisme, A. Colin, Paris 1979, Bd. I, S. 462.

»... davonträgt«: Ebd., Bd. III, S. 22. Für den Begriff »Weltwirtschaft« in dem von Braudel vorausgesetzten Sinn vgl. F. Rörig,
Mittelalterliche Weltwirtschaft, Fischer, Jena 1933 und neuer-
dings J. Wallerstein, *The Modern World System,* New York
1980; ders., *The Politics of World Economy,* Cambridge University Press 1984.

110 »... hin und her«: Diogenes Laertius VI, 38 f.

115 »... abgezeichnet«: M. Foucault, *Sexualität und Wahrheit,* übers. von W. Seitter, Suhrkamp, Frankfurt a. M. 1983, S. 64.

Eine gesichtslose Maske

117 »... für Sünde«: Aristophanes, *Die Wolken,* übers. von L. Seeger, in: Aristoteles. Sämtl. Komödien, Artemis, Zürich/Stuttgart 1968, S. 171.

Die Drehung und ihr Mittelpunkt

119 »... fehlen«: K. v. Clausewitz, *Vom Kriege* I/2, Verlag des Ministeriums für nationale Verteidigung, Berlin (DDR) 1957, S. 48.

120 »... haust!«: Shakespeare, *Timon von Athen* V,1, IV, 3, übers. von D. Tieck.

121 »... ließ«: Montaigne, *Essais* II, 12, S. 461.

122 »... erkennt«: Platon, *Protagoras* 355 c.
»... wiegt«: Platon, *Protagoras* 356 b.

123 »... hinauswerfen«: Platon, *Protagoras* 319 c.

124 »... lehrbar sind«: Platon, *Protagoras* 319 d.
»... zu handeln«: Platon, *Gorgias* 469 c.
»... zu betrügen«: Herodot, *Geschichten* I, 15, 3, übers. von W. Marg, Artemis, Zürich/München, 2 Bde., 1973–1983.

125 »... Punkt Null«: Vgl. J. v. Neumann u. O. Morgenstern, *Theory of Games and Economic Behavior,* University Press, Princeton 1963. Sie geben das Beispiel der thermischen Messung, bei der es genügt, einen Punkt Null der Temperatur festzulegen, um die Vergleichbarkeit der Temperaturgrade zu gewährleisten.

126 Zur »Platonischen Theologie« des *Proklos* vgl. I,11: Wir müssen von oben bis ganz unten die ganze Zwischenwelt der Wirklichkeit durchschreiten.

127 »... spurlos«: Platon, *Politikos* 270 a–271 a.
»... Lebewesen an«: Ebd., 273 a.

Eine Mystik der Zerstörung

128 »... befallen sind«: Platon, *Kratylos* 440 c, d.
»... verzogen hat«: Platon, *Sophistes* 239 c.

130 »... und vergeht«: Platon, *Parmenides* 163 b, übers. von F. Schleiermacher.

131 »... Destruktion«: J. Wahl, *Etude sur le Parménide de Platon*, Rieder, Paris 1926, S. 188.

»... geflüchtet«: Platon, *Sophistes* 260 c.

Die römischen Kalenden

132 »... Gesetze gibt«: André Pezard, *Dante sous la pluie de feu*, Vrin, Paris 1950, S. 84.

»... Sterblichen ist«: Dante, *De monarchia* I,11, rec. L. Bertalot, Olschki, Gebennae 1920. Vgl. Etienne Gilson, *Dante et la philosophie* (Vrin, Paris 1939), S. 117: »Wenn man die Gier wegnimmt, bleibt nichts, das zur Gerechtigkeit in Gegensatz steht. Oder anders gesagt: Die einzige Möglichkeit, einen Mann zu besorgen, der frei von Gier ist, besteht darin, einen einzusetzen, der alles besitzt und darum nichts mehr begehrt. Das ist genau der Monarch, von dem Dante träumt ...«

133 »... sein läßt«: Dante, *Il convivio* IV, 4.

134 »... typisch für Dante«: Gilson, S. 14.

Die Herleitung der Reichsidee findet sich bei Dante in *De monarchia* I 9.16; II,9; III, 14.

135 »... Anspruch«: Gilson, S. 168. Die Idee des »intellectus possibilis« stammt von Averroës, für den Marxismus adaptiert sie G. Lukács.

»... verwirklichen«: Vgl. Dante, *De monarchia* I, 4.

»... Sachverhalten«: Dante, *Il convivio* IV, 12.

Die Welt für eine Tonne

142 Bei Joseph Billig, *L'Hitlérisme et le système concentrationnaire*, PUF, Paris 1967, S. 54 f. wird davon gehandelt, wie stark der Nazismus vom Mythos des Mythos, einer vollkommen artifiziellen Welt, beherrscht ist. Dem entspricht eine praktikable Arbeitsteilung. »Die Gelehrten, Ingenieure, Unternehmer brauchen sich um die Exzesse dieser Mythologie nicht zu kümmern – das besorgt die SS für sie.«

Diogenes, adieu

146 »... vorzudringen«: A.-J. Festugière, *La Révélation d'Hermès Trismégiste,* Bd. 2, S. 207.

»... ständig«: Aristoteles, *Metaphysik* XII, 7.

»... sie sieht«: Ebd. XII, 9 (1074 b).
147 »... besudelt«: Diogenes Laertius VI, 63.
148 »... folgen«: Platon, *Phaidon* 88 b.
»... untersuchen«: Platon, *Phaidon* 95 c.
149 »... Böotiern«: Ebd. 99 a, b.
150 »... aus dem Kampfe!«: Homer, *Ilias* XI, 404–408, nach der Übertragung von J. H. Voss, Goldmanns Gelbe Taschenbücher 411, München 1960, S. 155.
»... geb ich's auf?«: Aischylos, *Choëphoroi* 895 ff., übers. von O. Werner, Tusculum Bücherei, E. Heimeran, München o. J.
151 »... Klagen«: Platon, *Phaidon* 91 b.
»... eintauschen soll«: Ebd. 69 a.
»... Erinnerung«: Ebd. 75–76.
152 »... leicht zu sterben«: Ebd. 81 a.
»... befreit«: Ebd. 81 a.
153 »... abzuwenden«: Montaigne, *Essais* III,9.
»... Krankheit«: Ebd., III, 13.
155 »... erlauben«: Ebd., III, 13.
»... Tag«: Ebd., III, 9.
»... Inhalt«: Ebd., III, 12.
156 »... es besitzen«: Ebd., III, 13.
157 »... Poesie«: Ebd., III, 9.
»... verächtlich ist«: Platon, *Parmenides* 130 c.

Leiden
Das Denken des Ungewissen

Im folgenden geht der Autor von der *Orestie* des Aischylos (458 v. Chr.) aus, deren drei Tage den drei Kapiteln dieses Zweiten Teils entsprechen. Am ersten Tag wurde »Agamemnon« gegeben. Am Tag der Zerstörung Trojas wollte Agamemnon seiner Gattin Klytaimnestra per Flaschenpost Nachricht geben. Ein Späher sollte der Königin, die mit Aigisthos zusammenlebt, sofort berichten. Agamemnon kommt auf dem Wagen, ihm folgt Kassandra. Diese bringt die Botschaft von ihrem und Agamemnons bevorstehendem Tod und der Rache des Orest für den Mord an Agamemnon. Klytaimnestra zeigt

keinerlei Reue; vor dem Chor sucht sie ihre Tat mit der Opferung Iphigenies, mit der Agamemnon vor der Ausfahrt der Flotte Artemis milde zu stimmen suchte, zu rechtfertigen. (Anm. d. Übers.)
Die Zitate aus der Orestie folgen der Übersetzung von O. Werner (vgl. Aischylos, *Tragödien und Fragmente,* hrsg. u. übersetzt von Oskar Werner, Ernst Heimeran Verlag, Tusculum Bücherei, München o. J.).

162 »... vorher bestöhnt«: Aischylos, *Agamemnon* 249–252.

163 »... aufstanden«: J.-P. Sartre, *Der Ekel,* übers. von H. Wallfisch, Rowohlt, Reinbek 1963, S. 158.

Über »Médecins du Monde« vgl. Bernard Kouchner, *L'Ile de Lumière,* Ramsay, Paris 1980.

165 »... Augenlid!«: Aristophanes, *Die Wolken* 700–705, übers. von L. Seeger, S. 153.

Die absolute Möglichkeit

Troja steht ständig in Flammen

167 »... vor Troia«: Aischylos, *Agamemnon* 1456–1458.
»... hinopfernd«: Ebd. 1498 ff.

169 Vgl. Hannah Arendt, *Eichmann in Jerusalem. Ein Bericht von der Banalität des Bösen,* übers. von B. Granzow, Piper, München 1964.

Die Antwort an Scholem findet sich in Gershom Scholem, *Fidelité et Utopie,* Calmann-Levy, Paris 1978, S. 222 ff.

171 Vgl. Ernst Fraenkel, *Commentary* in Vol. II und III der Ausgabe des *Agamemnon* in der Oxford University Press 1950. H. D. F. Kitto, *Form and Meaning in Drama,* Methuen, London 1977, S. 42 (über Agamemnons »Unschuld«).

P. Bruno, *Théâtre grec* (1785).

172 »... zu befreunden«: S. Freud, *Das Motiv der Kästchenwahl* (1913), in: Studienausgabe, Fischer, Frankfurt a. M. 1975, Bd. 10, S. 192 f.

173 »... Geschehen gilt«: H. D. F. Kitto, *Greek Tragedy,* Methuen, London 1973, S. 70.

Mit philanthropischen Grüßen

174 »... und Freien«: Platon, *Gorgias* 502 d, vgl. auch *Politeia* 604.

301

»Sinn für das Menschliche«: Vgl. Aristoteles, *Poetik*, Kap. 13.

175 »... der Menschen«: Aischylos, *Der gefesselte Prometheus* 28, übers. von O. Werner.

»... zu helfen«: J. de Romilly, *La douceur dans la pensée grecque*, Les Belles Lettres, Paris 1979, S. 45.

176 »... verflüchtigte«: H. Arendt, *Eichmann* ..., S. 306.

»... gefährdet sind«: Ebd., S. 325.

177 »... zu lassen«: Ebd., S. 318.

178 »... Recht«: Ebd., S. 323.

179 »teraskopisch«: Dazu E. Fraenkel, Bd. 2, S. 450 f.

»... Gattin gleich«: Aischylos, *Agamemnon* 1178 f.

180 »... geht«: Ebd. 1121 f.

»... du dabei«: Ebd. 1199–1201.

181 »... hoffen?«: Kant, *Kritik der reinen Vernunft*, B 833.

»... unausdrücklich«: Hölderlin, »In lieblicher Bläue ...«, *Sämtl. Werke*, hrsg. von F. Beißner, W. Kohlhammer, Stuttgart 1951, S. 373, S. 482 f.

182 »... der Mangel«: Péguy, *Clio*, Œuvres complètes, Gallimard, Pléiade, Paris 1961, Bd. 2, S. 252 ff.

Das springt ganz klar ins Auge

183 »... außen läßt«: Aristoteles, *Physik* 207 a, übers. von P. Gohlke, F. Schönigh, Paderborn 1956.

»... Bahn«: Ebd. 222 b.

186 »... namenlos«: Aristoteles, *Metaphysik* VII,7; 1033 a 14.

»... niemals«: Aristoteles, *Physik* 192 a.

187 »... Dingen«: Aristoteles, *Metaphysik* IX,9; 1051 a.

»... Blut«: Alban Berg, *Wozzeck* III/4.

188 »... Wurzeln«: Martin Buber, *Moses*, in: ders., Werke, Bd. 2, Kösel/Schneider, München/Heidelberg 1964, S. 70.

Die Nacht im Griechischen: vgl. Clémence Ramnoux, *La nuit et les enfants de la nuit*, Flammarion, Paris 1959, S. 99 f.

In der Diskussion mit H. Cherniss gegen die »dialektische (Hegelianische) Reduktion der Kräfte der Nacht« bemerkt letzterer, »daß der Begriff der Negativität uns und vielleicht den späten Griechen geläufig ist ... Das Dunkel ist eine Dichte, eine Intensität. Man sollte es darum besser ... nicht negativ nennen, sondern böse – oder besser noch grauenvoll. Es ist das, was beim Menschen und selbst bei Göttern gewöhnlich Abscheu erregt.«

190 »... zweierlei«: Aischylos, *Agamemnon* 1348–1369.

191 »... gefunden«: H. Arendt, *Eichmann* ..., S. 215 f.

»... Fluch!«: Aischylos, *Agamemnon* 1615 f.

Zur Interpretation im Sinne einer Revolution vgl. Fraenkel, *Commentary*, Bd. 2, S. 780.

G. Glotz, *La Cité grecque*, A. Michel, Paris 1968.

Eine gnostische Oper

Im Zweiten Teil der *Orestie*, den *Choëphoren* (Die Opfernden am Grab), kommen Orest und Pylades nach Argos. Eine seiner Locken legt Orest am Grabe des Vaters nieder; sie wird von Elektra gefunden. Die Geschwister erkennen einander. Nicht ohne von Elektras Schilderung der Bluttat an Agamemnon beeindruckt zu sein, geht Orest in den Palast, wo er sich als Bote des Orest ausgibt. Dort tötet er Aigisthos und – nicht ohne vor der Tat zu erschauern – seine Mutter Klytaimnestra. Er ist nach der Tat Opfer seiner Verzweiflung. (Anm. d. Übersetzers)

Eine Vorführung der Kranken

195 f. Über den Status des Orest vgl. Jean-Pierre Vernant und Pierre Vidal-Naquet, *Mythe et Tragédie en Grèce ancienne*, Maspero, Paris 1972, S. 151.

198 »... Bildung«: Augustinus, *Confessiones* (Bekenntnisse), III, 3, übers. von J. Bernhart, Fischer-Bücherei 103, Frankfurt a. M. 1955, S. 39.

199 »... zu übertölpeln«: Ebd.

»... das Feuer«: Melanie Klein, Réflexions sur l'Orestie, in: *Envie et Gratitude*, Gallimard, coll. Tel. Paris, S. 208 (vgl. *Envy and Gratitude. A Study of Unconscious Sources*, Tavistock Publ., London 1957).

»... wie's Recht!«: Aischylos, *Cheöphoroi* 144.

200 »... voll Blut!«: Aischylos, *Choëphoroi* 471–474.

Bei C. Ramnoux, *La nuit* ..., S. 108 ff. findet sich eine hervorragende, ins einzelne gehende Analyse der Entsprechung zwischen

Hesiods Gedicht und der Tragödie des Aischylos, die von der »Macht des Dunklen« ausgeht.

»Aquitanien«: Vgl. Gérard de Nerval, *El Desdichado*. Sonnet, (vgl. Le Mousquetaire, 10. 12. 1853).

201 »... als Gott«: Aischylos, *Choëphoroi* 54–60.

202 »... hemmen«: Karl Marx, *Grundrisse der Kritik der politischen Ökonomie* (1857/58), zit. nach. K. Marx, Texte zur Methode und Praxis III, hrsg. von G. Hillmann, rororo-Klassiker 218/219, Reinbek 1967, S. 100.

»... Böses büßt?«: Aischylos, *Choëphoroi* 119–123.

Exkursion über Nag Hammadi

203 Über Nag Hammadi unterrichtet Jean Doresse, *Les livres secrets des gnostiques d'Egypte,* Plon, Paris 1958. Vgl. auch Simone Pétrement, Sur le problème du gnosticisme, in: *Revue de métaphysique et de morale,* April-Juni 1980; J. F. Marquet, Préhistoire et Posthistoire, ebd., Januar–März 1979.

204 Über das Perlenlied vgl. G. Quispel, *Makarius, das Thomas-Evangelium und das Lied von der Perle,* Leiden 1967. Der Text findet sich in Hans Jonas, *The Gnostic Religion,* Beacon Press, Beacon Hill/Boston 1958, S. 113–116. Vgl. dazu auch: Henri C. Puech, *En quête de la gnose,* Gallimard, Paris 1978, Bd. I, S. 186–213 und Bd. II, S. 235 ff. Die iranische Version des Liedes vom Exil findet sich bei H. Corbin, *En Islam iranien,* Bd. 2, S. 239 ff.

205 »... tiefen Schlaf«: Das »Lied von der Perle«, bei Hans Jonas, S. 113 f.

206 »Bewohner des Lichts«: Vgl. H. C. Puech, *En quête ...,* Bd. 2, S. 186.

207 »... jeder Gnosis«: H. C. Puech, *Le Manichéisme,* PUF, Paris 1947, S. 71.

208 »*Lorenzaccio«:* Der Dichter Lorenzino de' Medici (1514–1548) ermordete im Jahre 1537 seinen Vetter Alessandro, den Karl V. zum Herzog von Florenz gemacht hatte. Die einen feierten ihn als Tyrannenmörder, andere prangerten seine Anwendung von List an. Vgl. u. a. das Drama ›Lorenzaccio‹ von A. de Musset (1834). (Anm. d. Übers.)

»Sphären der Welt«: Plotin, *Enn.* II, 9.

210 »... nicht zurückziehe«: Augustinus, *De moribus ecclesiae catho-
licae et Manichaeorum*, zit. nach Ed. Cayré – Van Steenberghen,
Werke Augustins, Desclée de Brouwer, Paris 1949, Bd. 1, S. 271.

211 »... Aristoteles«: Vgl. *Poetik* Kap. 11.

214 »... jeder Ordnung«: Léon Robin, *La Théorie platonicienne de
l'amour*, Alcan, Paris 1933, S. 217 f.

215 »... erwähnt wird«: S. Freud, *Das Unbehagen in der Kultur*, Studienausgabe, Fischer, Frankfurt a. M. 1974, Bd. 9, 247 f.

216 »... ausmacht«: Martin Heidegger, Vom Wesen und Begriff der
φύσις, in: ders., *Wegmarken*, Klostermann, Frankfurt a.M.
1967, S. 366.

Keiner war in der Distanzierung vom göttlichen Platon so gewaltsam,
ja sogar radikal und ungerecht wie Aristoteles – Nietzsche eingeschlossen, der von ihm lernte. Die Attacke zielt auf das Denken des
Lehrers ab, wie dies in den Einseitigkeiten seiner Schüler in Umlauf
kam. Mit scharfem Peitschenhieb wird die pädagogische Verdünnung
der Dialoge bedacht. Die Historiker des Denkens, zum Beispiel heutzutage Cherniss, waren darauf bedacht, den unwahrscheinlichen
Strang der Mißverständnisse, der wilden Interpretationen, der Ambitionen und Streitereien der Schule, die die Beziehung des Schülers zum
Lehrer unklar werden ließ, zu entwirren. Die Entgegensetzung von
Aristoteles und Platon bleibt im dunkeln. Dagegen ist die Warnung
und geradezu prophetische Sicht des Aristoteles angesichts der »Platoniker« mehr als zweitausend Jahre lang deutlich genug.

Das Ganze kompliziert sich im Europa der Renaissance, das mit
Hilfe des Buchdrucks und des Marsilio Ficino das Gesamtwerk Platons, das heute bekannt ist, kennenlernt. Es liest Platon »gegen«
Aristoteles. Dieser eigentlich aus Byzanz ererbte Streit wurde von Plethon ausgelöst, der im Zuge des großen Versöhnungsversuches der
Ost- und Westkirche nach Florenz kam. Die Diskussion erreichte in
der zweiten Hälfte des 15. Jahrhunderts in Italien ihren Höhepunkt,
wird später über Lyon nach Frankreich getragen. Nur von ihr aus
versteht man die irenische Haltung des Kreises der Marguerite de
Navarre (für Calvin eine »Libertin«) und ebenso die »antiakademi-
schen« Positionen von Rabelais. Aristoteles (der mit Averroës identifiziert wird) bezeichnet den atheistischen, antichristlichen, medizini-
schen, juristischen und auch traditionellen Pol. Platon dagegen gilt als

Vorläufer des Christentums und Vorbereiter des Glaubens. Das von Konstantinopel kurz vor seinem Untergang hinterlassene Spiel ist indes gezinkt. Plethon, Adept Mistras, hat im Sinn, Gesellschaft und Gewohnheiten zu verändern; er beruft sich auf Zarathustra und die ägyptische Weisheitslehre ebenso wie auf Platon. Sein Feind, der Patriarch Scholarios im Konstantinopel des Jahres 1454, verteidigt mit Aristoteles die Orthodoxie des Ostens gegen Mistra und die Lateiner. Nachdem Kardinal Bessarion, Georg von Trapezunt und andere im Exil in Rom lebende Griechen den Kampf neu entfachten, schweben die Signifikanten »Aristoteles« und »Platon« über vielen »Geisteskämpfen«. Schließlich hat Molière im Herzen jedes Franzosen das Bild des absoluten Vernünftlers verankert, der in aristotelischem Latein dahermurmelt, sobald sich einer außerhalb der Pariser und am Hof üblichen Gedankenwelt versucht. Der Historiker des Denkens will sich von diesen Klischees befreien. Im Umkreis von Hans Joachim Krämer (*Arete bei Platon und Aristoteles,* Heidelberg 1959) haben Gelehrte die schriftlichen und nichtschriftlichen Bezüge der Akademie und des Lyzeums ausfindig gemacht. Soll man die Auseinandersetzung des Aristoteles mit dem »Platoniker« in eine neue Universalität auf Kosten sich neu herausbildender Problemlagen übertragen? Lebt sie nicht – ganz im Gegenteil – von einer immer aktuellen Frage: Gibt es oder gibt es nicht die Idee (das Bild) des Bösen?

Das Problem stellt sich zu Lebzeiten Platons, der darauf mit Ja antwortet. Die Dialoge »unterschieden noch das Nicht-Schöne vom Häßlichen, das Nicht-Große vom Kleinen, das Nicht-Gerechte vom Ungerechten und nahmen die Existenz der Ideen des Häßlichen, der Ungerechtigkeit und der Kleinheit an. Doch stellte sich die Frage für jeden Begriff: Gibt es einen positiven Inhalt, in dem sich nur die Negation einer positiven Entität zeigt? So wird es möglich zu verstehen, daß einige Platoniker die Tendenz hatten, eine wachsende Zahl der Begriffe für bloße Negationen und eine immer bedeutendere Anzahl von Phänomenen für einfache Abweichungen vom Normalen zu halten, was dazu führt, den Bereich der Ideen zu beschränken … So werden alle Ideen des Bösen mit dem Argument erledigt, daß die bösen Dinge bloß Negationen oder Abweichungen seien. Das wird für die späten Platoniker zum Dogma. Es gibt aber Anzeichen dafür, daß diese Tendenz schon bei den platonischen Zeitgenossen von Aristoteles herrschte, obschon diese Ausdehnung des Bereiches der Negation einigen Widerstand hervorrief.« (Harold Cherniss, *Aristotle's Criticism of Plato and the Academy*, Russell & Russell, New York 1944, Bd. 1, S. 267–268). Als Spätplatoniker gelten besonders Plotin und seine »neuplatonischen« Schüler.

Es bedurfte eines Coups, der diese festgefahrene Debatte aufbrach und die Karten neu verteilte. Von Freud her wissen wir: Man braucht nicht allen Ideen die Idee des Bösen hinzuzufügen, die man sich von guten oder indifferenten Wirklichkeiten bildet. Wenn man das Böse denkt, so denkt man das Denken und seine ursprüngliche Erotik. Man kann sich zwischen Materie und Form eine natürlich gegebene und ungeschichtliche Verständigung denken – das wird in der Folgezeit der »Aristotelismus« der Natur, der vom Schrecken angesichts der Leere bestimmt ist. Man kann Haus- und Machtstreitigkeiten annehmen. (Eine ganze Reihe von Platonismen und Gegenplatonismen beleben diese Szenen.) Es ist die gleiche Naivität, die den Anfang der Dinge in eine uranfänglich gegebene Zweiheit verlegt – die zwei Eltern in der Kammer. Mit der Steresis (Privation, Gestaltlosigkeit) wird diese Intimität aufgebrochen – sie versammelt alle, die vom Gastmahl des Denkens Ausgeschlossenen: Die Ungleichheit, die Unähnlichkeit, das Unheilvolle, das Kranke, die Vielheit, das Schwarze, das Unbewegliche, die Schwere und auch die Erde werden als Privationen bezeichnet, was offenbar mit Aristoteles nichts zu tun hat. Diese »enorme« Ausweitung (Cherniss), die diesem in sich – wie jedes Prinzip – undefinierbaren Begriff widerfuhr, bringt die meisten Kommentare aus dem Tritt – so nehmen sie das Wort und das Wirklichkeitsgeflecht, das es nicht richtig zu entdecken scheint, nicht zur Kenntnis. Dem »Todestrieb« ging es in der psychoanalytischen Clique nicht besser. Die Allgegenwart der Aggression und der Destruktion ist nicht zu fassen. Es gibt kein Objekt, keine Person und keinen Gott, die diese Bösartigkeit inkarnieren würden, da jedes Ding *eine* Sache ist und als solche eine erotische Einheit (Freud) oder etwas aus Materie und Form Zusammengesetztes (Aristoteles). Die Abwesenheit des Kapitäns, die Ursache des Schiffbruchs, kann man nicht auf ein Schiff ohne Kapitän zurückführen, sondern auf den Schiffbruch, der – ob vorher oder nachher bemerkt – allein das Fehlen des Kapitäns zeigt. Die Materie ist Substanz (Hypokeimenon), die die Sache trägt wie der Marmor die Statue und das Schiff das Geschehen. Wenn die Materie in ihrer Fülle da ist, weil sie tragend ist, so richtet sich die am Sein nagende Gestaltlosigkeit mit ihrem Abdrängen und Aufrichten von Widerstand vor allem gegen sie. Aristoteles gibt diesen Antagonismus mit einem Wortspiel wieder, das im Griechischen verständlicher ist (Materie ist Hypokeimenon, subjectum; Steresis ist Antikeimenon, objectum): »(Es ist) klar geworden, daß das, was wird, immer zusammengesetzt ist ... in doppeltem Sinne, entweder als Gegebenes oder als Gegensatz. Unter Gegensatz verstehe ich z. B. das Ungebildete, unter Gegebenes z. B. den Menschen, Entgegengesetztes ist Gestaltlosigkeit, Formlosigkeit, Unordnung, Gegebenes ist Erz, Stein, Gold« (*Physik* 190 b). In der ganzen Odyssee sucht Odysseus Ithaka zu erreichen, das am weitesten abliegt, ganz im Westen. Die Insel ist im Grunde, liegt fest. »Für Aristoteles ist Sein zuerst und zunächst Hypokeisthai, im Grunde liegen, um den Grund, der in ihnen ist, zu bilden.« (Jean Beaufret, *Dialogue avec Heidegger*, Ed. du Minuit, Paris 1973, Bd. I, S. 104) Nicht-Sein wird zuerst zu Anti-keisthai (Entgegenliegen), nicht bloß zu einem Aus-dem-Blick-Geraten, sondern zu einem Zusammenbruch in den Grundfesten; es verliert sich Materie und Form.

Die Privation soll man sich also nicht als etwas oder als eine einfache Abwesenheit von etwas denken. Man muß in ihr eine ganz spezifische Bewegung erkennen, die des Vergehens und der Zerstörung: »In manchen Fällen schreiben wir Privation dem zu, das, von Natur geeignet etwas zu haben, durch erlittene Gewalt dasselbe nicht hat« (*Metaphysik* IX 2, 1046 a). Essig ist zur Privation gerechnet. Aristoteles sieht in ihm eine gegen die Natur gerichtete Bewegung, die das Wasser verdirbt, die Wasser-Materie wird aber im Wein zur höchsten Form – was sich im Mittelmeerraum von selbst versteht. Die Seele kennt auch ihren Weinessig, dort findet sich dieselbe Bewegung: »Die Schlechtigkeit ist Vernichtung.« (*Physik* VII 3, 246 a) Die Psychoanalytiker nahmen eine »Destrudo« an, um die Energie des Todestriebes zu bezeichnen, die ein Gegenstück zur Energie des sexuellen Triebes, der Libido, sein sollte. Das ist eine Redeweise, die einer falschen Symmetriebildung folgt. Der Todestrieb hat keine eigene Energie, er bezieht seine Kraft aus der Libido. Genauso brauchen Weinessig und Laster das Wasser bzw. uns. Der Wein und die Tugenden sind aus demselben Teig wie Wasser bzw. wir selbst: Nur die Bewegung, die den Teig aufgehen läßt, unterscheidet sie.

Der Essig, der einen Philosophen macht (vgl. *Metaphysik* 1044 b), macht unseren Salat nicht pikanter. Der sauer gewordene Wein zeigt sich deutlich; es wird etwas sauer, was nicht Wein ist. Entweder das Wasser wird etwas, es kommt zu einem Werk (ergon). Oder das Wasser führt zu nichts; das heißt, es kommt nie ans Ziel und wird endlos sauer in der Herbheit der Privation. Im übrigen produziert in einem zweiten Gang die Bewegung eine Zutat, deren sich die Köchin bedient. Ebenso ist es dem klugen Politiker nicht zu dumm, zweifelhafte Leidenschaften zu nutzen. Und ebenso geben Krankheiten den Patienten die Chance eines »sekundären Gewinns«; deswegen bleiben sie aber doch Krankheiten. Essig, Pest oder Laster – gleichviel; dem Philosophenauge geht es mehr um die Bewegung der Bösartigkeit als um das Resultat, an das man sich gewöhnt, wenn es uns nicht direkt umpolt.

Der Essig ist ein Anti-Wein, ein anderer Duft, anderes Erscheinungsbild, so eine andere Form. Er ist aber nicht nur das – das Fehlen des Weins ist einfach Wasser, wie die Materie das Andere der Form ist. Der Essig ist tatsächlich Anti-Wein, weil er Anti-Wasser ist; er verunreinigt es so sehr, daß es nicht mehr den Boden, wo der Weinstock wächst, wässert. In Worten einer poetischen Physik gesprochen: Es gibt drei Stationen, ehe aus Wein Essig wird. Man gelangt von einer Form zur anderen, indem man die Materie verändert. Das gilt in beiden Richtungen – »der Essig muß zu Wasser werden und aus diesem wird Wein« (*Metaphysik* VIII 6, 1045a). Anders gewendet: Die Zerstörung beschränkt sich nicht darauf, eine Form in eine andere (die als niedriger gedacht ist, wie Plotin meint) zu verändern, noch löst sie sich in Materie auf (die von den anderen Platonikern als roh und ungestalt aufgefaßt wird); sie zerstört Form und Materie.

Was Aristoteles aus dem Essig des Wassers und Freud aus dem des Lebens herausliest – das ist ein nicht erotisiertes Denken des Schiffbruches, das Unerhörte jeder Sintflut, das Unheil im Grund und in aller Form, weil es ein Unheil ohne Grund und Gestalt ist, das keinen Boten kennt, der seinem Adressaten noch im Untergang sagt, daß es kein Heil gibt.

Das Denken zerreißt das optimistische Weltbild der Diotima. »Denn ... das Gesunde (macht) nur Gesundheit, das Wärmende nur Wärme, das Kältende nur Kälte ..., der die Wissenschaft Besitzende dagegen bringt beides hervor.« (*Metaphysik* IX 2, 1046b) Jedes Bewußtsein ist Bewußtsein von ..., das wiederholt eine gelegentlich naiv wie Diotima denkende Phänomenologie. Jedes Bewußtsein ist Bewußtsein einer Sache (»Form«) oder aber genauso ursprünglich

Bewußtsein seiner Abwesenheit, Gegen-Bewußtsein von ..., antwortet Aristoteles schon vorneweg.

»In den vom Gedanken ausgehenden Dingen ist bewegende Ursache die Formbestimmung oder deren Gegenteil ...« (*Metaphysik* XII 4, 1070b) Ein Denken, das Gegensätze aushält, richtet den Blick auf das, was es umgibt, auf seinen Wunsch oder seinen Todestrieb – und selten auf eins ohne das andere. Schelling besteht darauf, daß die Freiheit auf Gutes und Böses geht – im Gegenzug zu den Versöhnungsversuchen seines alten Freundes Hegel (vgl. dazu M. Heidegger, *Schelling: Über das Wesen der menschlichen Freiheit,* hrsg. von H. Feick, Niemeyer, Tübingen 1971, S. 116 ff.).

Literatur und Revolutionen (Fortsetzung)

217 »... mich Tod«: Manichäischer Psalm, übersetzt in: H. C. Puech, *En quête de la gnose,* Bd. 1, S. 251.

218 »... hätten wollen«: Platon, *Symposion* 208.
»... geworden!«: Aischylos, *Choëphoroi* 375–379.

220 »... Liebe«: Jacques Lacan, *Séminaire 1960–1961,* »Sur le transfert«, gehalten im Hôpital Sainte-Anne, Paris.

221 »... Thron«: Aischylos, *Agamemnon* 174–183.

222 »... Land des Lichtes«: Franz Cumont, *Recherches sur le manichéisme I,* Bruxelles 1908, S. 7 ff.

223 »... alles Licht«: Ebd., S. 14.

225 »... findet«: Aristoteles, *Politik* V 6, 1305 a, übers. von F. Susemihl, rororo-Klassiker 171–173, Reinbek 1965.
»... fassen«: Ebd., V 11, 1314 a.

Von der doppelten Gegenliebe

226 »... Platon«: Platon, *Phaidros* 251 a.

227 »... Scève«: *Délie* (1544) CXLIV.
»... träten«: Platon, *Symposion* 178 e.

228 »... auferstanden«: Le Fevre de la Boderie, in: A.-J. Festugière, *La philosophie de l'Amour de Marsile Ficin,* Vrin, Paris [2]1941, S. 116.
»... im andern«: Marsilio Ficino, *Commentarium in Platonis convivium de amore* (1496), Oratio secunda *(Commentaire sur le Banquet de Platon,* hrsg. von R. Marcel, Les Belles Lettres, Paris 1956, S. 157).

»... schuldig«: Ebd.

229 »... ihn liebt«: Ebd. Die extreme Grausamkeit, die in der Forderung nach Reziprozität in der Liebe liegt, macht aufmerksam. Die
Verbindung von Marsilio Ficino und Savonarola geht über das
bloß Zufällige hinaus. Am Horizont der joachitischen Predigt
zeichnet sich ein Liebesfanatismus ab, der nicht weniger gewalttätig ist als die modernen »militanten Ideologien«, denen Henry
Corbin ihm entgegensetzen zu können glaubte, obschon feste
genealogische Beziehungen die esoterischen Millenarismen und
die nach außen gewendeten Messianismen verbinden. Das offensichtliche Geheimnis Khomeinis – die Umkehrung einer gnostischen Innerlichkeit in eine blutige Wirklichkeit – zeigt wiederum,
wie wenig die platonische Geistigkeit Widerstandskraft gegen die
Inbeschlagnahme durch terroristische Platonschüler besitzt.
Henry Corbin hat klar die politisch-spirituelle Dimension des
iranischen Schiismus gesehen. Seine theokratische Vollendung
hat er nicht bedacht, weil er das Zweideutige seines Platonismus
– und des Platonismus der Liebe im allgemeinen – nicht zum
Problem machte (vgl. Henry Corbin, Le combat spirituel du
chî'isme, in: ders., *En Islam iranien*, Bd. 1, S. 86–134).

230 »... Himmelskreisen«: Anaximander, *Fragment* 12 A 11, in:
H. Diels, W. Kranz (Hrsg.), *Die Fragmente der Vorsokratiker*,
3 Bde., Berlin [10]1961, Bd. 1, S. 84.

Wie der Geist in den Westen kommt

231 »... vom Haupt«: Aischylos, *Choëphoroi* 172.
232 »... mit mir!«: Aischylos, *Choëphoroi* 238–245.
233 »... zusammenzuckend«: R. Musil, *Der Mann ohne Eigenschaften*. Gesammelte Werke Bd. 3, Rowohlt, Reinbek 1978, S. 877 f.
»... geblieben«: Ebd., Bd. 4, S. 1095.
234 »... Gesprächigkeit«: Ebd., Bd. 4, S. 1219.
»... könnten«: Ebd., Bd. 4, S. 1220.
235 »... seiner selbst«: Ebd., Bd. 4, S. 1310 f.
236 »... ein Geschäft!«: Aischylos, *Choëphoroi* 753–760.
237 »... zu sondern«: Platon, *Theaitetos* 150 b.
»... nicht weise«: Ebd. 150 c.
»... haben«: Ebd. 150 d.
238 »... verhaßt«: Platon, *Lysis* 213 a.

»... Kind«: Aischylos, *Choëphoroi* 757 f.

239 »... eigentlich ist«: Platon, *Lysis* 223 b.

Eine Flucht zum Ministerium der menschlichen Beziehungen

239 »... nicht spricht«: Herodot, *Geschichten* I, 47.

240 »... Kind«: Aischylos, *Choëphoroi* 757 f.

»... zu verweigern«: Piera Castoriadis-Aulagnier, *La violence de l'interprétation*, PUF, Paris 1975, S. 131.

»... Windelwäscherin«: Aischylos, *Choëphorei* 758 f.

»... werden kann«: P. Castoriadis-Aulagnier, S. 151.

241 »... zusprechen«: Herodot, *Geschichten* I, 91. *Über Hybris*, vgl. François Hartog, *Hérodote*, Maspero, Paris 1980, S. 19; vgl. auch vom selben Autor, *Le Miroir d'Hérodote*, Gallimard, Paris 1980.

»... Xerxes vor den Thermopylen«: Herodot, Geschichten VII, 203.

244 Über das Verhältnis von *Lysis* zum *Symposion* vgl. Hans von Arnim, *Platos Jugenddialoge und die Entstehungszeit des Phaidros*, Teubner, Leipzig/Berlin 1914, S. 51 ff.

»... Guten sind«: David Bolotin, *Plato's Dialogue on Friendship*, Cornell University Press 1979, S. 225.

245 »... angreifen sollte«: Platon, *Symposion* 221 b.

246 »... Eros hinaus«: P. Boutang, in: Le Banquet, Hermann, Paris, S. 166.

247 »... Sophist«: Platon, *Symposion* 203 b ff.

»... nicht haben«: Marsilio Ficino.

248 »... zeugt nicht«: Platon, *Symposion* 206 d.

249 »... übereinstimmen«: Montaigne, *Essais* III, 13.

»... vergeht«: Platon, *Symposion* 207 c.

»... dasselbe«: Platon, *Symposion* 208 a, b

250 »... (Dichter)«: Ebd. 205 c. Plotin betont in seiner Erläuterung dieser Stelle (*Enn.* III 5) das Nicht-Göttliche, Aporetische des Eros. Er entdramatisiert das aber mit einer Erklärung nach dem Materie-Form-Schema.

»... dürftiger Zeit«: Hölderlin, *Brot und Wein* 7, in: Sämtl. Werke, hrsg. von F. Beißner, W. Kohlhammer, Stuttgart 1951, Bd. 2/1, S. 94.

Das Prinzip der Unsicherheit

Seine Majestät
das von Leidenschaft getriebene
Kind

251 Franz Kafka, *Beschreibung eines Kampfes,* Ges. Werke, hrsg. von Max Brod, Fischer, Frankfurt a. M., S. 300.

252 »… preisend«: S. Mallarmé, *Huldigung,* in: Sämtliche Gedichte, übertragen von Carl Fischer, Lambert Schneider, Heidelberg 1974, S. 137.

»… preisgebend«: S. Mallarmé, *Ein Würfelwurf,* S. 180 f.

253 »… seines Geschicks«: Gardner Davies, *Vers une explication rationelle du coup de dés,* José Corti, Paris 1953, S. 99.

»… Schatten aller«: S. Mallarmé, *Hamlet,* in: ders., *Igitur Divagations. Un coup de dés,* coll. Poésie, Gallimard, Paris 1976, S. 187.

254 »… entscheidend ist«: Fernand Robert, *Exigences du public et ressorts de la tragédie,* in : *Le Théâtre tragique,* Ed. du CNRS, Paris 1970, S. 59.

»… Gestaltung«: Ebd., S. 62.

255 »… das Ganze«: Aristoteles, *Politik* III 11, 1281 b.

»… der Koch«: Ebd., 1282 a.

256 »… machen«: Platon, *Politeia* 538 a.

»… in Ehren«: Ebd., 538 c.

»… stehen wird«: Ebd., 538 d.

257 »… seiner Zeit«: Anspielung auf Alfred de Musset, *Confessions d'un enfant du siècle* (1836); dt. *Beichte eines Kindes seiner Zeit* (1903, 1915).

»… geglaubt haben«: Platon, *Politeia* 539 b, c.

»… Neveu de Rameau«: *Le Neveu de Rameau* von D. Diderot (entst. 1761/62, Erstausgabe Paris 1821, dt. 1805, übers. von Goethe).

258 »… Luther«: Vgl. dazu H. Corbin, *L'homme de lumière dans le soufisme iranien,* Présence, Paris 1971, S. 17.

259 »… wovon«: Aristoteles, *Rhetorik* II 1, 1378 a. Zum Pathos bei Aristoteles vgl. Lucas, *Aristotle, Poetics,* Clarendon Press, Oxford 1968, S. 58, 96. Vgl. auch M. Heidegger, *Was ist das – die Philosophie,* Neske, Pfullingen ⁵1972, S. 26: »Wir übersetzen

πάθος gewöhnlich durch Passion, Leidenschaft, Gefühlswallung. Aber πάθος hängt zusammen mit πάσχειν, leiden, erdulden, ertragen, austragen, sich tragen lassen von, sich bestimmen lassen durch.« Nach der Mordtat setzt Orest (in den Choëphoroi) sein ergon (Mazon übersetzt »forfait«, Reinhardt »Tat«) in Parallele zu dem folgenden pathos (bei Mazon »châtiment«, bei Reinhardt »Beweis«). Zur Diskussion des Verses 1016 vgl. Karl Reinhardt, *Aischylos als Regisseur und Theologe*, A. Francke, Bern 1949, S. 135 ff.

»... zur Folge«: Aristoteles, *Rhetorik* 1378 a.

Vom Beinahe zum Noch Nicht

In den *Eumeniden* – am dritten Tag der *Orestie* – begibt sich Orest auf Apollos Rat hin nach Athen. Vor dem Areopag in Athen, dem Athene selbst vorsitzt, wird er entsühnt, da angesichts der Stimmengleichheit im Areopag Athenes Stimme zu seinen Gunsten den Ausschlag gibt. Athene besänftigt die Erinnyen und macht sie zu »Eumeniden« (Wohlgesinnten).

260 »... versöhnt«: Anmerkung von P. Mazon in der Ausgabe der *Eumeniden* im Verlag »Les Belles Lettres«, Paris, S. 131.

261 »... gelassen«: H.-C. Baldry, *Le Théâtre tragique des Grecs*, Maspero, Paris 1975, S. 162.

»... nicht zu«: Aischylos, *Eumeniden* 470–471

262 »... Bürger hier«: Aischylos, *Eumeniden* 990–991. Vgl. Kitto, *Form and Meaning in Drama*, 1977, S. 79. (Athene ist nicht einfach auf seiten Apollos.)

263 Über den »fortschrittsbewußten« Zeus vgl. H. D. F. Kitto, S. 65 ff. und Kitto, *Greek Tragedy*, 1973, S. 92 ff. Die meisten Autoren lesen die *Orestie* als eine optimistische Theodizee, sind aber unterschiedlicher Auffassung, wenn es darum geht, den »Fortschritt« zu präzisieren. Die Auffassungen reichen von der Annahme einer Zivilisationsentwicklung bei den Göttern (Thomas) oder – mehr am Boden bleibend – einer Entwicklung von einer familiengebundenen (oikosbezogenen) zu einer staatlich-gesetzlichen Struktur (vgl. John Jones, *On Aristotle and Greek Tragedy*, 1962). Nietzsche bewertet diesen Fortschritt offensichtlich als »Dekadenz«, bleibt aber im Schema einer fort-

laufenden Zeitreihe, um die Schwierigkeiten der Tragödie – gut oder schlecht – zu lösen.

263 »... begriffen ist«: J.-P. Vernant u. P. Vidal-Naquet, *Mythe et tragédie*, S. 39; ebd. S. 71 f.: »Am Ende der Trilogie des Aischylos wird Orest, der eines ungeheuren Verbrechens – vorsätzlichen Muttermord – Schuld auf sich lud, durch das erste in Athen eingesetzte Gericht der Menschen freigesprochen. Seine Verteidiger plädieren für Freispruch, da er nicht verbrecherisch, sondern auf Geheiß Apollons handelte; so muß seine Tat als dikaois phonos, als gerechtfertigter Mord angesehen werden. Doch bleibt die Zweideutigkeit. Man zögert zu entscheiden. Das menschliche Urteil bleibt tatsächlich aus. Der Freispruch erfolgt nur aufgrund eines Verfahrensmodus, nachdem Athene durch ihr Votum die Stimmengleichheit für und gegen Orest herstellte. Dank Athene wurde der junge Mann legal freigesprochen, das heißt dank dem Athener Gericht, ohne doch in moralischer Hinsicht vollkommen unschuldig zu sein. Die tragische Schuldverstrickung besteht so in einer ständigen Konfrontation zwischen der alten religiösen Schuldauffassung – die von einem Makel ausgeht, der auf dem ganzen Geschlecht lastet und sich unerbittlich von Generation zu Generation vererbt unter der Form einer atê, einer von den Göttern verhängten Demenz – und der neuen Auffassung des Rechts, dem gemäß der einzelne sich als Individuum bestimmt, das ohne Zwang aus freien Stücken ein Verbrechen begeht. Für einen Modernen scheinen sich diese beiden Auffassungen radikal auszuschließen. Aber die Tragödie ordnet sie einander zu in einem Gleichgewicht, das nie ganz spannungsfrei ist. Keiner der Gegensätze verschwindet ganz ... Die Tragödie zeigt den Menschen in der Handlung und spricht so den Fortschritt aus, der in der psychologischen Herausarbeitung des Handelnden deutlich wird. Sie zeigt aber auch, daß diese Kategorie im griechischen Kontext noch begrenzt, unbestimmt und unscharf ist. Der Handelnde ist nicht mehr in der Handlung eingeschlossen. Aber er ist noch nicht wirklich ihr Zentrum und ihr produktiver Urheber.« Diese Zwischenzeit versteht sich als Zeit vor dem Zustand des Rechts; vgl. Louis Gernet, *Anthropologie de la Grèce antique*, Maspero, Paris 1976, bes. S. 177–260. Man möchte doch gern wissen, ob die »Modernen« aus dem Zustand vor dem Rechtszustand, aus

der Tragödie kommen, und zwar in den Tod und Leben betreffenden Angelegenheiten. Tragen uns Liebesstürme, stürmische Entwicklungen des Geldverkehrs und der internationalen Beziehungen in unserer Friedfertigkeit über den Vorrechtszustand hinaus oder öfters gar in ihrer destruktiven Kraft in diesen Zustand hinein? In diesem Fall wäre die tragische Unbestimmtheit nicht mehr so unscharf, sondern klärender als ein angeblich umfassendes Wissen, das in die Vergangenheit oder in die Zukunft projektiert wird.

264 »... singen kann«: *Proklos* mit Kommentar von H. Corbin, *L'Imagination créatrice dans le soufisme d'Ibn'arabi,* Flammarion, Paris 1958, S. 81.

»... Furcht«: Aischylos, *Hiketides* (Die Schutzflehenden) 469–471, 478 f.

265 »... enthalten sind«: H. Corbin, *En Islam iranien,* Bd. 1, S. 137.

266 »... mein Glaube«: Ebd., Bd. 3, S. 137.

»... Ziele wäre«: J. W. v. Goethe, *Gespräche mit Eckermann* (25. 1. 1830), Sämtl. Werke, Münchner Ausgabe, Bd. 19 (1986), S. 638.

267 »... verstehen«: A.-J. Festugière, *Les Révélations ...,* Bd. IV, S. 142.

»... faßbar«: Aischylos, *Hiketides* 86–95.

268 »... dich liebt«: Gershom Scholem, *Les grands courants de la mystique juive,* Payot, Paris 1977, S. 152.

Hegel, *Wissenschaftliche Behandlungsarten des Naturrechts* (1802/3), Sämtl. Werke, hrsg. von H. Glockner, Frommann, Stuttgart [4]1965, Bd. 1, S. 501.

Über die Hegelsche Analyse der griechischen Tragödie vgl. A. Glucksmann, *Le Discours de la guerre,* Grasser, Paris 1979.

269 »... weg«: Plotin, *Enn.* V, 3,17.

Die Mauer der Zeit

269 »... lebendig wird«: Mircea Eliade, *Histoire des croyances,* Payot, Paris 1978, Bd. 2, S. 288.

272 »... Schutzsuchenden«: Vgl. Charles Péguy, *Les Suppléants parallèles* (1905), in: Œuvres complètes, Gallimard, Pléiade, Paris 1957, Bd. 1, S. 869–935.

»... Hand hat«: Ebd.

273 »... Reinigung«: Aischylos, *Eumeniden* 277 f.
»... Beatrice«: S. Mallarmé in einem Brief an Lefébure vom
17. Mai 1867, in: H. Mondor, *Eugène Lefébure,* Gallimard, Paris
1951, S. 348.
274 »... vorm Recht?«: Aischylos, *Eumeniden* 516−522.
275 »... und ein«: H.-C. Baldry, *Le Théâtre tragique des Grecs,* S. 60,
98.
»... des Theaters«: Vgl. R. Klein und H. Zerner, Vitruve et le
théâtre de la Renaissance italienne, in: *Le Lieu théâtral à la
Renaissance,* Ed. du CNRS, Paris 1968, S. 60.
»... umgekehrt«: Cesare Molinari, *Les rapports entre la scène et
les spectateurs,* ebd., S. 67; vgl. auch Jean Jacquot, *Les types de
lieu théâtral,* ebd., S. 473−509.
276 »... übernommen«: Baldry, S. 71

Der Reine zwischen seiner Anarchie
und seiner Despotie

276 »... zu bewirken«: Aristoteles, *Poetik* 6, 1449 b.
277 »... zu schaun«: Aischylos, *Der gefesselte Prometheus* 238.
Über ›Katharsis‹ vgl. Lucas, *Aristotle Poetics,* Oxford 1968,
S. 273−290; über den Bezug zu Platon vgl. V. Goldschmidt,
Questions platoniciennes, Vrin, Paris 1970, S. 103−140. Der
klassische Artikel von Jacob Bernays in: *Articles on Aristotle,*
Duckworth 1979, Bd. 4, S. 154−165.
278 f. »... die einzige wahre Tragödie«: Platon, *Nomoi* VII, 817 b.
279 »... ihn auf«: Aischylos, *Eumeniden* 232−234.
»... die Raa schlägt«: Ebd., 553−557.
»... bleibt gerecht?«: Ebd., 696−699.
280 »... soviel wir leben«: Sophokles, *Ajax* 121−126, übers. von
H. Weinstock; vgl. Sophokles, *Die Tragödien,* Kröner, Stuttgart
1962, S. 71.

Vor Sonnenuntergang

280 »... zu gehen haben«: Aristoteles, *Metaphysik* III 1, 995 a.
281 »... Sache an«: Ebd.
»... feind«: Aischylos, *Choëphoroi* 320.
282 »... aufgerührt worden«: Platon, *Menon* 85 c.
»... zu wissen«: Ebd. 84 b, c.

Zur Inkommensurabilität der Diagonale: Wilbur R. Knorr, *The Evolution of the Euclidean Elements*, Reidel, Dordrecht/Boston 1975; vgl. auch Konrad Gaiser, *Das Problem der ungeschriebenen Lehre Platons*, Wissenschaftliche Buchgesellschaft, Darmstadt 1972, S. 356.

284 »... Kritik«: J.-T. Desant, Une crise de développement exemplaire, in: *Logique et connaissance scientifique*, Gallimard, Pléiade, Paris, S. 439.

Über Husserls Nomologie vgl. J. Cavaillès, *Sur la logique et la théorie de la science*, PUF, Paris ²1960, S. 72: »Für Husserls Konzeption der Logik und der Mathematik ist die Gödelsche Unentscheidbarkeitsproblematik besonders gravierend ... Nicht einmal der Begriff einer beherrschbaren und isolierbaren Theorie bleibt übrig.« Anderer Ansicht ist Suzanne Bachelard, *La logique de Husserl*, PUF, Paris 1957, S. 112: »Kann man sich nicht denken, daß die Enttäuschung einer vertrauensseligen Naivität angesichts eines nicht realisierten Ideals nicht einen Einwand gegen dieses Ideal als solches darstellt?« Gewiß kann man – aber das nomologische Ideal hat sich mehr als »nicht realisiert« gezeigt. Wenn einmal gezeigt ist, daß es nicht realisiert werden kann, wird es nicht nur »chimärenhaft« (S. 113), sondern zu eng, um die lebendige Mathematik zu motivieren. Das stellen unabhängig voneinander Cavaillès und Gödel fest. Beide geben das formalistische, nomologische Ideal zugunsten einer philosophischen Betrachtung der Grundlagenfrage auf. Laszlo Kalmar behandelt in *Problems in the Philosophy of Mathematics* (ed. I. Lakatos, North Holland Publ. Comp., Amsterdam 1967), S. 199–201 die Wendungen Russells und Carnaps in der Frage. 1930 hieß es: »Jede Unsicherheit in den Grundlagen der sichersten Wissenschaft ist äußerst beunruhigend ...«; 1958: Physik und Mathematik sind in gleicher Weise von der »Unmöglichkeit einer absoluten Gewißheit« bestimmt. Der Autor schließt: »Es war ein ungeheurer Schock für einen zu sicheren Optimismus, sich klarzuwerden, daß die Wissenschaft – trotz ihrer unglaublichen Erfolge – nicht nach dem Modell einer euklidischen Deduktion funktioniert.« Statt »nomologisch« sagen andere Autoren »monomorphisch« oder »kategorisch« (Vgl. Stephan Körner, *Post-Gödelian Mathematics and Philosophy*, ebd. S. 123).

Zu Gödels Satz vgl. Hao Wang, *From Mathematics to Philosophy,* Routledge & Kegan, London 1974, S. 173 f.

Inwiefern er mathematisierbar ist, obwohl er imprädikativ ist, behandelt Hao Wang in *Logic, Computers and Sets,* Chelsea, New York 1970, S. 576 f.

285 Gödel: »Die Faszination, die von der Methode des Dialogs ausgeht, kommt daher, daß keineswegs die allgemeinen Schlußfolgerungen das Entscheidendste sind, sondern die Spezifikation ihres Sinnes und ihrer Grenzen.« (Gödel in: Hao Wang, *From mathematics ...,* S. 199) – Meine Resultate »begrenzen nicht die Kraft der menschlichen Vernunft, wohl aber die Möglichkeiten des reinen Formalismus in der Mathematik.« (Gödel in: M. Davis, *The Undecidable,* Raven Press, New York 1965, S. 73.

»... Geschichte«: Vgl. Aristoteles, *Poetik* 9.

286 »... Unnatürliches«: Ebd., 18.

»... Anfang und Ende«: Ebd., 24.

In seiner Einleitung zur Topik-Ausgabe (Les Belles Lettres 1967) notiert Jacques Brunschwig: »Ein dialektisches Problem stellt sich – in Übereinstimmung mit der Etymologie des Wortes – als etwas, das aufs Feld der dialektischen Auseinandersetzung *geworfen* wird, um Thema und Problemdimension zu bestimmen.« (S. XXV) Was für Aristoteles »Dialektik« ist, ist für Gödel »Dialog« und für Montaigne »conférer« (sich beraten, verhandeln). Die Aporie als Gesellschaftsspiel par excellence. Über die »seltsame Verwandtschaft« zwischen der Dialektik, verstanden als Kunst, die richtigen Fragen zu stellen, und »ontologischer Forschung« vgl. P. Aubenque, *Le Probleme de l'Etre chez Aristote,* PUF, Paris 1962, S. 281 ff.

287 »... erfahren kann«: Aristoteles, *II. Analytik* 100 a.

Lévi-Strauss: Claude Lévi-Strauss, *La pensée sauvage,* Plon, Paris 1962, S. 24, unterscheidet zwei »strategische Ebenen« des Denkens, deren eine sich der Wahrnehmung und der Einbildung nähert, während die andere davon getrennt ist. Während das wilde Denken vom Sinnenhaften ausgeht, könnte man versucht sein, das »griechische Wunder« darin zu sehen, daß das Denken seine Aporie, seine Abtrennung zum Thema macht.

»... Untergang«: S. Mallarmé, *Sonnet IV, Œuvres compl.,* Gallimard, Pléiade, Paris 1951, S. 68 (übers. von F. Usinger, Karl

Rauch Verlag, Jena 1948, S. 55) [vgl. dort auch die folgenden Zeilen, S. 298 f.].

289 »... zu finden«: Bertrand Russell, *The Middle Years, 1914–1944*, New York 1968, S. 326.

»... stattfindet«: Aristoteles, *Peri hermeneias* (»Hermeneutik«) 19 a 27.

290 »... der Philosophie«: Platon, *Theaitetos* 155 d.

»... voraufgeht«: M. Heidegger, *Was ist das – die Philosophie?*, S. 25.

»... sein sollte«: Aristoteles, *Metaphysik* I 2, 983 a. Die Einheit einer Vielheit ist im Sinne der »Induktion« (epagoge) nicht nur negativ bestimmt (als das vom Sinnlichen abgetrennte Intelligible), sondern als Erfahrung der Widerständigkeit einer Sache. Gewiß besteht das Haus aus Ziegeln und Brettern, aber in erster Linie schützt es (vgl. Aristoteles, *Metaphysik* VIII 2, 1043 a.). Was das Haus – wie jedes »Dach« – ausmacht, ist der Akt des Widerstandes einer zeitlichen Bedingungen unterworfenen Sache gegen die Unbilden. Das nicht abgetrennte Intelligible ist die Form, in der das Sinnliche seinen eigenen Umweg vereitelt. (Vgl. Ernst Tugendhat, *Tí katá tinos,* Alber, München 1958, S. 151).